U0129178

元史鉤沉

袁冀著

文史哲學集成
文史哲出版社印行

國家圖書館出版品預行編目資料

元史鉤沉 / 袁冀著. -- 增訂再版 -- 臺北市：
文史哲, 民 102.09
頁；　公分（文史哲學集成；626）
參考書目：頁
ISBN 978-986-314-145-7 (平裝)

1.元史 2.史學方法

625.708　　102018620

文史哲學集成 626

元史鉤沉

著　　者：袁　　冀
出 版 者：文 史 哲 出 版 社
http:// www.lapen.com.tw
e-mail：lapen@ms74.hinet.net
登記證字號：行政院新聞局版臺業字五三三七號
發 行 人：彭　正　雄
發 行 所：文 史 哲 出 版 社
印 刷 者：文 史 哲 出 版 社
臺北市羅斯福路一段七十二巷四號
郵政劃撥帳號：一六一八〇一七五
電話886-2-23511028・傳真886-2-23965656

實價新臺幣七〇〇元

中華民國一百零一年（2012）九月初版
中華民國一百零二年（2013）九月增訂再版

ISBN 978-986-314-145-7　　00626

治史功能之淺見與體驗（代序）

治史，切忌杜撰，演義。然在故紙堆中翻騰，抄錄文獻，又有何價值？冀資質平庸，所知有限，淺見以爲，有下列五種功能，以利世人。

一、**可擴大史學研究範疇**：昔日治史，皆不重視當代詩集。然詩亦紀事，且爲當時人，紀當時事，具有頗高之史學價值。故曾悉用元詩，撰論文十餘篇。其中「元代宮廷大宴考」，曾於第四次蒙古學國際學術討論會，提出報告，頗受大會矚目。大陸教育部直轄之蒙古學研究基地主任，齊木德道爾吉博士，曾言：「元代宮廷大宴考，非常具有特色，對我們的研究，有很大的幫助。」故治史，當旁及當代之詩集，以擴大史學研究之範疇。

二、**可糾舉文獻之謬誤**：昔日之文獻，間有謬誤之處。故曾列舉新元史，四庫全書中，有關元人之著作，元文類，省志，以及口北三廳志，若干州志，府志，縣志，謬誤之處，兩百餘項。至於四庫全書之成，主其事者，皆選自舉國之飽學精英，即謄錄者，亦多舉人。然僅以部份元人別集而論，竟有數十處錯誤，且歷時兩百餘年，始爲發現，殊令人大出意料之外。

三、**可補史載所不及**：斷代史，所涉浩繁，經緯萬端，故皆擇要紀之。稍次之人與事，均無法及之。因撰元史，新元史，元書，元史新編，元史類編，均無其傳，且無碑銘存世之顯宦張易，文學巨擘，四庫全書，元人別集，作者二十七人之傳記。其中「試擬元史張易傳」，曾爲中央研究院姚從吾院士，列爲其大著「元朝史」，參考論文之一。元代大都上都，兩京間之交通，至爲重要。然元史「站赤」不載，因撰「元代兩京間驛道考釋」，「元王惲驛赴上都行程考釋」，且爲大陸「元代上都研究叢書」，「元上都研究文集」所轉載，中共中央黨校王子今教授所參考。歷代各國列傳，均載其風土文物，然元史「安南」傳則無。遂撰「安南即事考釋」，以見元代安南之文物制度，禮樂儒學，山川關隘，物產建築，與其奇風異俗之情形。

四、可補史載之簡約：正史均記載簡約，若加增補，可使對某項問題，欲深入瞭解，免於勞神費時，翻檢群書。元代亦釋亦道亦儒之劉秉忠，號稱元代三儒之許衡，劉因，吳澄，江南訪賢之程鉅夫，均對元代有深遠之影響。雖元史，新元史有傳，且有碑銘存世，然史載仍嫌過簡。仍撰劉秉忠，許衡，劉因，吳澄，程鉅夫五人之傳記，且悉爲國家科學會獎助完成。其中劉秉忠「行事編年」，曾爲姚從吾院士，列爲大著「元朝史」，參考論文之一。吳澄之傳記，大陸學者，評之謂：「錢穆，袁冀，唐宇元，胡青……，無疑，欲知吳澄生平，及學術思想，不能不仔細研究，以上四種著作。」元代道教，分爲五宗，然元史「釋老」傳，所載既簡，且不周。遂撰「元代玄教考」，「元代眞大教考」。曾爲姬沈育博士，所著「虞集與南方道教的相互影響」，王嵐教授所著「宗教學引言」所參考。元史「禮志」，「兵志」，除「國俗舊禮」外，對蒙古固有文化，幾無記載。乃撰元代蒙古文化論文，三十餘篇。且爲大陸北京師大白壽彝教授，浙大徐吉軍教授，台北師大洪萬生，馮家駒教授，大陸社科院陳智超研究員，羅賢佑研究員等所參考。且羅氏在其大著「二十世紀中國蒙古史研究述略」曾謂：「袁國藩，哈勘楚倫，孫克寬，黎東方等台灣學者，都發表過有關蒙古史的學術論文，具有一定影響。」

五、可有至豐之收獲：讀史既久，學養之蘊籍日豐，思路之領域益廣，見解之造詣亦逾精。糾謬，創見產生之機率，更爲之大增。加以目標愈高，收獲越富。窮追以解疑，求全以成文。戒朝秦暮楚，一曝十寒。持之以恆，則必有所成。

袁　冀於新竹寓舍

元史鉤沉　目次

二、試擬四庫全書等元人別集無碑傳作者之傳箋註其集……八〇

一、文淵閣四庫全書有關元人紀載若干令人矚目之問題

乾隆詔令天下獻書，並集舉國之精英，即謄錄，亦多舉人，所編修之四庫全書，有極高之學術價值，且永垂不朽。然篇幅浩繁，偶有失誤，實所難免。

（一）邵亨貞號貞谿誤

御定佩文齋書畫譜，引書史會要謂：邵亨貞，卜築溪上，以貞谿自號。

御定佩文齋書畫譜卷四十「書家傳十九，明一，邵亨貞」：「邵亨貞，字復孺，華亭人。書史會要云：卜築溪上，以貞谿自號。」

然南村輟耕錄，輟耕錄，南村詩集，御選歷代詩餘，全元散曲，均稱邵亨貞，號青溪，或青谿，清谿。

南村輟耕錄卷首「南村輟耕錄疏」：「南村田叟陶君九成，著書三十卷。凡六合之內，朝

野之間，天理人事，有關於風化者，皆采而錄之……，乃名之曰南村輟耕錄。朋游間，咸欲爲之版行，以備太史氏采擇，而未有倡首之者。於是僭爲疏引，同志之士，有覩其書者，必皆興樂聞而興起焉……。青溪野史邵亨貞。」

輟耕錄卷十五「沁園春」：「宋劉改之先生，造詞贍逸，有思致，賦沁園春二首，以詠美人之指甲與足者，尤纖麗可愛……。近邵清溪亨貞，嗣其體調，以詠眉目，眞雋永有味。」

南村詩集卷二「借韻答清谿邵先生」，「次韻答邵青谿先生」。按溪谿相通。

御選歷代詩餘卷一百九「邵亨貞，字復孺，號清溪，華亭人，有蛾術詞選四卷。」

全元散曲一四五三頁「邵亨貞」：「亨貞，字復孺，號清溪，雲間人（華亭縣之古稱）。由元入明，通博敏贍……，著作野處集，蛾術詩選，蛾術詞選等。」

且書史會要，既無「卜築溪上，以貞谿自號」之紀載。而陶宗儀與亨貞，交稱莫逆，所言尤爲可信。

書史會要卷七「邵亨貞，字復孺。其先睦人，徙居華亭。博通經史，贍於文辭，且工篆隸。」

青浦縣志卷十九「人物三、邵亨貞、子克潁」：「邵亨貞，字復孺，桂子孫……。與陶宗儀，爲莫逆交。」

故御製佩交齋書畫譜，謂邵亨貞，號貞谿，誤。

（二）王惲世祖時官翰林學士承旨誤

秋澗集提要謂，王惲世祖時，任翰林學士承旨。

秋澗集卷首「提要」：「臣等謹案，秋澗集一百卷，元王惲撰。惲字仲謀，汲縣人。世祖時，官翰林學士承旨。」

然元史、新元史，均稱王惲成宗大德八年，卒贈翰林學士承旨。

元史卷一百六十七「王惲」：「王惲，字仲謀，衛州汲縣人……。二十九年春，見帝於柳林行宮，遂上萬言書，極陳時政，授翰林學士，嘉議大夫……。大德八年六月卒，贈翰林學士承旨，資善大夫，追封太原郡公，謚文定。」

新元史卷一百八十八「王惲」：「王惲，字仲謀，衛輝汲縣人……。二十八年，召至京師。二十九年春，見帝於柳林行宮，上書，極陳時攻，授翰林學士。成宗……大德元年，進中奉大夫……。五年，再上章求退……。八年六月卒，贈翰林學士承旨，資善大夫，追封太原郡公，謚文定。」

故秋澗集提要，謂王惲世祖時，官翰林學士承旨，誤。按功臣名宦卒後，世人以其贈官謚號稱之。如伯顏，追封淮安王，謚忠武，故稱之淮安忠武王。然未有生時，以此稱之者。蓋斯時，尚未封王也。

（三）欽定大清一統志稱邵桂子為邵桂誤

欽定大清一統志謂，邵桂，字德芳，淳安人。咸淳進士，授處州教授。國亡不仕，娶曹澤女，因家松江之小蒸。

欽定大清一統志卷五十九「松江府、人物、流寓、邵桂」：「字德芳，淳安人。咸淳進士，授處州教授。國亡不仕，娶曹澤女，因家于松江之小蒸，爲斯文領袖者四十年。」

然淳安縣志，松江府志，婁縣志，青浦縣志，宋季忠義錄，萬姓通譜，宋詩記事，輟耕錄，梧溪集，潛齋集，均言邵桂子，字德芳，號玄同，淳安之太平鄉人。吳攀龍之子，鞠於邵氏，因從其姓。登咸淳七年，丁未，張鎮孫榜進士，授處州教授。國亡不仕，娶華亭曹澤之女，因家松江府華亭縣之小蒸。著有雪舟脞錄，雪舟脞談，雪舟脞稿。又嘗作忍默恕退四卦，以自警。孫亨貞，字復孺，博通經史，贍于文辭，工眞草篆隸，有晉唐人風度。

嘉靖淳安縣志卷十二「人物、文苑、宋」：「邵桂子，字德芳，太平鄉人，號玄同，吳攀龍之子，鞠於所養，因從甚姓，博學宏詞，文聲大著。登咸淳七年進士第，任處州教授，棄官歸隱，鑿池構軒其上，名曰雪舟。所著有雪舟脞錄，雪舟脞談，雪舟脞稿，傳於世。又嘗作忍默恕退四卦，以自警。」

正德松江府志卷三十一「人物九、游寓」：「邵桂子，字德芳，號玄同，淳安人。宋咸淳進士，授處州教授。國亡不仕，娶華亭曹澤之女，因家小蒸，爲斯文領袖者四十年……，所著有脞談，脞稿各若干卷……。孫亨貞，字復孺，博通經史，贍于文辭，工草眞篆隸書。」

婁縣志卷三十「流寓傳、宋」：「邵桂子，字德芳，淳安人。咸淳間，以宏詞登進士第，教授處州。國亡不仕，娶華亭曹澤之女，因家西小蒸，爲斯文領袖者四十年，卒年八十二，嘗著忍默恕退四卦，以自警……。孫亨貞，字復孺，博通經史，贍於文辭，書擅四體。」

萬曆青浦縣志卷五「人物傳下、流寓、元」：「邵桂子，字德芳，號玄同，淳安人。宋咸淳丁未，張鎭孫榜進士，授處州教授。國亡不仕，娶華亭曹澤之女，因家小蒸，爲斯文領袖者四十年。年八十二卒，歸葬淳安。所著脞談稿，各若干卷……。孫亨貞，字復孺。博通經史，贍於文辭，工眞草篆書……其字畫閒雅，有晉唐人風度。」

宋季忠義錄卷十三「邵桂子」：「桂子，字德芳，淳安人，號玄同，安仁簿吳攀龍子也。鞠於所養，因從其姓。以博學宏詞，登進士第，教授處州。棄官而歸，鑿池構屋，扁曰雪舟。所著有雪舟脞談等書，又作忍默恕退四卦，以自警……。」

萬姓統譜卷一百三「邵桂子」：「字德芳，淳安人，號玄同，吳攀龍子也……。登咸淳七年進士第，任處州教授……。」

宋詩紀事卷七十五「邵桂子」：「桂子，字德芳，淳安人。咸淳七年進士，教授處州。棄官寓家松江，有雪舟脞稾，孫亨貞知名。」

梧溪集卷三「題邵氏家譜有引」：「邵……至唐，名旺者，爲濛源府君，從睦州遷居淳安之諫村……。又十三世，名桂子，爲宋處州教授……。孫亨貞出示族譜，逢敬題是詩。」

潛齋集卷八「玄同齋記」：「玄同邵君桂子德芳，一日致書，諗於無名何某曰：玄同云者，某所自號也……。」

輟耕錄卷十四「四卦」：「睦人邵玄同先生桂子，嘗作忍默恕退四卦，揭之坐隅，眞得保身愼言，絜矩知止之道者矣。」

故欽定大淸一統志，謂邵桂子，名邵桂，誤。

(四) 劉鶚字楚齊誤

惟實集提要謂，劉鶚字楚齊。

惟實集卷首「提要」：「臣等謹案，惟實集七卷，附錄一卷，劉鶚撰。鶚字楚齊，永豐人。皇慶間，以荐授揚州學錄，累官江州總管，江西行省參政，守韶州，以贛寇圍城，禦不支，被執抗節死，其事甚烈。」

然惟實集附錄之碑、銘，吳文正集，文安集，至正集，燕石集，文毅集，均稱劉鶚字楚奇。即僅言楚奇者，亦與劉鶚之生平事蹟吻合。

惟實集卷末「附錄、元故中奉大夫海北廣東道肅政廉訪副使劉公墓誌銘」：「公諱鶚，字楚奇，世爲吉水永豐顯親里人……。准東宣慰，通通聞其賢、舉充揚州學錄。奉定乙丑，受汴省檄，掌教齊安河南三書院……。考滿，歸建浮雲道觀，爲藏修之所……。至正元年，擢從仕郎、湖廣儒學副提舉……。未幾，擢秘書監秘書郎……。十年，陞翰林修撰、奉訓大夫……。十七年九月，陞中順大夫、廉訪副使。四月，登舟赴廣東憲副……，開府南雄，九月駐車韶關……。二十二年二月，拜嘉議大夫、江西參政。二十四年甲辰九月，韶關獠作亂，公分兵討之，而贛寇乘間猝至。公自將乘城……，力戰月餘，竟以兵少無援而城陷，公被執，拘囚至贛……，不食六日而卒。」

惟實集卷末「附錄、元故江西參政劉公銘」：「余讀書山中，觀揭文安公浮雲道觀記，已知劉公爲名士。暨擢第入翰林時，楚奇在秘監，木天玉署相密邇，每出入必相見。楚奇佐郡南雄，值壬辰兵變，不相聞知。歲癸巳……，始知楚奇動靜，廷論奏爲修撰，改江州守，廣東憲，赫赫在人耳目。噫！以楚奇文行之美，何施不可，乃邅迴嶺海以終，亦可哀，爲之詞曰……。前進士、渝陽；胡行簡泣銘。」

吳文正集卷十七「劉鶚詩序」：「鶚字楚奇，與吾諸子之相先後……，嘉鶚之才，愛之如吾子。」

文安集卷十「浮雲道觀記」：「客名鶚，字楚奇……。其學以六經爲主，其文以義理爲本，其詩近陶柳之間……。天歷二年六月九日，揭傒斯記。」

至正集卷三十四「劉楚奇惟實集序」：「盧陵劉楚奇仕京，予始愛其詩，未識其人。識其人，觀其氣，又過其詩，其詩不但標格而已……。歷教職，入仕京，出爲湖廣儒學副提舉，復徵爲秘書郎……。他日騰茂實者，其在楚奇矣！」

燕石集卷三「吉安劉楚奇秘書浮雲道院」：「桑弧蓬矢男子志……，揭天動業固名垂。」

文毅集卷十六「跋楚奇劉公與丘氏書並梅南劉公跋」：「鄉先生楚奇劉公，仕元終廣憲貳，死節於贛。近日予過其處，父老猶能言之……。」

故惟實集提要，謂劉鶚字楚齊，誤。

(五) 蛾術詩選詞選世已無傳誤

野處集、蟻術詩選、蟻術詞選，由汪稷刊行於世。

蟻術詩選、蟻術詞選卷末「跋」：「右詩詞選，邵亨貞撰。卷首題元雲間邵復孺，亨貞字也……。所著野處集，四庫著錄稱，其集與蟻術詩選詞選，同爲汪稷所刻……。」

至正德以降，已改稱蛾術詩選，蛾術詞選。

正德松江府志卷三十一「人物九、游寓」：「邵桂子，字德芳，號玄同，淳安人……。孫亨貞，字復孺……。所著蛾術稾若干卷，稿皆手筆，點畫不苟，足爲後學楷式云。」

萬曆青浦縣志卷五「人物傳下、隱逸、元」：「邵桂子，字德芳，號玄同，淳安人……。孫亨貞，字復孺……。著有蛾術稿行世，稿皆手筆……。字畫閒雅，有晉唐人風度。」

御選歷代詩餘卷一百九「元」：「邵亨貞，字復孺，號清溪，華亭人，有蛾術詞選四卷。」

然野處集提謂，蛾術詩詞二選，世已無傳，誤。

野處集卷首「提要」：「臣等謹案，野處集四卷，邵亨貞撰……。是編本出上海陸深家，深之孫郯，以授稷，而刊行之。並所著蛾術詩選，蛾術詞選，爲十六卷。今詩詞二選，世已無傳。惟此本獨存，共雜文六十八首。」

蓋汪氏刊本之蛾術詩選，蛾術詞選，民間尚有典藏。商務印書館，嘗據此刊本，景印出版，收入四部叢刊。

蛾術詩選、蛾術詞選卷末「跋」：「右詩詞選，邵亨貞撰。卷首題，元雲間邵復孺。復孺，亨貞字也……。涵芬樓舊藏詩選，爲汪氏原刊本……。詞選本已佚，從故宮博物院圖書館，借宛委別藏本，配合印行，可稱完璧。海鹽，張元濟。」

四庫全書之編修，所以致有此失，當因詔天下獻書，二選無人進呈使然。

（六）作者時代錯誤

河南通志謂，王庭筠、趙秉文，元代人。

河南通志卷七十四「藝文三、七言律、元、王庭筠」：「登林慮南樓」。「元、趙秉文」：「嵩山承天谷」。

然金史二人有傳，元史則無。

金史卷一百一十「列傳第四十八、趙秉文」。卷一百二十六「列傳第六十四、文苑下、王庭筠。」

故河南通志謂：王庭筠、趙秉文，元代人，誤。

(七) 題邵亨貞家譜互歧

梧溪集卷三「題邵氏家譜有引」：「邵自康公，至東陵侯平，凡五十世……。至唐名旺者，爲濛源府君，從睦州，遷居淳安之諫村……。又十三世，名桂子，爲宋處州教授，有別業在華亭、處州。孫亨貞，出示族譜，逢敬題是詩：宋日衣冠戶，唐朝德澤門。變遷支派異，貧賤典刑存……。國風詩在魯，山脈氣朝崑。伊呂曾爲匹，朱陳近結婚。公侯必復始，尙憶諫名村。」

書畫彙考卷二十「書二十、元人合卷，奉題復孺屯田先生家世譜」。「宋日衣冠戶，唐朝德澤門，變遷支派異，貧賤典刑存……。公侯始必復，勿忘諫臣村。至正乙巳春三月清明日，謹書于冥鴻軒，友生王逢頓首再拜。」

二者標題互歧，落款亦異，且一有引，一則無，即詩亦有出入。何以致此，今人矚目。

（八）同書作者時代互歧

河南通志卷七十四「藝文三、詩、七言律、元、王庭筠、登林慮南樓」。卷四十九「藝文八、記、金、王庭筠、五松亭記」。王庭筠分列金元兩代。

河南通志卷七十三「藝文二、詩、五言律、金、楊奐、金谷行」。卷七十四「藝文三、詩、五言絕句、元、楊奐、登太室」。楊奐分列金元兩代。

山西通志卷二百三「藝文二十二、紀三、金、重修廟學記、李俊民。」卷二百二十一「藝文四十、詩一、元、毛晉卿肯山堂、李俊民。」李俊民分列金元兩代。

可閒老人集卷首「提要」：「元、張昱撰」。卷一「首頁」：「明、張昱撰」。張昱分列元明兩代。

雲松巢集卷首「提要」：「元、朱希晦撰」。卷一「首頁」：「明、朱希晦撰」。朱希晦分列兩代。

來鶴亭集卷首「提要」：「元、呂誠撰」。卷末「補逸」：「明、呂誠撰」。呂誠分列元明兩代。

說郛卷首「提要」：「明、陶宗儀撰」。卷一至卷五下，每卷「首頁」：「明、陶宗儀撰」。卷六上以下，每卷「首頁」：「元、陶宗儀撰」。陶宗儀分列元明兩代。

按作者，生於元代，卒於明初。謂其爲元代人故可，謂其爲明代人，亦無不可。生跨兩代之作者，其歸屬之時代，因無定論，每致混淆。

（九）張孔孫字夢夫疑誤

書史會要謂，張孔孫字夢夫。

書史會要卷七「元、張孔孫」：「字夢夫，濟南人。官至河南廉訪使，書宗王黃華。」

然元史、新元史、元史類編等，均言張孔孫，字夢符。

元史卷一百七十四「張孔孫」：「張孔孫，字夢符。其先出遼烏若部，爲金所并，遂遷隆安。父……夜夢謁孔子廟，得賜嘉果。已而，孔孫生。因丐名衍聖公，遂名今名……。素以文名，且善琴，工畫山水竹石，尤精騎射。」

新元史卷二百零二「張孔孫」，元史類編卷二十三「臺諫一、張孔孫」，類元史本傳。

且御定書畫譜，亦據以改正，書史會要之言。

御定佩文齋書畫譜第三十七卷「書家傳十六、元一、張孔孫」：「張孔孫，字夢符，陶宗儀云，濟南人。世祖時，拜侍御史，行御史臺事，元史本傳。孔孫書宗王黃華，書史會要。」

故書史會要，謂張孔孫字夢夫，疑誤。四庫全書，編修時，即不改原著，亦當附註以正之。至謂其濟南人，待考。明一統志，稱其流寓兗州。

明一統志卷二十三「兗州府、流寓、張孔孫」：「隆安人，父之純，爲東平萬户府參議，生孔孫，以文學名。世祖時，官翰林學士承旨。孔孫尤善琴，工書，尤精於騎射。立朝讜言，有可觀者，士論服之。」

（十）貫酸齋姓氏父名互歧

圭齋集謂，酸齋貫氏，父格濟格。

圭齋集卷九「元故翰林學士中奉大夫知制誥同修國史貫公神道碑」：「公家北庭，裕實其名，酸齋其號也……，格濟格之子……。詩傳人間，號蘆花道人。公至錢塘，因以自號。」

然元詩選謂，酸齋格姓，父衮格根。

元詩選二集卷七「侍讀學士碩裕實哈雅」：「碩裕實哈雅，阿里哈雅之孫，父名衮格根。哈實遂以格爲氏，號酸齋。」

故酸齋之姓氏，父名，一曰貫氏，父格濟格。一謂格氏，父衮格根。二者互歧，未能統一，當屬編校之失。

（十一）午溪集提要　卷首張序　謂陳鎰之外舅周衡為周權衡之之誤

陳鎰，字伯銖，處州之麗水人。所著午溪集之提要，其業師張翥之序謂：鎰從其外舅周衡學詩。衡號此山，工詩，翁婿皆爲名家。

午溪集卷首「提要」：「臣等謹案，午溪集十卷，元陳鎰撰。鎰字伯銖，麗水人，嘗官松陽教授……。翥序稱，其學於外舅周衡……。」

處州府志卷之二十一「人物志中、文苑、元」：「陳鎰，字伯銖，麗水人。典教松陽，善詩章，著午溪集。」

午溪集卷首「午溪集原序」：「午溪集者，括蒼陳君伯銖詩也……。麗水陳伯銖父，受學外舅此山周君衡……。讀午溪詩，大篇短章，何其聲之似周君衡也……。應奉翰林文字登仕郎同知制誥兼國史院編修官張翥書。」

處州府志卷之二「疆域、附沿革表」，「隋開皇九年，栝蒼縣，處州治栝蒼。唐武德四年，麗水縣、栝州。明洪武元年，麗水縣，處州府。清，麗水縣，處州府。」

午溪集卷首「午溪集原序」：「元統癸酉秋，監察御史，辟河東張仲舉，爲金陵博士，教弟子。時永嘉李孝光，天台丁仲容，僧笑隱咸在。炎以弟子員，得從之游……。伯銖與余實同出張先生之門，未相識也……。退菴孫炎序。」

新元史卷二百十一「張翥」：「張翥，字仲舉，晉寧襄陵人……。同郡傅巖在中書，荐翥隱逸。召爲國子助教。會朝廷修遼金宋三史，擢國史院編修官……，遷翰林直學士，待講學士，兼國子祭酒……。」

疑此山周衡，爲周權之誤。蓋周權，字衡之，號此山，處州之松陽人，有此山詩集十卷。

此山詩卷首「提要」：「臣等案，此山詩集十卷，元周權撰。權字衡之，號此山，處州人。」

處州府志卷之二十一「人物志中、隱逸、元」：「周權，字衡之，松陽人。通經史，工詩。」

按周權，嘗攜其詩，渡長江，越黃河，北游京師。

此山詩集卷三「赤壁泛舟」，卷四「徐州暮泊風雨驟至」，「八里莊渡淮入黃河，水渾不可飲，過徐入清河，水方澄潔，信筆閒記」，「濟南原上」，「元正觀朝賀」，卷八「京師」，「闕下遙瞻」。

以詩贄見翰林學士袁桷，桷深重之。稱其才堪充翰苑之職。力荐之，竟報罷。歐陽元復荐之館職，以母老辭歸。

此山詩集卷首「提要」：「臣等謹案，此山詩集十卷，周權撰。權……嘗游京師，以詩贄翰林學士袁桷。桷深重之，荐之館職，竟報罷。詩名日起，唱和日多。」

處州府志卷之二十一「人物志中、隱逸、元」：「周權，字衡之……。至京師，歐陽元荐與館職，以母老辭歸。」

由是名動京師，深受金馬玉堂名臣所重。既與翰林學士袁桷伯長，趙孟頫子昂，翰林修撰虞集伯生，翰林學士歐陽玄原功，藝文監丞揭傒斯曼碩，特進上卿玄教大宗師吳全節閑閑，陳旅衆仲助教，御史中丞馬祖常伯庸等，多所唱和。

此山詩卷三「呈伯長袁學士」，卷四「呈趙子昂學士」，「呈虞伯生修撰」，卷五「賀歐陽公除翰林學士」，「呈揭曼碩監丞」，「呈閑閑宗師吳公」，卷八「次韻子昂學士人日立春趙詩」，「賀歐陽公除翰林學士」，「呈陳衆仲助教」，「謝歐陽學士」，「呈馬伯庸御史中丞」，卷九「歐陽學士過訪」。

松雪齋集卷五「五言絕句、題周秀才此山堂」：「青青雲外山，炯炯松下石。顧此山中人，風神照松色。」「爽氣在襟袖，清風拂絲桐。悠然適天趣，宴坐心融融。」

史記卷一百二十六「滑稽列傳」：「武帝時，齊人有東方生名朔……，人皆以先生爲狂。朔曰：如朔等所謂，避世於朝廷間者也。古之人，乃避世於深山中……。避世於金馬門宮殿中，可以避世全身，何必深山之中。金馬門者，宦署門也，門傍有銅馬，故謂之金馬門。」故「金馬」，意爲朝廷名宦也。

玉堂嘉話卷首「玉堂嘉話序」、「中統建元之明年，辛酉夏五月，詔立翰林院於上都……。其年秋七月，授翰林修撰，同知制誥，兼國史院編修官……，復入爲翰林待制。時則有若左丞相修國史耶律公，承旨霍魯忽孫，安藏，前左轄姚公，大學士鹿菴王公，侍講學士徒單公，河南李公，待制楊恕，修撰趙庸，應奉李謙。不肖雖承乏幾一考……。因紬繹所記憶者，凡若干，輯爲八卷，題之曰玉堂嘉話。」故「玉堂」，意爲翰苑名流。

元史卷一百七十二「袁桷」：「字伯長，慶元人……，改翰林直學士……，遷侍講學士。」卷一百二十七「趙孟頫」：「字子昂，宋太祖子，秦王德芳之後……。拜翰林學士承旨。」卷一百八十一「虞集」：「字伯生，宋丞相允文五世孫……。遷集賢修撰……，陞集賢侍讀學士。」卷一百八十二「歐陽玄」：「字原功，其先廣陵人……。授岳州路平江州同知……，遷翰林待制，兼國史院編修官……，陞侍講學士……，拜翰林學士……，拜翰林學士承旨。」卷二百八「揭傒斯」：「字曼碩，龍興富州人……。，除應奉翰林文字……，特授藝文監丞……，再陞侍講學士。」卷二百二「吳全節」：「字成季，饒州安仁人……，制授特進上卿，玄教大宗師。」卷一百四十三「馬祖常」：「字伯庸，世爲雍古部，居靖州……。除翰林待制……，尋兼翰林直學士……，拜御史中丞。」

安雅堂集卷首「提要」：「臣等謹案，安雅堂集十三卷，元陳旅撰。旅字衆仲，蒲田人……，引爲國子助教，考滿，出爲江浙儒學提舉……，遷國子監丞。」

且袁桷，歐陽玄，陳旅，爲之序。揭傒斯、謝端跋其集，趙孟頫亦以所書「此山」相贈。

此山詩集卷首「此山詩集原序」：「括蒼周君衡之，磊落江海士也，束書來京師，以是編見贄……。因書此以贄其卷首。延祐六年閏八月庚申，前史官會稽袁桷序。」

此山詩集卷首「此山詩集原序」：「此山周先生，自括蒼來京師訪余……，因爲選最佳者，得若干首，題爲此山先生集云。登仕郎江浙等處儒學副提舉陳旅序。」

此山詩集卷首「此山詩集原序」：「括蒼周君此山……，他日君乘小車來過余……。翰林直學士、中憲大夫、知制誥、同修國史、盧陵歐陽玄序。」

此山詩集卷末「跋」：「括蒼周此山詩，若干首……。周君其肯錄以寄余乎。翰林待制、中順大夫、兼國史院編修官謝端跋。」

此山詩集卷末「跋」：「余近從國子先生陳君衆仲，讀所作周君衡之詩集敘，恨未見其詩與其人，後月餘，衡之……，見余樂道里，且以詩見貽……，揭傒斯書。」

此山詩集卷四「子昂學士，爲余作此山二字，並作詩見畀……，書此以謝。」

故此山周權衡之之事蹟，與陳鎰「哭外舅此山先生」所言「太華黃河曾面識，玉堂金馬有知心」相吻合，且均爲處州人。雖一爲松陽，一爲麗水，然乃鄰邑，通婚亦易。因此，周權即其外舅，差可考定。

午溪集卷六「哭外舅此山先生」：「才名奕奕冠當今，投老林泉樂意深。太華黃河曾識面，玉堂金馬有知心。壽杯未及希年賀，詩卷空添近日吟。概想音容尚如此，西風吹淚滿衣襟。」

元代有名周衡者，然字士平，梁溪人。與陳鎰泰山之字、籍貫、事蹟均異，故其岳父非此人。

元詩選癸集庚「周衡」：「周衡，字士平，梁溪人。」

（十二）子淵詩集提要謂金臺集作者納新誤

金臺集，原題迺賢撰。四庫全書，改為納延。

金臺集卷首「提要」：「臣等謹按，金臺集二卷，元納延撰。原本作迺賢，今改正。」

然子淵詩集提要則謂：金臺集作者為納新，誤。

子淵詩集卷首「提要」：「臣等謹按，子淵詩集六卷……。納新金臺集，有懷明州張子淵七律一首……。仲深……多與納新，楊維禎……，唱和之作，而納新為尤夥。」

子淵詩集一「元張仲深撰」。

金臺集卷二「和夜懷明州張子淵」。

何以致此，令人錯愕。

（十三）揭傒斯字曼石誤

朱晞顏著，瓢泉吟稿，有酬贈揭曼石詩一首。

瓢泉吟稿卷二「五言長律、和張伯雨寄揭曼石學士時揭奉旨祀岳瀆留杭丐老」。

瓢泉吟稿卷首提要謂：揭曼石，即揭傒斯，字曼石，誤。

瓢泉吟稿卷首「提要」：「集中所與酬贈者，爲鮮于樞，揭奚斯，楊載諸人。」

蓋歐陽玄，黃溍。

圭齋文集卷十「元侍講學士中奉大夫知制誥同修國史知經筵事豫章揭公墓誌銘」：「曼碩，諱傒斯，姓揭氏……。用薦爲翰林國史院編修官，三年陞應奉翰林文字，同知制誥，四年遷國子助教……。文宗開奎章閣，置授經郎……，公首被選……。超授藝文監丞……。擢集賢直學士……，改授翰林直學士知制誥同修國史……，陞翰林侍講學士……。曼碩居豫章豐城，今爲富州。」

文獻集卷十上「翰林侍講學士中奉大夫知制誥同修國史知經筵追封豫章郡公諡文安揭公神道」：「公諱傒斯，字曼碩。揭之得姓，出於楚司揭氏者……。占籍豫章之豐城，豐城今富州也。」

納延，陶宗儀。

金臺集卷二「讀揭文安集」「公字曼碩，豫章人。」

輟耕錄卷四「奇遇」：「揭曼碩先生未達時，多游湖湘間。」

程鉅大、袁桷。

雪樓集卷十四「揭曼碩詩引」，「今年坐夏黃鵠山，有示予詩一篇，曰豐城揭曼碩作也。」

清容居士集卷十「題揭曼碩詩卷」。

周權，黃玠。

此山詩集卷五「呈揭曼碩監丞」。

弁山小隱吟錄卷一「寄呈揭曼碩」。

周巽，胡助。

性情集卷五「上翰林學士曼碩揭公三史二十韻」。

純白齋類稿卷七「挽揭曼碩學士二首」。

薩都剌，楊瑀。

雁門集卷二「訪揭曼碩秘書」。

山居新話卷二「揭曼碩學士，有題秋鷹詩」。

傅習等，元人著作，皆言揭傒斯，字曼碩。豫章豐城人，諡文安，未云其字曼石者。

元風雅卷七「揭曼碩：送馬雍古祖常御史使江南。」

此究爲謄錄之誤，致「提要」始有此失，抑或考證之輕忽所致。因始獻之瓢泉吟稿，未曾見及，已難考訂此誤之所以產生。

（十四）揭傒斯訛為揭徯斯

元代重要文獻，皆言一代文學巨擘揭曼碩，名傒斯。

圭齋集卷五「貞文書院記」：「文安公，諱傒斯，字曼碩。卒官翰林侍講學士、中奉大夫、知制誥、同修國史。」

雪樓集卷九「貞文先生揭君之碑」：「傒斯，今應奉翰文字、同知制誥、兼國史院編修官。」

元史卷一百八十一「揭傒斯」：「揭傒斯，字曼碩，龍興富州人。」

文獻集卷十上「翰林侍講學士中奉大夫知制誥同修國史知經筵事追封豫章郡公謚文安揭公神道碑」：「公諱傒斯，字曼碩……。占籍豫章之豐城，豐城今富州也。」

山居新話卷二「至正十七年……，翰林學士歐陽玄，侍講學士揭傒斯，皆爲壽松記。」

元文類卷五十四「桂陽縣尹范君墓誌銘」：「揭徯斯」。

輟耕錄卷七「奎章政要」：「時授經郎揭徯斯，亦在列。比之集、九思之承寵眷者，則稍疏。」

書史會要卷七「揭徯斯」：「揭徯斯，字曼碩，豐城人。官至侍講學士，封豫章公，謚文安。」

蘇天爵，陶宗儀，訛爲揭徯斯。

按傒徯，形似而義殊。「徯斯」，當屬蘇陶二氏之筆誤。因係出於名家手筆，遂訛傳後世。

康熙字典卷之一「傒」：「傒、奚同，與徯別。」

如傳習之元風雅。

元風雅卷首「目錄」：「卷七、揭曼碩傒斯。」

程政敏之明文衡。

明文衡卷五十五「雜著、虞揭詩記」：「虞文靖公，嘗作范德機詩序……，且以……三日新婦喻揭……。序出，適揭公歸省墓，見之，大不悦。遂往臨川訪虞公，既見，言及此事。且曰：傒斯與公京師二十年，未嘗蒙公，一言及斯……。」

偶桓之乾坤清氣等。

乾坤清氣卷一「麻姑壇」：「揭傒斯曼碩」。

（十五）同書作者之名互歧

揭傒斯，原爲揭傒斯之誤，前已述之。後人不察，致若干名著，陷于此失。竟揭傒斯，揭傒斯，兼用互歧。且易使讀者，誤爲兩人，或有所疑慮，如元文類。

元文類卷三十六「孔氏譜序」：「揭傒斯」。

元文類卷五十四「桂陽縣尹范君墓誌銘」：「揭傒斯」。

元風雅。

元風雅前集卷首「元風雅姓氏前集目錄」：「揭曼碩、傒斯」。

元風雅後集卷首「元風雅後集姓氏目錄」：「揭曼碩、傒斯」。

乾坤清氣。

乾坤清氣卷一「麻姑壇」：「揭徯斯曼碩」。

乾坤清風卷三「夏五月武昌舟中觸目」：「揭傒斯曼碩」。

且乾坤清氣之目錄，悉用揭徯斯。而內容，則徯斯、傒斯，二者兼用。

乾坤清氣卷首目錄「卷一」：「揭徯斯曼碩八首」，「卷三」：「揭徯斯曼碩五首」，「卷七」：「揭徯斯五首」，「卷十一」：「揭徯斯八首」，「卷十四」：「揭徯斯一首」。

乾坤清氣卷三「夏五月武昌舟中觸目」，「揭傒斯曼碩」，卷十一「羅學士奉旨祀海嶽繇鍾陵相別聞尚留宿會稽有懷奉寄」：「揭傒斯曼碩」。

江西通志，亦揭傒斯，揭徯斯兼用。

山西通志卷一百五十四「送詹尊師歸廬山」：「揭傒斯」。

山西通志卷一百四十七「柏堂詩有序」：「揭徯斯」。

山東通志，更揭奚斯，揭傒斯，揭徯斯，三者並用。

山東通志卷三十五之上「謁闕里林廟」：「元、揭奚斯」。

山東通志卷三十五之十七「李節婦傳」：「元、揭傒斯」。

山東通志卷三十五之十九「都水分監記」：「元、揭傒斯」。

謄錄之誤，核校之失，殊爲顯著，亦莫此爲甚！

（十八）同書作者名與字兼用

浙江通志，所纂錄各代，與浙江有關之詩文，均用作者之名。然薩都剌，薩天錫，名與字兼用。

浙江通志卷二百七十三「夜泊釣臺」：「元薩天錫」。

浙江通志卷二百七十八「西湖絕句」：「元、薩都拉」。

如此，旣違其體例，且似不知天錫，爲薩都拉之字，故而視爲二人。

雁門集卷首「提要」：「雁門集三卷，集外詩一卷，元薩都拉撰。案薩都拉，原作薩都剌，今改正。薩都拉，字天錫，號直齋。其……父曰傲拉齊，以世勳鎭雲代，居于雁門。故世稱雁門薩都拉，實蒙古人也。」

若謂其詩，因錄自薩天錫詩集。而集中之序，均但言薩天錫，未謂其名薩都拉，故始乃耳。

薩天錫前後集卷首「薩天錫詩集序」：「吾觀前元進士薩天錫之詩，嘆羨仰慕之無已……。成化二十一年，歲在乙巳仲春，花朝日，賜進士第，朝列大夫，致仕……，玉田劉子鍾廷振謹書。」

薩天錫前後集卷首「薩天錫詩集序」：「予平生性拙，苦不能詩……。一日得元薩天錫詩集，於仁和沈文進……。成化二十一年春二月一日，賜進士中順大夫知兗州府事，前刑部員外郎，關中趙蘭廷猗謹識。」

薩天錫前後集卷首「薩天錫詩集序」：「天錫薩先生，爲同郡先達，其詩傳播于世……。弘治十六年……，東昌知府，雁門李舉識。」

然浙江通志，何以纂自翰林楊仲弘詩集，陳剛中詩集之詩，作者均用其名，楊載、陳孚。而非用其字，楊仲弘、陳剛中。

浙江通志卷二百七十三「次韻虞彥高遊陽明洞」：「元、楊載」。卷二百七十六「暮春遊西湖北山」：「元、楊載」。卷二百七十七「寄沈少微金華隱居」：「元、楊載」。

楊仲弘集卷首「提要」：「楊仲弘集八卷，元，楊載撰。載字仲弘，浦城人，後徙杭州。」

浙江通志卷二百七十二「飛來峰」：「元、陳孚」。卷二百七十三「葛嶺行」：「元、陳孚」。卷二百七十四「越上早行」：「元、陳孚」。

陳剛中詩集卷首「提要」：「陳剛中詩集三卷，附錄一卷，元，陳孚撰。孚字剛中，天台臨海人。」

且廣西通志，錄自傅與礪詩文集之詩，亦用其名傅若金，而未用其字傅與礪。

廣西通志卷一百二十一「廣西謠」：「傅若金」。卷一百二十二「桂林」：「傅若金」。

卷一百二十三「興安縣」：「傅若金」。

傅與礪詩文集卷首「提要」：「傅與礪詩文集二十卷，元、傅若金撰。若金字汝礪，改字與礪，江西新喻人。」

江西通志，選自范德機詩集之詩，亦用其名范梈，而未用其字范德機。

江西通志卷一百五十四「贈熊處士還山房」：「范梈」。

范德機詩集卷首「提要」：「范德機詩集，七卷，元，范梈撰。梈字亨父，一字德機，清江人。」

河南通志，雖用薩天錫，違其體例。然並未與薩都拉，名與字兼用。

河南通志卷七十三「薩天錫」：「早發黃河即事」。卷七十四「薩天錫」：「黃河舟中月夜」。卷七十九「薩天錫」：「龍門記」。

復猶有進者，薩天錫詩集，楊仲弘詩集，陳剛中詩集，傅與礪詩文集，范德機詩集五者，均以作者之字，爲詩集之名。何以獨浙江通志，薩天錫，薩都拉，字與名並用，視若二人。其他省志，則無薩都拉與薩天錫，亦無楊載與楊仲弘，陳孚與陳剛中，傅若金與傅與礪，范梈與范德機，名與字兼用之情形。故所謂「不知」云者，或非厚誣古人。

（十七）鄭奕夫字景允誤

鄭奕夫，至正丙申十六年，西元一三五九年，爲同里張仲深之子淵詩集，所撰序言，自稱字景尹。

子淵詩集卷首「原序」：「余識同里張君子淵於童早……，春三月庚寅，四明安晚後人，鄭奕夫景尹父序。」

其同里，同門，且同任教于江左學校之程端禮，亦謂其字景尹。

畏齋集卷四「送教授鄭君景尹赴浮梁任序」：「余與景尹，居甬東，爲同里。先人迎師，訓不肖兄弟。景尹就學于余塾，爲同門。情相好，爲同志……。景尹與余，教江左學校，出處又同……。景尹生與余弟時叔同年，余以七年以長……。至正元年，明守眞定王居敬，選訓導，余力辭其聘不可，與景尹同入齋……，督諸生學，咸知自奮……。今年景尹，又以教授浮梁去。諸生不屑從他師，至於痛哭而散……。」

然凌迪知所著之萬姓統譜，則謂鄭奕夫，字景允，誤。

萬姓統譜卷一百七「元、鄭奕夫」：「字景允，鄞人，丞相清之曾孫也。幼穎悟絕人，動止中矩度。潛心性理。講學績文，克守清白。嘗爲慈谿、麗水、常山，三縣教諭。調徽州紫陽書院山長，陞浮梁州教授。所著有論語本義，大學中庸章旨，衍桂堂集若干卷，稱爲習齋先生。」

按凌氏，明嘉靖三十五年，西元一五五六年，登進士第。上溯元至正十六年，爲時兩百年。且其成書之年，當在此後二三十年。

明人傳記資料索引「十一劃、凌」：「凌迪知，字繹泉，烏程人，約言子。嘉靖三十五年進士，官至兵部員外郎。有萬姓統譜……，名公翰藻。」

故時逾兩百餘年，後人之著作，其可信度，遠不及鄭奕夫、程端禮所言之無可置疑。

雖凌氏所言，鄭奕夫字景允，源自成化四年，西元一四六九年，刊本之寧波郡志。

寧波郡志卷之八「人物考、補志、元、鄭奕夫」：「字景允，鄞人，別號習齋，宋丞相清之曾孫也。幼穎悟絕人，動止中矩度。潛心性理，講學績文，克守清白。嘗爲明之慈谿，處之麗水，衢之常山，三縣學教諭。調徽州紫陽書院山長，陞浮梁州教授。所著有論語本義，中庸大學章旨，衍桂堂集若干卷。奕夫平日，以道學文章自任，一時學者，皆師尊之，稱爲習齋先生。」

然自明成化四年，上溯元至治十六年，亦時逾百年，故仍難使人深信無疑。

（十八）郭翼字熙仲誤

林外野言提要謂：郭翼，字熙仲，誤。

林外野言卷首「提要」：「林外野言，二卷，元郭翼撰。翼字熙仲，崑山人，少從衛培學，精於易義。嘗獻策張士誠。不能用，歸耕婁上。老得訓導官，竟與時忤，偃蹇以沒……。

翼明敏博學，不屑爲舉子業。專意作古文詞，尤工於詩。嘗自號東郭生，又稱野翁。而名其所著集，曰林外野言。」

蓋楊維禎之東維子集，謝應芳之龜巢集，顧瑛之玉山名勝集，明王鏊之姑蘇志，朱珪之名蹟錄，清顧嗣立之元詩選等，均稱郭翼字義仲。且姓名，籍貫，師門，自號，著作等，無不與「提要」同。

東維子集卷七「郭義仲詩集序」：「竊繼其緒餘者，亦斤斤得四三人焉。曰天台項炯，姑胥陳謙，永嘉鄭東，崑山郭翼……。翼字義仲，東郭生其自號也。」

龜巢集卷三「寄郭義仲」。

玉山名勝集卷一「崑山郭翼義仲」。

姑蘇志卷五十四「郭翼」：「字義仲，崑山人。少從衛培學，邃於易。爲文詞，必欲追古……。嘗出策干時貴，不能用，遂歸耕婁上。老得訓導官，竟與時忤，偃蹇以終。自號東郭生，又自稱野翁，所著有林外野言。」

名蹟錄卷四「元故遷善先生郭君墓志銘」：「先生諱翼，字義仲，世崑山右族……。自少入鄉校，從衛培學……。既壯，益肆力於學，沈潛百家，尤邃於易。年四十，閉門授徒，嘗匾其受業之室，曰遷善……。自號東郭生，又自稱野翁。所著文集，曰林外野言，凡若干卷。」

元詩選二集卷十九「東郭生郭翼」：「翼字羲仲，一作重，崑山人，少從衛培學，工詩，尤邃於易。生平以豪自負，嘗獻策張士誠，不能用，遂歸耕婁上。老得訓導官，竟與時忤，偃蹇以終。范陽盧熊公武，題其墓，曰遷善先生。羲仲自號野翁，又號東郭生……。」

雖康熙字典謂：熙與僖同，戲也。又言：伏羲，又作伏戲。熙與羲，似相通，亦似否。

訂正康熙字典一五三三頁「熙」：「爾雅釋詁：緝熙，光也……。又廣韻：和也……。又說文：燥也。又正韻：與僖同……。宋玉登徒子好色賦注：熙，戲也。」

訂正康熙字典二一六二頁「羲」：「伏羲……三皇之最先。按易繫辭，作包犧。釋文云，包本作庖。孟京作伏犧，字又作羲，孟京作戲。」

然羲與熙，若不相通，謂羲仲爲熙仲，固誤。即相通，羲仲書爲熙仲，亦不宜。蓋清之康熙，書爲康羲，伏羲，書爲伏熙可乎？

此外，東皋錄之郭義仲，亦疑爲羲仲之誤。

東臯錄卷上「題郭義仲詩集」。

（十九）徐明善號方谷誤

江西通志謂：徐明善號方谷。

江西通志卷八十八「人物二十三、饒州府二、元」：「徐明善，鄱陽人。至元間，任江西儒學提舉，嘗奉使安南。歷聘江浙湖廣三省考試，拔黃縉卿於落卷中，別號方谷。」

然正德饒州府志，芳谷集提要，黃家遴饒州府志，蔣啓敭德興縣志，吳啓新德興縣志，元詩記事均謂徐明善號芳谷。

正德饒州府志卷四「名宦，德興縣」：「徐明善，號芳谷。任江西儒學提舉，嘗使安南，有文名。」

芳谷集卷首「提要」：「芳谷集二卷，元徐明善撰。明善字友德，德興人，芳谷其別號也。官隆興教授，又爲江西儒學提舉。當奉使安南，歷聘江浙湖廣三省考試，拔黃溍於落卷中，蓋亦一時，以文學知名之士……。」

黃家遴等修饒府志卷之二十七「人物志七、文苑」：「元徐明善，德興人。八歲能文，至元間，任江西儒學提舉，嘗奉使安南……。別號芳谷，著有芳谷集……。」

吳啓新等修德興縣志卷之七「人物志，仕蹟，元」：「徐明善，號芳谷，一都人。八歲能文，歷聘江浙湖廣考試，拔黃縉卿於落卷中。嘗奉使安南……。所著有芳谷文集。」

蔣啓敭等修德興縣志卷之七「人物志、儒林、元」：「徐明善，號芳谷，一都人，歷聘江浙湖廣三省考試，拔黃溍卿於落卷中，嘗奉使安南……。」

元詩紀事卷九「徐明善」：「明善，字芳谷，鄱陽人。至元間，任江西儒學提舉。」

故江西通志謂：徐明善，別號方谷，誤。

（二十）沈夢麟字昭原誤

花溪集提要謂：沈夢麟，字昭原。

花溪集卷首「提要」：「花溪集三卷，元沈夢麟撰。夢麟字昭原，吳興人。舉後至元鄉薦，授婺源州學正，遷武康令，至正中，解官歸隱。明初以賢良徵，辭不起。應聘入浙闈校文者三，爲會試同考者再，太祖之曰老試官……。」

然萬姓統譜，西吳里語，歸安縣志，均稱夢麟，字元昭，或原昭。

萬姓統譜八十九「上聲、二十七寢、沈」：「沈夢麟，字元昭，歸安人。勤學勵行，年十七，即以詩名……。公卒年九十三，所著有花溪集。」

西吳里語卷三「國初，沈夢麟，字元昭，歸安人。少有詩名，元癸巳，以易經，中乙科，授婺州學正，遷武康縣尹……，年九十三，卒於家……。」

歸安縣志卷三十五「人物傳三、儒林、元、沈夢麟」：「字原昭，歸安人。少有詩名，博通群經，尤邃於易。元至元間，以明經領鄉薦。至正間，由婺源州學正，遷武康縣尹……。其詩法，有盛唐風。時人稱沈八句，有花溪集行世。」

按元通原，故花溪集「提要」，謂夢麟，字昭原，誤。

辭海四九七頁「原，原由」：「本作元由……，明初，嫌其事涉元朝，文字簿書，皆易元爲原。」故元通原。

（二十一）研北雜志作者姓名違例易生誤解

研北雜志「提要」謂：作者陸友仁。

研北雜誌卷目「提要」：「研北雜志二卷，元陸友仁撰。友仁有墨史，已著錄……。友仁頗精賞鑒，亦工篆隸。關於書畫古器者爲多，中亦頗有考證。」

然墨史，萬姓統譜，姑蘇志，古今圖書集成，江南通志，均稱陸友仁，名友，字有仁。

墨史卷首「提要」：「墨史三卷，元陸友撰。友字友仁，吳縣人。其書，集古今精於製墨者，考其事蹟，勒爲一書……。」

萬姓統譜卷一百十一「入聲、一屋，陸」：「陸友，字友仁，博雅好古，工漢隸八分書。尤能鑒辨鍾鼎、銘刻、法書、名畫，皆有精識。嘗著硯史，墨史，印史。」

姑蘇志卷五十六「人物十六、藝術」：「陸友，字友仁，博雅好古，工漢隸八分書。尤能鑒辯鍾鼎，銘刻，法書，名畫，皆有精識。嘗至都下，虞集，柯九思，薦言於上，未及用歸。嘗著硯史，墨史，印史。」

欽定古今圖書集成理學彙編文學典「第八十九卷、文學名家列傳七十七、元四、陸友」：「按蘇州府志：友字友仁，父業賈，友攻苦於學……。善詩，尤長於五言律，兼工隸楷。

又博鑒古物，凡三代而下鍾鼎，銘刻，法書，名畫，一入友目，眞贋立辨……。自號硯北生，著硯史，墨史，得古玉印，并著印史，有菊軒稿，吳中雜志。」

江南通志卷一百五十六「蘇州府」：「陸友，字友仁，吳縣人。博佳好古，有詩名，工漢隸八分行楷，尤能鑒別鍾鼎，銘刻，法書，名畫，嘗著研史，墨史，印史。」按：研通硯。故研北雜志，雖本其自署，爲作者之名。

研北雜志卷上「余生好游，足跡所至，喜從長老，問前言往行，必謹識之。元統元年冬，還自京師，索居吳下……，因追記所欲言者，命小子錄藏焉。取段成式之語，名曰研北雜志……，陸友仁序。」

然既違作者悉用其名之範例，亦違「提要」，皆載作者姓名，字，號，籍貫之體例，更易使陸友仁，陸友視爲二人。

(二十二) 東維子集稱錢子雲為錸子雲誤

東維子集，謂錢子雲，爲錸子雲，誤，且自相矛盾。

東維子集卷二十二「藏六窩志」：「雲間錸子雲氏，博學工文章，才可用世，而世不用也。今老矣，黃冠野服，脱落世累，飄飄然有如神仙……。」

蓋東維子集，錄鬼簿，野處集，蟻術詩選，蟻術詞選，書畫彙考言：錢子雲，初名霖，後爲黃冠，更名抱素，字子雲，號素菴。博學工詩文，雲間人。松江府，治華亭縣。華亭，舊稱嘉禾，古稱雲間，故又稱松江人，嘉禾人。

東維子集卷一「漁樵譜序」：「詩三百後，一變爲騷賦，再變爲曲……。嘉禾素菴老人，過予雲間邸次，出古錦樸一帙，曰漁樵譜者，若干闋。雖出乎倚聲，制辭而異乎今樂府之靡者也……。素菴名抱素，字子雲……。」

錄鬼簿卷下「錢子雲」：「名霖，棄俗爲黃冠，更名抱素，號素菴。類諸公作，名曰江湖清思集。」

野處集卷一「一枝安記」：「雲間爲瀕海下邑，因九峰三泖之勝，而置官司焉……。雲間遺族，有三錢焉……。又其一，居城西，爲南渡宦家，支蔓最衍。風流文采，間有存者。予及識其子孫四人。復堂先生……太初先生……，素菴子，善詩詞清談，卒爲老子之徒……。」

蟻術詩選六卷「七言八句，寄錢素菴錬師：雲間南城大族」、「題錢素菴錬師封雲室」、「挽錢素菴錬師。」

蟻術詞選卷二「紅林檎近：水村冬景，次錢素菴韻」。「春草碧：次韻素菴遺懷」。「江城梅花引：陸壺天、錢素菴二老相會，皆有感懷承平故家之作索予次韻，而不及當道作者，蓋俯念草木之味也。」

書畫彙考卷二十「久不見復翁（按：邵亨貞，字復孺），已劇懷想。近到蒨水北山，訪南金（按：錢應庚字南金），獲覩所寄臺城路佳詞，愈重其瞻，企因用韻……，欲翁見賤子，惓惓之情耳。東郭姻末錢抱素稽首拜呈。」

嘉禾縣志卷一「沿革、松江府」：「舊華亭縣也……，若夫雲間之名，則自陸士龍，對張茂先所謂，雲間陸士龍一語，得之也。」

銕子雲之誤，故由作者。然集舉國精英，所修之四庫全書，編而未審，似亦其失也。

（二十三）徐明善鄱陽人誤

江西通志謂：徐明善，鄱陽人。

江西通志卷八十八「人物二十三、饒州府二，元」：「徐明善，鄱陽人。至元間，任江西儒學提舉，嘗奉使安南……。」

然芳谷集「題要」，古今圖書集成「文學典」，吳啓新等修德興縣志，蔣啓勷等修德興縣志，黃家遴等修饒州府志，明陳策等修饒州府志，均稱徐氏德興縣人。

芳谷集卷首「提要」：「芳谷集二卷，元徐明善撰。善字志友，德興人……。嘗奉使安南……。」

古今圖書集成、理學彙編文學典、文學名家列傳七十四「元，徐明善」：「按饒州府志：

明善德興人……。至元間，任江西儒學提舉，嘗奉使安南。」吳啓新等修德興縣志卷之七「人物志、仕蹟、元」：「徐明善，號芳谷，一都人……，著有芳谷集。」蔣啓敭等修德興縣志卷之七「人物志、儒林、元」：「徐明善，號芳谷，一都人…，著有芳谷文集。」黃家遴等修饒州府志卷之二十七「人物志七，文苑，元」：「徐明善，德興人……，嘗奉使安南……，別號芳谷，著作芳谷集……。」明陳策修饒州府志卷四「名宦、德興縣、元」：「徐明善，號芳谷。任江西儒學提舉，嘗奉使安南，有文名。」芳谷集卷下「誌、先樞密施田眞觀院誌」：「元樞密……守信州，樂旁縣德興，山川風俗之美，由豫章東湖徙焉……。公七世孫明善，嘉善，元善，來拜墓下……。」明善亦言，居德興已七世。且鄱陽縣志，並無其傳。故江西通志，謂明善鄱陽人，誤。

（二十四）浙江通志謂羅森建安洲書院誤

浙江通志稱，羅森建安洲書院。

浙江通志卷二十七「學校、書院附、台州府、仙居縣」：「安洲書院，在縣東二十五里。赤城志：元至元中，隱士羅森建。」

然光緒仙居志，弘治赤城新志，元儒考略，均謂安洲書院，爲翁森所建。

光緒仙居志卷之六「建置、學校、社學」：「安洲書院，本在縣東二十五里，元至元中，隱士翁森建……。」

弘治赤城新志卷之七「學校、書院」，「安洲書院，在仙居縣東二十五里，元至元中，隱士翁森建，今廢。」

元儒考略卷四「翁森字□□，僊居人……，建安洲書院。」

且門人陳孚，嘗爲撰安州鄉學記。

光緒仙居志卷末「僊居集卷五、文外篇七、雜記、元、安州鄉學記、陳孚」：「鄉有學古也，古方百里而井，自王畿以及交遂，皆立之學……。今子翁子，其猶行古道歟。初余少，即與翁子游，相好也。壯而行四方，皇皇然三十載歸。始聞翁子之鄉學，喜而往之……。」

故浙江通志謂，仙居之安州書院，羅森建，誤。

(二十五) 浙江通志謂羅森建安洲書院本于赤城志誤

浙江通志言，羅森建安洲書院，本于赤城志。

浙江通志卷二十七「學校三、書院附、台州府、仙居縣」：「安洲書院，在縣東二十五。

赤城志：元至元中，隱士羅森建。」

然赤城志，既無書院之記載，且作者陳耆卿，卒于宋末，安能記元至元中事。

赤城志卷首「提要」：「臣等謹案，赤城志四十卷，宋陳耆卿撰。耆卿字壽老，號篔窗，台州寧海人，登嘉定七年進士……。」按陳耆卿，宋嘉定七年，西元一二一四年進士。若時二十五歲，則生於金章宗十六年，西元一二六五年。若八十歲卒，則爲宋咸淳三年，西元一二六五年。元代尚未開國建號，安能記元至元中事。

故浙江通志謂，羅森建安州書院，本于赤城志，誤。至其所本，當爲赤城新志。且翁森誤爲羅森。

赤城新志卷之七「學校」：「安洲書院，在仙居縣東二十五里，元至元中，隱士翁森建。」

(二十八) 元詩選稱于石慕杜古高之為人誤

元詩選謂：于石慕杜古高之爲人。

元詩選二集卷九「于處士石」：「石字介翁，婺之蘭谿人。貌古氣剛，喜詼諧，早慕杜古高之爲人……。」

然禮部集，萬曆蘭谿縣志，金華先民傳，宋元學案補遺，浙江通志，嘉慶蘭谿縣，均稱于石慕杜五高之爲人。

禮部集卷十七「于介翁詩選後題」：「于介翁先生名石，因所居鄉，自號紫巖，後徙城中，復兩溪之號。貌古氣剛，嘉談諧，早慕杜氏五高之爲人。」

萬曆蘭谿縣志卷之四「文學、于石」：「字介翁……，早慕杜五高之爲人。」

金華先氏傳卷之七「于石」：「于石字介翁，蘭谿人。貌古氣剛，喜詼諧，早慕杜五高之爲人。」

宋元學案補逸卷七十三「于先生石」：「于石字介翁，蘭溪人。貌古氣剛，喜詼諧，早慕社五高之爲人。」

浙江通志卷一百九十三「人物十、隱逸下、台州府、宋、于石」：「萬曆金華府志：字介翁，蘭溪人……，貌古氣剛，喜詼諧，早慕杜五高之爲人。」

嘉慶蘭谿縣志卷十三上「人物志、文學、宋、于石」：「字介翁……，貌古氣剛，喜詼諧，早慕杜五高之爲人。」

故元詩選謂于石慕杜古高之爲人，誤。

（二十七）元詩選謂于石從王宗菴受業誤

元詩選稱，于石從王宗庵受業。

元詩選二集卷九「于處士石」：「石字介翁，婺之蘭谿人……。後從王宗菴業詞賦，自負甚高。」

然禮部集，浙江通志，金華賢達傳，金華先民傳，宋元學案補逸，萬曆蘭谿縣志，嘉慶蘭谿縣志等，均謂于石師事王定菴。

禮部集卷十七「于介翁詩選後題」：「于介翁先生名石……，後師王定庵業詞賦。」

浙江通志卷一百九十三「人物十、隱逸下、台州府、宋、于石」：「萬曆金華府志，字介翁，蘭溪人……。後從王定菴，業詞賦。」

金華賢達傳卷十「元、于石傳」：「于石字介翁，蘭溪人，從王定菴游，接閒考亭之緒。」

金華先民傳卷之七「文學傳、于石」：「于石字介翁，蘭谿人……，後從王定庵業詞賦。」

宋元學案補逸卷七十三「于先生石」：「于石字介翁，蘭谿人……，後師王定庵業詞賦。」

萬歷蘭谿縣志卷四「文學、宋、于石」：「字介翁……，後從王定菴業詞賦。」

嘉慶蘭谿縣志之十三上「人物志、文學、宋、于石」：「字介翁……，後從王定菴業詞賦。」

王定庵，名瀚，字伯海，金華人。父師愈，子柏，三代名賢。

宋元學案卷七十三「麗澤諸儒學案、朝奉王定菴先生瀚」：「王瀚，字伯海，金華人。龜山弟子師愈之子，而文憲公柏之父也。師呂成公，亦逮事朱文公，仕至朝奉郎，主管建昌軍僊都觀……。梓材謹案：先生號定菴。」按魯齋集提要：龜山楊時、呂成公祖謙。

故元詩選謂于石從王宗菴受業，誤。

（二十八）兩浙名賢錄謂于石從王宗菴受業誤

兩浙名賢錄稱：于右從王宗庵受業。

兩浙名賢錄卷四十六「文苑、元、于介翁石」、「于石，字介翁，蘭谿人。貌古氣剛，善詼諧，以風流自命，少從王宗庵業辭賦。」

然據前述，禮部集，浙江通志，金華賢達傳，金華先民傳，宋元學補遺，萬曆蘭谿縣志，嘉慶蘭谿縣志，均謂于石從王定庵受業。故兩浙名賢錄，謂于石介翁，從王宗庵受業，誤。

（二十九）貞素齋集附錄謂舒頔名迪誤

貞素齋集，附錄唐仲實所撰之墓誌銘，謂其名迪。

貞素齋集附錄卷一「華陽貞素舒先生墓誌銘」：「公諱迪，字道原，貞素其號也……，家績之城北……，唐仲實拜手撰。」

然元詩選，弘治徽州府志，貞素齋集提要，貞素齋集序，貞素齋集附錄行狀，元史類編，新元史，元書，元詩紀事，萬姓統譜，御選歷代詩餘，古今圖書集成，均謂貞素名頔，字道原，績溪人。

元詩選二集「貞素先生舒頔」：「頔字道原，績溪人……。誅茅結廬爲讀書所，扁曰貞素齋，自作貞素先生傳。」

弘治徽州府志卷八「人物二、宦業、元、舒頔」：「字道原，號貞素道人，績溪人。」

貞素齋集卷首「撰要」：「臣等謹按，貞素齋集八卷……，元舒頔撰。頔字道原，績溪人……。名所居曰貞素齋，著自守之志也。」

貞素齋集卷首「貞素齋集序」：「予早歲浪遊湖海，間有所作益多，求合於體者蓋寡……。洪武辛刻冬十月六日，華陽逸者舒頔道原甫序。」按績溪縣，古稱華陽縣。

貞素齋集附錄卷一「故貞素先生舒公行狀」：「貞素先生舒公……，諱頔，字道原，貞素其號也。」

元史類編卷三十六「文翰二、補逸、舒頔」：「字道原，績溪人……。學者稱貞素先生，有華陽貞素齋集七卷。」

元書卷九十一「隱逸傳下、舒頔」：「字道原，徽州績溪人……。頔辭聘後，誅茅結廬，爲讀書所，扁曰貞素齋。」

新元史卷一百三十五「文苑下、舒頔」：「字道原，績溪人……。學者稱貞素先生，有華陽貞素齋集七卷。」

元詩紀事卷二十二「舒頔」：「頔字道原，績溪人……。學者稱貞素先生，有華陽貞素齋集。」

萬姓統譜卷八「上平聲、元、舒頔」：「字道原，績溪人……。平生詩文有序，集藏於家。」

御選歷代詩餘卷一百九「詞人姓氏、元」：「舒頔，字道原，績溪人……。歸隱華陽山中，自號華陽逸者。屢聘不出，顏其居，曰貞素齋。自作貞素先生傳，有集。」

古今圖書集成「明倫彙編、氏族典、第六十一卷、舒姓部列傳、元、舒頔」：「按萬姓統譜，頔字道原，績溪人……。生平詩文有序，集藏於家。」

兼以康熙字典，三一八一，三一七五頁謂：頔者，好也，頊也。二八四六頁稱，迪者，進也，蹈也，道也，至也，導也，二者音同，然意則否，且不相通。故貞素齋集，附錄唐仲實所撰墓誌銘，謂舒頔名迪，誤。

康熙字典三一八一頁「頔」：「正韻……音狄。玉篇，好也……。廣韻，古文頊字，詳二畫。」

康熙字典三一七五頁「頊，古文頔……。玉篇，田百畝爲頊。」

康熙字典二八四六頁「迪」：「正韻……音狄。廣韻，進也，蹈也……。說文，道也……。增韻，啓迪開導也……。又至也。」

(三十) 貞素齋集卷數諸書互歧

據前述，四庫全書謂：貞素齋集八卷。然元史類編，新元史則謂：貞素齋集七卷。故貞素齋集之卷數，諸書互歧。

(三十一)元詩選所選方瀾詩與原著互歧

元詩選己集「方布衣瀾」；「臨平道中」謂：「煖容時借酒。」

元詩選己集「方布衣瀾」：「其詩，如……臨平道中：煖容時借酒，寒力曉欺綿……。」

元詩紀事，引蘭陔詩話亦同。

元詩紀事卷十八「方瀾」：「句：煖容時借酒，寒力欺曉綿……。」

然方叔淵遺稿「臨平道中」則謂：「暖容時供酒，寒力曉欺緜。」

方叔淵遺稿「臨平道中」：「晴雲去不盡，日日護霜天。萬物歸根後，孤梅得氣先。暖容時供酒，寒力曉欺緜。炙背獨能樂，山橫埜老前。」

二者一曰「借」，一曰「供」，用字互歧。

(三十二)徐明善任江西儒學提舉疑誤

芳谷集，江西通志，欽定古今圖書集成，安南志略，均言至元中，任江西儒學提舉，嘗奉使安南。

芳谷集卷首「提要」：「臣等謹案，芳谷集二卷，元徐明善撰。明善字志友，德興人……。至元中……，爲江西儒學提舉，嘗奉使安南。」

江西通志卷八十八「人物二十三、饒州府二、元」：「徐明善……至元中，任江西儒學提舉，嘗奉使安南。」

欽定古今圖書集成、理學彙編，文學典卷八十六「文學家列傳七十四、元一、徐明善」：「明善，德興人，八歲能文。至元間，任江西儒學提舉，嘗奉使安南。」

安南志略卷十七「至元以來名賢奉使安南詩」：「儒學提舉徐明善佐兩山使交春夜觀棋贈世子。」

說郛，江西通志復謂，至元二十五年，徐明善相副使，禮部侍郎李思衍，出使安南。

說郛卷五十六「天南行記，徐明善」：「至元二十五年十一月十二日，禮部侍郎李思衍，呈都堂，以明善輔行。十六日詣都堂，奉鈞旨，相副使，安南去者……。」

江西通志卷八十六「人物二十三，饒州府二、元」：「李思衍，字克昌，餘干人……。世祖以安南未附，屢遣將攻之，不克。召拜禮部侍郎，副參議圖嚕，奉使招諭……。」

元史亦稱，江西儒學提舉，秩從五品。

元史卷九十一「百官七、行中書省、儒學提舉司」：「秩從五品，各處行省，所署之地，皆置一司，統諸路、府、縣學校……之事……。每司提舉一員，從五品……。」

故至元二十五年，徐明善任從五品之江西儒學提舉，輔副使李思衍，奉使安南。然所著之芳谷集則謂，至元元年，甲子，爲吏行臺。至元二十八年，庚寅，教授洪都。即任正九品，龍興路學教授。

芳谷集卷上「送李可行光澤縣尹序」：「至元甲子，予爲吏行臺。」

芳谷集卷上「送趙顯之序」：「至元庚寅，余教授洪都。」

萬歷南昌府志卷之十二「府職沿革，龍興總管府，龍興路學教授」：「一員，正九品。徐明善，饒州人。」

元史卷九十一「百官七，行中書省，諸路總管府」：「儒學教授一員，秩九品，路各設一員。」

欽定大清一統志卷二百三十八「南昌府表」：「漢、三國吳、晉、宋齊、梁陳、隋、（均稱）豫章郡。唐、洪州豫章郡。五代，南昌府。宋，隆興府。元，龍興路。明，南昌府。」

辭海附錄「中外歷代大事年表」：「至元甲子，至元元年，西元一二六四年。至元庚寅，至元二十八年，西元一二九一年。」

至元二十九年，爲行臺掾。元貞二年，爲吏行臺。

芳谷集卷上「送趙顯之序」：「至元庚寅……，明年，乃同據行臺。」

芳谷集卷上「送王仲溫湖廣省郎中序」：「元貞二年，予吏行臺。」

元史卷八十五「百官二，江南諸道行御史臺」：「設官品秩同內臺，至元十四年，始置江南諸道行御使臺于揚州……。二十三年，遷于建康，以監臨東南諸省，統制各道憲司，而總諸內臺（按：御史臺）……。江南十道，隸江南行臺……。」

既無一言，謂其曾任從五品之江西儒學提舉，且奉使安南有功。

元詩紀事卷九「徐明善」：「席上口占：乘傳入南中，雲章照海紅。天邊龍虎氣，南徼馬牛風。日月八荒燭，車書萬里同。丹青入王會，茅土祚無窮。中洲野錄：徐芳谷嘗奉使交趾國，其王子陳日炫，聞公善詩，舉卮酒立索吟，公口占云云。日炫遂納款奉貢，公聲名大振。」

康熙饒州府志卷二十七「人物志七，文苑，元，徐明善」：「德興人，八歲能文，至元間，仕江西儒學提舉，嘗奉使安南。世子陳日炫，於席間索詩，遂口占云：乘傳入南中，雲章照海紅。天邊龍虎氣，徼外馬牛風。日月八荒燭，車書萬里同。丹青入王會，茅土祚無窮。日炫遂納款奉貢。」

絕無自從五品之儒學提舉，降調正九品路學教授之理。故疑其奉使安南，因品階不宜太低，僅暫攝斯職而已，並未眞除。謂其實授，疑誤。蓋暫代，權假之職，殊難稱其曾任斯職。

（三十三）潛齋集稱邵桂子家清溪誤

宋季忠義錄，宋詩紀事，梧溪集，淳安縣志，萬姓統譜，青浦縣，正德松江府志，婁縣志，均稱邵桂子淳安人。

宋季忠義錄卷十三「邵桂子」：「邵桂子，字德芳，淳安人，號玄同……。」

宋詩紀事卷七十五「邵桂子」：「桂子，字德芳，淳安人……。」

梧溪集卷三「題邵氏家譜，有引」：「邵自康公，至東陵侯，凡五十世。又八世……，又□十世，至唐名旺者，爲濛源府君，從睦州遷淳安之諫村……。又十三世，名桂子，爲宋處州教授……。」

萬姓統譜卷一百三「邵桂子」：「字德芳，淳安人，號玄同……。」

青浦縣志卷之五「人物傳下、流寓」：「元、邵桂字，字德芳，號玄同，淳安人……。」

正德松江府志卷之三十一「人物九，流寓」：「邵桂子，字德芳，號玄同，淳安人……。」

婁縣志卷三十「流寓傳，宋」：「邵桂子，字德芳，淳安人……。」

因先世居建德，古稱睦州，故又稱睦州人。

輟耕錄卷十四「四卦」：「睦人，邵玄同先生，桂子，嘗作忍默恕退四卦……。」

欽定大清一統志卷二百三十四「嚴州府表」：「唐，睦州新定郡。五代，睦州。宋，建德府。元，建德路。明，嚴州府。」

欽定大清一統志卷二百三十四「嚴州府表，建德縣」：「唐，建德縣，萬歲通天二年，移州來治。五代，建德縣。宋，建德縣，府治。元、建德縣，路治。明，建德縣，府治。」

後遷淳安，古稱青溪，縣以青溪得名，故亦稱青溪人。

南村輟耕錄卷首「南村輟耕錄疏」：「南村田叟陶君九成，著三十卷……，青溪野史邵亨貞。」

淳安縣志卷之一「縣名」：「青溪，唐永貞元年改。蓋以縣治南，有青溪故名。」

淳安縣志卷之三「水利，溪」：「青溪，一名新安江，源出於歙，還（疑環）遶於縣治之前，東注於嚴。」

然同郡友人，何夢桂所著之潛齋文集則謂，邵桂子家睦之青溪。

潛齋集卷九「邵古香行窩記」：「玄同邵某，古睦清溪家也……。知玄同之心，宜莫余若，遂爲後記……。」

潛齋集卷首「提要」：「臣等謹案，潛齋文集十一卷，宋何夢桂撰。夢桂字巖叟，別號潛齋，淳安人。咸淳元年進士，官至大理寺卿，引疾去，築室小西源，宋亡後，隱不仕。至元中，屢召不起，終老于家。」

按睦州，即建德縣，無清溪。境內之新安江，一名青溪。

浙江通志卷十九「山川十一，嚴州府，建德縣附郭，建德縣，城外山川」：「新安江，萬歷嚴州府志，在府城南，一名歙江。經淳安一帶，又名青溪。至城東二里，合婺港，又東入浙江。」

故潛齋集，謂邵桂子，家睦州之清溪，誤。

(三十四) 珊瑚木難稱邵桂子號玄月誤

邵玄同，嘗建壽樂堂，以娛其母。

潛齋集卷九「邵古香行窩記」：「玄同邵某……，贅寓於嘉禾之雲間。時玄同有母在……，營壽樂堂，所以娛母也……。」

玄同，邵桂子之號。輟耕錄，潛齋集，正德松江府志，淳安縣志，萬姓統譜，宋季忠義錄，均言之。

輟耕錄卷十四「四卦」：「睦人邵玄同先生桂子，嘗作忍默恕退四卦……。」

潛齋集卷八「玄同齋記」：「玄同邵君桂子德芳，一日致書，謚於無名人何某曰，玄同云者，某所自號也……。」

正德松江府志卷之三十一「人物九、游寓、宋」：「邵桂子，字德芳，號玄同，淳安人……。」

淳安縣志十二「人物二、文苑、宋」：「邵桂子，字德芳，太平鄉人，號玄同……。」

萬姓統譜卷一百三「宋、邵桂子」：「字德芳，淳安人，號玄同……。」

宋季忠義錄卷十三「邵桂子」：「邵桂子，字德芳，淳安人，號玄同……。」

書畫彙考謂，方回有詩以賀玄同榮遷壽樂堂所居。

書畫彙考卷三十「賀玄同先生博士榮遷壽樂堂新居晚契生紫陽方回頓首拜」：「蓬萊五色海雲邊，壽樂新堂戲綵前。院宇捲簾通燕賀，園林把酒聽鶯遷。皃如司馬溫公像，耕有歐陽潁水田。未用蒲輪到門外，身心無□勝神仙。」

珊瑚木難亦載此詩，然謂賀玄月榮遷壽樂堂新居。

珊瑚木難卷六「至正庚子歲中秋五日在玩易齋寫寄賀玄月先生博士榮遷壽樂堂新居晚契生紫陽方回頓首拜」：「蓬萊五色海雲邊，壽樂新堂綵戲前。院宇捲簾通燕賀，園林把酒聽鶯遷。貌如司馬溫公像，耕有歐陽潁水田。不用蒲輪到門外，身心無事勝神仙。」

故玄同誤爲玄月，亦即珊瑚木難，謂邵桂子號玄月誤。

（三十五）元詩選所錄方瀾詩與原著互歧

方叔淵遺稿，「臨平道中」云：暖容時供酒，寒力曉欺棉。

方叔淵遺稿，「臨平道中」：「晴雲去不盡，日日護霜天。萬物歸根後，孤梅得氣先。暖容時供酒，寒力曉欺棉。炙背獨能樂，山橫埜老前。」

然元詩選則謂：「煖容時借酒，寒力曉欺棉。」

元詩選己集「方布衣瀾」：「臨平道中：煖容時借酒，寒力曉欺棉。」

元詩紀事，引蘭陔詩詩話，亦言「暖容時借酒，寒力曉欺棉。」

元詩紀事卷十八「方瀾」：「蘭陔詩話：叔淵……其集中、如詠……臨平道中：暖容時借酒，寒力曉欺棉……皆佳句。」

故元詩選，元詩紀事，與原著，有「借」，「供」之歧。至元詩選，蘭陔詩話，何所本，待考。

(三十六) 元明事類鈔謂所節錄之玉山佳處為楊維禎所撰誤

元明事類鈔卷二十九「園圃、玉山佳處」謂：

「楊維禎玉山記，顧仲瑛家界溪之上，爲園池別墅，前之軒曰釣月，中之室曰芝雲，東曰可詩齋，西曰讀書舍。後疊石爲山，山前之亭曰種玉，登山而憩住者，曰小蓬萊，山邊之樓，曰小遊山。最後之堂，曰碧桐翠竹，又有湖光山色之樓，過浣花之溪，而草堂在焉。所謂柳塘春，漁莊者，又其東偏之景也。臨池之軒，曰金粟影，此虎頭之癡絕者。合而稱之，則曰玉山佳處。」按楊廉夫鐵崖，名維禎，或維楨，諸書紀載不一，皆從原文。

玉山佳處，爲顧氏園林之一，節錄楊維禎之玉山記。然楊氏既無此文，且東維子集卷十八「玉山佳處記」謂：

「崑隱君顧仲瑛氏，其世家在崑之西，界溪之上。既與其仲，爲東西第。又稍爲園池別墅，治屋廬其中。名其前之軒曰桃源，中之室曰芝雲，東曰可詩齋，西曰讀書舍。後之館曰碧桐翠竹，亭曰種玉。合而稱之，則曰玉山佳處也。予抵崑，仲瑛氏必居予佳之所，且求諗榜屋顏。按郡至崑山縣華亭，陸氏祖所窆。生機雲，時人因玉出崑而名山。崑邑山，本號馬鞍，出奇石似玉，煙雨晦明，時有佳氣，如藍田然。故人亦呼曰玉，又曰崑。而仲氏之居，去玉是舍遠，奚以佳名哉？山之佳，在去山之外者得之，山中人未知也。如唐之終南隱者，與司馬道人，指山之佳，身固在山數百里外也。雖然終南之佳，終南隱者未知也。借佳爲捷仁之途，千古慙德至於今，山無能掩焉。若仲氏之有仕才，而素無仕志。幸有先人世祿生產，又幸遭逢盛時。得與名人韻士，日相優游於於山西之墅，以琴尊文賦，爲吾弗遷之樂。則玉山之佳，非仲瑛氏弗能領而有之吁！與鐘南隱者，可以辨其佳之誣不誣矣。予嘗論山不能重人，而人重之耳。望以剡子重荊，以下和重峴，以羊叔子重紫金，以八公氏重他日。崑之重，既以陸氏玉之重，又不以仲瑛氏乎。不然山以玉名者眾矣，若鄜，若灌，若龍城，若中巴，若滇也。霅水上饒，山陰星沙橫浦，皆未嘗無玉之稱也。求佳之賴人而重者，如仲瑛氏。則玉之稱山者，毋亦土石之阜焉，爾君子有何取哉！仲瑛謝曰：瑛何修而得此，古哲人竊勉焉，以無辱先生之云也。遂錄諸堂爲誌，書者泗水楊某，篆者京兆杜本也。至正八年春正月，既望之三日記。」

若所節錄之「玉山記」，爲「玉山佳處記」之簡稱，則二者之差異，何以如此之巨。前者所記玉山佳處之亭榭，既較後者爲多，且地址亦甚明確。何以致此，係所引用之篇名作者錯誤，抑或別有所本。筆者淺學，僅見四庫全書之東維子集，四部叢初編之東維子文集，刻板微卷之東維子文集，且三者之「玉山佳處記」，內容悉同。而四庫全書之元人別集，亦無類似節錄之文，故元明事類鈔，謂乃節錄楊維禎所著，疑誤。

（三十七）元明善奉使安南拒賕為李思衍之誤

陶宗儀謂，元明善曾奉使安南。

輟耕錄卷二「使交趾」：「翰林學士元文敏明善，字復初，清河人。參議中書日，會朝廷遣蒙古大臣一員，使交趾，公副之。將還國，之僞主，賚以金。蒙古受之，公固辭。僞主曰：彼使臣已受矣，公獨何爲！公曰：彼所以受者，安小國之心。我所以不受者，全大國之體，僞主歎服。」

然元史卷五，至卷十五，「本紀、世祖」，卷一八一「元明善」，卷二〇九「安南」。新元史卷八，至卷十二「本紀、世祖」，卷二〇六「元明善」，卷二五一「安南」。安南志略卷二「大元詔制」，卷十七「至元以來名賢奉使安南詩」。歸田類稿卷十「故翰林學士資善大夫知制誥同修國史贈某官謚文敏元公神道碑」，石田集卷十一，「翰林學士元文敏公神道碑」，元書，元史新編，元史類編本傳，以及元人詩文集，均無元明善奉使安南之紀載。

按至元二十五年，江西儒學提舉徐明善，嘗相副使，出使安南。

芳谷集卷首「提要」：「臣等謹案，芳谷集二卷，徐明善撰。明善字志友，德興人，芳谷其別號也。至元中，官隆興教授，又爲江西儒學提舉，嘗奉使安南。」

說郛卷五十六「安南行紀、徐明善」：「至元二十五年……，十一月十二日，禮侍郎李思衍，呈都堂，以明善輔行。十六日，詣都堂，奉鈞旨，相副使，安南去者。二十六日，出順德門。二十六年己丑二十八日，至其國門。世子之弟太師迎，上香致意，敬問聖躬，起居萬福。」

既以詩，折服安南世子，使之納款奉貢。

元詩紀事卷九「中洲野錄：徐芳谷嘗奉使交趾國，其世子陳日炫，聞公善詩，舉卮酒，立索詩，公口占曰：乘傳入南中，雲章照海紅。天邊龍虎氣，南徼馬牛風。日月八荒燭，車書萬國同。丹青入王會，茅土胙無窮。日炫納款奉貢，公聲名大振。」

復諷其勿持兵強，可拒天朝。

安南志略卷十七「至元以來名賢奉使安南詩」：「儒學提舉徐明善，佐兩山（按：李思衍之號）使交，春夜觀棋贈世子：綠沈庭院月涓涓，人在壺中小有天。身共一枰紅燭底，心遊萬仞碧霄邊。誰能喚回迷魂者，賴有旁觀袖手仙。戰勝將驕兵所忌，從新局面恐妨眠。」

故元明善，徐明善，二人同名。曾疑陶宗儀，張冠李戴，致有此失。

然江西通志則謂：事出自李思衍。

江西通志卷八十八「人物、饒州府、元」：「李思衍，字克昌，餘千人。丞相巴延渡江，遣武良弼下饒，以思衍權樂平。尋授袁州治中，入爲國子司業。世祖以安南未附，屢遣將攻之，不克。召拜禮部侍郎，副參議圖嚕，泰使招諭。及至，思衍曰：大國之臣，不拜小國之君，禮也。王笑曰：敬其主，以及其使，亦禮也，遂抗禮。思衍宣諭德威，辭語簡切，王大敬之。明日奉表款附，贐使甚厚。時圖嚕受，思衍不受。既還，上勞問所贐，怒圖嚕受。思衍曰：圖嚕受，安小國之心，臣不受，全大國之體，上賢之。」

且思衍有紀其拒贐，而謝安南世子之七律一首。

安南志略卷十七「至元以來名賢奉使安南詩」：「行贐有禮，辭之。世子舉陸賈事，亹亹勉受，謝紀以詩：絲轡南來奉玉音，九重惻怛爲民深。蜀人愛命相如檄，越使何求陸賈金。冰雪孤忠臣子事，乾坤生物帝王心。從今但得天從欲，航海梯山歲獻琛。」

前漢書卷四十三「酈陸朱劉叔孫傳第十三」：「陸賈，楚人也。以客從高祖定天下，名有口辯……。高祖使賈，賜佗印，爲南越王。賈至，尉佗魋結，箕踞見賈。賈因說佗曰：足下中國人，親戚昆弟，墳墓在眞定。今足下，反天性，棄冠帶，欲以區區之越，與天子相抗衡，爲敵國，禍且及身矣……。乃大悅賈，留與飲數月，曰：越中無足語，至生來，令我日聞所不聞，賜賈橐中裝直千金……。」

前漢書卷九十五「西南夷兩粤朝鮮傳第六十五」：「南粤王趙佗，眞定人也……。秦已滅，佗即擊并桂林象郡，自立南粤武王。高帝……十一年，遣陸賈，立佗爲南粤王……。」故輟耕錄，謂元明善奉使安南拒驢事，爲李思衍之誤。

（三十八）顧瑛園林之亭臺池榭知名者凡四十五處非三十六處

顧瑛，字子瑛，一名阿瑛，別名德輝，崑山人。家世饒富，財雄一方。年三十，折節讀書，才情俊妙。營玉山佳處，日夜與四方文學名家，宴饗賦詩其中。風流文雅，著稱東南。其園林之盛，典藏之富，餼館之豐，聲技之秀，冠絕一時，甲於天下。

明史卷二百八十五「文苑、陶宗儀、顧德輝等」：「顧德輝，字仲瑛，崑山人。家世素封……，年三十，始折節讀書，購古書名畫，彝鼎密翫。築別業於茜涇西，曰玉山佳處。晨夕與客，置酒賦詩其中……。其家園池亭榭之盛，圖史之富，暨餼館聲技，並冠絕一時。而德輝才情妙麗，與諸士亦略相當。」

姑蘇志卷五十四「人物十三、儒林」：「顧阿瑛，字仲瑛，別名德輝，崑山人……。其園池亭榭之盛，圖史之富，與夫餼館聲伎，並鼎甲一時。而才情妙麗，與諸公亦略相當。風流文雅，著稱東南。」

元詩選初集「玉山主人顧瑛」：「瑛一名阿瑛，別名德輝，字仲瑛，崑山人……。卜築玉山草堂，園池亭榭，餼館聲伎之盛，甲於天下。」

元明事類鈔，謂其有亭臺池榭，三十六處。

元明事類鈔卷二十九「園圃、三十六處」：「蘇談顧阿瑛，在崑山，其亭館有三十六處。每處春帖，皆阿瑛手題。其記必名公，詩必才士。與楊廉夫、鄭明德、張伯雨、倪元鎮，皆其往還客也。」

然見於玉山名勝集，二十八處。

玉山名勝集卷首「提要」：「臣等案，玉山名勝集八卷，外集一卷，元顧瑛編……。此集各以地名爲綱，曰玉山堂，曰玉山佳處，曰種玉亭，曰小蓬萊，曰碧梧翠竹堂，曰湖光山色樓，曰讀書舍，曰可詩齋，曰醉雪齋，曰白雲海，曰來龜軒，曰雪巢，曰春草池，曰綠波亭，曰絳雪亭，曰浣華館，曰柳塘春，曰漁莊，曰書畫舫，曰春暉樓，曰秋華亭，曰淡香亭，曰君子亭，曰釣月軒，曰拜石壇，曰寒翠所，曰芝雲堂，曰金粟影。每一地，先載其題額之人，次載瑛所自作題詠。而以序記詩辭之類，各分系其後。」按積學齋詩集卷十「顧玉山新成釣月磯軒」，故「釣月軒」，誤脫「磯」字。

耕學齋詩集四處，曰百花潭，浣花谿，小遊仙，鳴玉洞。

耕學齋詩集卷十二「絕句、顧玉山園池十有六詠」：「百花潭」，「浣花谿」，「小遊仙」，「鳴玉洞」。

夷白齋稿三處，曰煮雪窩，小東山，聽雪齋。

夷白齋稿卷六「古詩雜興、煮雪窩爲玉山作」：「草堂之仙人，隱居玉山陲。平生盜泉不肯飲，惡木不肯棲。就山爲窩受山雪，雪勝玉泉茶勝芝……。不厭陶家滋味薄，卻愛玉山文字奇……。」

夷白齋稿外集卷下「聽雪齋記」：「顧君仲瑛，飭藏修之室，于所居小東山之左，京兆杜徵君，用古隸題其齋，曰聽雪，徵記于予。」按齋，古齋字，見康熙字典。

東維子集卷七「玉山草堂雅集序」：「崑山顧仲瑛……，其首內交於余也。築亭曰其亭，以尊余之所學也……，余何修而得此哉。」

東維子集卷十七「碧梧翠竹堂記」：「至正八年秋，崑山顧仲瑛，於其居偏西，治別業……。明年中，奧之堂成，顏曰碧桐翠竹堂。迺馳數百里，記於友人楊維禎曰：夫堂矙金粟，階映桃溪，漁莊草堂，相爲僎介，蓋玉山佳處之尤宏而勝者也……。位置品列，曰桃溪，曰金粟，曰菊田，曰芝室，不一足矣。」

東維子集卷十八「小桃源記」：「隱居顧仲瑛氏……，又稍爲園池，西第之鹵，仍治屋廬其中。其前之軒，曰問潮。中之室，曰芝雲。東曰可詩齋，西曰讀書舍。又後之館，曰文會亭，曰書畫舫。合而稱之，則曰小桃源也。」

東維子集卷十八「玉山佳處記」：「崑隱君顧仲瑛氏……，又稍爲園池別墅，治屋廬其中。

東維子集六處，曰其亭，桃溪，菊田，問潮軒，文會亭，桃源軒。

名其前之軒，曰桃源，中之室曰芝雲……。」

崑山縣志三處，曰綽山亭，放鶴亭，百花坊。

崑山縣志卷四「第宅、亭館附」：「綽山亭，在綽墩上，顧仲瑛建。」「放鶴亭，顧仲瑛建，袁華有詩。」「玉山佳處，顧仲瑛所居。有……百花坊。」

總計凡四十四處，非元明事類鈔，所謂之三十六處。且其屋宇，鱗次櫛比，多達數百楹。故其館榭亭軒，當不止此數。

僑吳集卷十「玉山草堂記」：「崑山仲瑛……，覆瓦而室者，亘數百楹，櫛比而鱗次，若波水然。然猶構此草堂，豈但追慕少陵摩詰乎！」

(三十九) 四庫全書之元人別集構成讀者困擾

欽定遼金元三史國語解卷首「提要」：「臣等謹案，遼金元三史國語解，四十六卷，乾隆四十七年，奉敕撰……。皇上聖明天縱，邁古涵今，洞悉諸國之文，灼見舊編之誤。特命館臣，詳加釐定，併一一親加指示，務得其眞。以索倫語正遼史……。以滿洲語正金史……。以蒙古語正元史……。首帝名，附以后妃皇子公主。次地理，次人名，次名物，共七門。一一著其名義，詳其字音。字音爲漢文所無者，則兩合三合以取之。分析微茫，窮極要窅。即不諳繙譯之人，繹訓釋之明，悟語聲之轉，亦覺釐然，有當於心，而恍然於舊史之誤也……。不但宋明二史，據此以刊其訛，即四庫之書，凡人名、地名、官名、物名、涉於三朝者，均得援以改正，使音訓皆得其眞。」故四庫全書之元人詩文集，悉據之加以新譯，然亦構成讀者之困擾。

蓋四庫全書，與舊刊本之元人詩文集，必須兼讀。因四庫全書之元人詩文集，遠較舊刊本之元人詩文集爲多。而舊刊本之元人詩文集，間有較四庫全書，元人詩文集之內容爲詳。如四庫全書之文獻集十卷，舊刊本之金華黃先生文集四十三卷。舊刊本之秋澗先生大全集，卷二十六「七言絕句」，較四庫全書之秋澗集，詩多一百二十首，即爲顯例。

蒙文譯音之名詞，多達四五字，本已難記。加以四庫全書之新譯，致衆多之人名、地名、官名、物名互歧。如可閑老人集卷二「輦下曲」之「貴赤」，四庫全書輟耕錄之「貴齊」，僅讀其音，殊難視爲一名之異譯。舊譯之「迺賢」，與新譯之「納延」，亦不會視爲一人。故形成讀者之困擾，乃屬必然。所謂欲惠之，反害之，當非乾隆始料所及。

(四十) 四庫全書元人別集作者籍貫之分析與啓示

四庫全書元人別集，計一百六十九種，依作者之籍貫分析，計浙江五十三人，江西三十人，安徽十七人，江蘇十四人，河北十三人，湖南八人，福建六人，山東五人，河南五人，四川四人，山西三人，陝西三人，湖北二人，遼寧二人，熱河一人，察哈爾一人，籍貫不可考者二人，總計一百六十九人。

若以淮河，大別山，伏牛山，秦嶺，爲南北之分界，則南方一百三十四人，北方三十三人，南方約爲北方之四倍。若以省籍而論，浙江五十三人，河南五人，浙江人才之鼎盛，爲中州河南之十倍有奇。

所以如此者，悉由乎地方貧富之差異使然。蓋地方富裕，始能重視子弟之教育，孕育出昌盛之學風。兼以家富藏書，名師啓迪。游學四方，廣結飽學之士。既歷師友之相互激蕩，復深受名山大川之陶冶，自能人才出衆。故安邦，首在富民。強國尤賴學風之鼎盛，人才之輩出。

此外，河北十三人，爲北方諸省之冠。浙江五十三人，爲南方諸省之首。當因元都河北之燕京，南宋都浙江之杭州，有以致之。所以，影響人才之盛衰，因素雖衆，然貧富，學風，地理環境，實爲要因。

（附一）欽定古今圖書集成謂翁森仙游人誤

欽定古今圖書集成氏族典，據萬姓通譜謂：翁森，仙游人。

欽定古今圖書集成、明倫彙編、氏族典、第二十二卷「翁姓部列傳、元、翁森」：「按萬姓通譜：翁森，字秀卿，仙游人。隱居教授，取朱子白鹿洞學規以爲訓，從游者，前後至八百餘人，所著有一瓢稿行於世。」

然萬姓統譜則謂：翁森，仙居人。

萬姓統譜卷一「上平聲、一東」：「元，翁森，字秀卿，仙居人。隱居教授，取朱子白鹿洞學規以爲訓，從游者，前後至八百餘人，著有一瓢稿行於世。」

且明一統志，宋詩紀事，江西通志，赤城新志，元儒考略，宋季忠錄，均稱翁森仙居人。

明一統志卷四十七「元、翁森」：「仙居人……。」

宋詩紀事卷八十一「翁森」：「森字秀卿，號一瓢，台州仙居人。」

江西通志卷一百七十六「人物五、儒林中、台州、元、翁森」：「嘉靖浙江通志，字秀卿，仙居人……。」

赤城新志卷十「人物二、翁森」：「字秀卿，仙居人。」

元儒考略卷四「翁森，字□□，僊居人……。」

宋季忠義錄卷十三「翁森」：「字秀卿，號一瓢，仙居人……。」

故欽定古今圖書集成氏族典，謂翁森仙游人，誤。

（附二）元詩紀事謂徐明善字芳谷誤

元詩紀事謂：徐明善字芳谷。

元詩紀事卷九「徐明善」：「字芳谷，鄱陽人。至元間，任江西等處提舉。」按：元饒州路，古稱鄱陽郡。

然芳谷集，正德饒州府志，道光德興縣志，欽定古今圖書集成，均稱明善號芳谷。

芳谷集卷首「提要」：「臣等謹案，芳谷集二卷，元徐明善撰。明善字志友，德興人，芳谷其別號也。至元中……爲江西儒學提舉，嘗奉使安南。」

正德饒州府志卷四「名宦、德興縣」：「徐明善，號芳谷。任江西儒學提舉，嘗使安南，有文名。」

道光德興縣志卷之七「人物志、儒林、元」：「徐明善，號芳谷……，嘗奉使安南……。」

欽定古今圖書集成，理學彙編，文學典卷八十六「文學家列傳卷七十四，元一，徐明善」：「明善，德興人。八歲能文，至元間，任江西儒學提舉，嘗奉使安南……，別號芳谷。」

故元詩紀事，謂徐明善字芳谷，誤。

(附三) 宋元學案稱邵桂子為邵桂士誤

宋元學案，謂邵桂士，字古香，淳安人。

宋元學案卷八十二「邵先生桂士」：「邵桂士，字古香，淳安人也。」

潛齋集則謂，邵玄同號古香，睦人。

潛齋集卷九「邵古香行窩記」：「玄同邵某，古睦清溪家也。而贅寓於嘉禾之雲間。時玄同有母在……，營壽樂堂，所以娛母也。堂之面與其背，豎三亭，以爲游憩也……。」

潛齋集卷一「題邵古香乾坤一亭」。

梧溪集卷三「題邵氏家譜、有引」：「邵自康公，至東陵侯平，凡五十世。又八世……，又□十世，至唐名旺者，爲濛源府君，從睦遷居淳安之諫村……，又十三世，名桂子，爲宋處州教授……。」

宋季忠義錄，淳安縣志，萬姓統譜，青浦縣志，正德松江府志，潛齋集，亦均稱，邵桂子，字德芳，號玄同，淳安人。

宋季忠義錄卷十三「邵桂子」：「邵桂子，字德芳，淳安人，號玄同……。」

淳安縣志卷十二「人物二、文苑、宋」：「邵桂子，字德芳，太平鄉人，號玄同……。」

萬姓統譜卷一百三「元、邵桂子」：「字德芳，淳安人，號玄同……。」

青浦縣志卷之五「人物傳下、流寓、元」：「邵桂子，字德芳，號玄同，淳安人……。」

正德松江府志卷之三十一「人物九、游寓、宋」：「邵桂子，字德芳，號玄同，淳安人……。」

潛齋集卷八「玄同齋記」：「玄同邵君桂子德芳，一日致書，諗於無名人何某日，玄同云者，某所自號也……。」

故邵桂子，字德芳，號玄同，又號古香，淳安人。由是可知，宋元學案，謂邵桂士，字古香。爲邵桂子，號古香之誤。

二、試擬四庫全書等元人別集無碑傳作者之傳兼註其集

文淵閣四庫全書，四庫全書存目叢書，四部叢刊，叢書集成新編，續編三編，續修四庫全書。元人別集之若干作者，元史，新元史，元史類編，元史新編，元書，蒙兀兒史紀，明史，均無其傳，且無牌板文獻存世，故試擬其傳。

（一）玉斗山人集作者王奕傳兼註其集

王奕，玉山人，字伯敬，號斗山，復號玉斗山人。

宋詩紀事卷七十九「王奕」：「奕字伯敬，玉山人。」

全宋詞三二九四頁「王奕」：「奕字伯敬，自號玉斗山人，玉山人。」

道光刊本玉山縣志卷二十二上「人物、文苑、元、王奕」：「字伯敬，號斗山。

築梅𡨴精舍，於玉山縣北，懷玉山玉瑯峰下。摩崖大書，曰青天白日，曰古今一人，曰至元遺民，

以自況自勵。與子介翁，讀書其中者十年。

宋史翼卷三十五「遺獻二、王奕」：「與子介翁，居玉瑯峰，讀書其中。」

玉斗山人集卷一「東魯義約」：「僕慕陶歸隱，結屋瑯峰十載。」

玉斗山人集卷三「附錄、梅嵓弔古二律、陳中州」：「先生作梅嵓精舍，摩崖大書，一曰青天白日，一曰古今人一人，一曰至元遺民，具如嵓壁。」

道光刊本玉山縣志卷十七「古蹟、梅巖精舍」：「在懷玉山下，宋王斗山先生，隱居所築。磨石鐫青天白，古今一人，至元遺民十二字。」

蓋懷玉山，有龍潭十八漈，二十四奇，俱稱絕勝。而玉瑯峰，尤冠諸峰。

讀史方輿紀要卷八十三「江西一、懷玉」：「懷玉山，在廣信府玉山縣北，百四十里，高四百餘丈……，一名輝山，相傳山有異光夜燭也。唐貫耽華夷圖，懷玉山，上與雲際，勢連北斗，又名玉斗山……。志云：山有龍潭十八漈，又有二十四奇。曰玉瑯峰，銀尖峰，獅子峰，石牛峰，雲蓋峰，天門峰，風泉峰，屏風峰，蟠龍岡，金雞墩，洗墨池，望香墩，七盤嶺，九蓮池，誓石坡，浴佛池，彩霞巖，過雲洞，連理木，天聖松，金剛嶺，石鼓山，羅漢峰，志初巖，俱稱絕勝。」

乾隆刊本玉山縣志卷二「地理、山水、玉瑯峰」：「在懷玉山南，其峰高聳秀拔，獨冠諸峰。」

後爲邑博，主教縣學，然例不授官。

宋史翼卷三十五「遺獻二、王奕」：「王奕，字伯敬，玉山人，爲邑博。」

道光刊本玉山縣志卷二十二上「人物、文苑、元、王奕」：「按慶歷四年，詔學者二百人以上，許更置縣學，然例不除官。前志云：奕爲邑博，宋亡，棄官去。非官也，又何棄焉。是時，縣學令統之。邑之有德藝者，師之耳，今刪去。」

素與文文山、謝疊山、歐陽野翁友善。疊山被執死節，有詩十首，以送別悼念。詩云：「白骨青山如得所，何消兒女哭清明。」「骨埋北壤名山重，冤入南天上帝驚。」「東海水應隨血碧，西山薇亦逐名香。」既旨意激烈。更謂：「畢竟火龍科目貴，二山（按文山、疊山）忠義貫蒼天。」「一代英雄不數人，百年聚散重傷神。」「是誰鑄此一大錯，此事公知三十年。」復倍極尊崇。

道光刊本玉山縣志卷二十二上「人物、文苑、元、王奕」：「文文山（按：天祥）、謝疊山（按：枋得）、歐陽野翁，素友善。」

玉斗山人集卷二「謝疊山先生己丑九月被執北行閩士以詩送之倚歌以餞」，「和疊山到山陽郡學四詩」，「聞疊山己丑四月七日死于燕」，「和疊山隆興阻風」。

玉斗山人集卷首「提要」：「素與謝枋得相善，枋得北行以後，尚有唱和詩十首。」

宋亡，建斗山書院，於懷玉山麓。謝絕塵世，杜門不出。

宋季忠義錄卷十六「王奕」：「宋亡，建斗山書院居之，杜門不出。」

乾隆刊本玉山縣志卷五「學校、書院、斗山書院」：「在懷玉山麓，宋末，懷玉書院廢，斗山王奕，與其子介翁，結廬隱居，因名。」

玉斗山人集卷三「附錄、遊懷玉王斗山書院故址、丁璣」：「一拂塵衣到上方，水迴山繞是何鄉。老龍吐霧深潭底，孤鶴橫雲北斗傍。天下佳奇幾人識，古先踪跡百年荒。我來無限懷賢意，獨對薰爐坐草堂。」

至元三十年前，奉旨特補玉山縣教諭，主政縣學。

玉斗山人集卷首「提要」：「歲癸巳前，奉旨特補玉山縣教諭。癸巳，爲至元三十年，然則奕食元祿久矣。」

至元二十六年，遊東魯，謁孔林，祭孔子、曾子，子思。既累言：幸際九域甫一，天混圖書。氣通南北，可輿可舟，於元朝並無怨尤。復謂：某等律以忠孝，實爲罪人。惟有謹獨素位，不爲無忌之小人。坦承爲宋之遺民，而仕於元，實爲名教罪人，且不敢有所辯白，文飾。

玉斗山人集卷一「奠大成至聖文宣王文」：「惟至元二十六年，歲在巳丑八月丁未朔，越三日己酉，江南儒生王奕等，幸際天混圖書，氣通南北，不遠數千里，謹袖瓣香，致奠於先聖至聖文宣王……。欲往從之，江漢阻修。九域甫一，可輿可舟……，遂沿泗洙，以訖郲鄒。」

玉斗山人集卷一「奠先師郕國公曾子」：「幸混車書，獲瞻儀貌。某等律以忠孝，實爲罪人。願保髮膚，以遂終慕。」

玉斗山人集卷一「奠先師沂國公子思」：「惟有謹獨素位，不爲無忌之小人，乃所以報先師也。」

世評其不著大節，然視首鼠兩端，業已偷生隳節，而猶思倔強自異者，有間矣！

玉斗山人集卷一「卷首、提要」：「其祭文宣王文稱，天混圖書，氣通南北。丸域甫一，可輿可舟。祖庭覲丁歌稱，幸際天地清寧，於新朝，並無所怨尤。祭曾子文稱，某等律以忠孝，實爲罪人。願保髮膚，以遂終慕，亦未敢高自位置。視首鼠兩端，業已偷生隳節，而掘強自異者，固尚有間矣！」

乾隆刊本玉山縣志卷十「人物、隱逸、元、王奕」：「按前郡志載，王奕……不著大節，今據人物志，列於隱逸，名行相稱云。」

與時之名宦，申屠致遠、程鉅夫、燕公楠、徐琰，間有往還酬唱。

玉斗山人集卷二「呈申屠忍齋二首」、「和申屠忍齋隸籍秦郵韻呈苟治書生」。

玉斗山人集卷二「次韻上雪樓程侍御」

玉斗山人集卷二「贄見五峰燕先生」，卷三「賀新郎、舟下匡廬因感己未歲侍謝處舟遊山江空歲晚物換星移如之何而不感遂賦此呈燕五峰」。

玉斗山人集卷二「和中丞徐容齋貫戶維揚。」

而與王構，則別有淵源。蓋奕之祖，曾受構罔極之恩。

玉斗山人集卷三「摸魚兒、肯堂欲惠書不果借蕭彥和梅花韻見意」，「沁園春、見王肯堂」：「吾祖文中，曾於夫子，受罔極思。有宇宙以來，春秋而後，三綱所繫萬古常存……。」

世稱其善寫竹梅，工詞翰。著有斗山文集十二卷，梅嵓雜詠七卷，並失傳。唯東行斐稿三卷存世，今改題玉斗山人集。其詩，稍失之麤，然磊落有氣，勝宋季江湖一派。

乾隆刊本玉山縣志卷十「人物、隱逸、元、王奕」：「按前郡志載，王奕善寫梅竹，工詞翰。」

玉斗山人集卷首「提要」：「所著有斗山文集十卷，梅嵓雜詠七卷，今並不傳。此集尚存，本名東行斐稿，明嘉靖壬寅，其鄉人陳中州爲刻板，佚其詩四首，而別附以遺文二篇，始改題今名。奕詩，稍失之麤，然磊落有氣，勝宋季江湖一派。」

卒葬縣北二十里，二十八都。辛亥立石，中大書蓮花岡，左鐫無礙居士，右刻辛亥年。

道光刊本玉山縣志卷二十九「塋墓、元、王奕墓」：「在二十八都，有墓石，中大書蓮花岡，左注無礙居士，右注辛亥年，不書元至大，其子孫從斗山初志也。」按：「辛亥年，不書元至大」，誤，蓋辛亥年，爲洪武四年，非至大元年、二年。復按：「其子孫從斗山初志也」，亦誤，蓋已仕於元，何曾有宋遺民之志。

玉斗山人集卷三「附錄、斐稿板成告墓文」：「維嘉靖壬寅日南至，刊平山東行稿成，太鶴山人陳中州……，發玉山，北二十里，告於玉斗山人之墓曰：先生至元遺民，光於柴桑……。」

入祀鄉賢祠，祠在學宮，祀奕等宋明鄉賢三十一人。

乾隆刊本玉山縣志卷五「學校、學宮、鄉賢祠」。「祀宋詹丕遠……、王奕、明周伯康……三十一人。」

(二) 來鶴亭詩集作者呂誠傳兼註其集

呂誠，字敬夫，後名肅。

吳中人物志卷之九「逸民、元」：「呂肅，字敬夫……，崑山才士。」

元詩選三集「呂處士誠」：「誠字敬夫，後名肅。」

先世，自西岳得姓，至東萊伯恭氏之後，爲吳郡所屬崑山之東倉人，今隸太倉。

名蹟錄卷三「故處士呂府君壙志」：「世系，自西岳得姓，至東萊伯恭氏之後，爲吳人。」

崑新兩縣續修合志卷三十二「隱逸、明、呂誠」：「字敬夫、邑東倉人，後隸太倉。」

元詩選三集「呂處士誠」：「誠字敬夫……，崑山之東倉人，今隸太倉。」

祖端，號松岩。初試崑山椽，授汳梁稻田提舉。

名蹟錄卷三「故處士呂府君壙志」：「先君諱茂德……，父端，號松岩。初試崑山椽，及授汳梁稻田提舉，生先君女子五人。」

父茂德，字茂卿。家富藏積，皇慶二年，徙家婁水上，田壤益廣，爲婁東鉅族，貲雄一方。性宏遠，事母孝，樂善好施。晚年，恬然無進仕意，於世利淡然，亦無所好。卒葬惠民鄉，古塘北岡之原。

崑山先賢塚墓考「處士呂德茂壙志，子誠撰」：「先君諱茂德，字茂卿……。先世富積藏……，皇慶二年，徙家婁水上，田壤益以廣。俄毀於菑，堂宇復斥大之。先君性宏遠，事母孝，好施予……。晚年，憺無進仕意……。至正己酉十一月一日，終於家……，葬惠安鄉古塘北岡之原。」

來鶴亭詩集「卷首、鄭東敘、附鄭子文康記」：「縣志載，公爲婁東鉅族……，於世利淡然無所好……。崑山後學鄭文康記。」

崑新兩縣續修合志卷十四「冢墓上」：「處士呂德茂墓在惠安鄉古塘北。」

萬曆重修崑山縣志卷之一「建置沿革」：「崑山，古婁縣也……，以縣有婁江得名……。後漢吴晉宋齊，俱隸吴郡……。隋開皇九年，改吴郡爲蘇州……，崑山縣隸蘇州……。宋改蘇州爲平江府，崑山隸焉……。延祐二年，遷太倉，在崑山東三十六里……。明弘治十年，巡撫朱瑄等，奏割縣之東北境湖川新安，及惠安鄉之半，並常熟嘉定地，置太倉州。」

太倉州志「卷首、太倉事蹟」：「太倉，古婁縣之屬村惠安鄉。」卷一「建置沿革」：「太倉，地在婁江之東。」

明隸太倉。

按太倉，元隸崑山，在婁江以東。故「東倉」，「婁東」，均泛指元崑山婁江以東之地，明隸太倉。

誠，性愼密，少知力學。從學問淹博，尤工詩文，復善教學之昆陽鄭東季明受業。東倉習尙奢靡，獨能異乎流俗，革豪習，事文雅，名士咸與之交。

重修崑山縣志卷之七「人物三、隱逸、國朝」：「呂誠，字敬夫。性愼密，少知力學。」

來鶴亭詩集卷首「原序」：「敬夫成童時，嘗從予受學……，昆陽鄭東敘。」

姑蘇志卷五十七「人物二十、游寓」：「鄭東，字季明，平陽人，客授崑山。」

草堂雅集卷七「鄭東」：「字季明，溫州之平陽人。幼嗜書，明春秋。後生學徒，爲舉子業者，一經指授，皆就繩墨。作文爲詩，旨趣高遠，別有文集行於時。」

元詩選三集「杲齋先生鄭東」：「東字季明……，與弟采，文名相埒……，合寫成書，釐爲一十四卷，題曰鄭氏聯璧集。宋濂序之曰：杲齋之文，氣質渾雄……，曲全之文，規製峻整……。出言不煩，曲盡情意。然皆台閣弘麗之觀，無山林枯槁之氣。」

崑新兩縣續修合志卷三十二「隱逸、明」：「呂誠，字敬夫……。東倉俗尙侈靡，獨能去豪習，事文雅，名士咸與之交。」

既長，益氣夷色壯，學端識敏。淹貫經史，尤工於詩，復善楷書。

來鶴亭集卷首「原序」：「既長，益氣夷色壯，學端識敏，自知奮厲。」

崑山人物志卷之五「隱逸、呂誠」：「呂誠……，淹貫經史，尤長於詩。」

來鶴亭集卷首「楊維禎序」：「自上京以下，至宮閨江南謠弄，凡若干首。敬夫作黃庭楷繕寫成，要予評。」

草堂雅集卷九「呂誠」：「尤長於唐三宗師楷法。」

御定佩文齋書畫譜卷三十九「書家傳十八、元三，呂誠」：「呂誠，字敬夫，吳之東倉人。幼聰敏，喜讀書，尤精楷法。」註：「玉山堂雅集」。

所居，有山林之勝。嘗養一鶴，後有一鶴來爲侶，因建來鶴亭。時之文士，咸有歌詠，李孝光爲之記。五峰集，佚此文，亭亦廢。

太倉州志卷之九「宮室類、來鶴亭」：「呂誠所築，居有園林之勝。嘗養一鶴，野至一鶴侶之。因構亭，扁曰來鶴。當時文士，咸有歌詠，今不傳。」

崑山縣志卷四「第宅、亭館附、來鶴亭」：「呂夫所居，李孝光爲記……，以上俱廢。」

復有梅雪齋，既白水軒，日與同邑之郭翼羲仲，袁華子英，陸仁良貴，唱和其中。

元詩選三集「呂處士誠」：「復有梅雪齋，日與郭義仲，陸良貴，唱和其間。」

來鶴亭集卷首「提要」：「呂誠……與同里郭翼，陸仁，袁華唱和。」

崑山人物志卷之三「文學、郭翼」：「郭翼，字義仲，號東郭生，少從衛培遊，篤學工詩，尤邃於易。」

林外野言「提要」：「郭翼撰，翼字熙仲，崑山人。」

崑新兩縣續修合志卷三十「文苑一、明、袁華」：「字子英，少穎悟不群，讀書一二過，輒記誦不忘。工詩，尤長樂府。」

元詩選三集「陸河南仁」：「仁字良貴，河南人，寓居崑山。爲人沈靜簡默，明經好古，文詩不苟作……，與郭翼義仲，呂誠敬夫相唱和。」

來鶴亭集卷三「既白水軒」：「水軒如笠大，聊作一枝棲……。」

詩多散逸，集中僅存，陪陸良貴祭劉先生墓一首，和寄袁子英詩，各一首。既曰與陸袁二氏唱和，詩當不止此。

來鶴亭集卷二「閏二月二十四日陪館士秦文仲陸良貴奉省臣命祭崑山東齋龍洲劉先生墓」，卷六「和子英袁先生韻及謝所寄先人誌文」，卷七「重陽日有感寄子英袁先生時庚午歲也。」

張雨伯雨，李孝光五峰，郯韶九成，楊維禎廉夫，秦約文仲，顧瑛仲英，亦有唱和。且李記其來鶴亭，楊序其集，足證情誼深厚。

來鶴亭集卷一「和張伯雨鶴亭夜坐韻」。

元詩紀事卷三十三「張雨」：「雨字伯雨，一名天雨，別號貞居子。錢塘人，至正間卒，有句曲外史集。」

來鶴亭集卷一「遊石湖次五峰李著作韻」，「李五峰伯雨廉夫希仲夜集來鶴亭上」。卷二「寄廉夫」。

元詩選二集「李祕書孝光」：「孝光字季和，溫州樂清人，少博學，篤志復古，隱居教授……。至正七年，詔徵隱士，以祕書監著作郎召……，陞祕書監丞，卒于官，年五十二。所著詩文，曰五峰集……。居雁蕩山五峰下，自號五峰狂客……。」

新元史卷二百三十八「文苑下」：「楊維禎，字廉夫，諸暨人。泰定初進士，署天台尹，罷去……。居吳縣鐵崖……，故以鐵崖自號……著有……東維子三十卷。」

宋元詩會卷九十一「楊維禎」、「謝呂敬夫紅牙管歌」。

來鶴亭集卷一「次韻郯九成蘇城冬夜」。

草堂雅集卷十「郯韶」：「字九成，吳興人。好讀書，慷慨有氣節。辟試府掾，不事奔競，淡然以詩酒自樂。作賦不習近體，欲追唐人之盛。」

來鶴亭集卷二「閏月二十四日陪館士秦仲文陸良貴奉省臣命祭山東齋龍洲劉先生墓。」

崑新兩縣續修合志卷三十「人物、文苑一、明」：「秦約，字文仲，玉之子。元至正間，官崇德州教授。洪武初，應秀才舉試僎獨箴第一，拜禮部侍郎，以母老辭歸……。張翥，貢師泰，楊維禎，尤推重之。」

來鶴亭集卷三「和顧玉山詩韻」。

元詩紀事卷二十七「顧瑛」：「瑛，一名阿瑛，別名德輝，字仲英，崑山人。舉茂才，署會稽教諭，辟行省屬官，皆不就，有玉山璞稿。附錄「南濠詩詔」：「顧玉山仲瑛。」

與傳著則明淵源殊深，既不時造訪其翠濤軒，贈詩二十六首。且稱其詩，詞極清麗，非餘子可儕。

來鶴亭集卷三「寄婁下則明昆季」，卷四「題翠濤軒爲則明作」三首，「謝惠則明秋菱次韻」，卷八「洪武癸酉五月十二日雨晴散走至則明翠濤軒過午迴途漫成一首以寄」，「五月二十八日重過翠濤軒清坐終日薄暮而歸賦此蓋書所見也翠濤以竹而得名余不能無辭也矣」，「則明游餘杭三橋埠迴過余草堂賦訓此」，「秋晚寄懷則明餘杭未迴」，「寄則明時客於竹洲作」二首，「九日則明會族人於翠濤軒席間賦詩見及因用韻答之」，「則明疾瘳喜而賦此以寄。」」。

來鶴亭集卷末「補逸」：「秋雨中辱翠濤軒則明頒及佳䀹次韻用答」二首，「雨中雜言詩八首寄仲莊則明二妙」，「風雨連日閉户默坐懷思可知忽翠濤軒以筍蔬之惠走筆答之」，「十一月十五日因過翠濤室薄暮風寒遂宿賦此以紀兼簡琇南石」，「臘八日則明以詩寄余言及崇恩至翠濤室不得一見爲歉遂次韻寄靈源老師兼簡雋江開士」。

來鶴亭集卷六「寄則明」：「近過余草堂以所作詩見示披誦再四詞極清麗非餘子可儕也欲

留少憩過午以母命有他力辭去之賦詩以謝」。
崑新兩縣續修合志卷十二「古蹟、第宅園亭上」：「翠濤軒則明所構。」
姑蘇志卷五十四「傳著」：「字則明，常熟人。中元鄉試備榜。洪武初，與修元史，爲常熟縣教諭，卒官潞州知州，所著梅齋稿若干卷。」
重修崑山縣志卷之七「人物三、隱逸」：「呂誠……邑令屢聘爲訓導，不就。」
來鶴亭集卷首「提要」：「卷二有洪武辛亥南歸重渡梅關詩云，去年竄逐下南溟，萬里歸來鬢已星。辛亥洪武四年，是明初嘗謫遷廣東，已而赦歸，其緣何事獲譴，則不可考。」
崑山人物志卷之五「隱逸、呂誠」：「呂誠字敬夫……，卒老于鄉。」
來鶴亭集卷首「提要」：「諸書皆稱呂處士，無言其仕于明者，則元遺老也。」
吳中人物志卷之九「逸民、元、呂肅」：「呂肅，字敬夫，初名誠……。有來鶴亭稿，既白軒稿，番禺稿，竹洲歸田稿。」

邑令屢聘爲訓導，堅辭不就。洪武四年，嘗謫廣州，尋赦還。

一生未登仕版，終老於鄉，故世人以處士稱之。

有來鶴亭稿，既白軒稿，番禺稿，竹洲歸田稿。僅來鶴亭集九卷，補遺一卷存世。

乃師鄭東季明，稱其詩，詞多奇麗清婉，一出己意，不肯剽取古今人言。是皆盛世治平之氣使然耶，不然何其聲，一出於和且美也。

來鶴亭集卷首「原序」：「敬夫成童時，嘗從予受學……。工爲詩。是皆盛世治平之氣使然耶，不然何其聲一出於和且美也……。崑陽鄭東敘。」

鐵笛道人，楊維禎廉夫，復贊之謂：崑山多才子，魁出者往往稱呂袁。袁曰子英，呂曰敬夫也。兩人爲詩，風流俊采，皆一時之選。敬夫在埜，蔚然之言，足爲鐘鼎一時，館閣之臣。鄭東謂其言，足以取信當世。

來鶴亭集首「原序」：「獨崑山多才子，魁出者，往往稱呂袁。袁曰子英，呂曰敬夫也。兩人爲詩，風流俊采，皆一時之選……。敬夫在埜，而蔚然之言，足以鐘鼎，一時侍從焉……。代有蘭臺芸閣之居，而其言覆野，俾誦敬夫言，其不泚然在顙者。……鐵篴老人，會稽楊維禎序。」

諸暨縣志卷四十三「傳、藝文十一」：「鐵笛道人自傳、元、楊維禎」。

諸暨縣志卷三十七「藝文、詩、藝文一」：「次鐵笛道人韻、張憲」，「鐵笛道人遺筆藥七絕、張憲」、「雲林席間懷鐵笛簡草堂、張雨」。

來鶴亭集卷首「原序」：「敬夫……詩，若干卷，楊廉夫敘之，其言固足以取信當世。……崑陽鄭東敘。」

玉山主人，顧瑛仲瑛，亦評其評曰：詩意清新，不爲腐語，東滄人多誦之。

草堂雅集卷九「呂誠」：「詩意清新，不爲腐語，東倉人多誦之。」

玉山名勝集一「分韻詩序、西夏、昂吉起文。」：「七月既望日，玉山主人，與客酌於草堂」。卷二「玉山主人次韻」。外集「秦約、懷玉山主人」。「呂恒、柬玉山主人」。

(三) 花谿集作者沈夢麟傳兼註其集

沈夢麟，字原昭，吳興之歸安縣人。

花谿集卷首「提要」：「花溪集三卷，元沈夢麟撰。夢麟，字昭原，吳興人。」

吳興備志卷七「官師徵第四之六」：「沈夢麟，郡人。」

兩浙名賢錄卷之二十七「元、武康令沈夢麟」：「沈夢麟，吳興人。」

歸安縣志卷三十五「人物傳三、儒林、元、沈夢麟」：「沈夢麟，字原昭，歸安人。」

萬姓通譜卷八十九「二十七寢、沈」：「沈夢麟，字元昭，歸安人。」

西吳里語卷三：「國初，沈夢麟，字元昭，歸安人。」

元史卷六十二「地理志第十四、地理五、江浙等處行中書省、湖州路」：「唐吳興郡，又改湖州，宋改安吉州，至元十三年，升湖州路，縣五：烏程、歸安、安吉、德清、武康。」

按諸書均謂沈字原昭，唯「提要」謂字昭原，疑謄錄之誤。

幼從衛富益授業，資稟穎悟，勤學勵行，年十七，即以詩名。既長，博通群經，尤邃於易。

宋元學案卷八十二「北山四先生學案表」：「何基——王柏——金履祥——許謙——衛富益——沈夢

麟。」

萬姓通譜卷八十九「二十七寢、沈」：「沈夢麟……，勤學勵行，年十七，即以詩名。」

歸安縣志卷三十五「人物傳三、儒林、元」：「沈夢麟……，少有詩名，博通群經，尤邃於易。」

順帝至元五年，歲己卯，以明經領鄉薦，授婺源州學正。

花谿集卷首「原序」：「至元己卯鄉薦，授婺源州學正。」

歸安縣志卷三十五「人物傳三、儒林、元」：「沈夢麟……，元至元間，以明經領鄉薦。」

西吳里語卷三「國初沈夢麟……，元癸巳，以易經中乙科，授婺源州學正。」按「元癸巳」，爲至正十三年。此說不若「原序」，據其後人所言之可信，故不取。

至正中，遷武康令。以儒術緣飾吏治，不尙刑罰。民愛若父母，而吏亦畏服，無敢玩法爲奸者。

兩浙名賢錄卷之二十七「元、武康令沈夢麟」：「至正間，由婺源州學正，遷武康令。以儒術緣飾吏治，不尚刑罰，愛若父母，而吏亦懾服，無骫法者。」

吳興備志卷七「官師徵第四之六」：「沈夢麟，郡人。至正間，爲武康尹，不尚刑罰，吏民畏服。」

後以天下亂起，遍地金戈，乃辭官歸隱。居故邑歸安縣東之花溪，益肆力於詩文，薦紳先生，咸推許之。

元史卷四十二、四十三「順帝五、六」：「十一年……五月……劉福通爲亂……。八月……徐貞，一名壽輝爲亂……。九月……劉福通陷汝寧府，及息州光州，衆至十萬。徐壽輝，陷……黄州路……。十二年春正月……，徐壽輝……陷漢陽……，陷武昌，二月……陷岳州……。十三年……五月……張士誠……陷泰州……高郵。」

花谿集卷首「原序」：「至正多故，解官歸歸安花谿故里。」

花谿集卷首「提要」：「至正中，解官歸隱。」

歸安縣志卷三十五「人物志三、儒林、元」：「沈夢麟……，隱居花溪，益肆力於詩文，薦紳先生，多推許之。」

歸安縣志卷五「輿地略五、水、花溪」：「在縣東南六十里，又名花城，元沈夢麟築居於此。」

明初，朝廷聞其績學，以賢良徵之，疾辭不起。聘爲京闈，鄉試考官。三校文浙闈，兩預會試，人皆服其公。太祖禮重之，面稱之老試官。然終不受爵，年九十三卒。

花谿集卷首「原序」：「國初，以賢良官徵，先生辭疾，不復仕，退以詩文自娱。三校文浙闈，再同考會試。高廟禮重之，面稱之老試官。」

花谿集卷首「提要」：「明初，以賢良徵，辭不起。應聘入浙闈校文者三，爲會試同考者再，太祖稱之曰老試官。」

歸安縣志卷三十五「人物傳三、儒林、元」：「沈夢麟……，入明，以賢良徵，不仕。太祖聞其績學，聘爲京闈考官，校文閩浙，然終不受爵，年九十三卒。」西吳里語卷三：「國初，沈夢麟……，洪武間，五主文衡於閩浙，太祖高皇帝，呼爲老試官。」明一統志卷四十「人物、元、沈夢麟」：「入本朝，五司閩浙文衡，一考會試，人皆服其公。」按此二說，一謂校文浙閩五次，一言預會試一次，鄉試五次。既違「原序」所載，沈氏後人之陳述。亦不合四庫全書，審愼之考證，故不取。

集中有詩，吟其預會試者一，鄉試者十二。唯校文之諸科，僅己卯，建文元年鄉試，紀年可考。花谿集卷三「七言律詩」：「示院中同考官」：「槐花落盡棘闈開，考試文場拔俊才。多士爭先龍虎榜，春官已在鳳凰台……。」按新唐書卷二百三「列傳第一百三十八、文藝下」：「歐陽詹……舉進士，與韓愈、李觀、李絳、崔群、王涯、馮宿庚，承宣聯第，皆天下選，時稱龍虎榜……。」故龍虎榜，即進士榜。此詩，蓋吟會試之作也。花谿集卷三「七言律詩」：「院中和布政王公中秋不見月、己卯科」：「薇府西風生夜涼，如何明月必秋光……。」按明清稱布政司曰薇署，亦稱薇垣，故所吟爲己卯鄉試。己卯，建文元年也。

一生博學積厚，然沈淪下僚，旋即歸隱。得志之日少，隱潛之時多。感遇應酬，富盈卷軸，有花谿集藏於家。不意罹禍，子孫謫戍北鄙，集遂散逸。是集乃其玄孫，江西按察司僉事清，公過故邑，訪求士夫之家，所錄編。凡三卷，詩文四百二十四首。

花谿集卷首「原序」：「先生博學積厚，得志之日少，隱處之日多。感遇酬應，富盈卷軸，有花谿集藏於家……。不意罹禍，子孫謫戍北鄙，集遂散逸。近歲，先生之玄孫，刑部郎官清，錄因南畿，過故邑，訪求士夫家，錄得今本，什一千百耳。」

花谿集卷首「提要」：「是集爲其元孫，江西按察司僉事清所編，凡詩文四百二十四篇。」

夢麟爲趙文敏孟頫姻親，傳其詩法。七言律詩最工，時稱沈八句，有盛唐風。寧極齋稿作者陳深，亦稱其詩，傾篋盡瓊瑤。

花谿集卷首「提要」：「夢麟與趙孟頫爲姻家，傳其詩法，七言律體最工，時稱沈八句。」

歸安縣志卷三十五「人物傳三、儒林、元」：「沈夢麟……，爲趙文敏姻家，傳其詩法，有盛唐風。」

寧極齋稿一卷「題沈華溪詩集」：「暑夕坐無寐，把君詩獨謠……。才堪敵冰柱，韻不減江姚……。相逢欣有得，傾篋盡瓊瑤。」

所交不廣，可考者，除姻親之趙文敏孟頫外，知名之士，僅烏延思忠子中，貢師泰玩齋，張翥蛻菴，危素雲林，周伯琦玉雪，劉基誠意伯等。

花谿集卷三「七言律詩」：「松雪齋池中太湖石」，「送烏延子中赴浙西廉使」，「送貢侍郎和糴還京」，「答張蛻菴學士韻」，「寄危大參」，「答周玉雪左轄」，「和劉誠意伯韻」。

宋元學案卷八十三「雙峰學案、雪樓門人」：「文敏趙松雪先生孟頫」：「卒謚文敏，追封魏國公。」

元詩選癸集庚上「兀顏師中，字子中，女眞人。」至正金陵新志第六卷「官守志、監察御使」：「兀顏思中，女眞氏、奉議、至正九年上。」按烏延、兀顏，師中，思忠，皆同音異譯。

梧溪集卷四「辭、故秘書卿宣城貢公挽辭」：「公名師泰，字泰甫，號玩齋。」玩齋集「附錄、年譜」：「至正十三年癸巳冬，調兵部侍郎……。至正十四年甲午八月，除庸田使，和糴二百萬，以供軍。」

宋元學案卷九十三「靜明寶峰學案、俟庵門人」：「承旨張蛻庵先生翥……，遷至侍講學士，以侍講兼祭酒……，以翰林學士承旨致仕。」

宋元學案卷九十三「靜明寶峰學案、蕃遠門人」：「承旨危雲林先生素。」新元史卷之三十一「宰相年表」：「至正……二十四年、參知政事：八都哥、危素，五月除承旨。」故稱「危大參」。

新元史卷之二百十一「周伯琦」：「字伯溫，饒州潘陽人……。至正……十七年……，改江浙行省左丞。」禮部集卷十三「玉雪坡亭記」：「周君伯溫爲余言，世家彭蠡之東，望湖山之旁，四山如城，雙澗交流，當居茅之西，有坡焉。其先大人植梅百十株……。伯溫閱郡志，故宋時守，居多梅，有亭名玉雪坡者，愛之，亦作亭坡上，揭其名楣。間來京師，復令善畫者，爲之圖，以求士大夫賦詩……。異時志番陽者，玉雪之名，係之周氏以傳，豈不宜哉。」梧溪集卷四「辭、故南臺侍御史周公挽辭」……「公諱伯琦，字伯人（按：溫之誤），號玉雪坡眞逸，壽七十一。」故稱「周左轄玉雪」。元詩記事卷二十「周伯琦」：「伯琦，字伯溫，號玉雪坡。」謂伯琦號玉雪坡，似不妥。蓋伊賓集七「題周伯溫玉雪坡」：「千樹梅花照眼明……。」僑吳集卷五「周左丞玉雪坡」：「玉雪坡前一色雲……。」等，均吟其植梅之玉雪坡也。

明史卷一百二十八「劉基」：「劉基，字伯溫，青田人……，封誠意伯。」欽定四庫全書「誠意伯文集、提要」：「誠意伯文集，二十卷，明劉基撰」。

遊踪所及，北抵幽燕之灤河，南達湖廣之衡山。以及江浙之杭州，閩之福州等地。且嘗觀光大都、上都，蓋千里迢迢，既抵灤河，地近兩京，當志在以文會友，顯名京師，焉有不入寶山之理。花溪集卷三「七言律詩、灤河記夢。」。畿輔通志卷七十六「略三十一、河渠二、灤河第三、灤河水道」：「今灤河之上流，曰上都河，源出獨石口外，東北百餘里，巴顏屯圖固爾山……，逕青城，即波羅河屯，在明安城東北六十里……。逕上都城南，所謂上都河屯也。上都者，元開平府，灤水繞其西南故名……。至清水河口入海，安瀾志曰，通長二千一百零一里。」

花溪集卷三「七言律詩、衡山雨意分題送童中州」。湖南通志卷十六「地理志十六、山川四、衡州府一、衡陽縣、衡山」：「在縣西，五嶽之一。山在縣西三十里……，高四千一十丈，周迴八百里……。山有七十二峰、十洞、十五巖、三十八泉、二十五溪、九池、九潭、九井……。」

花溪集三「七言律詩、和同考官蔣文質韻」：「三年兩度赴鄉闈，束帛戔戔荷賜衣。南國文章方衮衮，西湖楊柳自依依……。」按此詩，爲赴浙江布政使司杭州，校文鄉試，遊西湖之所吟。明一統志卷三十八「浙江布政司」：「本朝置浙江等處承宣布政使司，領杭州……十一府……，治于杭州府云。」

花溪集卷三「七言律詩、赴閩考試舟至常山乘驛至分水嶺甚勞困」：「閩闈貽書招校藝……。」按此詩，爲赴福建布政使司福州，校文鄉試之所吟。明一統志卷七十四「福建布政司」：「本朝置福建等處承宣布政使司，領福州……八府……，治福州府。」

花溪集卷三「七言律詩、京華秋興」：「……青天多風鷹隼急，黃河滿地魚龍吟。此身未知歸何地，憑高四顧淚縱橫。」按此詩，乃吟元大都風情之詩。所吟既非洪武之金陵，亦非燕王篡奪之北京。

花溪集卷三「七言律詩，灤河記夢」：「清禁迢迢夜未央，夢隨法界出灤陽……。」按此詩，爲吟上都開平之詩。開平在灤水之陽，故又稱灤陽。按水北曰陽，山北曰陰。世論其以先朝遺老，未能銷聲滅跡，自遁於雲山煙水之間，於洪武間，出預新朝貢舉之事，與楊維禎等之修元史，胡行簡等之修禮書，其行跡相類。以較丁鶴年諸人，當降一格。然身經徵辟，卒不受官，年九十三，終老鄉野。較改節希榮者，終加一等。

欽定四庫全書「花溪集、提要」：「夢麟以前朝遺老，不能銷聲滅跡，自遁于雲山煙水間，乃出豫新朝貢舉之事，此與楊維禎等之修元史，胡行簡等之修禮書，其蹤跡相類。以較丁鶴年諸人，當降一格。然身經徵辟，卒不受官，較改節希榮者，終加一等。」

(四) 艮齋詩集作者侯克中傳兼註其集

侯克中，字正卿，號艮齋，眞定人。

全元散曲二七九頁「侯克中」：「克中字正卿，號艮齋，眞定人。」

幼失明，聆群兒誦書，不終日，能悉記其所授。及長，習詩文詞章，自謂可不學而達。既而悔之曰：吾明於心，刊華食實，莫首重於理。理以載道，原易以求，則可得之。於是，精意讀易，潛心究研。旁通曲會，加以己意，遂成名家。

清容居士集卷二十一「大易通議序」：「此眞定侯先生所述也。先生幼喪明，聆群兒誦書，不終日，能悉記其所授。稍長，習詞章，自謂不學可造詣。既而悔曰：吾明於心，刊華食實，莫首重於理。理以載道，原易以求，則爲得之。於是，精意讀易，旁通曲會，忝以己說，而名之曰通義……。先生名克中，字正卿。」

江浙行省都事，後仕至嘉議大夫、福建等處都轉運鹽使郭郁，因以從之受易。

清容居士集卷二十七「有元故贈中憲大夫中書吏部侍郎騎都尉陳留伯郭公神碑銘」：「大德十一年，桷再入翰苑，郭侯郁文卿，時爲江浙行省都事，獲締交焉，見其受易學于侯先生。」

新元史卷一九四「郭郁」：「字文卿，汴梁封邱人，泰定……四年，除亞中大夫慶元路總管……，進嘉議大夫福建等處都轉運鹽使。」

所著艮齋詩集十四卷，世稱其詩，頗近擊壤一派，多涉世理，而抒情吟景之作，亦有足供諷詠者。

並創諧音格，用韻一以音同字異爲之，古所未有。

艮齋詩卷首「提要」：「艮齋詩集十四卷，元侯克中撰……。卷八爲諧音格，乃每首全以音同字異者相叶，如一東叶同峒桐銅童……之類……。自創之格，爲古所未有。其詩，頗近擊壤一派，多涉理路，而抒情賦景之作，亦足資諷詠者。」

艮齋詩集卷八「諧音格」：「詩貴於音韻叶（按古協字），此卷用韻，一以音同字異者爲之。自我作古，後或有取焉。」

艮齋詩集卷八「老懷」：「世故紛紜莫異同，碧雲無處覓崆峒。嬌鶯盡日啼宮柳，威鳳何日到井桐。四海共憐今白髮，百年多愧古青銅。老懷悵怏憑誰說，空對吳鈞賦狡童。」

大易通義，由其門人郭郁，刊刻問世。袁桷評之謂，讀其書，浩乎其詳，簡乎其著。思深識幽，據會提要。蓋將爲程子之忠臣，倣文公入邵子之室，非潛心尊聞者，不能也。

清容居士集卷二十「大易通義序」：「讀其書，浩乎其詳也，簡乎其著也……。思深而識幽，據會提要，蓋將爲程子之忠臣，倣文公以入邵子之室。非潛心尊聞者，不能也。」

復有雜劇關盼盼春風燕子樓，套曲牡丹春，高過金盞兒，醉花陰，菩薩蠻，風入松，殘曲，爲劇曲名家。

錄鬼簿「附錄曹楝亭刊本錄鬼簿、侯正卿、關盼盼春風燕子樓」。

全元散曲二七九頁「侯克中……，著雜劇春風燕子樓，今不存。」

太和正音譜卷下「樂府、雙調、牡丹春、侯正卿散套」：「忽聽樓頭更漏催，別鳳又孤淒。暫朦朧枕上重歡會，夢驚回，又是一別離。」

太和正音譜卷下「樂府、雙調、高過金盞兒、侯正卿散套」：「舉金杯，倒金杯，金杯未倒心先醉。酒醒時更淒淒，情似織，招攬下相思無盡期，告他誰。」

全元散曲二七九頁「侯克中、套數、黃鐘、醉花陰」：「涼夜厭厭露華冷，天淡淡銀河耿耿，秋月浸閑亭。酒過新涼，梧桐雕金井。」

朝野新聲太平樂府卷八「套數三、菩薩蠻、侯正卿、客中寄情」：「鏡中兩鬢皤然矣，心頭一點愁而已。清廋仗誰醫，羈情只自知。」

詞林摘艷卷之五「風入松、秋思、元、侯正卿」：「暮雲樓閣景消疎，秋水泛萍湖。幾行鷗鷺蒹葭浦，噪昏鴉爭宿林木。鎖閑愁，朱扉半映，約西風，綉簾低簌」。

全元散曲二八四頁「侯克中、殘曲、失宮調牌名」：「授鞍和袖挽絲韁。」註：錄鬼簿。

世評其詞曲，錄鬼簿，稱之爲前輩才人，賈仲明譽之爲名標千古。太和正音譜，更謂其作品，俱是傑作。詞勢非筆舌可擬，眞詞林之英傑。

錄鬼簿卷上「前輩才人有所編傳奇於世者五十六人」：「關漢卿……，白仁甫……，馬致遠……，王實甫……，侯正卿……。」

錄鬼簿卷上「侯正卿、附錄、賈仲明輓詞」：「燕子樓，幺末全贏。黃鐘令，商調情，千載標名。」

太和正音譜卷上「古今群英樂府格勢」：「已下一百五十人，俱是傑作，尤勝於前列者。其詞勢非筆舌可擬，眞詞林之英傑也。董解元、盧疏齋、鮮于伯機、馮海粟、趙子昂……，侯正卿……。」

正卿幼即失明，然精于易，工于詩，復善劇曲。博學多才藝若斯，誠一代寄人。兼以豁達瀟灑，視窮富貴賤，淡如也。

艮齋詩集卷五「寄劉僉事牧之郭運副邦彥二首」：「詩書滿架未爲貧，潤屋何如潤此身。

有命在天非在我，爲仁由己豈由人。籃輿擬賦陶元亮，錦幛徒誇石季倫。漁父不知臺閣貴，五湖佳處掌絲綸。」

故所交中書左丞姚樞雪齋，開府中書左丞相史天澤，江淮行省左丞崔斌，湖廣、江西行省參知政事賈居貞，江南浙西道提刑按察使雷膺彥政、苦齋，南臺御史中丞徐琰子方、容齋，福建行省經歷白恪敬甫，山東東西道、江南浙西道提刑按察使胡祗遹紹開、紫山，山東東西道提刑按察司事霍肅清甫，吏部尙書粱曾貢甫，中書平章政事廉希憲，翰林學士姚燧端甫，山南江北道肅政廉訪副使馮岵壽卿，學士撖舉彥舉，禮部侍郎張孔孫夢符，南臺御史中丞吳衍曼卿，翰林待制同僉太常禮儀院事白樸仁甫。皆元老重臣，顯宦名卿，或詩文詞賦，劇曲之巨擘。

艮齋詩集卷四「姚左丞席上談釋老」，卷六「挽姚左轄雪齋」。元詩選二集「姚文獻公樞」：「樞字公茂，號雪齋……。中統……四年，拜中書左丞。」

艮齋詩集卷五「史丞相拜開府」，卷六「挽史丞相開府」。秋澗集卷四十八「開府儀同三司中書左丞相忠武史公家傳」：「丞相史公天澤。」

艮齋詩集卷五「止崔左丞入廣」，「留別崔左丞」，卷六「哭崔左丞」：「高節雄才曼出群，濁涇清渭古難分。十年當路多知己，四海無人敢哭君……。」元史類編卷二十三「臺諫、崔斌」：「崔斌字仲文，或之兄也……，阿里海牙定湖南，以斌行省參政……，遷行省左丞……。阿合馬慮其害己……，誣搆以罪竟殺之，天下訟其冤。」按斌以罪誣被誅，親友故舊，懼阿合馬之專權，均離棄之。事跡既與前詩「無人敢哭君」相符，且姓氏任官亦合，故崔左丞，即崔斌。

艮齋詩集卷五「寄賈參政」：「我居汴水子江東，子向荊湖我淛中……。」「寄賈參政」，卷六「題賈參政雙桂堂卷「柳營蘭省一生忙，心已成灰鬢已霜。天上力辭三事貴，月中連得兩枝香……。」「賈參政席間賦」。牧菴集卷十九「參知政事賈公神道碑」：「甫及冠入官……，或餽黃金爲兩半百，峻絕不取……。帝問卿郎俸幾何，公如數對。則曰何薄如是，敕增之，公曰品制宜然。後太保劉文正公，奏公參知政事，公又曰，他日必有由郎援例，求執政者，將何爲禦，皆不許……。大師其東，留右丞及公戍鄂……。世傑乘銳下岳，進拔江陵，又移軍圍潭，獨公留戍……。十四年，官中奉湖北宣慰使，明年授參知政事，無幾時，遷江西行省參知政事。十月三年，出而經理南紀，謀獻大軍，于襄陽，于湖廣，于江西……。」按賈參政，即賈居貞。蓋其事跡，任湖廣行省參政，遷江西行省參政，經理鄂贛，獻謀大軍。以及拒厚賄，辭增俸，謝絕由郎官擢參政，均與前詩「我居汴水子江，子向荊湖我淛中。」「泖營蘭省一生忙」，「天上力辭三事貴」相吻合。

艮齋詩集卷五「雷苦齋致仕後以詩召之」，「再召雷苦齋」，「寄雷學士彥正」。卷六「和雷苦齋按察韻」，「和苦齋雷按察韻」。新元史卷一九五「雷膺」：「字彥正……，二十九年，拜集賢學士。」至正金陵新志卷六下「官守志二、題名、行御史臺」：「侍御史……

雷膺，朝列，至元二十一年上。」按雷膺，字正彥，號苦齋。蓋雷苦齋按察，姓氏任官，皆與雷膺同。復按新元史卷五七「百官三、山東東西道肅政廉訪司」：「初爲提刑按察司……，二十八年，改肅政廉訪司。」故廉訪、按察，爲一官二名之簡稱。

艮齋詩集卷五「寄徐中丞子方二首」，「寄徐中丞子方」，卷六「口占徐容齋韻」，卷七「和徐容齋廉訪梅花韻」，「和徐容齋廉訪蘭花韻」。全元散曲七九頁「徐琰」：「字子方，號容齋……。至元……二十五年……，拜南臺中丞……。二十八年，遷江南浙西道肅政廉訪使，召拜翰林學士承旨。」

艮齋詩集卷五「白敬甫經歷有閩中之行」。清容居士集卷二十七「神道碑銘、朝列大夫同僉太常禮儀院事白公神道碑銘」：「白於太原爲令族，至金源氏興，太原衣冠爲最盛……。君諱恪，字敬甫……。二十四年，改浙西提刑按察司經歷……。除福建宣慰司經歷……，翰林承旨閻公復，持士論賢否，有言：白文舉父子兄弟，俱有文名，敬甫幼負儁聲……，奏爲翰林待制同僉太常禮儀院事。」

艮齋詩集卷五「胡紹聞提刑浙西以求去」。秋澗集卷四十「故翰林學士紫山胡公祠堂記」：「公諱祗遹，字紹開，自號紫山。」

艮齋詩集卷五「寄劉牧之霍清甫二廉訪」。紫山大全集卷十五「霍僉事世德碑銘」：「次曰肅郎，即奉訓公……。至元癸未夏，授奉訓大夫僉山東東西道提到按察司事。」卷八「送霍僉事序」：「秩僉山東西道提刑按察司事，奉訓霍公清甫。」故霍清甫，名肅。

艮齋詩集卷五「梁貢甫以天官再使交趾回題卷後」。新元史卷一七二「梁曾」：「字貢父，大都大興人……。再使安南，授吏部尚書。」按甫或作父，天官即吏部尚書。

艮齋詩集卷六「挽廉平章」：「烈似秋霜暖似春……，天命胡爲只五旬。」元史卷一二六「廉希憲」：「字善甫……，進拜平章政事，賜宅一區……。十七年……希憲卒，年五十。」按廉平章，即廉希憲。蓋姓名、任官、享年，均與前吻合。

艮齋詩集卷六「姚翰林端甫過姑蘇訪予出馮提刑壽卿所寄詩中間言及太常博士李鵬舉已不祿壽卿閑居襄陽尚不知因賡其韻以寄」。新元史卷一五七「姚燧」：「字端甫……二十三年，自湖北入朝，授翰林直學士……。元貞元年，以翰林學士，召修世祖實錄。」牧菴集卷二十「山南廉訪副使馮公道碑」：「公之先諱，由通議築松庵崧山，曰崧，後更岵，字壽卿……。未壯入掾中書……，江南既一，陞議政大夫僉山南湖北道提刑按察司事，換僉嶺北湖南道提刑按察司事……，換河北河南道提刑按察司事。」

艮齋詩集卷六「悼闞彥舉」。元詩紀事卷四「撖舉」：「撖舉，字彥舉，陝人，有函谷道人集。」錄鬼簿卷上「前輩名公樂章傳於世者」：「董解元、太保劉公夢正……，胡紫山學士，盧疎齋憲使，姚牧菴參軍，史中書丞相天澤，徐子方憲使，不忽木平章……，張九元帥宏範……，劉中菴承旨，闞彥舉學士，趙子昂承旨……，張夢符憲使……。」

艮齋詩集卷七「和張夢符侍郎海青韻」。新元史卷二〇二「張孔孫」：「字夢符……，延祐初，設進士科，以禮部侍郎知貢舉。」

艮齋詩集卷七「和吳曼慶中丞御史臺盆池蓮花韻」。至大金陵新志卷六下「官守志二、題名、行御史臺、御史中丞」：「吳衍、少中（大夫）、至元三十年上。」疑吳衍，號曼慶，蓋姓氏、任官吻合。

艮齋詩集卷九「答白仁甫」。全元散曲一九三「白樸」：「樸字太素，一字仁甫，隩州人，後居眞定……。中統初，史天澤將以所業，荐之於朝，再三遜謝……。後以子貴，贈嘉議大夫，掌禮儀院太卿。仁甫尤工於曲，與關漢卿、馬致遠、鄭光祖，稱四大家，有詞集天籟集。」錄鬼簿卷上「白仁甫」：「文舉之子，人號蘭谷先生。贈嘉大夫、太常卿、儀院太卿。」

史天澤視正卿爲心友，詩酒相酬。

錄鬼簿卷上「附錄賈仲明輓侯正卿詩」：「史侯心友艮先生，詩酒相酬老正卿。挽絲韁，味裏鵰鞍憑，隨王孫並馬行。」

賈居貞、王國用、李鵬舉、馮岵、白樸，則千里繫心，詩函致侯。

艮齋詩集卷五「寄賈參政」：「我居汴水子江東，子向荊湖我淛中。千里謾傳魚鷹信，半生長悵馬牛風。將來英物寧無種，老去新詩愈有功。四月楊州紅藥好，擬拚一醉與君同。」

艮齋詩集卷五「寄王國用總管」：「十月收君六月書，呼兒讀罷重踟躕。老懷久已塵生研，短髮新來雪滿梳。四海幾人同鮑叔，五湖千古一陶朱。故園晚景桑榆樂，浙水吳山恐不如。」

艮齋詩集卷五「予客姑蘇王御史持李鵬舉書至知檢討太常以詩答之」：「故人北去寂無聞，珍翰南來意甚勤。貪慕癡蠅鑽故紙，不知老鶴上層雲。魚鹽江浙君憐我，仕宦京師我念君。歸計儻如前日約，漢陽風月許平分。」

艮齋詩卷六「姚翰林端甫過姑蘇訪予出馮提刑壽卿所寄詩中言及太常博士李鵬舉已不祿而壽卿閒居襄陽尚未知因賡其韻以寄」：「挈家高隱鹿門公，莫逆何嘗有異同。鴻鵠深林全晚節，蓴鱸江冷正秋風。五千道德言猶在，九萬扶搖夢已空。我不忘君君念我，莫分漢中與吳中。」

艮齋詩集卷九「答白仁甫」：「別後人空老，書來慰所思。溪塘連轡日，風雨對床時。我愛香山曲，君奇石鼎詩。何當湖上路，同賦鷓鴣詩。」

挽姚樞、崔斌、廉希憲，更情眞意切，哀傷之心，躍然紙上。

艮齋詩集卷六「挽姚左轄雪齋」：「深探理窟得心傳，洞徹先天與後天。事去一身還太極，物來終日體純乾。流行坎止道常在，玉潤蘭馨理不偏。千載詩文一杯土，詩成不覺泪潸然。」

艮齋詩集卷六「哭崔左丞」：「高節雄才曼出群，濁涇清渭古難分。十年當路多知己。四海無人敢哭君。天水有孚成雨露，電雷未合失風雲。傷心最是南歸鷹，嗚咽哀音不忍聞。」艮齋詩集卷六「挽廉平章」：「烈似秋霜暖似春，明於皎日正於神。千年海嶽英靈氣，一代乾坤柱石臣。賓客塡門惟慕德，詩書滿架不知貧。致君堯舜平生事，天命胡爲只五旬。」詩寄雷膺謂，令人頃刻未忘君。前引寄馮岵詩，亦有我不忘君君念我之句。交誼之契厚，於此足可概見。

艮齋詩集卷五「再招雷苦齋」：「吾子平生苦愛人，令人頃刻未忘君。鷓鴣既已爲忠告，杜宇胡然不樂聞。十載幾回能聚首，一尊何日重論文。闌干倚遍殘陽下，滿樹歸鴉叫暮雲。」

張國寶始識，即傾蓋渾如舊。

艮齋詩集卷六「挽張國寶總管」：「忠義留侯素病多，此心未了鬢先皤。逆流洪水潛歸海，方命飢民許渡河。善政有爲日無矣，哲人不永奈時何。感君傾蓋渾如舊，重把新詩忍淚歌。」

仇遠詩詆方回，回欲告官殺之，賴與宴之正卿始解。

癸辛雜識別集上「方回」：「牟獻之與之同庚，其子成文，與乃翁爲慶，且徵友朋之詩。仇仁近有句云，姓名不入六臣傳，容貌堪傳九老碑。且作方句云，老尚留樊素，貧休比范丹。方嘗有句云，今年窮似范丹。於是方大怒，褒牟貶己，遂摭六臣之語，以此比今上爲朱溫，必欲告官殺之。諸友皆爲謝過，不從，仇遂謀之北客正卿。正卿……曰，仇止言六臣，未嘗云，比今上爲朱溫也。今比上爲朱溫者，執事也。告之官，則執事反得大罪矣。方色變，俟遂索詩之原本，手碎之乃已。」

元詩紀事卷三十一「牟巘」：「巘字獻之，其先蜀人，徒湖州，登宋進士第，官大理少卿，入元不仕，有陵陽集。」

元詩紀事卷五「方回」：「回字萬里，徽州歙縣人。宋景定壬戌，別省登第，知嚴州。元兵至，迎降，即以爲建德總管，尋罷，有桐江集。」

元詩紀事火七「仇遠」：「遠字仁近，一字仁父，錢塘人。至元中，爲溧陽州儒學教授。自號近村，又號山村，有山村遺稿。」

故無不與之情誼深厚，所至亦廣受敬重。誠如正卿所言，一時元老樂相親。

艮齋詩集卷十二「書懷」：「多病形骸混世塵，一時元老樂相親。論交敢結忘年友，揣分甘作入幕賓。蝴蝶可憐三月莫，牡丹能得幾時春。如今去住誰拘管，好箇江湖自在身。」

幕遊所及，北抵燕山，即大都。遼稱燕京，宋爲燕山府。

艮齋詩集卷十一「燕山行」：「燕山八月秋風高，蕭蕭颯颯吹麻袍……。人生若春草，世事皆秋毫……。賢愚貴賤共一世，老死不知識誰英豪。魚龍混人海，蘭蕙雜蓬蒿……。」

大清一統志卷二「直隸統部表、順天府」：「隨、涿郡。唐、幽州。五代、幽州。遼宋、南京，宋建爲燕山府。金、中都。元、大都。明清、順天府。」元史卷五十八「地理志第十、地理一、大都路」：「唐幽州范陽郡，遼改燕京，金遷都爲大興府……，至元……九年大都。」故大都亦稱燕京，燕山。

讀史方輿紀要卷十一「直隸二、順天府、薊州、玉田縣、燕山」：「縣西北二十五里，志云：山自西山一帶，迤邐東來，延袤數百里，抵海岍。」按「燕山」，所吟非山。故「燕山行」之燕山，非此山。

南達汴梁，潭州，杭州，姑蘇等地。

艮齋詩集卷十三「汴梁即事」。大清一統志卷一百四十九、「開封府表」：「隋、汴州。唐，汴州陳留郡。五代、東京開封府。宋、東京開封府。金元、汴梁路。明、開封府。」

艮齋詩集卷十四「潭州病後登天慶觀閣」。長沙府志之四「沿革志」：「隋、長沙郡潭州。唐、長沙郡潭州。五代、潭州。宋、潭州。元、潭州路。明、潭州府、長沙府。」

艮齋詩集卷十四「杭州火後連雨二首」。大清一統志卷二百十六「杭州府表」：「隋、餘杭郡。唐、杭州餘杭郡。五代、杭州。宋、臨安府。元、杭州路。」

艮齋詩集卷六「姚翰林端甫過姑蘇訪予……」。姑蘇志卷首「提要」：「姑蘇志六十卷……。府志修於我朝，原當以蘇州名志。姑蘇，吳王臺名也，以此名志可乎。」讀史方輿紀要卷二十四「江南六、蘇州府」：「秦置會稽郡……，梁曰英郡，陳置吳州，隋平陳，廢吳郡，改州曰蘇州……，元爲平江路。」故蘇州，又稱吳郡、姑蘇。

弟號良卿，任刑曹掾，先卒。

艮齋詩集卷十二「汴梁元日懷親時弟良卿爲刑曹掾因寄之」：「君在燕都我汴梁，寥寥關塞兩相望。眷令有恨來南土，諼草無功樹北堂。白日簿書官事冗，紅塵道路客心忙。雙親老大情何苦，誰爲新正壽一觴。」

艮齋詩集卷十四「哭弟」：「難兄難弟慣忍貧，豈期中道不爲憐。勉求糲食供諸子，強著歡頻慰老親。十載簿書成底事，一家奉養屬何人。西窗燈火如年夜，杜宇聲中哭莫春。」

一子名濬，教以安貧樂道，勵德勤學，喜其頗能受教。

艮齋詩集卷十四「阿濬生朝」：「三人行處有餘師，善者從之惡改之。爲矢爲函分路處，學詩學禮過庭時。蒼松澗底徒千尺，丹桂雲中看一枝。尺璧兼金無足貴，人生當作克家兒。」

艮齋詩集卷十四「十年」：「十年蹤跡寄江湖，滿篋黃金取次無。病後不堪衰鬢短，貧來何止故人疎。阿濬頗能知我意，夜窗猶不廢詩書。」

女一，代母主中饋。先卒，甚哀之。

艮齋詩集十四「悼女」：「代母齊家惠愛深，天涯永訣淚盈襟。半窗春雨三更夢，一寸寒燈萬里心。塵世情緣渠易舍，蓬萊仙闕我難尋。江流有限哀無極，多病形骸老不禁。」年逾九十，猶健如平昔。

清客居士集卷二十一「今年逾九十，康色未艾。先生名克中，字正卿。」

（五）野處集作者邵亨貞傳兼註其集

邵亨貞，字復孺，號清溪，又號見獨居士，青溪野史。

野處集卷首「提要」：「野處集四卷，元邵亨貞撰。亨貞，字復孺。」

御選歷代詩餘卷一百九「邵亨貞」：「字復孺，號清溪。」

青浦縣志卷十九「人物三、邵亨貞、子克潁」：「邵亨貞……，自號見獨居士。」

南村輟耕錄卷首「南村輟耕錄疏」：「南村田叟陶君九成，著書三十卷……。今月，日疏，青溪野史邵亨貞。」

先世睦人，唐代濛源府君旺，自睦州遷淳安縣，太平鄉之諫村，遂爲淳安人。

梧溪集卷三「題邵氏家譜，有引」：「邵……至唐名旺者，爲濛源府君，從睦州遷居淳安之諫村……。開寶八年，又十三世，名桂子，爲宋處州教授，有別業在華亭處州，孫亨貞出示族譜，逢敬題是詩。」

淳安縣志卷十「人物二、文苑、宋、邵桂子」：「字德芳，太平鄉人。」

建德縣志卷四「疆域志、沿革、附統系表」：「吳越、睦州、建德縣。宋、睦州軍、建德縣。元、建德路、建德縣。明、清、嚴州府、建德縣。」

淳安縣志卷五「坊鄉、鄉、太平鄉」：「在縣東，舊轄里七，今轄都二，圖二。」

淳安縣，唐名青溪縣，以縣治南有青溪得名，故亦稱青溪人。

淳安縣志卷一「縣名」：「青溪，唐永貞元年改，蓋以縣治南，有青溪，故名。」

淳安縣志卷三「水利、溪、青溪」：「一名新安江，西出於歙，遶於縣治之前，東注於嚴。」

潛齋集卷九「邵古香行窩記」：「玄同邵某，古睦、清溪家也。」按亨貞之祖，號玄同。意即其爲古睦州（元建德路）屬縣清溪（元淳安縣）人。青溪訛爲清溪，亦誤爲清溪縣，蓋淳安並無清溪，古亦不稱清溪縣。

南村輟耕錄卷首「南村輟耕錄疏」：「南村田叟陶君九成，著書三十卷……，青溪野史邵亨貞。」按青溪野史，雖爲亨貞之號。然寓有青溪縣野史之意，亦即籍隸青溪縣，示其不忘本也。

祖桂子，咸淳進士，安仁簿，吳攀龍之子。鞠於邵氏，因從其姓。

宋季忠義錄卷十三「邵桂子」：「安仁簿，吳攀龍子也。鞠於所養，因從其姓。」

淳安縣志卷十二「人物、文苑、宋、吳攀龍」：「字元登，太平鄉人。刻苦問學，文聲籍甚。登咸淳元年進士第，任饒州安仁主簿，少與方逢辰、何夢桂，爲同門友。」

字德芳，號玄同，又號古香。

潛齋集卷八「玄同齋記」：「玄同邵君桂子德芳，一日致書，諗於無名人何某曰：玄同云者，其所自號也。」

萬姓統譜卷一百三「邵桂子」：「字德芳，淳安人，號玄同，吳攀龍之子也。」

潛齋集卷九「邵古香行窩記」：「玄同邵某，古睦清溪家也，而贅寓嘉禾之雲間。時玄同有母在，出非其志也，母氏敦命之，弗得爲家。營壽樂堂，所以娛母也。」按行窩記，乃記其流寓之所，因曰行寓。古香，則爲桂子玄同之另以一號也。

以宏詞登咸淳七年丁未，張鎭孫榜進士，授處州教授。

婁縣志卷三十「流寓傳、宋、邵桂子」：「字德芳，淳安人，咸淳間，以宏詞登進士第，教授處州。」

淳安縣志卷十「人物、文苑、宋、邵桂子」：「邵桂子，字德芳，太平鄉人……。登咸淳七年進士第，任處州教授。」

青浦縣志五「人物傳下、流寓、元、邵桂子」：「宋咸淳丁未，張鎭孫榜進士，授處州教授。」

國亡，不仕。娶華亭曹澤之女，且爲贅婿，僑居修竹鄉之小蒸鎭。曹氏一族，居廣富林市，詩書科第，前後不絕，爲一方之望。

婁縣志卷三十「流寓傳、宋、邵桂子」：「字德芳，淳安人……。教授處州，國亡不仕，娶華亭曹澤之女，因家西小蒸。」

潛齋集卷九「邵古香行窩記」：「玄同邵某……，贅寓於嘉禾之雲間。」

松江府志卷九「鄉保、鎮市附、華亭縣」：「修竹鄉，縣九十里，一名谷陽，四十一至四十二保隸焉。」

松江府志卷九「鄉保、鎮市附、華亭縣、鎮市」：「小蒸鎮，在四十一保。其西有漢濮陽王墓，甚高大，而不生螻蟻。相傳築墓時，以酒醋灑土，涉梅，蒸蒸而堅，故名大蒸鎮。有小墓，亦云蒸土，故名小蒸鎮。地挹九峰三泖之勝，居此者，多文人韻士，因美其名爲貞谿。」

松江府志卷九「鄉保，鎮市附、華亭縣，鎮市」：「廣富林市，在三十八保，後帶九峰，前迤平疇，爲西北奧壤，仕族曹氏家焉。詩書科第，前後不絕，而居民亦日蕃庶，蔚爲一方之望云。」

營壽樂堂，以娛其母，堂之前後，鑿池蓄魚，建三亭於上，曰雪舟，曰知樂，曰乾坤一亭，以爲遊憩之所。

潛齋集卷九「邵古香行窩記」：「玄同邵某……，營壽樂堂，以娛其母也。堂之面與其背，竪三亭，以爲游憩也。」

淳安縣志卷十「人物二、文苑、宋、邵桂子」：「鑿池構軒其上，名曰雪舟。」

松江府志卷十六「第宅、知樂亭」：「邵桂子，養魚池。」滎陽呂克勤記：「壽樂翁，有田數十百畝，在行窩西偏。」

青浦縣志卷十二「名蹟、知樂亭」：「在小蒸，邵桂子建，呂克勤有記。」

潛齋集卷一「題邵古香乾坤一亭」：「一亭亦直寄……，柱桂辛夷楣……。白雲亭上山，流水亭下池。」

著有雪舟脞錄，雪舟脞談，雪舟脞藁，傳於世。又嘗作忍默恕退四卦，揭之坐隅以自驚。眞得保身愼言，絜矩知止之道。學德兼俱，望重一方，爲江左斯文領袖者四十年。

淳安縣志卷十「人物二、文苑、宋、邵桂子」：「所著有雪舟脞錄，雪舟脞談，雪舟脞藁，傳於世。」

輟耕錄卷十四「四卦」：「睦人邵玄同先生桂子，嘗作忍默恕退四卦，揭之坐隅。眞得保身愼言，絜矩知止之道者矣。」

清浦縣志卷五「人物傳下、流寓、邵桂子」：「因家小蒸，爲斯文領袖者四十年。」

書畫彙考卷二十「貞溪諸名勝詞翰卷」：「晚契方回記事，謹呈宣召廣文内翰玄同尊契先生。」由此足可概見，桂子之望重士林。

年八十二卒，歸葬故里，淳安之諫坡。遺屬不克舉家隨去，遂爲華亭人。因華亭，古名雲間，故又稱雲間人。

松江府志卷三十一「人物九、游寓、宋、邵桂子」：「八十二卒，歸葬淳安。」

淳安縣志卷十「人物二、文苑、宋、邵桂子」：「及終，乃歸柩淳安之諫坡葬焉。」

野處集卷二「序、送族兄安仲還鄉序」：「至元中，先大父處州君，以弗克終仕于宋，晦跡華亭別業，先君遂生華亭。至德間，大父喪歸故里，先父弗克舉家去，至今爲華亭人。」

嘉禾志卷一「沿革、松江府」：「舊華亭縣也……，若夫雲間之名，則自陸士龍，對張茂先所謂：雲間陸士龍一語得之也。」按陸雲字士龍，晉人，與兄機，有才名，時稱二陸。

蟻術詩選卷一：「元雲間，邵復孺著。明、新都、汪稷校。」

全元散曲一四五三頁「邵亨貞」：「字復孺，號清溪，雲間人。」

父祖義，池州學錄，能詩，工篆隸書。

婁縣志卷三十「流寓傳、宋、邵桂子」：「子祖義，池州學錄，能詩，工篆隸。」

御定書畫譜卷三十九「邵祖義」：「邵祖義，官池州學錄，能詩，工篆隸。」

亨貞，幼穎悟敏學，從宋碩儒錢復堂受業，兼以家學淵源深厚，故博通經史，贍于文翰，尤工詩詞。凡陰陽、醫卜、佛老之學，無不深究其奧，復善眞草篆隸書。至正間，爲松江府學訓導。

野處集卷一「一枝安記」：「雲間遺族，有三錢焉……。又其一，居城西，爲南渡宦家，支蔓最衍，風流文采，間有存者，予識其子孫四人。復堂先生，爲宋季該博老儒，予嘗受業門下。」

松江府志卷三十一「人物九、游寓、邵桂子」：「字德芳，號玄同，淳安人……。孫亨貞，字復孺，博通經史，贍於文辭，工眞草篆隸書。凡陰陽、醫卜、佛老之學，莫不究其奧。」

青浦縣志卷十九「人物三、邵亨貞、子克潁」：「邵亨貞，字復孺，桂子孫。博通經史，贍於文詞，工書……，洪武初，爲府學訓導。」

野處集卷首「提要」：「亨貞字復儒，淳安人，至正間，爲松江訓導。」按亨貞任府學訓導，有至正間，洪武初二說，容後另考。

著有野處集四卷，蟻術詩選八卷，蟻術詞選四卷，行於世。稿皆手筆，點畫不苟，足爲後學楷式。

野處集卷首「提要」：「野處集四卷，元邵亨貞撰。」

蟻術詩選八卷「元雲間邵復孺著，明新都汪　稷校。」

蟻術詞選四卷「元雲間邵復孺著，明新都汪　稷校。」

松江府志卷三十一「人物九、游寓、邵桂子」：「邵桂子……孫亨貞……，稿皆手筆，點畫不苟，足爲後學楷式云。」

一生終於儒官，足蹟又未出鄉里。故無雄篇巨製，以發其奇氣。而文章大致清利，步伐井然，猶能守先正之遺規。陶宗儀稱其詞，雋永清麗，頗得倚聲三昧。蓋其所長，尤在於此。書法，則眞草篆隸，字畫閒雅，有晉唐風度。

野處集卷首「提要」：「亨貞終於儒官，足蹟又未出鄉里。故無雄篇巨製，以發其奇氣。而文章大致清利，步法井然，猶能守先正遺矩者。按陶宗儀南村輟耕錄，載亨貞所作，詠眉心，沁園春，詞二首，雋永清麗，頗得倚聲三昧，蓋所長尤在此。」

輟耕錄卷十五「沁園春」：「宋劉改之先生，造詞贍逸，有思致，賦沁園春二首……。近邵清溪亨貞，嗣其體調，以詠眉目，眞雋永有味。」

青浦縣志卷五「人物傳下、流寓、元、邵桂子」：「孫亨貞……，著有蛾術稿行世。稿皆手筆，顧文僖公稱其字畫閑雅，有晉唐風度。」按明刊本，爲蟻術。

所交不廣，除邑人錢應庚南金，錢抱素子雲，曹知白又玄，早年相識，締交有年外。餘皆元末天下亂起，遍地金戈，江左文人雅士，如會稽楊維禎廉夫，無錫倪瓚元鎮，江陰王逢原吉，大梁申屠衡仲權，吳興黃玠伯誠，天台陶宗儀九成，錢塘錢惟善思復等，避隱於松江之九峰三泖間，得以往還酬唱，遂結爲友。亨貞與楊維禎，有酬唱詩三首。

婁縣志卷三十「流寓傳、元、楊維禎」：「字廉夫，會稽人，泰定四年進士。由天台尹，改錢清場鹽司令。時鹽賦病民，維禎屢白江浙行中書省，弗聽，仍頓首涕泣，至欲投印去，始獲減額。俄丁內外艱……，除杭州四務提舉，尋陞江西儒學提舉，未上，汝潁兵起……，遂攜家寓松江，築室百花潭上，號小蓬臺……。洪武二年，聘至京師，維禎不樂仕……，仍歸松江，辛年七十有六。」

松江府志卷十六「第宅」：「小蓬臺楊鐵崖寓所樓名。」

松江府志卷二「水上、三泖」：「在府西，廣韻注：泖，華亭水也。太史公云：泖之爲言，茂也。吴郡圖經云：在華亭境，有上中下三名，狹者且八十丈。祥符圖經：谷泖，縣西三十五里，周一頃三十九畝。古泖，縣西四十里，周四頃三十九畝。今泖之界，西北抵山涇南，自泖橋出，東南至廣陳，又東至當湖，又東至瀚海塘而止。俗傳，近山涇者爲上泖，近泖橋者爲下泖。」

松江府志卷十六「第宅」：「小蓬臺，楊鐵崖所寓樓名，在百花潭上。別有挂煩樓、草玄閣，皆爲東吴勝槩。閣在迎仙橋西北，成化間猶存，今其地爲張氏所有。」按維禎號鐵崖。

蟻術詩選卷六「七言八句」：「漫成用廉夫韻」，「楊廉夫受吴門賓館諸公餽餉爲詩自述且求友朋屬和次韻答之」，「和楊鐵崖曹園感懷韻。」

與倪瓚，則有詩一首，相唱和。

婁縣志卷三十「流寓傳、倪瓚」：「字元鎮，號雲林，無錫人。清姿玉立，惟好潔，多讀書，名與虞（按集）范（按梈）諸公埒，間作山水小景，高雅絕世，然不輕作。家素饒，一日棄田舍去，曰天下正多事矣！吾將遨遊以翫世。自是往來五湖，寓松之泖上，尋殉。」

蟻術詩選卷六「七言八句」：「曲江居士特以險韻與倪雲林論方外事和者閣筆余適外歸持

來求正戲爲下一轉語。」

王逢初寓華亭之橫泖，營梧溪精舍。至正二十五年，移寓上海之烏涇，即烏尼涇鎮之最閑園。嘗題詩亭貞之家譜。

松江府志卷三十一「人物九、游寓、王逢」：「字原吉，江陰人。才氣俊爽，弱冠有美名。臺臣荐之，以疾固辭。大府交辟，皆不就。會世亂，客游吳中，築室青龍江上，以吟詠自娛。初逢祖母徐夫人，嘗手植雙梧於故里之橫河，逢追思之，因名所寓曰梧溪精舍。所著曰梧溪集，鄱陽周伯琦，謂其爲天隨玄眞子之流云。」

松江府志卷十六「第宅、梧溪精舍」：「在青龍江上，江陰王逢避地之所。逢大母徐夫人，嘗手植雙梧，於故里橫河之上。故以是名其居，示不忘也。中有蘿月山房，冥鴻亭，小草軒，皆自爲詩，見梧溪集。」

松江府志卷二「水上、橫泖」：「自北曹港分支，經唐行鎭，絕大盈浦東流，過崧宅塘，絕顧會崧子二浦，東接胡涇，爲東橫泖。南至樓下張管山，前爲橫塘，望龍歸菴，斜入盤龍浦，遂東貫沙竹岡塘，止西上澳。」

松江府志卷二「水上，青龍江」：「圖經云：昔孫權造青龍戰艦于此。在唐宋時，其上爲巨鎭。今鎭爲丘墟，江亦阻隘。」

梧溪集卷四「奉贈秦郎中時卜鄰橫泖」。

上海縣志卷二十八「名蹟上、古蹟、最閒園」：「在烏涇賓賢里，本宋張氏故居，至正二十六年，王逢自橫柳，梧溪精舍，移居於此。築儉德堂，園中有藻德池，懷新坂，樂意生香臺，幽貞谷，濯風所，臥雪窩，流春矼，海曙巖，各以一辭記之。並作懷先民賦，名其山曰先民。一邱溝，曰先民一壑。又有林屋，餘清洞，中峙一石，曰直節峰。列二石，曰泗磬豐鐘，逢作賦記之，並有贊。其遺址之僅存者，今爲張氏所居。」

上海縣志卷一「鎭市、附舊鎭市、烏泥涇鎭」：「在縣西南二十六里，亦名賓賢里。宋季張百顯，治第於此，富甲一鄉。」

松江府志卷二「水上、烏泥涇」：「其上有鎭，北爲鄭家漕，爲曹胡涇……，自西東流，入于黃浦坊濱。肇嘉之間，爲上海縣治。」

梧溪集卷六「懷故園：時寓隱烏涇十有七年」。

梧溪集卷三「題邵氏家譜有引」：「邵自康公，至東陵侯平，凡五十世……。又十三世，名桂子，爲宋處州教授，有別業在華亭、處州。孫亨貞，出示族譜，逢敬題是詩：宋日衣冠户，唐朝德澤門……。公侯必復始，尚憶諫名村。」

元詩紀事卷二十四「申屠衡」：「字仲權，大梁人。列朝詩集：洪武間，徵至京師，授翰林修撰。無何，以病免。疑不肯仕，謫徙濠，卒於濠上。」

申屠衡則有詩三首，互爲酬唱。

蟻術詩選一卷「五言古風」：「申屠仲權與曹安雅翁爲五側詩以論進學之道持來屬予和韻」。

書畫彙考卷二十「書二十、元人合卷」、「至正庚寅歲，予自吳門，來客于貞溪曹聘君之家。始識其猶子，邵君復孺。每相與論文說詩，則亹亹忘疲，以爲相見之晚，是以交雖淺而情甚深……。昨日過予瀼東寓所，出示其與友人錢南金唱和詩，新清可喜，使人誦之，不能釋手。余因屬和二章，以紀湖山同遊之樂，次以道平居相與之歡……。申屠衡頓首再拜復孺先生契兄吟几。」

黃玠亦有詩一首相贈。

嘉興府志卷之二十二「隱逸、元、黃玠」：「黃玠，字伯成，與趙孟頫遊，尤與黃溍善。生平慕郭林宗、黃叔良、陶淵明之風，不喜儲蓄，有輒貸人。適值兵亂，益貧困，處之泰然。爲詩沖淡夷曠，後家弁山。小隱吟錄，知非舊稿，唐詩選，纂韻錄行世。」

弁山小隱吟錄卷一「邵復孺映雪齋」：「邵子書有癖，舉手倒執經。夜映雪色冷，側睨生墨先。希功厚積餘，思與古人並。」

而陶宗儀，錢應庚，錢維善，錢抱素，曹雲西，則尤稱莫逆。蓋亨貞既撰「南村輟耕錄疏」，推崇其著作，復唱言爲之刊行。宗儀則讚揚亨貞之詞，「雋永有味」。並有詩三首，相唱和。

青浦縣志卷十九「人物三、文苑傳、邵亨貞、子克潁」：「邵亨貞，字復孺……，與陶宗儀，爲莫逆交。」

婁縣志卷三十「流寓傳、元、陶宗儀」：「字九成，其先由閩之長溪，徙永嘉陶山，再徙台之黃巖。少舉進士，一不中，即棄去。務古學，無所不窺。出游浙東，文師張翥，李孝光，杜本，字學其舅氏趙雍。家甚貧，抵松教授弟子……。晚年益閉户著書，不涉俗事。」

松江府志卷十六「第、宅、南村草堂」：「在四涇北，陶宗儀閱讀之所。」

南村輟耕錄卷首「南村輟耕錄疏」：「南村田叟陶君九成，著書三十卷。凡六合之內，朝野之間，天理人事，有關於風化者，皆手采而錄之……，乃名之曰南村輟耕錄。朋游間，咸欲爲之版行，以備太史采擇，而未有唱首之者。於是僭爲疏引，以伸其意。同志之士，有覩其書者，必樂聞而興起焉……。青溪野史邵亨貞。」

南村詩集卷二「借韻答青谿邵先生」，「次韻答邵青谿先生」，「……余與邵清谿……」。錢應庚與之相交三十餘年，過從至密。有詩稿藏於家，徐一夔爲之序，論其詩，爲淞上詩人稱首。亨貞嘗贈詩十五首，詞十三闋。南金詩稿失傳，僅存和亨貞詞五、函一。情誼之契厚，於此可以概見。

野處集卷一「一枝安記」：「雲間……遺族，有三錢焉……。又其一，居城西，爲南渡宦家，支蔓最衍，風流文采……，今之存者，惟南金君。以明經教授，爲錢氏文脈所在。南金幼失父，侍其祖，長於異縣。弱冠祖沒，贅居三泖之上，與予同里，閈以文字交，三十餘歲……。南金問舍他鄉，不相周旋者，中又過半矣。歲丙申，浙右大亂，南金所居，悉嬰兵燹，乃扁舟載妻子，還泖上，其門人曹幼文，闢室館之……。」

檇李詩集卷四「錢應庚」：「應庚字南金，邑志皆失載。」

始豐稿卷三「錢南金詩藁序」：「華亭錢君南金……，豫章辛好禮，有與君唱和，甚知君善詩，比會曲江錢思復，論淞上詩人，亦以君爲稱首……。余閱其詩盡卷，清而不枯，華而不艷。整暇而不汎，精切而不刻。屏去奇怪之語，得詩人之意焉。」

蟻術詩選卷二「五言長律」：「錢南金往歲胥會嘉禾紫虛觀，近聞館於澱湖謝氏，經年隔絕，寄詩問訊，二十韻」，「追悼南金錢文學二十韻」。卷三「五言短律」：「錢南金往海鹽省母阻風歸遲用曹雲西韻懷之」，「寄南金」。卷四「七言古風」：「旅秋行次韻答錢南金所寄知近寓秀水僧寺」。卷六「七言八句」：「寄錢南金孝廉」，「暮春次南金韻」，「次南金見寄韻」，「重柬南金」，「歲暮寄南金時在茜涇積善寺」，「癸卯元日與南金感舊而作」。卷七「七言絕句」：「見梅懷南金」，「春日和錢南金韻」，「貞溪初夏次南金韻」。卷八「會合聯句」：「至正改元，余寓虎林三閱月，南金授業荼院，孟冬予歸，南金亦還溪上，夜坐縱談，念不可無述，以紀此會四十韻。」

蟻術詞選卷一「浪淘沙」：「錢南金疾作代簡問訊」，「浣紗溪」：「丁酉早春試筆柬錢南金」。卷二「風入松」：「南金寓檇李予客海隅寄此以敘間闊」，「阮郎歸」：「次韻南金早秋」，「西江月」：「酒闌與南金徜徉村巷」，「鬲海梅令」：「和南金鴛湖舟中韻」，「掃花遊」：「春晚次南金韻」。卷三「八歸」：「秋夜詠懷寄錢南金」，「摸魚子」：「歲晚感懷寄南金」，「霜葉飛」：「小溪歲晚與南金夜坐分韻」，「南浦」：「次韻答南金見寄」。卷四「東風第一枝」：「年來逆境驅馳不知歲序之有遊賞忽忽春風徒起浩歎庚辰新正與南金剪燈小酌分題寫懷……予得此調南金得春從天上來」，「春從天上來」：「次南金早春韻」。

書畫彙考卷二十「書二十、元人合卷」：「應庚頓首再拜復孺學士兄長文席應庚初六日辱所惠書……，謾爾倚歌奉報……，附近作一二首同上……。」，「復孺先生用仲參幕贊西江月韻作詞見教……，僭爾步韻以謝尚冀改正友弟錢應庚再拜」，「復孺先生自軍中回……，因次韻幸覽之友弟錢應庚再拜」，「再韻以謝孺兄長，亂後敘舊……，應庚又拜」，「寒食後雨軒獨坐因讀復孺先生臺城路佳詞草草次韻以紀一時情景……，錢應庚拜」。

書畫彙考卷二「書二十、元人合卷」：「應庚頓首再拜復孺學士尊友兄文侍，應庚日與兄相別，貧不能以貨財爲禮，愚不敢贈人以言，分袂之際，豈勝怏怏。間未久，又辱承先施……。承寄懷一詩，益見愛我不薄。意雅不敢虛辱，臨楮奉答……，萬萬珍重不宣，夏日應庚頓首再拜」。

錢惟善，與亨貞父子，爲兩代交，尤愛其子克潁，字伯宣。亨貞有詩六首，詞一闋致之。惟善亦有詩六首贈伯宣。

松江府志卷三十一「人物九、游寓、錢惟善」：「字思復，錢塘人，號曲江。元鄉貢進士，寓居華亭。經明行修，有羅刹江賦，著名於時。詩法唐人，尤極清致。」

元詩紀事卷十九「錢惟善」：「惟善字思復，錢塘人。領至正辛巳鄉荐，官至副提舉，有江月松風集。」

青浦縣志卷十九「人物三、邵亨貞、子克潁」：「邵亨貞……子克潁，字伯宣，有學庵集，古詩能世其業。」

書畫彙考卷二十「書二十、元人合卷」：「曲江先生錄示，元夕所壽伯翔翁之作，且徵鄙和，是以賞見許也。其能無言，以復盛意耶。倚韻信筆，斐然成章，惟諸大方家，印可是望，亨貞再拜。」

蟻術詩選卷一「五言古風」：「送錢思復之海鹽州教授」。卷三「五言短律」：「奉酬錢曲江見示韻」。卷三「五言短律」：「奉酬錢曲江見示韻」。卷六「七言絕句」：「和錢思復春日口號」，「和錢思復過眞淨旭公房所作」。

蟻術詞選卷二「八聲甘州」：「次錢思復懷錢塘舊遊韻」。

書畫彙考卷二十「書二十、元人合卷」：「遠承佳作見寄足佩不遺故舊之高誼且知潁上之樂不減吳中次韻以答曲江居士錢惟善上伯宣茂異賢契友」，「次韻伯宣茂材留別之作並錄寄循正提學諸佳子弟一笑」，「聞伯寅欲邀予過雲錦小酌不果」，「伯宣過澄懷樓相訪且錄昨會伯寅雙槐清集之作以示因次韻見老懷之拳拳伯寅者若此……，鄉末惟善上」，「次韻伯宣茂材同集於于伯寅文學雙槐堂松雨和上倡酬之作六月二十六日曲江老人錢惟善」，「詩送伯宣茂材還潁曲江老人錢惟善」。

亨貞與錢抱素爲姻親，早年相交，有詩二首，詞五闋，函一相酬唱。抱素著有江湖清思集，漁樵譜，醉迨餘興，詞話極多，亦有詞二闋以致之。

錄鬼簿卷下「錢子雲」：「名霖，松江人，棄俗爲黃冠，更名抱素，號素庵。類諸公所作，名曰江湖清思集，自作樂府爲醉迨餘興，詞話極多。」

東維子卷一「漁樵譜序」：「詩三百后，一變爲騷賦，再變爲曲，引爲歌謠，極變爲倚聲制辭，而長短句，平仄調出焉……。嘉禾素庵老人，過予雲間邸次，出古錦樸一帙，曰漁樵譜者，凡若干闋，雖出乎倚聲制辭，而異乎今樂府之靡者也……。素庵名抱素，字子雲。」

東維字卷二十二「藏六窩志」：「雲間鍈子雲氏，博學工文章，才可用世，而世不用也。今老矣，黃冠野服，脱落世累……。」按錢誤爲鍈，鍈古鐵字。

蟻術詩選卷六「七言八句」：「寄錢素庵鍊師師雲間南城大族」，「題錢素菴諫師封雲室」。

蟻術詞選卷二「氏州第一」：「丙申初冬次錢素菴韻」，「江城梅花引」：「陸壺天錢素菴二老相會……，索予次韻」，「紅林檎近」：「水村冬景次錢素菴韻」，「春草碧」：「次韻素菴遺懷」。卷四「齊天樂」：「乙未暮錢素菴見和前韻再歌以謝之」。

書畫彙考卷二十「書二十、元人合卷」：「應庚頓首再拜復孺學士尊友兄文侍……，兄所寄素菴書已達之矣。第此公方遭子夏之戚，未遑答問知之。」書畫彙考卷二十「書二十、元人合卷」：「久不見復翁，己劇懷想。近到箐水北山，訪南金，獲覩所寄臺城路佳詞，愈重其膽，企因用韻……，東郭姻末錢抱素稽首拜呈」，「春草碧小詞併求斤正」。

曹知白，字又玄，號雲西，華亭人。身長七尺，美髯，機敏。至元甲午，詔鑿吳淞江，獻策功多。丁母艱，哀毀盡禮。服除，薦授崑山教諭，旋辭去。嘗游京師，王侯鉅公，多折節與交。章辟屢上，悉辭謝歸。隱居厚堂、古齋，潛心讀易，終日不出庭戶。善詩畫、家富盛極一時。周恤親姻，篤於交誼。文士許應元、李冲、劉世賢、詩僧崇古，生則飲食之，死爲治喪葬，罔不盡心。亨貞有詩六首，詞二闋，與之相唱和。

松江府志卷三十「人物八、隱逸、曹知白」：「字又玄，別號雲西。其先閩之霍童山人，後徙居溫之許峰，宋宣和中，十八世孫景修，始遷華亭長谷之□。知白身長七尺，美鬚髯，性機敏，至元甲午，詔遣中書左丞，鑿吳松江，以策從行，功居多。大德戊戌，庸田使柳公行水，復獻寘閼成堤之法，民甚德之。丁母艱，哀毀盡禮。服除，大府薦教諭崑山，意甚不樂，遂辭去。嘗游京師，王侯鉅公，多折節與交，章辟屢上，知白悉辭謝曰：吾聞冀多奇士，庶幾見之，豈齪齪求者邪！即日南歸，隱居讀易，終日不出庭户。或放筆圖畫，掀髯長嘯，人莫窺其際。四方士夫，爭内屨願交。於姻黨周恤，惟恐後。篤於交誼，若文士許應元、李沖、劉世賢，詩僧崇古，生則飲食之，死則治喪葬，罔不盡其情焉。」

水東日記卷三「松江曹雲西，善詩畫，家富盛極一時。其孫……言乃祖盛時，嘗築台，以錫塗之，月夜攜客痛飲，稱瑤臺云。其侈靡至是……。一鄉時惟常州倪雲林，崑山顧玉山，可相伯仲。」

松江府志卷十六「第宅、厚堂、古齋」：「皆曹知白居。」

蟻術詞選卷二「凭闌人」：「題曹雲西翁贈妓小畫」：「誰篤江南一段秋，粧點錢塘蘇小樓，樓中多少愁，楚山無斷頭。」

清閟閣全集卷七「題曹雲西畫」：「吳淞江水碧於藍，怪石喬柘在渚南。鼓柁長吟採蘋去，新晴風日更清酣。」

蟻術詩選卷一「五言古風」：「午日曹雲西厚堂分韻玉字」，卷三「五言短律」：「辛巳歲元日雨雪中飲曹雲西翁家次翁韻」，「丁亥臘月廿八日立春雲西翁有夜枕之作詰朝置酒餞歲次韻以復」，卷六「七言八句」：「次韻曹雲西翁雨牕述懷時故里大水」，卷七「陪曹雲西翁攜妓泛荷舟中次韻」，「同曹雲西翁泛舟過千山。」蟻術詞選卷二「祝英臺近」：「和雲西老人秋懷韻」，卷四「齊天樂」：「戊子清明次曹雲翁韻」。

二子一女，長子克潁，字伯宣。洪武元年戊申十一月，以館人所連，得罪繫獄，父子謫戍潁上。幸縣令知其非辜，每加眄睞。後遷居潁水，有學菴集，古詩能世其業。

青浦縣志卷十九「人物三、文苑傳、邵亨貞、子克潁」：「邵亨貞，字復孺……。子克潁，字伯宣，有學庵集，古詩能世其業。」

蟻術詩選卷一「五言古風」：「戊申仲冬，兒潁爲館人所連，得罪繫獄。朋游咸謂，必老夫叫閽乃可昭雪。由是衝寒扶憊戒途，凡越旬始抵石城，道間記所見得詩如左。」按叫閽，意爲向朝廷鳴冤。

松江府志卷三十一「人物九、游寓、邵桂子」：「邵桂子字德芳……，孫亨貞，字復孺……，以子累謫戍潁上者久之。」

蟻術詩選卷一「五言古風」：「寄贈潁上縣令車則明會稽人小兒潁以罪遷彼此公知其非辜每加眄睞。」

中都志卷二「郡名、潁上縣」：「潁上，隋初置縣，以潁水所經，故名」。

潁上縣志卷一「輿地、水渠、潁水」：「凡三源，並在河南登封縣，中源出少室山，左出少室南谿，右出縣西南陽乾山之潁谷，同合東流、歷禹、臨潁、西華、許、商水、淮寧、沈邱，經本郡太和西南阜陽東，東南行六里，至潁上，西北由留侯集入境……。」

書畫彙考卷二十「書二十、元人合卷」：「復孺先生自軍中回，予……以識會合之善，因次韻幸覽之，友弟錢應庚再拜」。

蟻術詩選卷二「五言長律」：「乙卯立秋日，客舍紀懷二十韻，時長子潁遷於潁……。」

書畫彙考卷二十「書二十、元人合卷」：「遠承佳作見寄，足佩不遺故舊之高誼。且知潁上之樂，不減吳中，因次韻以答。曲江居士錢惟善上伯宣茂異賢契友。」

書畫彙考卷二十「書二十、元人合卷」：「詩送伯宣茂才還潁，曲江老人錢惟善。」

次子克淳，沒溺於臨淮濠水之濠梁。

蟻術詩選卷二「五言長律」：「乙卯立秋日，客舍紀懷二十韻時……。幼兒克淳，沒於濠梁，故園凋落，殘生茫然，不能無感於天時也。」按沒，溺也。

中都志卷二「山川、臨淮縣、濠水」：「濠水有二源，東源出濠塘山，西源出鏌鋣山，二水至昇高橋合流，歷鳳陽縣東境，至本縣。西南有石絕水，謂之濠梁。莊子嘗觀魚於此，即今之九虹橋也。」

中都志卷一「郡名、濠梁」：「濠梁，濠水上，有石梁，故名。」

女嫁江陰江浙行省樞密院都事，著有溝南漫存稿，張端字希尹之子宣。宣字藻仲，婚後赴京，即除翰林修撰，作字得行楷之法，有青陽集。亨貞稱宣爲非凡子，端則謂其新娘，有禮法，安貧素，家教有自。惜宣以事謫濠道卒，亨貞以女寡居無後，親赴澄江，載之歸。

書畫彙考卷二十「書二十、元人合卷」：「端莊肅奉書提學先生野處親家……，冰雪中，先生不數百里，送閨秀令愛于敝邑，邑中人，嘉先生高誼，又嘉端之子，非凡子也……。自先生返櫂後，宣子廿一起程，繼得信，知廿六日入覲，天顏愉懌，仍領職備員而已……。令愛有禮有法，且安於貧素，家庭之教有自……。眷生張端莊肅奉書。」按野處，即亨貞，蓋有野處集也。

元詩紀事卷二十三「張端」：「端字希尹、江陰人。官江浙行省樞密院都事，有溝南漫存稿。」

明詩紀事甲籤卷六「張宣」：「宣字藻仲，初名瑄，江陰人。洪武三年，以考禮徵，與修元史，授翰林編修，以事謫濠，道卒，有青暘集。」「許學夷澄江詩選，張藻仲古詩，語多警絕，律則始振唐音，使天假之年，未有涯矣。」

御定佩文齋書畫譜卷四十「書家傳十九、明一、張宣」：「張宣，字藻仲，初名瑄，江陰人……，作字得行楷之法。」

蟻術詩選卷一「五言古風」：「幼女嫠居澄江，無後可托，親往載之以歸，庶盡父子之道……。逆旅中夜分，枕上紀述，示舟中同行者。」按：澄江，乃江陰之別稱。

明江陰縣志卷一「城池」：「城……門曰澄江。」卷二「橋梁」：「跨壇溝橋一，澄江橋。」

年九十三卒，已有玄孫。

青浦縣志卷十九「人物三、邵亨貞、子克潁」：「邵亨貞，字復孺……，卒年九十三。」

南郭詩集卷二「借韻答清谿邵先生」：「西泖移家住北郭，謝庭蘭玉見玄孫……。」

（六）耕學齋詩集作者袁華傳兼註其集

袁華，字子英，號耕學子。平江崑山人，祖籍汝南之汝陽人。

菽園雜記卷十三「西湖竹枝詞」：「袁華，字子英，吳郡崑山人。」

欽定大清一統志卷五十四「蘇州府表」：「兩漢：會稽郡。三國吳、宋、齊、梁、陳、隋：吳郡。唐、五代：蘇州。宋：平江府吳郡。元：平江路。明、清：蘇州府。」

太倉州志卷之七「藝文、元、袁華」：「袁華，字子英……，號耕學子。」

可傳集「玉山宴集分韻得相字」：「至正庚寅，秋七月二十九日，予與龍門山人良琦，會稽外史于立，金華王褘，東平趙元，宴於顧瑛氏芝雲堂，酒半，以古樂府分題，以紀一時之雅集，詩不成者，罰二觥，予汝陽袁華。」

自幼穎悟不群，俊敏過人。讀書兩三過，輒詳記不忘。同儕叩之，應聲復誦無誤。

萬姓統譜卷二十二「袁華」：「字子英，崑山人。少穎悟不群，讀書三過，輒記不忘。」

續吳先賢傳卷九「文學、袁華」：「字子英，少好讀書，與諸生學，誦即他授，皆能誦。諸生乃不能憶，時時叩之。」

草堂雅集卷十三「袁華」：「字子英，吳之崑山人。幼有雋才……，鐵崖先生，尤愛其俊敏。常與過予草堂。」

可傳集卷首「提要」：「臣等謹案，可傳集一卷，明袁華撰……。此本，爲至正癸卯，楊維禎所删定。華，維禎之弟子也。」

萬姓統譜卷二十二「袁華」：「字子英，崑山人……。楊維禎尤重其人，以才子目之。」

草堂雅集卷十三「袁華」：「字子英，吳之崑山人……。德性純雅，尤可稱焉。」

乃師楊維禎，視爲才子，深重之。謂其德性純雅，尤爲可稱。

崑山縣志卷十「人物、文學、國朝（按：明）、袁華」：「字子英……，考究經史百氏，號稱該博。」

窮究經史，廣習百家，學養積厚，號稱賅博。

蘇州志卷五十四「人物十三、儒林、袁華」：「字子英……，工詩，尤長於樂府。」

菽園雜記卷十三「袁華」：「字子英……，自幼以詩，名縉紳間。」

工詩，尤善樂府。自幼即以詩，名鄉黨縉紳間，時稱袁呂。

崑山縣志卷十一「人物、隱逸、呂誠」：「字敬夫，性愼密，少知力學，淹貫經史，尤長於詩……。嘗攜詩稿，謁楊維禎，稱其風流俊采，爲一代之選，與袁華齊名，時稱袁呂。」

蘇州志卷五十四「人物十三、儒林、袁華」：「字子英，崑山人……。與顧阿瑛友善，其家所藏書畫，悉經品題。」

耕學齋集卷三「題金人校獵圖」：「朔風吹驚沙，樺林葉爛煸。獸肥馬驍雄，校獵出天山。曉踰黃龍塞，暮過居庸關。騂弓金僕姑，寶刀龍爵鐶。駕鵝天際落，小隊磧邊還。」

耕學齋詩集卷四「題米元暉雲山圖」：「山橫鑑湖曲，水落剡谿濆。岩扉撲蒼雪，石林生名雲。回轅謝逋客，采芝招隱君。安能馭風去，結廬遠塵氛。」

明詩紀事卷二十五「甲籤、袁華二十四首」：「田按：子英鐵門弟子，玉山遊客。風華雖擅，骨氣自遒。吳人若高季迪，吾不敢知。自楊孟載以下，豈容多讓。子英兼善品評書畫，其題雲林坐看色山水云：門外青林生紫煙，龍泓一道落飛泉。卻知靈石山中宿，爲說倪迂似米顚。跋云：向客張居貞澗阿，言米南宮有潔癖，書中俱小幅，近代惟倪雲林似之。米以顚名，余故以迂名倪，今觀遺畫，併及之。余又檢玉筍生詩，有云：艮岳恩榮雨露荒，平泉銷廢子孫忙。久無人下公庭拜，賴有倪迂繼米狂。倪迂之見於時者，當以二詩爲最先矣。」

復善品題書畫，顧瑛家藏，悉鑑賞品題。倪迂之評，與張憲爲先發之論。

滄螺集卷四「玉笥生傳」、「玉笥生者，會稽山陰人，家玉笥山……。日以詩酒自放……，間有識之曰：子非張憲思廉耶……。」

元末，天下亂起，然浮誇之習，華輩未嘗稍減。顧瑛林園，饟館，聲技之盛，冠絕一時。曹雲西築臺，以錫塗之，謂之瑤臺。楊維禎僑寓松江，建室百花潭上，曰小蓬台。

續吳先賢傳卷九「袁華」：「袁華，字子英……。既元政日衰，朝不逮夕，而華輩誇浮猶宴然，如燕雀不知堂皇熸烈。」

明史卷二百八十五「文苑一、陶宗儀、顧德輝、孫作、張憲等」：「顧德輝，字仲瑛，崑山人。家世素封，輕財結客，豪宕自喜。年三十，始折節讀書。購古書名畫，彝鼎秘翫，築別業於茜涇西，曰玉山佳處。朝夕與客，置酒賦詩其中……。園池亭榭之盛，圖史之富，暨饟館聲技，並冠絕一時。」

水東日記卷三「松江曹雲西，善詩畫，家富盛極一時。其孫幼交，號雪林……：言乃祖盛時，嘗築臺，以錫塗之，月夜攜客痛飲，稱瑤臺云，其侈靡至是，蓋元氏習俗也。」

松江府志卷之三十一「人物九、游寓」：「楊維禎，字廉夫，會稽人。泰定間，李黼榜進士。淹貫經傳，雄於詩文……。陞江西等處儒學提舉，未上，會兵亂，攜家寓華亭，築室百花潭上，號小蓬臺。」

洪武初，任蘇州府學訓導。一子名生申，為縣吏，坐累，與子械繫京師卒。詹孟舉，謝應芳，有詩以挽之。

萬姓統譜卷二十二「袁華」：「字子英，崑山人……。洪武初，爲郡學訓導，坐累卒於京師。」

水東日記卷三「袁子英晚年，惟一子生申，爲縣吏，坐累，並子英徙南京以卒。詹孟舉挽詩曰：吳門山水隔陳雷，魚雁依然得往來。書後常思洞庭橘，詩中人寄隴頭梅。但知抱道非貧病，誰知生兒是禍胎。老淚盡從枯眼出，西風遙洒鳳凰臺。葛芳蓀父晉仲翁，能誦此詩袁宗魯云。」

龜巢稿卷十七「八月旦辛易齋書來知耕學袁先生客死秣陵以詩哭之」：「吳門山水隔陳雷，魚鷹依然數往來。秋晚書題霜後橘，歲寒詩寄隴頭梅。但知抱道貧非病，豈料生兒禍有胎。嗟我淚從枯眼出，秋風遙灑鳳凰臺。」

欽定大清一統志卷五十「建置沿革」：「楚置金陵邑，秦改曰秣陵，屬鄣郡，漢爲丹陽郡地，後漢因之……，東晉……又兼置南瑯琊郡……。唐武德三年，復曰揚州……，明太祖丙午，定都於此，改曰應天府……，正統二年，定爲南京。」

著有可傳集一卷，爲乃師楊維禎所刪定。耕學齋詩集十二卷，玉山紀遊一卷。

可傳集卷首「提要」：「臣等案，可傳集一卷，明袁華撰……，此本爲至正癸卯，楊維禎所刪定，華，維禎弟子也。」

耕學齋詩集卷首「提要」：「臣等案，耕學齋詩集，十二卷，明袁華撰。華字子英，崑山人。」

玉山紀遊卷首「提要」：「臣等案，玉山紀遊一卷，元顧瑛紀遊倡和之作。明袁華爲類次，成帙者也……。所收不及玉山名勝集、草堂雅集之富。而山水清音，琴樽佳興，一時文采風流，千載下，尚如將見之也。」

世論其詩，以明初名家輩出，子英爲諸家盛名所掩，故其人與詩，皆不甚著。實則銜華佩實，典雅有法，具有典型。一掃元季穠纖之風，開明初春容之派。非日後僞體所能及。不可以流傳未廣而輕之。

耕學齋詩集卷首「提要」：「明之初年，作者林立。華爲諸家盛名所掩，故人與詩，皆不甚著。實則銜華佩實，具有典型。非後來僞體所能及，固未可以流傳未廣輕之。」可傳集卷首「提要」：「今觀其詩，大都典雅有法，一掃元季穠纖之習，而開明初春容之派。」

陸容則稱其詩，多膾炙語，可稱才子矣！

菽園雜記卷十三「袁華」：「字子英，吳郘崑山人……。詩……如：三峰月寒木客嘯，丹陽湖深姑惡飛。皆膾炙語也。又如：銀杏樹陰不受暑，薔薇花開猶蚤春。可稱才子矣！」

楊維禎亦謂其可傳集，句句可傳，而無愧於君子。鐵崖、子英，具善樂府，楊氏有所諷刺前代，別爲格，惟引華與同。

可傳集卷首「可傳集原序」：「予徒張憲，嘗以筆削，唐百廿家，請於予。予於各集，選其可傳，而無媿於君子，議者什不能一二。黃山谷甥四人，皆善詩，龜父者爲最。龜父詩所積，凡二千餘首。黃著爲集，其詩斤斤不百首。谷因喜之，以爲句句可傳者。在此吾鐵門，稱能詩者，南北凡百餘人。求如張憲及吳下袁華輩者，不能十人。華自二十歲後，三十年所積，無慮千餘首，而吾選之，得若干首，蓋又倍於龜父矣，故命其集曰可傳。」

續吳先賢傳卷之九「袁華」：「袁華，字子英……。楊廉夫爲樂府，有所風刺前代，別爲格，惟引華與同。」

子英所交，有詩相酬，過從頗密者，約十二人。皆飽學之士，享譽一方。計平江路崑山三人。顧瑛仲瑛，詩二十八首。

姑蘇志卷五十四「人物十三、儒林」：「顧阿瑛，字仲瑛，別名德輝，崑山人。少輕財結客，豪宕自好。年三十，始折節讀書，益購古書名畫，彝鼎秘翫。築別業於茜涇西，曰玉山佳處。日夜與客，置酒賦詩其中，四方文學之士……，咸主其家。其園池亭榭之盛，圖史之富，與夫餼館聲技，並鼎甲一時。而才情妙麗，與諸公亦若相當。風流文雅，著稱東南。嘗舉茂材，署會稽教諭，辟行省屬官，皆不就。張士誠入吳，卻強以官，乃去隱於嘉興之合溪。既而以子恩封武略將軍、水師千户、飛騎尉、錢唐縣男。及母喪，廬墓閱釋氏書有悟，遂祝髮，稱金粟道人……。洪武初，隨其子元臣，遷臨濠卒。所著詩，曰玉山璞稿……，曰草堂名勝集……，曰草堂雅集。」

耕學齋詩集卷一「顧仲瑛栖禪小像」，卷二「金屏曲次顧玉山韻」，卷三「題顧玉山摘阮小像」、「題顧玉山讀道書小像」、「寄顧玉山」、「玉山草堂分韻得緣字」，卷四「次韻顧玉山感懷」，卷五「來龜軒歌爲顧玉山賦」，卷七「陪顧仲瑛祭張貞居回飲湖中分韻得奇字」、「戊戌紀事次韻玉山」，卷十「次韻顧玉山」、「陪趙仲光顧仲瑛遊崑山」、「顧玉山新成釣月磯軒」，卷十一「客甫里白蓮寺答顧玉山見寄」，卷十二「顧玉山園池十有六詠」、「次韻顧仲瑛書杜氏便面」、「顧玉山客嘉興春暉樓前木芍藥盛開因誦張平昌所和……因次韻別賦五首同寄」。

可傳集「分題得南武城送仲瑛之濠梁」、「天香詞」、「玉山宴集分韻得相字」、「至正庚演秋七月廿九日予與龍門山人……宴於顧瑛氏芝雲堂……」、「玉山草堂分韻得憂字」、「次韻顧玉山見寄」、「玉山同泛婁江舟即事」、「放鶴亭爲顧仲瑛賦」、「題玉山草堂」、「可詩齋讌集和顧玉山韻」。按顧瑛營玉山佳處，時稱其爲玉山主人。

郭翼羲仲，詩二首。

崑山縣志卷十「人物、文學、元」：「郭翼，字羲仲，篤學工詩，尤邃於易。與俗寡合，竟以訓導老於鄉校。所著詩文，曰林外野言。楊維禎嘗評其文，以爲可方規。西京盧熊，題其墓曰遷善先生。」

元詩紀事卷二十四「郭翼」：「翼……自號東郭生，命其齋曰雪履。」

菽園雜記卷十三「西湖竹枝詞」：「郭翼……詩，精悍者，在李商隱間。風流姿媚者，不在玉臺下也。」

耕學齋詩集卷十「次韻王叔正陪李廷璧郭希仲同集玉山草堂」，卷十一「郭睎仲新莊」。

按義仲，輒有書爲熙仲、睎仲、希仲者。

秦約文仲，詩六首。

姑蘇志卷五十四「人物十三、儒林」：「秦約，字文仲，其先淮安人，宋直龍圖閣觀之後。始遷崇明，其後再遷崑山。父玉，字德卿，業儒，有至行，門人私謚孝友先生。約至正間，官崇德州教授。洪武初，應召試愼獨箴，拜禮部侍郎，以母老辭歸。再以寶鈔束帛，徵詣京，上疏陳乞，復書院，書堂，義學，例當復舊。守令之選，另立一科。四十莅職百日，舉代郡邑。三年造冊與志書同進，以備國史採擇。上悅，以約年老，難任繁劇。計五百里，授溧陽教諭。御史練則成，待制吳沈，薦約宿學遺老，合在館閣，不報。在溧陽八年，請老，歸卒。約文章務求理勝，而詩尤工。張潞公（按：翥）、貢尚書師泰，尤所推重。所著詩文，曰樵海集。別有師友話言，樵史補遺，孝節錄，詩話舊聞，崇明志。」

耕學齋詩集卷一「送秦文仲歸崇明拜祠墓詩有序」，卷三「次韻答秦文仲」，卷七「盧伯融秦文仲同集湖光山色樓分題得陽城湖」，卷十一「寄金西白次韻秦文仲」、「次韻秦文仲暮春見寄。」

可傳集「次韻秦文仲」。

寓居平江路吳縣一人，鄭元祐明德，詩二首。

新元史卷二百三十八「文苑下、鄭元祐」：「鄭元祐，字明德，遂昌人。兒時以乳媼失手，傷右臂，比長，能左手作楷書，規矩備至，自號尚左生。居平江，詩名籍甚。所著有遂昌山樵雜錄，其詩曰僑吳集。」

莫堂雅集卷三「鄭元祐」：「字明德，遂昌人。書無不讀，肆意詩文，前不讓古。雖在隱德，與館閣虞、馬，並稱於時。」

僑吳集卷首「提要」：「臣等案，僑吳集十二卷，元鄭元祐撰……。元祐家本遂昌，徙於錢塘，而流寓平江凡四十年。」

欽定大清一統志卷五十四「蘇州府表」：「兩漢、晉、宋、齊、梁、陳、隋：吳郡。唐、五代：蘇州。宋：平江府吳郡。元：平江路。明、清：蘇州。」

耕學齋詩集卷五「鄭明德先生賣壽器以贅婿玉山道人復贈一棺賦詩以謝邀予次韻」，卷十一「次韻鄭明德喜雪」。

松江路華亭一人，呂誠贈詩一首。

崑山縣志卷十一「人物、隱逸」：「呂誠，字敬夫。性愼密，少知力學。淹貫經史，尤長於詩。世味澹然，無所預。所居有園圃山林之勝。邑令屢聘爲訓導，不就，卒老於鄉。嘗攜詩稿，謁楊維禎，稱其風流俊采，爲一代之選。與袁華齋名，時稱袁呂。」

草堂雅集卷九「呂誠」：「字敬夫，吳之東倉人。幼聰敏，喜讀書，尤長於唐三宗師楷法。時東倉之俗尚靡，獨能去豪習，事文雅，故名士咸與之交。家有來鶴亭、梅雪齋，日與郭義仲、陸良貴，唱和其間。詩意清新，不爲腐語，東倉之人，多誦之。」

來鶴亭集卷六「和子英袁先生韻及謝所誌先人誌文」。

寓居松江路華亭三人，楊維禎鐵崖詩六首。

松江府志卷之三十一「人物九、游寓」：「楊維禎，字廉夫，會稽人……。會兵亂，攜家寓華亭，築室百花潭上。」

明史卷二百八十五「文苑、楊維禎」：「楊維禎，字廉夫，山陰人……。少時，日記書數千言。父築樓鐵崖山中，繞樓植梅花百株，聚書數萬卷，去其梯，俾誦讀樓上五年，因自號鐵崖。元泰定四年成進士，署天台尹，改錢清場鹽司令，狷直忤物，十年不調……，轉建德路推官，擢江西儒學提舉，未上，會兵亂，避地富春山，徙錢塘。張士誠累招之，不赴……，徙居松江之上。海內薦紳大夫，與東南才俊之士，造門納履無虛日。酒酣以往，律墨横飛……。洪武二年，太祖召諸儒，纂禮樂書，以維禎前朝老文學，遣翰林詹同，奉幣詣門……。明年復遣有司敦促……，賜安車詣闕。留百有一十日，所纂敍例略定，即乞骸骨，帝成其志，給安車還山……。卒年七十五。維禎詩名擅一時，號鐵崖體。」耕學齋詩集卷二「春夜樂、次韻鐵崖先生」、「遊仙詞、壽鐵崖先生」、「小柳詞、爲鐵崖先生賦」、「花遊曲、次韻鐵崖先生招張貞居遊石湖」。卷五「柳風蓉月亭次鐵崖先生韻」。

草堂雅集卷十三「袁華」：「和鐵崖先生韻」。

錢惟善思復，詩二首。

松江府志卷之三十一「人物九、游寓」：「錢惟善，字思復，錢塘人，號曲江。元鄉貢進士，居華亭。經明行修，有羅刹江賦，著名於時。詩法唐人，尤極清致。」

明史卷二百八十五「文苑、錢惟善」：「惟善字思復，錢塘人。至正元年，省試羅刹江賦。時鎖院三千人，獨惟善據枚乘七發，辨錢塘江即曲江，由是得號曲江居士，官副提舉。張士誠據吳，遂不仕。」

耕學齋詩集卷七「錢塘錢思復匡盧于彥成幼同筆研重會於顧玉山許思復賦邀予次韻」。卷十「次韻錢思復五山留題」。

謝應芳子蘭，詩十二首，函五通。

松江府志卷之三十一「人物九、游寓」：「謝應芳，字子蘭，毗陵人。兵亂南遷，居吳之葑門，轉婁江，渡吳松，寓蓧涇。年踰八十，歸老其鄉之橫山。博雅好古……，所著述有思賢錄，辯惑編，詩有龜巢摘稿。崑山盧熊稱其，在憂患顚沛之中，無蹙迫憤懣之辭云。」

明史卷二百八十二「儒林、謝應芳」：「謝應芳，武進人也。自幼篤志好學，潛心性理，以道義名節自勵。元至正初，隱白鶴溪上，構小室，顏曰龜巢，因以爲號，郡辟教鄉校，子弟先質後文，諸生皆循循……。有舉爲三衢書院山長者，不就。及天下兵起，避地吳中，吳人爭延致，爲弟子師。久之，江南底定，始來歸，年愈七十矣。徙居芳茂山，一室蕭然，晏如也……。年益高，學行益劭。達官縉紳過郡者，必訪於其廬……。詩文雅麗蘊藉……。」

龜巢稿卷三「懷袁子英」、「次韻袁子英過吳江兼簡琦龍門」、「江上女和子英韻」、「袁子英偕宗別傳過天慧莊因獲晤言夜話之餘口占以贈」、「子英之玉山顧隱君令於同里法喜寺樓居日鈔佛書至午而止餘暇則吟詠不輟雖新舊來訪亦不往答焉余因子英復去作此代簡」。卷十六「寄袁子英」、「聞袁子英著書作詩寄之」、「寄耕學袁先生」。卷十七「簡袁耕學先生」、「懷袁耕學諸故人」、「袁耕學先生以陶詩集句十五首見示心賞不足以辭答之」、「八月旦辛易齋書來知耕學袁先生客死秣陵以詩哭之」。

龜巢稿卷十一「與袁子英書」、「答崑山袁子英書」、「答袁子英書」、「答謝袁子英先生書」、「答袁耕學書」。

杭州路錢塘一人，張雨貞居，詩二首，追懷詩一首。

句曲外史集卷首「提要」：「臣等案，句曲外史集三卷，補遺三卷，外詩一卷，元張雨撰。雨字伯雨，一名天雨，別號貞居，錢塘人。年二十，棄家爲道，居黃篾樓，一時公卿，爭與之友。手錄平生詩文甚富……，雨詩文豪邁灑落，體格尤上。」

耕學齋詩集卷三「次韻張貞居明靜院蓮社」、卷十一「題張外史登善精舍」。卷六「怡雲閣」：「甲申歲閏，張貞居先生，過予婁江之書樓，偕行則句曲周本原也。二君先後蛻去，今已廿載矣……，敬賦……致懷思二君之意云。」

常州路無錫一人，倪瓚雲林，詩四首。

清閟閣集卷首「提要」：「臣等案，清閟閣集十二卷，元倪瓚撰。瓚字元鎭，號雲林，無錫人。畫居逸品，詩文不屑屑苦吟，而神思散朗，意格自高，不可限以繩墨。」

清閟閣集卷十一「雲林倪先生墓表、張端著、姑蘇知府何良篆額」：「雲林諱瓚，字元鎭。清姿玉立，沖淡淳雅，得之天然……。作溪山小景，人得之若拱璧。家故饒於貲，不以富爲。有潔癖，所建雲林堂，消閒仙亭，朱陽賓館，雪鶴洞，海岳翁書畫軒，齋閣前，植雜色花卉，下以白乳甃……。」

耕學齋詩集卷七「送田起宗回南泉次倪雲林韻」，「送孫惟善之廣東次倪雲林韻」，「晚節軒茅澤民畫壁次韻倪雲林」。卷十一「寄倪雲林先生」。

湖州路吳興一人，郯韶九成，詩一首。嘗應顧瑛之邀，攜遊崑山。

草堂雅集卷十「郯韶」：「字九成，吳興人。好讀書，慷慨有氣節。辟試府掾，不事奔競，淡然以詩酒自樂。作賦不習近世體，欲追唐人之盛。楊鐵崖先生，以爲與北州李才相上下。駿馬新鑾踣騣騣，未可知也。」

耕學齋詩集卷五「送郯九成汎海北上兼柬秦希魯」。

玉山遊記「遊崑山聯句詩並序」：「至正八年春二月十有九日，崑山顧君仲瑛，以書來招致余。明日抵顧君，又明日，命百華舫集賓，自余而次，凡六人……。曰京兆姚文奐，淮海張渥，吳興郯韶，匡廬于立，會稽楊維禎也。」

有紫荊曲三章，以壽費舜臣。

耕學齋詩集卷二「紫荊曲有序」：「予友費君舜臣，其曾大父榮敏公，大父江夏侯，父宣城君，皆著名當代。宣城君宦遊江西，舜臣嘗學禮於余復卿先生之門。遂脫去狗馬紈綺之習，名聲藉甚。薦紳聞生二子（按：二爲三之誤），子壯，各有室，一旦分財則異居。君歎曰、不能教以義方，我之責也……。三子乃幡然悔過，復同居以事君如初。汝陽袁華，爲製紫荊曲三章，以爲費君壽云。」

其中，除楊維禎爲師生之誼外，顧瑛，謝應芳，秦約，張雨，交誼尤爲篤厚。蓋華與顧瑛、謝應芳、秦約，分有酬詩二十八首、十五首、六首。而張雨則贈所書雜詩五十五首，倪瓚見之謂：二人交好之情若是。

珊瑚網卷十一「張貞居雜詩冊、凡五十五首、載集不錄」：「右句曲外史與袁華，所寫詩凡五十五篇……，楊維禎在清眞之竹洲館書。」「壬子正月五日，過東婁十日，耕學先生出以示僕，乃知貞居之與耕學，交好之情若是也，倪瓚覽。」

遊踪所及，自謂西泝荆襄，北達齊魯。

耕學齋詩集卷四「自錢塘附漕舟汎海至石墩時至正乙亥嘉平三日」：「平生遠遊屐，歷覽名山川。北上齊魯境，西泝荊襄船。承平百年久，關塞靜風煙。道理不裹糧，朝吳暮幽燕。」

然據所著，除北達直沽。

耕學齋詩集卷十一「直沽即事」，卷十二「直沽偶成」。

欽定大清一統志卷十七「天津府、山川、直沽」：「在府城北。南則衛河，合南路之水。北則白河，受北路之水。西則丁字沽，受三角淀之水。皆至城東北三岔口，合流東注，舊名小直沽。其東南十路，曰大直沽。」

大抵均在鄉里附近地區之京師，鎭江。

耕學齋詩集卷二「京師篇」，卷十「金山寺」。

欽定大清一統志卷五十「江寧府、建置」：「楚置金陵邑，秦改曰秣陵，屬鄣郡。漢爲丹陽郡地……，至德二載，置江寧郡……，建炎三年，改爲建康府，元至元十四年，升爲建康路……。明太祖丙申年，定都於此，改曰應天府。」

欽定大清一統志卷六十三「鎮江府二、寺觀」：「江天寺，在金山，舊名澤心寺，又名游龍寺，通名金山寺。」

常州，嘉興。

耕學齋詩集卷五「遊惠山寺」，卷三「游鴛鴦湖分韻得落字」。

欽定大清一統志卷六十「常州府二、寺觀、惠山寺」：「縣志，在縣西五里，惠山第一峰之白石塢。」

欽定大清一統志卷二百二十「嘉興府、山川、鴛鴦湖」：「在秀水縣南三里，長水所匯也。一名南湖……，大計百二十頃……，湖中多鴛鴦。」

湖州，杭州。

耕學齋詩集卷十二「客吳興春日偶成」，卷十「錢塘秋興」。

欽定大清一統志卷二百二十二「湖州府表」：「三國、晉、齊、梁、陳、吳與郡。唐湖州吳興郡。元、明，湖州路。」

欽定大清一統志卷二百十六「杭州府表」：「元、杭州路。明、杭州府。」「錢塘縣」：「秦漢、三國吳、晉、宋、齊、梁、陳、隋、唐、五代、宋、元、明，錢塘縣。」

（七）午溪集作者陳鎰傳兼註其集

陳鎰，字伯銖，處州之麗水人。或謂栝蒼人，蓋麗水，古稱栝蒼。

處州府志卷之二十一「人物志中、文苑、元」：「陳鎰，字伯銖，麗水人。」

午溪集卷首「午溪集原序」：「午溪集者，栝蒼陳君伯銖之詩也。」

麗水縣志卷二「疆域、附沿革表」：「隋開皇九年、栝蒼縣。唐武德四年，麗水縣。」

幼穎悟，及長，赴金陵，從博士張翥受業。今之南京，昔稱金陵、秣陵、丹陽、江寧、應天。

午溪集卷首「午溪集原序」：「元統癸酉秋，監察御史，辟河東張仲舉，爲金陵郡博士教弟子……。伯銖與余，實同出張先生之門，未相識也……。退菴孫炎序。」

欽定大清一統志卷五十「江寧府、建置沿革」：「楚置金陵邑，秦改曰秣陵，屬鄣郡。漢爲丹陽郡地……。南唐李氏建都，改爲江寧府……。明太祖丙申年，定都於此，改曰應天府……，正統元年，定爲南京。」

翥字仲舉，晉寧人。自金陵博士，國字助教，仕至翰林學士承旨。工詩，尤長於近體詩長短句，著有蛻菴集五卷

元詩選初集之戊集「張承旨翥」：「翥字仲舉，晉寧人。少負才不羈，好蹴踘，喜音樂，不以家業屑意，其父以爲憂。翥一旦翻然……。乃謝客閉門讀書，晝夜不暫輟……。受業

李存之門……，又學于仇山村遠，由是以詩文知名……。至正初，召爲國子助教……。累遷太常博士，國子祭酒，以翰林學士承致仕……。仲舉長於詩，其近體長短句尤工。」

蛻菴集卷首「提要」：「臣等按：蛻菴集五卷，元張翥撰。翥字仲舉，晉寧人。」

復從外舅周權學詩。權字衡之，號此山，處州松陽人。負才博學，不得志，赴燕京，以詩謁袁桷，桷大異之。稱其詩，意度簡遠，議論雄深，可預館職。力薦諸朝，弗就而返。益肆力於詞翰，著有此山集十卷。

元詩選初集之己集「周徵士權」：「權字衡之，別號此山，處州人。磊落負雋才，不得志，一旦束書走京師京，見袁伯長，伯長大異之。謂其詩意度簡遠，而議論雄深，可以選預館職。力薦諸朝，弗就，乃益肆力於詞章。歐陽原功（按玄）亦盛稱之，陳眾仲（按旅）復爲選其最佳者，題曰此山詩集，原功見之，以爲倍增神采。」

此山集卷首提要：「臣等按：此山詩集十卷，周權撰。權字衡之，號此山，處州人。」

處州府志卷之二十一「人物志中、隱逸」：「周權，字衡之，松陽人。通經史，工詩。至京師，歐陽元薦與館職，以母老辭歸，有此山集。」

居午溪，扁其堂曰緣猗，似慕子貢之學焉。益肆力於學，通經史，善爲文，尤刻意於詩，嘗任松陽教授。

午溪集卷首「提要」：「臣等按：午溪集十卷，元陳鎰撰。鎰字伯銖，麗水人，嘗任松陽教授。築室午溪上，榜曰綠猗，遂以午溪名其集。」

麗水縣志卷三「山水、大溪」：「源出慶元縣……，又五里，茗河、稽勾諸水入焉。稽勾水，源出縣一百里稽勾山，東南流，合雪峰水，爲庫川。西合西溪水，爲洪渡。又西合蓮房水，東合葛渡水，爲桑溪。東合梅田水，西合潘村水，爲安溪。又東合霧後水，至太平渡，爲浯溪。」按午溪，待考。疑浯溪，即午溪之誤。

麗水縣志卷三「水利、浯溪渡」：「在縣北三十里，又名太平渡。」卷五「祠祀、靈應廟」：「在城北三十里浯溪，神姓葉，佚其名。」

午溪集卷首「午溪集原序」：「伯銖……匾其所居堂，曰綠猗，殆有子貢氏之學乎？其志未易量也……。黃溍序。」

午溪集卷首「午溪集原序」：「古今詩人，莫盛於唐……。陳君伯銖，好學善爲文，尤刻意於詩……，賦詠亦工，……孔暘序。」

所交黃溍、張雨、劉基、孫炎、孔暘、高明、吳世昌、周濟川，除孫炎外，皆江浙人士。黃溍，字晉卿，義烏人。延祐進士，自寧海丞，累遷江浙儒學提舉，翰林侍講學士、同知經筵。善眞草，待人伏仰雍容，爲文嚴謹精切，有文獻集十卷，日損齋稿二十五卷。鎰有詩二首呈之，復陪之宴會張伯雨於竹軒。晉嘗序午溪集，且盛讚之。

元詩選初集之丁集「黃侍講溍」：「溍字晉卿，婺州義烏人。生而俊異，學爲文，傾刻數百言。弱冠西游錢塘，益聞近世文獻之詳……。延祐開科，登進士，授寧海丞……。入應奉翰林文字，轉國子博士，出提舉江浙等處儒學……，侍講學士，同知經筵事……。素行挺立，貴而能貧……。雅善眞草書，爲文布置嚴謹，援據精切……。歷事五朝，嶷然以斯文之重爲己任。」

文獻集卷首「提要」：「臣等謹按：文獻集十卷，元黃溍撰……，日損齋藁二十五卷。」

午溪集卷一「五言古詩」：「呈黃晉卿學士二首」。卷六「七言律詩」：「陪黃晉卿提舉，楊震卿山長，宴張貞居外史竹軒」。

午溪集卷首「午溪集原序」：「午溪集者，栝蒼陳君伯銖之詩也……。翰林直學士、中順大夫、知制誥、同修國史、兼經筵官、黃溍序。」

午溪集卷首「午溪集原序」：「余黃公（溍）之門人，嘗謁張（雨）公於燕，謁劉（基）公於杭，三君子……皆讚君之詩……，孔暘序。」

張雨，字伯雨，一名天雨，別號貞居子，錢塘人。年二十，遍遊名山，棄家爲道士。博學工詩，名震京師。袁桷伯長、馬祖常伯庸、黃溍晉卿、提傒斯曼碩、楊載仲弘、范梈德機，爭與之交。雖朝野互異，而爲詞章之宗匠則一，有句曲外史集三卷、補逸三卷。鎰兩次拜謁，並陪黃溍宴之。

元詩選初集之壬集「句曲外史張雨」：「雨字伯雨，一名天雨，別號貞居子，錢塘人……。年二十，遍遊天台、栝蒼諸名山，棄家爲道士……范德機以能詩名，外史造焉。范適他出，詩集在几上，外史取筆書其後，爲四韻詩，守者大怒，走白范。范驚曰：我聞若人不得見，今來，天畀我友也。即日詣外史，結交而去，由是外史名震京師。一時袁伯長、馬伯庸、楊仲弘、揭曼碩、黃晉卿諸人，皆爭與爲友……。外史以豪邁之氣，孤鳴於丘壑，聞諸館閣上。雖出處不同，其爲詞章之宗匠一也。」

珊瑚木難卷五「句曲外史張伯雨墓誌銘」：「雨性狷介，常渺視世俗，悒悒思古道，知弗能與人府仰，遂挺身入普福觀，戴黃冠，爲道士……。璽書賜號清容玄一文度法師，住持西湖福眞觀。」

句曲外史集卷首「提要」：「臣等謹按：句曲外史集三卷，補逸三卷。」

午溪集卷五「七言古詩」：「謁張伯雨外史」。卷六「七言律詩」：「乙酉二月十六日，偕楊貫道，謁張貞居外史，留宿南山，登善菴，明旦以詩奉別。」餘見前引。

劉基，字伯溫，青田人。元進士，爲明佐命開國功臣。洪武元年，拜御史中丞，兼太史令。三年，授弘文館學士，封誠意伯。明初，詩有越、閩、蜀、嶺南、江右五派。越派則始於基，足以雄視一方，爲當代之先驅，有誠意伯文集二十卷。鎰與之交誼契厚，有詩十六首以贈之，基亦序其午溪集。

明詩紀事卷三「甲籤、劉基四首」：「基字伯溫，青田人。元進士，吳元年，授太史令。洪武元年，拜御史中丞，兼太史令。三年，授弘文館學士，封誠意伯。卒，正德中，追謚文成。有覆瓿集二十四卷，寫情集四卷，犂眉公集五卷。」

誠意伯文集卷首「提要」：「臣等謹按：誠意伯文集二十卷，明劉基撰。基有國初禮賢錄，已著錄其詩文襍著。凡郁離子四卷，覆瓿集十卷，寫情集二卷，春秋明經二卷，犂眉集二卷，各自爲書。成化中，浙江察院，重爲刊板，始合爲一帙。」

午溪集卷七「七言律詩」：「次林彥文縣尹韻，送劉伯溫都事，按撫青田。」卷八「七言律詩」：「奉和劉伯溫員外，漫興詩韻，並自述一十五首。」

午溪集卷首「午溪集原序」：「麗水陳君伯銖，有午溪集一卷……。從仕郎前江浙等處儒學提舉劉基序。」

孫炎，字伯融，號退齋，句容人。身長六尺，面黑足跛。至正中，與丁復、夏煜，皆以詩名。下筆敏捷，豪宕奇偉。明初，自行省椽，異遷行省都事，總制處州。苗將叛，被執死國，追贈丹陽縣男，有左司集四卷。與謚同從張翥受業，晚年始相識，並序其集。

明詩紀事卷三「甲籤、孫炎一首」：「炎字伯融，句容人。太祖下集慶，辟行省掾，擢池州同知，尋進知府。以行省都事，總制處州。苗將叛，被擒，罵賊死，追贈丹陽縣男，謚忠愍，有左司集四卷。」

午溪集卷首「午溪集原序」：「伯銖與余，實同出張先生之門，未相識也，及相識而白髮……。伯銖有午溪集二卷，詩多類張先生……，退菴孫炎序。」

孔暘，字子升，號潔菴，平陽人，祖籍曲阜，至正二年進士。幼穎悟，篤志力學，強記過人，博通經史百家之言。自衢州錄事，除溫州路同知平陽州事，有潔菴集八卷，詩四卷。暘爲黃溍門人，鎰因溍而識之，並請序其集。

蘇平仲文集卷十三「故元溫州路同知平陽州事孔公墓誌銘」：「公神明之冑，起家爲名進士，仕州縣爲良吏，學爲儒宗，當世尊而仰之……。公自幼篤於學，警悟強記過人……。至正元年，再薦於鄉，登二年進士第，推衢州路錄事……，授公溫州路同知平陽州事……。一室名曰潔菴，情有所觸，俛仰書空而已。」

蘇平仲文集卷五「潔菴集序」：「潔菴集詩文若干卷，平陽孔子升先生之所作……，因先生自號，題曰潔菴集……。余取而讀之，理到矣，氣昌矣，意精矣，辭達矣。典則而嚴謹，溫純而整峻。該洽而非綴緝，明白而非淺近，不粉飾而華彩……。詩則出於性情，而不窘於畦町。」

平陽縣志卷三十六「人物志五、元、孔暘、曾祖景行、祖士璘、父炏、皖」：「孔暘，字子升……，暘生平喜爲文，不自存稿……，同里林與直，類次爲潔菴集八卷、詩四卷。」

午溪集卷首「午溪集原序」：「古今詩人……，余黃公門人……。伯銖所居在午溪上，故因以名其集云。前進士溫州路同知平陽州事，曲阜孔暘序。」

高明，字則誠，平陽人。至正五年進士，學博而深，才高而贍，爲時名流。授處州錄事，辟丞相掾。方谷眞叛，改行省幕府參軍，入明不仕，有柔克齋集，鎰有詩一首以和之。

元詩選三集「高相掾明」：「明字則誠，永嘉平陽人。至正五年，張士堅榜中第。長才碩學，爲時名流。授處州錄事，辟丞相掾。方谷眞叛……，與幕府論事不合，谷眞就撫，欲留置幕下，即日解官……，所著有柔克齋集。詞章斐然，東海趙汸稱其學博而深，才高而贍云。」

午溪集卷六「七言律詩」：「次韻高則誠參軍少微山巨樟」。

吳世昌，字伯京，號寓齋，栝蒼人。資稟過人，銳意於學。融貫經史，通百家之言。爲文春容暇整，浩乎若大江之一洩千里，藹乎皆性命道德之說。適科舉事輟，薦授寧海、西安教諭。入明，教授鄉郡，譽隆望重，爲東郡儒宗，著有寓齋類稿。鎰與之爲鄉裡，有詩三首以和之。

始豐稿卷十一「寓齋類稿序」：「栝蒼吳伯京先生既歿……，所爲文爲若干卷，題曰寓齋類稾……，微予序之……。先生生於其鄉，傳授既有端緒本之，以穎悟之資，濟之以方銳之氣……。遂博極群經，會異歸同，涵柔充暢。故其發爲文章，春容整暇，浩乎如長江漫流，一碧千里，藹然皆性命道德之說……。用薦歷寧海、西安教諭。晚值更化……，教授鄉郡……。譽望隆重，號稱東郡儒宗……。先生諱世昌，伯京其字也，別號寓齋云。」

午溪集卷四「五言律詩」：「和吳伯京學正立春見寄韻」。「和吳學正見寄韻二首」。

周濟川山長，生平待考。鎰有和其詩二首，贈其詩一首。由濟川周君「於余爲斯文骨肉」，可知二人情誼之篤厚。

午溪集卷四「五言律詩」：「次韻簡周濟川山長二首」。「贈周山長並序：濟川周君，於余爲斯文骨肉，今冬乃子善長膺省召，躬送其行，過余言別，謾成律詩一章，以寫歲暮之懷，並爲善長送行云。」

遊踪所及，歷履處州路之延慶寺、紫虛觀。

午溪集卷二「五言古詩」：「游延慶寺」。

松陽縣志卷之四「建置志、寺觀、延慶寺」：「在縣西五里，梁時建，名雲龍，唐時改名延慶。有塔，高一百五十丈，乃行達禪師，於西竺取佛舍利建之，舊傳有神光現於塔頂上。」

午溪集卷六「七言律詩」：「紫虛觀」。

麗水縣志卷五「寺觀、紫虛觀」：「在少微山，昔傳葛洪煉丹於此，丹井在焉。唐道士杜光庭，修眞其地，天寶二年，建紫極宮，尋改眞聖觀，宋治平二年，改今名……。有晚翠樓，來鶴亭，留□亭諸勝。」

三巖，消遙觀。

午溪集卷六「七言律詩」：「三岩」。

麗水縣志卷三「山水、三巖」：「在縣西北二里，巖之類屋者三。中巖曰白雲，最高敞。

右壁有宋戎鈐題名，懸瀑斗注如建瓴。高屋下，巨石屏立，激水四散。屏石之陽，刻唐李邕雨崖二字……。」

午溪集卷七「七言律詩」：「遊消遙觀至雲岩不果。」

浙江通志卷二百三十四「寺觀九、處州府、消遙觀」：「松陽縣志：在縣西一里，雲巖之陽，梁大同元年建，舊名洞陽，至宋宣和改今名。」

卯山，栝城，蓮城山。

午溪集卷七「七言律詩」：「次韻胡元帥卯山。」

松陽縣志卷之一「輿地、山川、卯山」：「在縣西三十里，峰巒聳秀，怪石如松。有通天宮，點易亭，試劍石，紫霞館，有天師渠，前臨清溪，即葉法善修眞處。溪之上，有永寧觀，中有浴丹池，冬夏不涸。」

午溪集卷七「七言律詩」：「二月十日樞府辟往栝城，再用韻，別諸友。」

麗水縣志卷二「城池」：「縣倚府爲治，保障之責，猶府也，修濬必書……。處州府城，宋宣和間，州守浦城黃烈，因唐舊址修築……。明嘉靖……甃之以石。盧勳記：栝城高不踰尋丈，址又弗堅，夜扃門，越者如從枕席上過。」故栝城，即處州府城，亦即麗水縣城。

午溪集卷八「七言律詩」：「蓮城感事次韻」。

麗水縣志卷三「山水、小栝蒼山」：「在城西里許，又名蓮城山，亦名九盤嶺。唐宋州治皆在焉，今之西山也，與城中萬象山，岡阜相接。」

衢州路之乾明寺。

午溪集卷六「七言律詩」：「次韻鄧知州會秦郵乾明寺二首」。

浙江通志卷二百三十三「寺觀八、衢州府、西安縣、乾明寺」：「衢州府志，在城南三十五里，舊名開明禪院，宋端拱元年，改乾明寺，程俱有記。」

台州路之蒼山。

午溪集卷六「七言律詩」：「遊蒼山道院」。

浙江通志卷十六「山川八、台州府、天台縣、蒼山」：「赤城志，在縣東四十里，按神邕山圖云：其山凌映桐柏，絕頂睇滄海。」

溫州路之江心寺，西巖寺。

午溪集卷六「七言律詩」：「江心寺」。

浙江通志卷二百三十五「寺觀九、溫州府、永嘉縣、江心寺」：「名勝志，在江心孤嶼，唐咸通時建。宋建炎四年，高宗駐蹕……。江心寺志，重建於明。」

浙江通志卷二十「山川十二、溫州府、永嘉縣、孤嶼山」：「江心志，在郡北江中，因名江心。東西廣三百餘丈，南北半之，距城里許。初爲兩山，築二塔於其巔，中貫川流，爲龍潭。川中有小山，即孤嶼。宋時有蜀僧清了，以土窒龍潭，聯兩山成今址，孤嶼之椒，露於佛殿後。」

午溪集卷七「七言律詩」：「九日偕計山長遊西巖寺次韻」。

浙江通志卷二百三十三「寺觀九、溫州府、樂清縣、西巖寺」：「溫州府志，在湖上墺石，晉天福間建。樂清縣志，宋大中祥符元年賜額。明崇禎四年寺燬，僧眞貫重建。」

建德路之子陵灘。

午溪集卷一「五言古詩」：「過子陵灘」。

浙江通志卷十九「山川十一、嚴州府、桐廬縣、嚴陵瀨」：「「嚴陵志，在縣西三十五里，釣台下。按子陵本傳云，耕於富春山，後人名其釣處，爲嚴陵瀨。」按辭海：瀨，淺水流沙上也。故嚴陵瀨，即子陵灘。

慶元路之蘭江。

午溪集卷七「七言律詩」：「暮春阻舟蘭江因病起登樓有作」。

浙江通志卷十三「山川五、寧波府、鄞縣、蘭江」：「寧波府志，在縣南六十里。」

婺州路之西峰寺。

午溪集卷六「七言律詩」：「遊西峰寺」。

浙江通志卷二百三十二「寺觀七、金華府、金華縣、西峰寺」：「金華縣志，在迎恩門外。亡剏始年月，宋至和初，立西峰和尚像，西峰名清素，自五臺飛錫名山。」

嘉興路之雅山。

午溪集卷二「五言古詩」：「再遊雅山分韻得秋字」。

浙江通志卷十一「山川三、嘉興府、平湖縣、雅山」：「海鹽縣圖經，在縣東北三十六里，今析屬平湖。至元嘉禾志，多怪石，俗呼爲葱山，地中得磚，記云雅山。」

杭州路之石門，鳳凰山。

午溪集卷六「七言律詩」：「石門紀遊」。

浙江通志卷十「山川二、杭州府、於潛縣、石門」：「西天目山志，在天目山半峰嶺，東西各一，高十餘丈，僅容一體，登金仙菴之要路也。」

午溪集卷七「七言古詩」：「鳳凰山懷古」。

浙江通志卷九「山川一，杭州府，仁和縣、鳳凰山」：「萬歷杭州府志，在城南十里，有金星洞，郭公泉出焉。西崗石筍林立，名排衙。石形家謂：一郡旺氣籍此。左瞰大江，直望海門。山下，唐以來肇造府治。五季末，錢鏐旋加崇闢。南宋建都，遂環入禁苑。」

吳山，治平寺。

午溪集卷七「七言律詩」：「秋日登吳山，望城東戰壘，愴然有懷」。

古今圖書集成、方輿彙編、山川典、第一百五卷「吳山部彙考」：「按方輿勝覽，浙西路臨安府，吳山在錢塘縣南六里，上有伍子胥廟，名曰胥山，有井，泉清而甘。」「按浙江通志山川考，吳山，在杭州府鎮海樓之右。春秋時，爲吳南界，以別於越，曰吳山。或曰：吳人憐子胥以諫死，立祠其上，訛伍爲吳。」「按杭州府志山川考，吳山，杭之鎮山也，在城西南……。其山，峭崿奇峰，澄波靚浦，周回環拱，扶輿清淑之氣鍾焉。」

午溪集卷七「七言律詩」：「次韻陳府掾宿治平寺棲雲軒」。

浙江通志卷二百二十七「寺觀二、杭州府、昌化縣、治平寺」：「嘉靖浙江通志，在縣治西，寺後有山碲礴，爲武隆支岡。松竹蒼翠，猶屏障然。武林梵志，舊名忻平，唐大中二年建，開平二年改今額。元末毀，明洪武十五年重建。」

集慶路之茅山、元符宮。

午溪集卷六「七言律詩」：「次韻月明德經歷游茅山」。

古今圖書集成、方輿彙編、山川典、第八十三卷「茅山部彙考」：「茅山，一名句曲山，一名己山，又名岡山。在今江南江寧府，句容縣東南四十五里。其山群峰攢立，而最著者，有大茅、中茅、小茅三峰。相傳茅氏兄弟三人，隱居飛昇地。」

午溪集卷六「七言律詩」：「又次韻宿元符宮。」

江南通志卷四十三「輿志志、寺觀一、江寧府」：「元符萬寧宮，在句容縣茅山積金峰下。宋嘉祐中，蜀人王略，結廬煉丹於此，此後道士劉混康居之，徽宗賜額。」

鎮江路之甘露寺。

午溪集卷六「七言律詩」：「甘露寺廢址」。

至順鎮江志卷九「僧寺、本府」：「甘露寺，元祐末焚，尋復建，歸附後至元十六年又焚，主僧普鑑鼎建……，天歷二年又焚，智本遂移建山下，多景樓在山之絕頂。」

一生既得名師之啓迪陶冶，所交復多當代之名流。兼以不時翺翔於江海湖山之間，學養益富，閱歷日廣，故工詩，善詞章。

午溪集卷首「午溪集原序」：「伯銖生逢盛時，而不苟於祿仕，徜徉里閈，時出游江湖間，平生所學，兼著於詩……黃溍序。」

午溪集卷首「午溪集原序」：「作者以博乎見聞，游歷四方，以熟乎世故，必使事物情景，融液混圓，乃爲窺詩家室堂……，張翥序。」

午溪集卷首「午溪集原序」：「陳君伯銖，好學善爲文，尤刻意詩。翺翔湖海，與名公勝士游，聞見益廣，賦詠亦工……孔暘序。」

黃溍稱謚之詩，一出乎自然。指事托物，意趣深遠。未嘗以凌高厲空，驚世駭俗。不駕虛強作，一發乎情。

午溪集卷首「午溪集原序」：「伯銖之詩，一出於自然。未嘗以凌高厲空，驚世駭俗爲務。指事托物，而意趣深遠。固能使人覽之，而不厭者，由發乎情，而不駕虛強作也……。至正二年……，黃溍序。」

張翥許爲，詩類其外舅周此山，深遠簡勁，有詩家高遠之境。

午溪集卷首「午溪集原序」：「余嘗讀此山集，喜其深遠簡勁，有詩家高處。既又讀午溪集，大篇短章，何其聲之似君衡也……至正三年……，張翥書。」

劉基譽爲，典雅有思致，發乎情而不愆乎義，可傳於世。

午溪集卷首「午溪集原序」：「陳君伯銖，有午溪集一卷。觀其所著詩，三百餘篇，則皆典雅而有思致，發乎情而不愆乎義，可傳於世……。至正丙申……，劉基序。」

孔暘則贊之謂：良金美玉，無可揀擇。興趣之高，詞意之雅，皆悠然有一唱三歎之音。

午溪集卷首「午溪集原序」：「伯銖有命，不容自已。及取其集，端誦之者累日。但見夫良金美玉，無可揀擇。而興趣之高，詞意之雅，則皆悠然有一唱三歎之音……。前進士……，孔暘序。」

（八）北郭集作者許恕傳兼註其集

許恕，字如心。因家北郭，自號北郭生，又稱更士，江陰人。

江陰縣志卷之十七「列傳第十二中、鄉賢、元」：「許恕，字如心。家北郭，故號北郭生。」

北郭集補遺「述古齋詩集序」：「江陰蔡芝林，以其鄉先生許更士，所著北郭集示余。」

父中行，心貌古樸，于雲間，即華亭，寄業於醫，以行其素志。

北郭集補遺「述古齋詩集序」：「北郭集……，其仲子儀曹主事君所輯……，君之子輅……。其曾大父中行先生於雲間，先生古心古貌，而寄業於醫，以行其素志……。處士諱恕，字如心。儀曹諱節，字文度。輅字用升。」

嘉禾志卷一「沿革、松江府」：「舊華亭縣也……。若夫雲間之名，則陸士龍，對張茂先所謂：雲間陸士龍，一語得之也。」

育有二子一女，恕其長也。

北郭集卷四「五七言古」：「丁酉臘月二十日，傅可叔虞載，過橫塘寓，舍弟妹俱全，時有錢塘避地之期。」

恕性沈靜，質清奇，能自樹。學博而醇正，工詩而善文。具疏通之才，持溫恭之德。懷高尙之志，不苟於升斗之祿。

北郭集卷首「北郭集原序」：「北郭許君如心，其質清而奇，其學醇以正……，溝南人、里中、張端。」

元詩選三集「許山長恕」：「恕字如心，江陰人。性沈靜，博學能文。」

江陰縣志卷之十七「列傳第十二中、鄉賢、元」：「許恕……能詩，得古體，思深旨遠，論事多激昂……。恕少有志，才能自樹。」

北郭集卷首「北郭集原序」：「處士鍾粹美之資，抱疏通之才，執溫恭之德，而抗高尚之志。方鄉邦據於僭偽時，鮮不爲其用，以苟升斗之祿，處士曾不屑焉，……蘇伯衡。」

至正中，薦授澄江書院山長。不樂，旋棄去。

江陰縣志卷之十七「列傳第十二中、鄉賢、元」：「許恕……，部使者，薦授澄江書院山長。不樂，即棄去。」

江陰縣志卷之七「廟學、書院」：「澄江書院，在布政坊西南，元至正中，州人蔡以忠者，西山先生之裔，以別業一區，田六頃，立義塾。有司上其事，賜茲額焉。制設山長一員，直學一名。其講會之所，曰義德堂，堂有銘……。今關雲長祠，即其廢址也。」

日與山僧野子相往還，人莫之識，亦不可測。

江陰縣志卷之十七「列傳第十二中、鄉賢、元」：「許恕……善自匿，與山僧野子相往還，人莫識也。」

北郭集卷首「北郭集原序」：「先生……浩然自得，與山僧野子相往還，乘風詠月，人莫測也……。先生諱恕……，天台林右。」

會天下亂起，盛年甘自放於松江之上海，即所謂之海濱，海上也。

北郭集卷首「北郭集原序」：「盛年甘自放於海濱……，前史官、眉山、蘇伯衡。」

北郭集卷首「提要」：「臣等謹按，北郭集……，許恕撰……。會天下已亂，乃遁跡於海上。」

同治上海縣志卷二十三「游寓、明」：「王嘉，字原禮，嘉興人……。客松江，與孫作友善，人稱海濱二老。」按此「海濱」，即上海縣之別稱。

北郭集卷五「五七言古」：「老圃，爲海上夏叔明賦。」

宋文憲公全集卷三十四「朝京稿、上海夏君新塘銘」：「君諱宗顯，字叔明……。游上海……，徙家以居。」故前引之「海上」，亦指上海而言。

慕韓康伯休之爲人，兼以乃父爲良醫，遂旁通其術，知藥而善醫。

宋季忠義錄卷十五「許恕」：「許恕，字如心，江陰人……。慕韓伯休爲人，因通其術。」

後漢書卷一百十三「逸民列傳第七十三、韓康傳」：「韓康，字伯休，一名恬休，京兆霸陵人。家世著姓，常采藥名山，賣於長安市口。不二價，三十餘年。時有女子，從康買藥。康守價不移，女子怒曰：公是韓伯休那，乃不二價乎？康歎曰：我本欲避名，今小女子皆知有我焉，何用藥爲！乃遁入霸陵山中，博士公車，連徵不至。」

梧溪集卷五「儉德堂懷寄凡二十二首，各有小序」：「許北郭名恕，予鄉人，善醫，部使者薦授澄江書院山長。」：「有懷吾北郭，隱趣遂歸心……。」

所交多享譽一方，知名之士。除王逢，孫作，張端爲鄉里外，尚有周伯琦，張衡，吳克恭，施耐菴，夏宗顯諸人。王逢，字原吉，號梧溪子，又號席帽山人，最閒園丁，江陰人。會兵起，避寓松江之上海。才氣宏曠，博學工詩。詩文體格，嚴謹有法，盛傳於世。諸方薦辟，皆辭不就。年七十卒，有梧溪集七卷。恕有詩二首，互爲唱和，逢亦有懷寄詩一首。

江陰縣志卷之十七「列傳第十二中、鄉賢、元」：「「王逢，字原吉，江陰人，居黃山，號席帽山人，又號梧溪子……。金陵臺臣，薦逢茂才異等。浙西分憲，又薦之，皆以病辭。僞吳張士誠，開藩辟士，逢不受辟。國朝洪武中，郡縣官，交相薦辟，皆不就。」

同治上海縣志卷二十三「游寓、元、王逢」：「王逢，字原吉，江陰人。才氣俊爽，學詩於延陵陳漢卿，有令名……。會兵起，避地無錫之梁鴻山。後游松江，築室清龍江上，未幾，遷居烏涇，自號最閒園丁……，年七十卒。」

浯溪集卷首「提要」：「臣等按，梧溪集七卷，元王逢撰……。少學詩……，才氣宏敞，不失嚴謹……，盛傳於世。」

北郭集卷六「五七言古」：「次王原吉鄉兄韻」，「庚戌正月綠陰堂，與老圃拙齋，燈夕留別，坐中希言全先生，梧溪鄉兄，分得人字韻。」

梧溪集卷五「儉德堂懷寄凡二十二首，各有小序」：「許北郭，名恕……」：「有懷吾北郭……。」

孫作，字大雅，以字行。又字次知，號東家子，江陰人。器宇端凝，有俊才，不阿世。明初，徵爲翰林編修，累遷至國子司業，有滄螺集六卷。宋濂譽其文，詞旨閎博，盡古人所未發。與恕同窗，且爲中表。嘗序其北郭集，爲撰太古軒記。恕亦有題、送、唱和詩各一首。

滄螺集附錄「宋濂東家子傳」：「東家子，名作，字大雅，以字行，故一字次知，姓孫氏，世爲常之江陰人……。著書十二篇，號東家子。詞旨閎博，盡古人未發。」

江陰縣卷之十七「列傳第十二中、鄉賢、國朝」：「孫作，字大雅……，世以儒名……洪武癸丑……，因薦入，詔與編書成，例除翰林編修官。公以老病，乞外除，授太平府儒學教授。尋陞國子助教，又改分教中郡。被召，陞國子司業……。公器宇端凝通亮，有俊才，處世不阿世。」

滄螺集卷首「提要」：「臣等謹按，滄螺集六卷，明孫作撰。」

滄螺集附錄「北郭集後序」：「北郭集者，故中表許君如心之詩也。如心少余一歲，自幼同硯席……，孫作次知序。」

滄螺集附錄「太古軒記」：「許君如心，自吳來歸，歎其無懷葛天，不是過也。乃即居藥之軒，扁曰太古，而求余文……，孫作譔。」

北郭集卷一「五七言古」：「題大雅襏襫軒」。卷三「五七言古」：「采蓮涇送孫大雅路教任滿」。補遺「同孫大雅韻、時在吳服」。

張端，字希尹，江陰人。博學，工詩文，善書法。動止雅重，鄉人重之。家溝南，咸稱爲溝南先生。自和靖書院山長，仕至海鹽州判官，有溝南集，恕有詩三首以和之。

江陰縣志卷之十七「列傳第十二中、鄉賢、元」：「張端，字希尹。博學能文，有詩才，尤精書翰。動止雅飭，有古儒者風度。家於溝南，鄉人重之不名，咸稱爲溝南先生。初用薦，起家紹興路和靖書院山長，累官南昌路儒學教授，江浙行樞密院都事，海鹽州判官。」

北郭集卷一「五七言古」：「偕張溝南聽張子宜琴，次周履道韻」。卷六「五七言古」：「次溝南韻」。「辛亥至日，溝南、傅可，同過丘宗大宅，次傅可韻」。

周伯琦，字伯溫，號玉雪坡，饒州人。博通經史，工詩，仕至江浙行省左丞。有近光集三卷，扈從集一卷。可資朝廷典故，邊塞風土之考證。恕有詩一首，與之唱和。

元詩紀事卷二十「周伯琦」：「伯琦，字伯溫，號玉雪坡，饒州人。由上舍生，以廕入官，官至江浙行省左丞。招諭張士誠，留平江十餘年。張氏亡，歸鄱陽，尋卒。有近光、扈從兩集。」

近光集卷首「提要」：「臣等按，近光集三卷，扈從集一卷，周伯琦撰……。讀其詩，想見一時遇合之盛，而朝廷典故，邊塞風土，記載詳明，尤足資考證焉。」

北郭集卷三「五七言古」：「次周伯溫左丞登高韻」。

吳克恭，字寅夫，毘陵人。少敏篤學，肆力於文。詩尤體格古淡，爲時所稱。翰苑名流，咸與之交。至正十二年，寇陷常州。剋復，寅夫等，以從逆伏誅，恕有詩一首以寄之。

元詩選三集「吳處士克恭」：「克恭，字寅夫，毘陵人。好讀書，以舉子業，無益於學，遂力意古文。其爲詩，體格古淡，爲時所稱。翰林老成，皆與之交，多游雲林及玉山。至正壬辰，蘄黃寇，陷常州，守吏望風奔潰。未幾，江浙平章定定，來剋復，寅夫與趙君謨等，俱以從逆伏誅。」

北郭集卷一「五七言古」：「寄吳寅夫先生。」

張衡，字士衡，樂陵人。知名於時，善草書，以張長史爲師法，官至中書省員外郎，恕有詩一首以和之。

書史會要卷七「元」：「張衡，字士衡，樂陵人。官至中書省員外郎，以才學知名，草書師張長史。」

北郭集卷四「五七言古」：「次張士衡員外韻，爲越上道士賦。」

施耐菴，名子安，字耐菴，譜名彥端。興化人，徙海陵。嘗官錢塘二年，與權貴不合，棄歸鄉里。洪武初，徵詔之，堅辭不出，以筆耕自娛。著有三國演義，隋唐誌傳，三遂平妖傳，江湖豪客傳，即水滸傳。洪武三年卒，年七十五。與恕友善，嘗應其子之請，序許氏家譜。

歐陽健「高水準的社會歷史調查、興化縣續誌載施耐菴墓誌全文」：「公諱子安，字耐菴，生於元貞丙申歲，爲至順辛未進士。曾官錢塘二載，以不合當道權貴，棄官歸里，閉門著述……。歿於明洪武庚戌歲，享年七十有五……。先生之著作，有誌餘，三國演義，隋唐誌傳，三遂平妖傳，江湖豪客傳。每成一稿，必與門人校對，以正亥魚，其得力於弟子羅貫中者爲尤多。」註：所引歐陽健教授大作，由電腦下載，謹此誌謝。

歐陽健「高水準的社會歷史調查、施氏族譜世系」：「第一世：始祖諱彥端，字耐菴，行一。元至順辛未進士，高尚不仕。元末自蘇遷興，後徙海陵白駒，因占籍焉……。元配季氏，繼配申氏，生一子讓。」

歐陽健「高水準的社會歷史調查」：「江陰華市，孫坤南說：江陰許恕（澄江書院山長），與施耐菴友善。他……曾見許氏族譜，有施耐菴寫的族譜序一篇……，略謂：僕與令尊翁，先後浪蕩江湖，而渠掌教澄江，桃李遍植，雖潔誌高蹈，士林傳誦未已……。僕偶有一枝之棲，暫免饑寒，恐爲期不遠，瞬急即逝……。」

夏宗顯，字叔明，自曾祖以下，居華亭。既長，學有名，游上海，樂其俗，遂徙居上海之長人鄉。家日殷富，義行益著。見之者，慕其善，服其才，以長厚爲衆所敬。恕有詩二首以贈之。

宋文憲公全集卷三十三「上海夏君新壙銘」：「君諱宗顯，字叔明。自其曾祖參，祖駟，父祥，皆居華亭……。從傳朱學數年，學有名，游上海，樂其土俗，遂之長人鄉，置田宅，徙家以居。既而家日殷富，益敦行義……，故巨室之以長厚稱者，必曰夏氏。見君者，慕其善。與君游者，服其才。」

北郭集卷五「五七言古」：「題海上夏叔明老圃」，「老圃、爲海上夏叔明賦」。

遊踪所及，計有黃山，敔山，雙林菴，禮敬寺，鳳凰山，君山，天平寺，卓筆峰，白雲泉，龍門，虎丘，天池，澱山湖，積善寺，泖湖等。悉爲湖山古刹，名勝之地。均在常州，平江，松江之境。故其一生，可謂未出鄉里。蓋其父行醫華亭，恕既主教祖籍江陰之澄江書院，晚年復遁匿於上海也。

黃山，在江陰東北六里，有山觜入江，兩崖相望，山海激蕩，可謂一勝。

北郭集卷一「五七言古」：「次陳文煥遊黃山韻。」

江陰縣志卷之三「提封記第二下、山川」：「黃山，在縣東六里，以春申君姓爲名，其峰爲席帽……，上有石室，吳時烽火之所，今烽堠遺跡稍存。雞頭灣，有山觜入江，兩崖相望，新鑿得其勝，謂之二島。」

敔山，在江陰東十五里，山脊有堆阜纍纍，其狀如敔，故又名耙齒山，上有雙林菴。

北郭集卷二「五七言古」：「敔山雙林菴贈萬峰和尚」。

江陰縣志卷之三「提封記第二下，山川」：「敔山，在縣東十五里，山脊有堆阜纍纍，相比其形如敔，故名，俗名謂耙齒山。」

禮敬寺，在江陰寶池鄉，宋乾道間建，今廢。

北郭集卷三「五七言古」：「禮敬寺」。

江陰縣志卷之十九「外記第十三、寺觀」：「禮敬寺，在寶池鄉，宋乾道間建，元季廢。」

鳳凰山，在江陰東二十里，晉太康元年，掘地得石鳳凰，因以爲名。

北郭集卷六「五七言古」：「鳳凰山舟中」。

江陰縣志卷之三「提封記第二下、山川」：「鳳凰山，在縣東二十里，太平總類云：晉太康元年，人有掘山者，得石鳳凰，因以爲名。」

君山，在江陰北二里，枕江雄峙，舊名瞰江山。江流迴沍，水光如練。建有松風亭，翠煙廳，浮遠堂，時雨堂，如斯亭，東嶽行宮，光孝禪寺，張公祠，眞武廟。山頂岡崖積石叢出，巒峰競秀，信佳勝之境。

北郭集卷六「五七言古」：「次楊道夫登君山韻」。

江陰縣志卷之三「提封記第二下、山川」：「君山，在縣治北二里，枕江之濱，舊名瞰江山，後以春申君易今名。江流迴沍，其下瀰瀰澒溶，水光如練。山半有亭曰松風，其巔有廳曰翠煙。廳之後有堂曰浮光，北向有堂曰時雨，並堂而右，爲如斯亭。山之麓西向，爲東嶽行宮，宮左爲光孝禪寺。右折而西，爲張公祠。從北而上，當山正中，眞武廟在焉……。而岡層出，而厓業石積，比巒峰墮秀，巋然百里之巨，瞻信佳勝云。」

天壽觀，在江陰南街之南，宋咸淳間建，元、明累加修葺。

北郭集卷六「五七言古」：「題天壽觀吳宗遠竹鶴軒、即東觀」。

江陰縣志卷之十九「外記筆第十三、寺觀」：「天壽觀，在南街之南，宋咸淳間，民人陳昌元捨宅建，元及國朝，累加修葺。」

虎丘，在蘇州府治西北七里，遙望平疇中之大峗耳。比入，則奇勝萬狀，有劍池，兩崖聳立，中涵石泉，深不可測。建有樓、臺、閣、軒，復有泉、澗多處，美不勝收。

北郭集卷五「五七言古」：「同曹叔虞遊虎丘韻」。

姑蘇志卷八「山上」：「虎丘山，在府城西北七里。吳越春秋云：闔閭葬此，以扁諸魚腸劍各三千爲殉，越三日，金精結爲白虎，踞其上，故名。唐避諱，改武丘，又名海湧峰。遙望平田中，大峗耳。比入，奇勝萬狀，其最者爲劍池。兩崖劃開，中涵石泉，深不可測……。其前爲千人坐……，大石盤陀徑畝，高下平衍，可坐千人……。又有試劍石，憨憨泉，養鵝澗，回僊石，徑石井泉……。又有望海樓，小吳軒，致爽閣，陳公樓，五臺山樓，千頃雲閣。他勝處尚多，不能悉載。」

天平山，在蘇州城西二十里，視諸山爲峻偉。林木翠潤，多奇峰，詭異萬狀。上有天平寺，卓筆峰，白雲泉，龍門諸勝。龍門，山分兩崖，中若一線，故名。

北郭集卷四「五七言古」：「遊天平寺」。「補逸」：「卓筆峰」、「龍門」。

明一統志卷八「蘇州府、山川」：「天平山，在府城西二十里。巍然特出，群峰拱揖，最爲峭峷，郡之鎮也。」

明一統志卷八「蘇州府、寺觀」：「天平寺，在天平山，宋范仲淹先世葬此，舊有文正公祠。」

花山，舊名華山，在陽山東南五里。半山有池，橫浸山腹，逾數十丈，故名天池。

姑蘇志卷八「山上」：「天平山，在支硎南五里，視諸山，最爲峭峉。其木亦秀潤，山多奇石，詭異萬狀。有卓筆峰，飛來峰，五丈石，臥龍峰，巾子峰，毛魚池，大小石屋，上巨石，圓而面者，曰照湖鏡，白雲泉，別有一泉如線，注入石罅，尤清冽，曰一線泉……，及龍門。高啓詩：龍門何崢嶸，此地表奇蹟。山分兩崖青，天豁一罅白。」

北郭集卷末「補遺」：「天池」。

姑蘇志卷八「山上」：「花山，舊名華山，去陽山東南五里。山石峭拔，巖壑深秀……。山半有池，在絕巘，橫浸山腹，逾數十丈，故又名天池山。」

澱山湖，在吳江縣界，長洲、崑山之間，吐納東南諸水，北入新洋江。

北郭集卷末「補逸」：「澱湖阻風」。

江南通志卷十二「輿地志、山川二、蘇松二府、蘇州府」：「澱山湖，在吳江縣界，長洲崑山之間，吐納東南諸水。玉峰續志云：湖屬華亭，隸蘇郡，其北爲范青漾，爲度城湖，北入新洋江。」

崑山縣志卷之三「水」：「新洋江，在縣東南六里，南納吳淞江，北入太倉塘，以達於海。」「澱山湖，在縣東南八十里。」

積善寺，在上海縣治西北，宋紹興間建。

北郭集卷四「五七言古」：「題積善寺妙以中水竹居」。

江南通志卷四十五「輿地地、寺觀三、松常鎭三府、松江府」：「積善寺，在上海縣治西北，里人李阡，夢金人乞坐地，遂捨地爲精舍，度其孫師立主之……。今爲本縣祝釐習儀之地，僧會司治焉。」

泖湖，在金山縣西北，婁縣西，青浦縣西南，一名三泖，泖，言茂也。西南受浙西諸水，西北受澱山湖諸水，有上中下三名。

北郭集卷六「五七言古」：「過泖湖」。

欽定大清一統志五十八「松江府，山川」：「泖湖，在金山縣西北，婁縣西，清浦縣西南，亦名三泖。」

江南通志卷十二「輿地志、山川二、蘇松二府、蘇州府」：「三泖，在金山縣。太史公云，泖之爲言茂也……。又曰圓泖，大泖，長泖，又谷水，一名華亭谷……。其西南受浙西諸水，西北受澱湖諸水，由華亭界，入於黃浦。」

恕育有三子，長曰賁，仲曰節，字文度，季曰潤，字澤山。

滄螺集卷末「補遺」：「北郭集後序」：「北郭集者，故中表許君如心之詩也……。洪武辛酉春，作始乞骸東歸，掃先人墓，退謁親故，則心如之沒，蓋八年矣。而其詩，已刻於江山縣之薄齋。至是，長子賁，出以示余，俾序其後……。江陰孫作次知序。」

北郭集卷首「北郭集原序」：「江陰許處士如心，於即世之若干年，其仲子，今禮部主事節……，請余序之……，吳郡金文徵。」

述古齋集「序」：「江陰蔡芝林，以其鄉先生許吏士所著，北郭集示余曰，是集也，其仲子儀曹主事君所輯。處士諱恕，字如心。儀曹諱節，字文度。」

高水準的社會歷史調查：「江陰華市孫坤南……，曾見許氏族譜。有施耐菴寫的族譜序一篇，是爲許恕的兒子許潤（字澤山）寫的。」

洪武甲寅七年卒，年五十二。有北郭集六卷，補遺一卷。

元詩選三集「許山長恕」：「洪武甲寅卒，年五十二。」

北郭集卷首「提要」：「臣等謹按，北郭集六卷，補遺一卷，元許恕撰。」

世論其詩謂：詩工而富，力專業精。思深義備，寓意無窮。其境曲折清遠，其情元瞻沖曠。其詞縱橫馳騁，其音激越瀏亮。論事本乎性理，一出乎自然。無粉藻之詞以媚俗，亦無元季靡靡之音。遭逢喪亂，故致哀怨獨深。

滄螺集補遺「北郭集後序」：「乙未兵，余去土井竄山谷，旅泊三吳間，奔走饑寒，不以時合，合亦不久棄，故如心之詩，遂不多見，且不知其用力專爲，業精一至於此……。江陰孫作、次知序。」

北郭集卷首「北郭集原序」：「北郭許君如心……，其爲歌詩也，其思深，其意備……。

溝南老人、里中、張端。」

北郭集卷首「北郭集原序」：「江陰許處士如心……之詩，亦盛矣……。今觀處士之詩，元瞻沖曠，其情也。發揚浩潮，其詞也。瀏亮激起，其音也。是雖欲弗傳，蓋難乎其弗傳也……。國子監學錄、吳郡、金文徵。」

北郭集卷首卷「北郭集原序」：「北郭集……，其縱橫馳騁，若風雲蛇鳥，按兵行陣之間。而音節曲折，則如琴瑟簫磬，雜乎並奏，而雅韻逸發也。余亟讀之不暇，而爲之歎曰：美哉處士之作也……。前史官、眉山、蘇伯衡。」

北郭集卷首「北郭集原序」：「北郭先生……，其爲詩，一出於自然，讀之愈久，而意無窮，固不暇如世之粉藻一辭一句，取媚人口，此善學淵明者也……。乙丑春正月既望，天台林右。」

北郭集卷首「題要」：「恕詩格力頗遒，往往意境沈鬱，而音節高明，無元季靡靡之音……。集中多愁苦之詞，然……亦未嘗不悠然清遠，蓋遭逢喪亂，故哀怨獨深。」

仲子節，博學多識，任玉山縣簿，有聲於時。擢禮部主事，凡朝廷禮樂文物，典章制度，贊畫居多，朝野交相讚譽。

北郭集附錄「述古齋詩集序」：「當君爲江山簿時，文章政事，已有聲於時。及擢拜儀曹，凡朝廷典章文物，禮樂制度，而公贊畫居多，公卿大夫，交口稱譽。」

以事貶爲胥吏，謫戍五開卒。

北郭集附錄「述古齋詩集序」：「其仲子儀曹主事君……，以事淪胥，謫戍五開以卒。」

北郭集附錄「述古齋集」：「結交行寄晴綠姊丈」：「世人結交惟結時，時將不利心先移。但能平居宴親友，豈復患難憐相知。我今謫居五千里，君獨念之情不已。古人交誼久不聞，若比今人能有幾。」

欽定大清一統志卷四首「貴州統部，黎平府，建置沿革，開泰縣」：「明洪武十八年，置五開衛……，本朝雍正五年，改置開泰縣，爲黎平府治」。

著有述古齋詩集，以謫遷，散軼殆盡，所存僅六篇。論者謂其詩，流麗妥適，充暢條達，不爲冗長浮靡之語。

北郭集附錄「述古齋詩集序」：「儀曹主事君……之子輅……，慨然曰：吾先祖之北郭集，吾先子之手編，刻已有傳矣。吾先子之詩，述古齋集者，爰自遷謫以來，散軼無存。常於古篋中，捃拾得其手澤，僅六篇。懼其終泯而弗傳焉，遂刻而附諸北郭集後……。其發乎詩也，流麗而妥適，充暢而條達，不爲冗長浮靡之語……。淮南蔣用文，書於靜學齋。」

北郭集附錄「述古齋集」：「江山縣一首：九日宴景星山」，「五開五首：思母、憶兄、寄內、囑子、結交行寄晴綠姊丈」。

節育有二子，一名輅，字用升，家學淵源，永樂中，聘修江陰縣志。亦能詩，有詩四首存世。

北郭集附錄「述古齋集、囑子」：「□子及嬰兒，嗟予事已非。一身悲竄逐，二幼幸生歸。始識儒冠誤，爰知稼穡依。汝曹效勤謹，母訓莫相違。」

北郭集附錄「述古齋集」：「北郭先生，輅之先祖也。尚于詩，詩有集，乃先君禮部主事公，任江山簿時鐫之，集藏板於家……。唯先人所作詩文，昔以爲述古齋集，今也痛悼莫能全……。今以是詩，用刊於北郭集末，通爲一集，庶幾相傳於無窮也。永樂丁亥，仲冬朔，男輅泣血頓首百拜謹書。」

北郭集附錄「述古齋集附錄」：「許輅用升，北郭先生之孫，永樂中，禮聘修江陰縣志。」

北郭集附錄「述古齋集附錄」：「許輅用升：秋興東包公愷朱顯。春日即事寄包繼先隱翁。」「送戴元禮院使致仕還浙東。送石廉使還四川。」

（九）玉笥集作者鄧雅傳兼註其集

鄧雅，字伯言，新淦人。居於峰巒疊翠，美不勝收之玉笥山，亦名群玉峰。扁其所居，曰群玉山房。

元詩紀事卷二十七「鄧雅」：「雅字伯言。」

玉笥集卷首「玉笥集原序」：「余至永豐之三年，聞新淦鄧伯言氏，工於詩……。會稽山人戴正心序。」

江西通志卷七「山川一、南昌府」：「玉笥山，在在夾江縣東南四十里……，舊名群玉峰。漢武帝時，嘗降玉笥於山，故名……。有峰三十二，壇二十四，洞六，臺十二，亭十一，泉五，池七，巖四，石四，井四，杏花桃花二塢，孔君梅君二宅，白雲潭，飈御祠，名勝不可勝舉。」

玉笥集卷四「和北平檢校謝叔賓」：「小年曾擬上幽燕，老去仍棲玉笥前。種秫欲求田二頃，窮經初學禮三千。晝閒樹影琴邊落，夜靜溪聲枕上傳。寂寞山房求賦詠，思君點檢白雲篇。」

玉笥集卷四「次劉觀瀾爲題群玉山房韻」：「自笑鄙夫耽野趣，結茆相對白雲岑。蒼苔古木門前路，明月清風世外心。倚劍秋高看鶴舞，吹蕭夜半作龍吟。故人若許來相訪，祗向棲霞谷口尋。」

玉笥集卷一「余居金川玉笥之間，以漁樵耕牧爲樂，賦詩四首」。

少肆力於學，從淹貫五經百家，德純識高，詔修禮書，三主江西文衡，著有石門集，新喻梁寅，受業於名山勝境，目不暇給之蒙山，石門峰下之石門書院。

玉笥集卷首「玉笥集原序」：「余友鄧君伯言……，少力於學……。蠖闇道人，何淑書。」

新淦縣志卷之八「人物志、隱逸、元」：「鄧伯言……，從梁寅學。」

臨江府志卷之十二「人物、理學傳、國朝」：「梁寅，字孟敬，新喻人。幼穎異，年十七，教訓里中，得四書五經，早夜誦讀，淹究自得，尤好古文詞……。貧無書，嘗假館翰林滕玉霄，蒐羅殆盡……。洪武初，郡守劉貞，辟掌郡教。尋應召赴京議禮，江右三人，先生與同郡胡行簡，饒州蔡淵仲也，考郊祀。禮書成，上之，賜衣幣，授之官，以老疾辭還，復賜白金爲資。初詔以明經科取士，江西省臣禮聘，主文衡者三，所得皆名士。歸隱石門，徒類甚眾，學者稱石門先生。卒年八十七，德純識高，篤志力行，不但爲文字之學，所著有周易參考，春秋考義，尚書纂義，禮記輯略……，石門集。」

新喻縣志卷之三「山川、蒙山」：「縣北十里，盤踞方廣百餘里。有天雲標，月光峰，彈子嶺，施龍泉，無根石，龍床石，玄珠石，石門石，梘石，笋石，佛石，觀音石，象石柱，獅子座。最靈秘者，有風雨潭，邑大旱，輒詣擊龍，取水致雨，有奇應云。有龍宮山，之東有宋國子司業，黎立武講堂，其地名勝尤多。山之陽有寺，曰靈隱，道明禪師石塔在焉。其西有西華寺，徵君梁寅，立教其地。」

江西通志卷七「山川一、南昌府」：「石門峰，亦名紫雲峰，在新喻縣北，崇教鄉醴溪，三峰秀聳，巨石對峙如門。峰北賜護臺，東爲神峰，西爲靈峰。明梁寅讀書於此，建石門書院，來學者甚眾。」

石門集卷六「記、醴溪記」：「醴溪在蒙山之陽十五里，其南北皆連山，水貫流其中。山北之西，曰堵山。其次曰菾峰，又次曰紫雲峰，其下爲靈峰寺。正北有三峰，森立尤奇秀。

其東曰神峰，吳將軍之祠在焉。又東有岡迴抱，曰鍊岡。其南山之西，曰石門，兩峰對峙，巨石如虎蹲，其次曰大金峰，金峰而下，綿亙若屏然，至其盡處，與鍊岡對。中有圓阜，突出水上，兩山銜之，若龍之爭珠者，居人名之曰珠堆，當石門之下，爲松池泉出其間，竇如井者三四，其味最甘。釀之以爲酒，醇釃異於常，以爲糜，雖白粲，而上凝赤色，食之若飴，蓋泉之以美者也。」

臨江府志卷之四「建置、學校、社學、石門書院」：「在蒙山，梁寅建，今廢。」

於書無所不讀，以詩鳴於東南。行謹而純，志在山林，乃恬退隱逸之士。

玉笥集卷首「玉笥集原序」：「余友鄧君伯言，行純而學優，才美而志遠……。蠖閣道人何淑書。」

一山文集卷四「鄧伯言玉笥詩集序」：「江西鄧伯言先生，以能詩鳴東南。其名玉笥集者，因其北來，得而讀之。」

玉笥集卷首「玉笥集原序」：「伯言恬退之士，於書無所不讀，然皆用以資爲詩，其心勤矣……。會稽山人，戴正心序。」

玉笥集卷四「洪武壬戌夏六月，詔徵天下賢良，赴京擢用，雅以非才，例蒙郡舉，而適嬰疾病，乃懇辭，既歸，辱親故枉問，賦此爲謝，並述鄙懷。」：「秋風蕭颯鬢毛衰，懷抱無因得好開。林壑獨棲嗟已老，朝廷三聘愧非才。乞歸幸遂丘園樂，問訊多煩故舊來。謾寫新吟謝知己，不妨共醉菊花杯。」

洪武初，翰林學士，宋濂潛溪，以詩文薦之。詔對稱旨，授翰苑清秩，以老辭歸。世論其辭榮顯而就有道，志操可尚。

明詩紀事卷四「甲籤、宋濂」：「濂字景濂，浦江人。元末，以翰林院編修徵，不就。太祖取婺州，召見濂，還金陵，徵爲江南儒學提舉……，除翰林學士……。擢侍講學士，進學士承旨，致仕歸。以孫愼得罪，安置茂州，道卒，正德中，追諡文獻。有潛溪、鑾坡、芝園、蘿山、朝天諸集，七十五卷。」

新淦縣卷之八「人物志、隱逸、元」：「鄧伯言，洪武初，宋潛溪以詩文薦。召至京師，賦鍾山曉寒詩，有鰲足立四極，鍾山蟠一龍之句稱旨，授以翰林清秩，不受，乞老歸。」

玉笥集卷首「提要」：「臣等按……，雅……辭榮名而就有道，其志操亦頗有可尚者。」

或謂，徵詔陛見，命賦鍾山詩，中有鰲足立四極，鍾山蟠一龍之句，帝覽之大悅，拍案高誦，雅以爲怒，驚死墀下，扶出東華門始甦。

元詩紀事卷二十七「鄧雅」：「七修類稿：太祖召淦人鄧伯言見，命賦鍾山詩，稿既呈，中一聯云：鰲足立四極，鍾山蟠一龍。上大喜，以手拍案高誦之。鄧以爲怒，驚死墀下，扶出東華門，始甦。」

玉笥集卷九「朝京紀行，應制賦鍾山雲氣沍寒詩，首句乃御製也」：「沍寒雲鴻濛，維時屈嚴冬。乾坤既定位，造化乃有功。聖人昌國運，父老歌年豐。風雲常變化，草木自蔥蘢。帝德邁三五，君門深九重。鼇足立四極，鐘山蟠一龍。承詔上金殿，命題勞聖衷。臣才實蹇澀，臣貌復龍鍾。豈有涓埃報，深知眷顧隆。……何物耐寒氣，青青萬年松。」

著有玉笥集九卷，爲梁寅所刪定。

玉笥集卷首「提要」：「臣等謹案，玉笥集九卷，明鄧雅撰。」

新淦縣志卷之八「人物志、隱逸、元」：「鄧伯言……，其玉笥集十卷，寅所勘定。」

玉笥集集卷一「寄石門梁先生求刪近藁」：「聖天刪古詩，足以垂勸戒。愧我芻蕘言，存之欲奚待。弱齡事蟲魚，於茲三十載。沖澹苦未到，綺麗非所愛……。欲進力未能，備錄意有在。詩家有宗匠，後學恒依賴……。」

至正丁酉進士，著一山文集，東安李延興繼本，與鄧光薦中齋書謂：伯言之詩文，佳處不讓古人，爲文章大家，何可多得。

一山文集卷首「提要」：「臣等謹案，一山文集九卷，元李繼本撰。繼本名延興，以字行，東安人，占籍北平。登至正丁酉進士，授太常奉禮，兼翰林檢討……，代雄縣知縣。……其詩文，俊偉疏達，不失前人規範。在元末諸家中，尚爲錚錚獨異者。」

宋季忠義錄卷十「鄧光薦」：「鄧光薦，字中甫，廬陵人。景定壬戌進士，歷官十餘年。至德祐元年冬，元兵入江西，攜家避入閩……。祥興元年六月，從駕至厓山，除秘書丞，明年正月，擢禮部侍郎，兼權直學士院。二月厓山師覆，帝崩，光薦投海者再，元人鉤出之，不得死。張宏範待以賓禮，令復衣冠，以爲揖客，獲與文天祥同舟北上，時相唱和。至燕，宏範館之趙冰壺家，教其次子，屢乞爲黃冠，不許，後得放歸，大德初卒。」

一山集卷八「與中齋允齋書」：「四月二十日，辱厚李某端肅奉書……。伯言鄧先生，詩與文，佳處不讓古人。先生文章大家，如斯人者，何可多得。」

玉笥集卷首「提要」：「臣等謹案，玉笥集……，有梁寅序，及答書一首。何淑，丁節，梁寅，丁節，何淑，戴正心，亦極推許。謂伯言詩，沖澹清遠，自然天趣。華不爲媚，奇不近怪。豪不縱放，理不詭異。簡而不疏，直而不俚。不爲艱險之詞，而無忿怒之意。切近人性，悉合典則。」

玉笥集卷首「玉笥集原序」：「觀鄧伯言父玉笥集……，沖澹自然，華不爲媚，奇不近怪，雄不至放，求合典則，故宜然者……。洪武乙丑，秋八月望，梁寅書。」

戴正心，各序一首，謝觀題詞一首，皆極相推挹。」

玉笥集卷首「玉笥集原序」：「觀鄧伯言詩……，自然天趣，有動人處……。君之五言，沖澹中多古意。歌謠善諷，切最近人情，有足采者……。前承事郎、監察御史、丁節書。」

玉笥集卷首「玉笥集原序」：「余友鄧伯言……爲詩歌，每出人意表，簡而不疏，直而不俚。其間，道氣運之盛衰，論人事之得失，往往從容不迫，而意已獨至……。臨川老友，蠖闇道人何淑書。」

玉笥集卷首「玉笥集原序」：「其詩大抵清遠條達，不爲艱險藻繪之語，澹淡和平，而無哀怨之意，蓋其情性然也……。會稽山人，戴正心序。」

雖宗鮑謝，而踵陶韋，有清新，閑淡，山林，田園之風。

玉笥集卷四「次丁御史題群玉山房韻」：「我家舊宅如蜂房，移居竹圃安蒲床。床頭惟有書劍在，屋裏更無儋石藏。靜愛吟詩宗鮑謝，閒思開逕接求羊。先生肯作漁樵伴，卻笑時人逐利忙。」

玉笥集卷首「玉笥集原序」：「余友鄧君伯言……，其爲詩歌……，使接踵陶韋間，未見其太相遠也……。臨川老友，蠖闇道人，何淑書。」

玉笥集卷一「讀陶淵明詩二首」：「吟詩不須苦，苦吟失詩味。吾笑郊島徒，彫鎪損肝肺。凱風因時來，微雨從東至。憑几誦陶詩，詩中有深味。」

玉笥集卷三「題百華寺」：「茲山白雲裏，古寺覺城東。徑濕莓苔雨，窗寒薜荔風。傳經由慧遠，洗硯憶陶公。暫借禪床坐，心澄萬慮空。」

玉笥集卷三「題艾子才括蒼吏隱卷」：「我遊群玉洞，君寓括蒼山。出處雖殊調，心神本共閒。煮蒲居石室，收印入松關。豈被浮名縛，悠然天地間。」

玉笥集卷三「鑿井」：「移家修竹裏，鑿井屋西偏。未盡兩日力，能通三日泉。味甘同玉液，色湛見青天。頗快慈親飲，容顏勝去年。」

母吳氏，

玉笥集卷三「寄吳六舅從吾先生」，卷四「雪用家舅從吾先生韻時和者數人」，「壽吳六舅從吾先生、扁所居曰老吟堂」。按母之兄弟，子女稱舅，故其母吳氏。

妻陳氏，中年卒，繼室吳氏。

玉笥集卷三「憶外舅、陳姓，字懷遠」。按外舅即岳父，故妻陳氏。

玉笥集卷三「悼亡」：「蚤歲期偕老，中年慨獨存。憑棺惟灑淚，剪紙莫招魂。令德宜家室，深恩及子孫。終當求密石，爲爾表高墳。」「寄何幼恭」：「時余失內助，幼恭年五十生子，甫及一周而失之，俱可慟也。」

玉笥集卷一「題內弟吳大使子元墨龍」，卷四「送內弟吳子元之福州竹木場大使」。按妻之弟，婿稱之謂內弟，故繼室吳氏。

子一，

玉笥集卷四「丁御史枉顧山房不遇留題而去依韻奉謝」：「山中朝來澗水平，黃梅雨歇松風清。仙翁采藥久忘世，野人十居聊治生。耕煙閒放草間犢，伐木喜聞林外鶯。繡衣枉駕失迎候，賴有小兒知姓名。」

女一，

玉笥集卷一「偶題」：「平生寡嗜欲，所好在吟詩。朝夕吟不已，鬢邊已成絲。幼女頗解事，長跪陳戒辭。吟止適情性，勿使精神疲。深感吾女言，而我樂在茲。一日不吟詠，滿懷動憂思。阿女顧予哂，予心還自怡。春風入庭院，花蔭滿前墀，清興不可遏，把筆更須題。」

孫一。

玉笥集卷一「元正後雪霽過鄰曲」：「晴岫清凍雪，春郊布熙陽。嚶嚶幽鳥鳴，靜聽如調簧。興懷訪故交，徐步登前岡。石竇通泉脈，林隈散梅香。稍欣得勝地，復喜登華堂。交慶遇歲始，共語思時康。願言課孫子，讀書力農桑。」

伯言兄弟三人，長伯襄，至治丙寅生，甲午歲饑，因商，遇寇所害。季曰仲言，伯言其仲也。

玉笥集卷三「哭兄伯讓」：「生至治丙寅，以甲午歲，因商遇寇害。」「客歸與舍弟仲言，從弟季言宴集」。

遊踪所及，均在鄉里地區之翠屏山，受業之石門山，居住之玉笥山。

玉笥集卷三「七夕留屏山館中」，卷四「癸丑九日重登翠屏山」。按屏山，即翠屏山之簡稱，由「去年此日屏山飲」之句可知。

峽江縣卷之一「疆域志、山川」：「翠屏山，縣北五十里，形如屏連，每春秋佳日，林樾蒼蒼，搖紅滴翠，足供玩賞。」

玉笥集卷一「早春踏雪遊群玉山中」，「登群玉峰」，卷八「玉笥十詠」。按群玉峰，玉笥山，見前引。

晚年，方因徵召入京，始得覽沿途之孺子亭，滕王閣。

玉笥集卷九「朝京紀行」：「孺子亭觀東湖」，「滕王閣」。

江西通志卷三十八「古蹟一、南昌府」：「孺子亭，名勝志：在高橋南，朱子詩，孺子高風何處尋，東湖臺觀水雲深。」

江西通志卷七「山川一、南昌府」：「東湖，在府城東隅，水清魚美。酈道元稱，東太湖，十里二百二十六步，北與城齊。南緣迴折，至南塘，水通大江者是也。」

江西通志卷三十八「古蹟一、南昌府」：「滕王閣，名勝志，在章江廣潤二門之間。唐顯慶四年，滕王元嬰都督洪州營建。」

吳城山，望湖亭。

玉笥集卷九「朝京紀行」：「吳城山」，「望湖亭」。

江西通志卷七「山川一、南昌府」：「吳城山，在府城東北一百八十里，臨大江，上有望湖亭，張令公廟，順濟龍王廟。」

鄱陽湖，廬山。

玉笥集卷九「朝京紀行」：「鄱陽阻風」，「廬山」。

江西通志卷七「山川一，南昌府」：「鄱陽湖，在府城東北一百五十里，即禹貢彭蠡是也。隋以鄱陽山所接，故名。鄱陽湖，合受上流諸水，周環數百里。」

九江府志卷之二「山川、德化縣」：「廬山，在府城南二十五里，古南障山。周時，匡俗兄弟七人，皆有道術，結廬於此，故名。」

采石、太白墓，諸名勝古蹟。

玉笥集卷九「朝京紀行」：「采石」，「太白墓」。

江南通志卷十七「輿地志、山川七、太平府」：「采石山，在府西北二十五里，昔人采五色石於此，因名，一名翠螺山……。此山南有磯，峭拔險峻，一曰牛渚……。有燃犀亭在其上，李白騎鯨亦在此。故謫仙樓，捉月亭皆在此焉。」

欽定大清一統志卷八十四「太平府、山川」：「牛渚山，在當塗縣西北二十里，一名采石磯……。周十五里，高百仞，西接大江，三面俱繞姑溪，亦名翠螺山。山下突入江處，名采石磯。」

江南通志卷四十一「輿地志、壇廟五、祠墓附、安慶府」：「唐翰林李白墓，在府青山西北麓。」

江南通志卷十七「輿地志、山川七、太平府」：「青山在府東南三十里，綿延甚遠……，又名謝公山。峰巒層疊，有林壑泉石之勝。」

亦曾奔波數千里，北上雄縣，請李繼本書序。然沿途所經之名山巨川，古剎亭園，無一言及之，殊令人奇異。蓋古之文人雅士，遠遊近訪，無不有所吟詠，以紀勝。

一山文集卷四「鄧伯言玉笥詩集序」：「西江鄧伯言先生，以能詩鳴東南，其玉笥集者，予因其北來，得而讀之……。先生道過於雄，留邑校信宿。其隙也，爲予言詩，予爲之傾耳以聽……。予以先生不以庸愚遇我，又念其行數千里之遠，歷歲月之久，而忘夫道途之艱，羈旅之勞也，故爲其詩集序。」按李繼本，嘗代雄縣縣令，見前引。故北上雄縣，請其書序。

所交之友丁節，字子堅，曾任監察御史，與伯言過從至密，爲金石交，故有詩十四首相唱和，以懷之，輓之。節亦序其集，當爲新淦人。

玉笥集卷一「夜坐月懷丁御史子堅」，「夏日有懷丁御史」，「秋日覽物有感寄丁御史子堅」，「春日寄丁御史子堅王知縣彥暉」。卷三「挽丁御史子堅」。卷四「客中有感用韻呈丁御史」，「用子堅九日登高追和杜牧之韻」，「奉和丁御史遊南山韻」，「丁御史枉顧山房不遇留題而去依韻奉謝」，「次丁御史題群玉山房韻」，「御史丁公子堅，與余爲金石交，而經歲不面，殊抱怏怏。甲子冬，公重遊玉笥，留舊館信宿，既去，余始自外歸，爲之悵然，賦詩寫情，因緣奉寄」，「和丁御史子堅夏夜作」。卷七「楊花用丁御史韻」。按丁節序，見前引。

徐伯澄，新淦人。伯言之友，曾攜玉笥集，赴永豐，請戴正心爲之序。

玉笥集卷首「玉笥集原序」：「新淦鄧伯言氏……，其友徐伯澄來，示其所著玉笥集，且曰……蘄一言爲引……。故爲書於篇首，而授伯澄使歸之……。會稽山人，戴正心序」。

婁仲賢，新淦人。與伯言相交四十年，藏書萬卷。

玉笥集卷四「挽婁仲賢」：「翰墨論交四十年，客中聞訃獨潸然。懷才祇向空山老，繼志終看令子賢。萬卷詩書存舊業，千年松柏表荒阡。欲知化鶴遊何處，玉笥峰頭訪十仙。」

黎季敏，與伯言同里垂十年，情誼甚篤。將鋟板其玉笥集，以傳永久。

玉笥集卷首「玉笥集原序」：「新淦鄧伯言氏……，舍於同里黎季敏垂十年，而情好甚篤也。季敏尚友而好義，又深知詩，將率同志，裒其所著，命工鋟梓，以傳於永久……。會稽山人，戴正心序。」

黃鍾，字子律，永豐人。業儒，工詩，有盛唐之風。洪武癸亥，以賢良徵至京師，授上海縣令，政聲昭著。以罪罷官，令服徒役。未幾，遇赦免。買舟南歸，因中暑暴病，歿於清江。伯言與之同年生，時相切磋，情篤意合，有詩以輓之。

玉笥集卷一「故上海令黃子律哀詩並序」：「子律名鍾，吉之永豐人也。業儒，尤工於詩，有盛唐之風焉。洪武癸亥春，以賢良徵至京師，授上海令。上海地廣賦多，民嚚於訟，稱爲難治。君至，平弊政，施恩威，民皆悅之。既而以罪去官，執法者令服徒役，未幾遇赦免。君望闕謝，買舟南歸。因中暑暴病，歿於清江之境。其友人具棺衾，權殯於新淦之桓洲。君與余同歲而生，余少長數月。每切磋琢磨，講明雅道，有益於余者多矣。於其卒也，寧不爲之盡傷也哉。乃作詩以述君之行，以志余之哀也。」

戴正心，號會稽道人，浙江人，有才名，永豐教諭，嘗序玉筍集，伯言有詩以寄以。

玉筍集卷四「寄永豐教諭戴正心」：「戴君掌教恩江上，正是皇朝全盛時。文化今漸極南北，才名久著浙東西……。」按戴序見前引。

謝觀，字叔賓，任北平檢校。以事左遷廣東仁化縣幕職，復謫雲南安置。伯言與之爲姻友，有詩五首以和之，懷之，寄之，觀亦有詩以贈之。至何淑，號蠖闇道人，臨川人，與伯言爲老友，嘗序玉筍集，已見前引。

玉筍集卷一「北平檢校謝叔賓，左遷廣東仁化縣幕職。復以朝賀後期，謫雲南安置。余與叔賓爲姻友，昔別各淚下霑衣。今相去萬里，而三載不面，烏得無別離之情哉。」「北平檢校謝叔賓謫官嶺南詩以寄之。」卷三「暇日閱檢校謝叔賓詩集」。卷四「和北平檢校謝叔賓」。卷五「江上懷謝檢校叔賓」。

玉筍集卷首「謝觀詩附錄」：「刻桷丹楹絢日明，雕盤散出五侯鯖。何如清廟歌周雅，器用陶匏薦太羹。前北平省檢校，謝觀叔賓。」

多爲新淦附州縣之鄉里，或任職之人士，並無聲著一方之名士。

（十）剩語作者艾性夫傳兼註其集

艾性夫，字天謂，號孤山。或謂名性，蓋傳刻脫一夫字也。

元詩紀事卷九「艾性夫」：「性夫，字天謂。」

撫州府志卷之二十四「人物志、文苑、宋」：「艾叔可……，姪性，字天謂，號孤山。」

江西通志卷八十「人物十五、撫州一、宋」：「艾叔可……，姪性，字天謂。」

剩語卷首「提要」：「臣等謹按，是集見永樂大典中，或題曰艾性夫剩語……。合疑江西通志，作性，字天謂，傳刻失一夫字也。」

始祖居浙江嚴州之艾溪，靖康之變，徒居江西撫州之臨川，遂爲撫州臨川人。

剩語卷下「題艾溪，溪直嚴州學宮前。余始祖實溪上人，靖康避地於撫。溪尾爲艾原，方干爲中原客，賦此詩者也。」：「睦城西下柳陰陰，以艾名溪古到今。鼻祖桑弧蓬矢地，耳孫喬木故家心。應無別姓爭墩住，曾有高人對客吟。欲向原頭拜祖宗，西風落日暮雲深。」

浙江通志卷十九「山川十一、嚴州府、壽昌縣、艾溪」：「新定續志，發源於縣西雞籠山，過縣東七里，爲淤堨溪，又東爲湖神溪，實一源也。至茭塘，入建德縣界，達於新安江。」

按其流經，已大非昔比。

咸淳癸酉貢士，元初，嘗任江浙道提舉。疑誤，蓋元史百官志，無此職稱。

吳文正集卷八十四「故登仕郎高君妻艾氏墓誌銘」：「艾夫人……，咸淳癸酉貢士艾性夫之女。」

讕言長語：「予於成化五年之沅江學署，一夷人家，多藏書，蓋自洪武迄今不遺。內一詩，乃浙江道提舉，臨川艾性夫作。」

元詩紀事卷九「艾性夫」：「元初，官江浙道提舉。」疑爲江浙省儒學提舉。

剩語卷首「提要」：「臣等謹按……，宋無江浙道提舉，蓋其晚年已仕元矣。」

晚年，闔門教授，執經受業者盈門。尤工於詩，著有孤山詩集，永樂大典，或曰孤山晚稿，即剩語上下二卷。明初之抄本，有貫酸齋序，惜未能見。

臨川縣志卷四十三「人物志、文苑、宋」：「艾叔可……，姪性，字天謂，闔門教授，執經者盈門，尤工於詩，著有孤山詩集。」

剩語卷首「提要」：「臣等謹按，是集見永樂大典中，或題曰艾性夫剩語，或題曰艾性夫孤山晚稿。」

讕言長語：「內一詩，乃浙江道提舉，臨川艾性夫作，貫酸齋作敘。」

祖宅毀於戰亂，遂寓於百弓山，號無悶寮。

剩語卷下「移家寄諸丈」：「十弓荒圃百弓山……，鶴巢已覺地寬閒。」按百弓山，臨川縣志，撫州府志，江西通志，明一統志，大清一統志，諸志皆不載，疑爲百弓高之丘陵，非山名百弓。

剩語卷下「書無悶寮」：「對客清談妙入神，舌乾時與供先春。東州米價北門雁，一語不須來溷人。」

剩語卷下「移家寄諸丈」：「十弓荒圃百弓山，縛草編茅屋兩間。雞甕不知天廣大，鷦巢已覺地寬閒……。退一步行差得計，野雲深處即商顏。」按四肘爲一弓。

剩語卷下「枕上」：「畫蘭重補紙床屏，支石橫眠道氣清。杜宇不啼春一半……，照人扶醉聽吹笙。」

剩語卷下「書無悶寮」：「風雪蕭蕭席作門，奴星急把柳車焚。臍中紅炷兩三日，塢裏黃金十萬斤。」按「塢裏黃金十萬斤」，非言其富，喻其飽學也。

生活艱辛，茅屋兩間，狹如雞甕。紙爲屏，石爲枕，蓆作門。

剩語卷上「飯客」：「菜剪堯時韭，羹羞晉代蓴。家寒多食淡，客好不嫌貧……。」

剩語卷下「癸巳小至」：「舌在貧何害，脾清瘦不妨……。半爐煨芋火，意味頗悠長。」

荒圃十弓，所出有限。韭爲菜，芋爲食。

剩語卷下「詠眠窩」：「獨榻孤扉木几雙，小窩可受北風降。帶霜楓葉寒供火，隨月梅稍

天寒，燃楓葉取暖，被薄冷似鐵。友人贈以厚被，即以詩酬謝。

瘦入窗。夢熟不知衾似鐵，睡醒何用酒盈缸……。」

剩語卷下「謝惠楮衾」：「厚於布被擁公孫……，剪成秋水淡無痕……。直作黃紬紋錦看，

日高睡穩不開門。」

結儷四十年而喪偶，哀傷殊深。

剩語卷下「悼亡」：「秋瑟淒涼忽斷絃，自礱山石誌新阡。稍閒即病身無福，竟死難醫命

有天。會績忍看燒燭淚，遺簪聊抵買花錢。最慙誤看劉蕡策，辜汝相依四十年。」

一子，名良異，戊子冬，始營小堂，於祖宅之址，有詩以勉之。

剩語卷下「舊廬毀於亂，十年矣。吾老他寓，每不能再葺。戊子冬，良異聚芸人之資，自

構小堂，因以勉之。」：「舊址相傳五世昌，寒蕪忍墮十年荒。老吾衰落空懷土，幸汝辛

勤自肯堂……。」

剩語卷下「示子良異」：「霜雪林頭又綠稠，乾坤生意幾時休。人情葵扇炎涼態，世路瞿

塘上下舟。鰲跛未輸蚿百足，茅封不敵橘千頭。細看不似吾儒業，一片書田或有秋。」

一女，名良秀，適臨川高一夔。有婦德，中饋之職甚修。

吳文正集卷八十四「故登仕郎高君妻艾氏墓誌銘」：「臨川高溥，以其大父登仕君，所撰

大母艾氏夫人殯志，因其舅饒君心道，來請銘。登仕君諱一夔，字帝臣。艾夫人諱良秀，

字德潤。咸淳癸酉貢士艾性夫之女……。夫人生儒家，有婦德，中饋之職甚修，尊卑長幼，

內外咸雍睦。」

性夫晚年，大嘆命薄如紙，隨事與心違，怏怏失志。良秀事父至孝，已嫁如未嫁時。日具壺觴菜肴，至其寓以娛之。

剩語卷下「看鏡」：「自摩寒鏡看頭顱，短髮蕭蕭不受梳。天地風霜吾輩老，江湖煙雨故人疏。道窮分命眞如紙，世亂功名不要書。縱有黃金難鑄錯，一編殘易伴犁鉏。」

剩語卷下「病中即事」：「支身惟首健，隨事與心違。病久藥爲飯，寒深火是衣。矮窗看日度，遠夢傍雲飛。可比梅花瘦，呼童試折歸。」

吳文正集卷八十四「故登仕郎高君妻艾氏墓誌銘」：「艾夫人諱良秀……，事父孝，已嫁如未嫁時。其父貢士君，晚節頗怏怏失志，日俱壺觴，就其寓地娛樂之。」

遊踪所及，大體均在江西贛江以東之地區。然亦遠及浙江嚴州、杭州之名勝古蹟。於此差可旁證，其曾任江浙提舉爲確。蓋其家貧，非公無力遠遊也。計履歷積煙山，靈谷峰。

剩語卷上「禱雨積煙山之龍潭有應」，卷下「送客至靈谷」。

撫州府志卷之四「山川考」：「縣東數里，曰七寶，又東爲積煙，半山有龍池瀑布。」

臨川縣志卷三「山川一」：「靈谷峰，在城東南四十里，山勢聳特，諸峰連抱如障。山半有瀑布，飛流映日，望之如掣練。舊有石碑，刻靈谷十勝。曰洗墨池，瀑布泉，棊枰石，漉酒泉，南北井，文印峰，退心石，駐雲亭，石門關，古牛石。宋有隱眞觀，王安石讀書其上。」

太和寺，玄都觀。

剩語卷下「賦太和寺同根紅白梅」，「郡中玄都觀追和劉禹錫詩二首」。

江西通志卷一百十一「寺觀一、撫州府、太和寺」：「在東鄉縣移風鄉內，有同根紅白梅。」

臨川縣志卷十八「建置志、寺觀」：「元都觀，今廢。」按清代凡玄，均書爲元，蓋避諱也。故疑元都觀，即元之玄都觀。

臨汝書院，左軍墨池，魯公祠。

剩語卷下「臨汝書院落成諸公有詩用韻」，「與林止菴葉半隱分賦郡中古跡得魯公祠右軍墨池」。

撫州府志卷之六「學校考，書院附」：「臨汝書院，在城西南二里。宋咸淳九年，馮去疾提舉江南西路，以朱子嘗除是官，不及赴，故立書院祀之，規畫悉彷學制。」

江西通志卷四十「古蹟、撫州府」：「墨池，南豐集，臨川城東，有地隱然而高，以臨於溪，曰新城。新城之上，有池窪然而方以長，曰王羲之墨池。羲之嘗慕張芝，臨池學書，池水盡墨，此爲其故跡。墨池上，今爲州學舍。」

江西通志卷一百九「祠廟、撫州、祠」：「魯公祠，舊在郡圃。宋至和二年，州守聶厚載建，曾鞏有記，後圮，併祀名宦。」

眞如寺，龜峰。

剩語卷上「天下第二鐘，在弋陽眞如寺破廡下，其誌天聖二年也。劉石扁曰：「天下第二鐘，旁書江南徐鉉書，筆力皆遒勁可愛。不知第一，竟在何許。此又濱於埋沒，可慨。因歌以遺寺僧，使屋庇之。」卷下「題龜峰僧閣」。

江西通志卷一百九「祠廟、廣信府」：「眞如寺，在弋陽縣治東里許，晉咸康間建。」

江西通志卷十一「山川五、廣信府」：「龜峰山，在弋陽縣南二十五里，有三十二峰，名狀各異，中峰如龜，故總名龜峰。有摩尼洞，其後爲四聲谷，循外谷入水簾洞，飛珠卷雪，景尤稱勝……。」

滕王閣，孺子亭。

剩語卷下「滕王閣」，「孺子亭」。

江西通志卷三十八「古蹟一、南昌府」：「滕王閣，名勝志，在章江廣潤二門之間。唐顯慶四年，滕王元嬰，都督洪州，營建此閣。迨落成，而滕王之封適至，因以名之。」

江西通志卷三十八「古蹟一、南昌府」：「孺子亭，名勝志，在高橋南。南宋朱子詩，孺子高風何處尋，東湖臺觀水雲深。」

洪崖，洪巖寺。

剩語卷下「題洪崖仙壇」，「宿洪巖寺」。

江西通志卷七「山川一、南昌府」：「洪崖，在西山，距府城四十里，一名伏龍山，乃洪崖先生煉藥處。有洞居水中，宸濠嘗戽水見底，有五井，各方廣四尺許。側有瀑布，狀如玉簾……。」洪巖寺，疑在其上。

釣臺，月巖。

剩語卷下「釣臺」，「月巖」。

浙江通志卷十九「山川十一、嚴州府、建德縣附郭、桐廬縣」：「富春山，舊浙江通志，在縣西四十里，前臨大江，有東西二臺，一名嚴陵山。清麗奇絕，號錦峰繡嶺，乃子陵釣處。」

西湖志卷之五「山水一、孤山路、月巖」：「七修類嵩，鳳凰山有石如片雲，拔地高數丈，巔有一竅尺餘，名日月巖，惟中秋之月，穿竅而出，十四十六則否。」

西湖志卷五「山水一、孤山路、鳳凰山」：「嘉靖浙江通志，在鳳山門外。名勝志，舊在城內，元末，張士誠築城，截之於外。」

觀潮，和靖祠。

剩語卷下「觀潮」：「按節波神逆水來，魚龍掀舞鬬崔嵬。浪高峰頂青天雪，風助江聲白晝雷。勢欲上時掀海立，怒無泄處觸山回……。」

剩語卷下「和靖祠與故宅皆無梅」：「得見梅花即見逋，我來竟日覓梅無。卻於無處分明見，月滿孤山水滿湖。」

杭州府志卷二十三「山水四、錢塘縣三、江潮」：「凡近海之川，皆受潮，其潮不一，以浙江之潮爲大。蓋其地，既束於海口，諸山又礙於下之沙檻，迫而濤高至數丈，與他處不同。」

杭州府志卷十「祠祀一、林和靖祠」：「在孤山，咸淳四年，大風拔木，祠幾毀，官爲重建。」

西湖志卷之五「山水一、孤山路、孤山」：「咸淳臨安志，在西湖中，一嶼聳立，旁無聯附，爲湖山勝絕處。」

所交皆鄉黨鄰里，無知名之士。雖感於謝枋得之忠義，有輓詩一首，然並無深交。蓋疊山集，剩語，均無其唱和之紀載。

剩語卷下「文節謝公挽歌」：「不甘搖尾乞人憐，視死如歸氣浩然。千古六經俱掃地，獨公一柱肯擎天……。惆悵老身空有淚，玉亭無路薦寒泉。」

疊山集卷首「附錄」：「臣等謹按，疊山集五卷，宋謝枋得撰。枋得……弋陽人，寶祐四年進士，歷官江東制置使，宋亡後，徵聘累辭不就。後福建行省魏天祐，迫脅至燕，寓居憫忠寺，不食而死，門人私謚曰文節先生。」

性夫幾一生困扼，然成就可尚。與叔父叔可，憲可，皆工詩，有著作，世稱撫州三艾。

撫州府志卷之二十四「人物志、文苑、宋」：「艾叔可，字無可，東鄉人，號曜山，咸淳戊辰，奏策入三等，授新建丞。以詩文名，所著有文江講義集，鈎元編。弟憲可，字元德，號蕙山。累舉不第，以詩文自娛，著有蕙愁吟三卷。侄性，字天謂……，世稱三艾先生。」

其詩，氣韻清拔，以姸雅爲尚。絕非宋末，詩若有韻之語錄可比。五七言古詩，尤筆力雄健。曹安稱其七言律詩太辣，五七言絕句、歌行，語多關乎世教。然愁苦之言，躍然紙上。在元人詩文集中，頗爲罕覯。

剩語卷首「提要」：「性雖亦講學之家，而其詩氣韻清拔，以姸雅爲宗，絕不似宋末，有韻之語錄。七言古體，筆力排盪，尤爲擅長。曹安稱其七言律太辣，五七言絕，歌行，語多關世教。」

剩語卷下「題賤容」：「骨多肉少與梅同……，一生不送退之窮。」「羅踴感興」：「筆耕長餒拙生涯……，可憐不飽費炊砂。老憖乞米修竿牘，貧欲休糧種棗瓜……。」「元旦」：「不管鬖髿雪滿顚……，窮愁博得長清健……。」餘見前引。

（十一）瓢泉吟稿作者朱晞顏傳兼註其集

朱晞顏，字景淵，號瓢泉，江浙行省，湖州長興縣和平鎭人。

瓢泉吟稿卷首「提要」：「臣等案：瓢泉吟稿五卷，元朱晞顏撰……，長興人，字景淵，即著此稿者。」

吳文正集卷七十一「元贈承事郎德清縣尹朱君墓表」：「承事郎、瑞州路、在城務課稅提領朱景淵，語其寮，樂務副魯常曰：吾父……湖州長興和平鎮人。」

瓢泉吟稿卷首「瓢泉吟稿原序」：「瓢泉朱君，曩仕予鄉州，交分相得也……。鄭僖序。」年少，即篤志於學。與士大夫，多所從遊。所居，雖近市廛，車馬擁塞，里巷騰喧。然執經危坐，不爲所擾。

瓢泉吟稿卷首「瓢泉吟稿原序」：「朱晞顏，年甚少，篤志於學。於士大夫，多從之遊。顧其居，近市，蓋廛隱也。坌壒之蓬勃，里巷喧啾，車馬之阸塞，日旁午於前。而晞顏乃挾冊危坐，若擺落世事……。牟巘序。」

及長，益自奮勵。自謂：天地間，風月無盡藏。平章在我，化裁在我，日與雅士墨客相頡頏。

瓢泉吟稿卷首「瓢泉吟稿原序」：「當是時，君之才氣銳甚。自謂：天地間，風月無盡藏。平章在我，化裁在我，故日以詩，與騷翁墨客，相頡頏不厭。……鄭僖序。」

因習國語，選授平陽州蒙古掾。擢長林丞，司鹽賦。左遷江西行省，瑞州路，在城務稅課提領。秩從七品，官承事郎。

吳文正集卷七十一「元贈承事郎德清縣尹朱君墓表」：「承事郎、瑞州路、在城務稅課提領朱景淵……，父諱文進……，教子爲儒，習國字。」

瓢泉吟稿卷首「提要」：「朱晞顏……，初以習國書，選爲平陽州蒙古掾。又爲長林丞，司煮鹽賦。又曾爲江西瑞州監税……。」

瓢泉吟稿卷四「送唐子華」：「予時司長林鹽賦。」

瓢泉吟稿卷二「七言絕句、江亭十絕」：「辛苦攜家累左遷，虧贏自信且隨緣。鬢毛衰颯緇塵遍，又與梅花度一年。」

元史卷八十五「百官志」：「京畿都漕運使，秩正三品。」卷九十一「百官志」：「文散官四十二」：「承事郎，以上從七品。」

一生雖沈淪下僚，郡邑卑吏。然有猷有守，自勉自謹。爲良吏，爲聞人。才周於世用，志尚於淡遠。安貧守約，出與道俱。

瓢泉吟稿卷首「提要」：「朱晞顏……，以郡邑卑吏終其身。」

吳文正集卷七十一「元贈承事郎德清尹朱君墓表」：「景淵……有猷有守，其益自勉，益自謹。爲良吏，爲聞人。」

瓢泉吟稿卷首「瓢泉吟稿原序」：「君嘗丞長林，鹺事龐茸，窾導棼疏，日就成緒……，以是知君之才，周於世用。……鄭僖序。」

瓢泉吟稿卷五「自寫眞贊」：「雖千金有所不居，去怵傺，守窮約，有一簞而奚足多。尚且行且止，孰賢孰愚，以時偃仰，出與道俱。苟有用我者，其殆庶幾乎！」按忲，奢也。

景淵能詩能文，著瓢泉吟稿五卷。其詩，具有法度。雖邊幅稍狹，然神理自清。頗得漢魏遺意，異乎以割剝字句為工。而蒼老儁健，則尤非近學所能窺，俗情所能汨。

吳文正集卷七十一「元贈承事郎德清縣尹朱君墓表」：「景淵，能詩能文。」

瓢泉吟稿卷首「提要」：「瓢泉吟稿五卷，元朱晞顏撰……。具有法度，所作雖邊幅稍狹，而神理自清……。集中頗得漢魏遺意，異乎以割剝字句為工。」

瓢泉吟稿卷首「瓢泉吟稿原序」：「詩輙成軸，紙長三過，讀之，愈出愈奇。擬古則不失古人作者之意，詠史則能得當時之情。至於他詩，各有思致。大抵蒼老雋健，尤非近學所能窺，俗情所能汨，良可可嘉也……。陵陽牟巘序。」

文則繩規古制，不事浮靡。用辭遣句，煅純研精。麴生菊隱二傳，尤為奇瞻幽蔚。

瓢泉吟稿卷首「提要」：「其雜文，亦刻意研練，不失繩墨。」

瓢泉吟稿卷首「瓢泉吟稿原序」：「至其為文，規繩古制，不事浮靡。麴生、菊隱二傳，尤為奇瞻幽蔚，又不獨昌於詩而已……。鄭僖序。」

所交牟巘，

瓢泉吟稿卷首「瓢泉吟稿原序」：「庚子五月十有八日。（按：庚子，元順帝至正二十年。）陵陽牟巘序。」

元詩選初集「甲集、陵陽先生牟巘」：「巘，字獻之，其先蜀人，徙居湖州，宋端明學士子才之子。擢進士第，官至大理少卿……。當宋亡時，獻之已退，不仕事矣……。元貞、大德間，年在耄耋，巋然備一時文獻，爲後生所矜式。所著陵陽集，若干卷……。出處有元亮大節，正不當徒以詩律求之也。」

鄭僖，

瓢泉吟稿卷首「瓢泉吟稿原序」：「朱君曩仕予鄉州，交分相得也……。別二十餘年，復胥會於錢唐……。鄭僖序。」

鄭氏生平，待考。

汪桐陽，

瓢泉吟稿卷一「覺衰呈汪桐陽教授」、「答汪桐陽所和覺衰四首」。

平陽縣志「文學」：「汪鼎新，字進卿。少孤力學，明尚書周易，所著有桐陽小稿。至正間，以薦爲邵學錄，陞平陽州事。」

鮮于伯機，

瓢泉吟稿卷一「題劉山驛和鮮于伯機韻」。

元詩選二集「鮮于太常樞」：「樞，字伯機，漁陽郡人。至元間，以材選爲浙東宣慰司經歷，改江浙行省都事。意氣雄豪，每晨出，則載筆櫝。與其長廷爭是非，一語不合，輒飄飄然，欲置綬章去，漁獵山澤間，而後爲快，遷太常典簿……。當時，伯機文望，亦與子昂伯仲間。」

元詩紀事卷八「鮮于樞」：「官至太常典簿，有困學齋集。」

李五峰，

瓢泉吟稿卷首「瓢泉吟稿原序」：「朱君……與李君五峰，恣覽鴈蕩山。」卷一「簡李五峰」、「丹巖聯句，李孝光同賦」。

元詩選二集「李秘書孝光」：「孝光，字季和，溫州樂清人。少博學，篤志復古。隱居教授，白野泰不華，嘗師事之……。至正七年，詔徵隱士，以秘書監著作郎召……，順帝大悅，賜上尊。明年，陞文林郎秘書監丞。卒于官，年五十二。所著詩文，曰五峰集。季和爲人，美髯偉幹……。居雁蕩山五峰下，自號五峰狂客。」

鄭有常，

瓢泉吟稿卷一「送鄭有常學錄之金陵」。

括蒼金石志卷四「鄭似山壙誌」：「先君諱謹之，字有常，族鄭氏。世居栝麗水之宣慈鄉。曾祖諱瓌，故福州簽判，徙家郡城……。先君行已敦篤，遇事有操守……。爲文精緻雅麗，書法端楷。好古圖籍，參訂詳悉……。自號似山，隱居教授……。用舉者，得龍泉縣學教諭，調建康學錄，陞獨峰書院山長。秩滿，以年近七十，即求致仕，行省以聞于部，授將仕佐郎、處州路儒學教授，食半俸……。」

張伯雨，

瓢泉吟稿卷二「和張伯雨寄揭曼石學士時揭奉旨祀岳瀆留杭丐老」。

元詩選初集「壬集、句曲外史集」：「雨，字伯雨，一名天雨，別號貞居子。錢塘人，宋崇國公九成之後也。年二十，徧遊天台、括蒼諸名山，棄家爲道士……。開元宮王眞人，偕之入京……。范德機以能詩名，外史造焉。范適外出，有詩集在几上。外史取筆書其後，守者大怒，走白范。范驚曰，我聞若人不得見，今來，天畀我友也。即日詣外史，結交而去，由是外史名震京師。一時袁伯長（桷）、馬伯庸（祖常）、楊仲弘（載）、揭曼碩（傒斯）、黃晉卿（溍）諸人，皆爭與爲友……。」

張師道，

瓢泉吟稿卷二「呈學士張師道」。

新元史卷一百八十八「張伯淳」：「字師道，嘉興崇德人……。宋……舉進士，累擢觀察推官，除太學錄……。至元二十三年，用薦者言，授杭州路儒學教授，遷浙東道按察司知事……，大德二年，拜翰林侍講學士……。伯淳與妻弟趙孟頫，俱以文學擅名。其文源出韓愈，謹嚴有法，得立言之體，有養蒙集十卷。」

魯子翬，

瓢泉吟稿卷二「呈魯子翬學士」。

元詩選二集「參政孛朮魯翀」：「孛朮魯翀，字子翬，其先隆安人……，後遷鄧之順陽……。大德間，由憲府薦，授襄陽教諭，擢汴學正……。至順間，拜漢中道廉訪使……，改集賢直學士，兼國子祭酒，進禮部尚書。元統間，拜江浙行省參知政事……。子翬，學博而正，爲文章嚴重質實，不爲浮靡，其詞悉本諸經……，有菊潭集六十卷。」

楊仲弘，

瓢泉吟稿卷二「簡楊仲弘院長思歸」。

元詩選初集「丁集、楊推官載」：「載字仲弘，建之蒲城人，後徙家於杭。博涉群書，年四十不仕。户部賈國英，數薦於朝。以布衣召爲翰林國史院編修官，與修武宗實錄，調海船萬户府照磨。延祐初，以科目取士，首應詔，登進士第。授饒州路同知浮梁州事，遷寧國路總管府推官，卒。初吳興趙魏公孟頫在翰林，得載所爲文，極推重之。由是文名隱然動京師，凡所撰述，人多傳誦。史稱其文章一以氣爲主，而於詩尤有法度，自其詩出，一洗宋季之陋云……。仲弘與虞（集）、范（梈）齊名。」

袁德平。

瓢泉吟稿卷二「戲簡袁德平山長」。

元詩紀事卷十「袁裒」：「裒，字德平，與桷爲族兄弟，善書法，隱居沙家山，常作求志賦，以敘次先遺業，詩多失傳。」

皆名宦碩儒，詩文巨擘。耳目薰濡，遂卓然成家。

瓢泉吟稿卷首「提要」：「集中所與酬贈者，爲鮮于樞，揭奚斯，楊載諸人，故耳目薰濡，具有法度。」

瓢泉吟稿卷一「簡李五峰」：「今日忽不樂，長思草澤中……。別君踰半載，茅塞心有蓬。俗物紛滿前，推挽難爲容。何由座置君，勝日支雙笻……。」

嘗遊江浙行省，湖州之峴山亭，杭州之寶叔塔。

瓢泉吟稿卷二「題峴山亭」，「遊寶叔塔下方和季子奇韻」。

明一統志卷四十「湖州府、山川、峴山」：「在府西五里，本名顯山。晉太守殷康，建亭於上。唐改曰峴山，山多石，草木踈瘦。宋蘇軾詩：苕水如漢水，粼粼鴨頭青……。我非羊叔子，愧比硯山亭。」

浙江通志卷九「山川一、杭州府、錢塘縣、城外山川，巨石山」：「萬曆州府志：在西湖北，磊魂礩硊，負郭挺立。高六十三丈，周一十三里。上有石甑山，巍然如甑。浮圖七層，高出雲表，曰保叔塔，以僧保所建也。杭州府志：一名寶石山，山之勝，曰石屏風，獅子峰，屯霞石。下爲寶稷山，山下有乳泉，佛足泉，頂爲寶峰。」

處州之普照寺，紹興之曹娥純孝祠。

瓢泉吟稿卷二「普照寺晚步」、「曹娥孝純祠」。

處州府志卷之九「古蹟、宣平縣、普照寺」：「縣西北一里，唐會昌六年建……。按兩浙金石志：寺初名福田，宋祥符元年賜額，有敕賜普照寺碑。」

浙江通志卷二百二十一「祠祀、紹興府、會稽縣、曹娥廟」：「在府城東九十二里，宋大觀年，封靈孝夫人，政和年，加封昭順，淳祐年，復加封純懿，且封其父和應侯，母爲慶善夫人……，傳詳列女。」

台州之丹巖，鎮江之金山寺。

瓢泉吟稿卷一「丹巖聯句、李孝光同賦」，卷二「金山寺」。

明一統志卷四十七「台州府、山川、丹崖山」：「在黃巖縣西四十五里，崖石俱赤，有金銀星。世傳仙人煉丹於此。有池，深可尺餘，名煉丹井。」丹巖，疑即此山。蓋聯句中，有「火鼎盤丹鉛」之辭。

方輿覽勝卷三「鎮江府、寺院、金山寺」：「在金山上，屹立江中。」「山川、金山」：「在江中，去城七里。」

溫州之雁蕩山，江心寺。

瓢泉吟稿卷首「瓢泉吟稿原序」：「與李五峰，遊覽雁蕩山。」卷一「遊江心寺」。

浙江通志卷二十「山川十二、溫州府、樂清縣、雁蕩山」：「名勝志：跨樂清平陽二縣，北雁蕩，在樂清之東。南雁蕩，在平陽西南，各去縣一百里。諸峰峭拔，險怪上聳千尺，皆包諸谷中。自嶺外望之，都無所見。至谷中，則森然干霄。嘉慶浙江通志：東聯溫嶺，西接白巖，南跨玉環，北控蒼山。山頂上有湖，水常不涸，春雁歸時，多宿于此，故名。山有東西內外，谷東外谷之峰五，東內谷之峰四十有八。西內外谷之峰，各二十有四。建寺一十有八，各有殊名，皆宋以來，好事者所命也。」

浙江通志卷二百三十四「寺觀九、溫州府、永嘉、江心寺」：「名勝志：在江心孤嶼。永嘉縣志：永清門外。唐咸通時建，宋建炎四年，高宗駐蹕，御書清輝浴光二軒刻石。先是山有東塔普寂院，高宗改名龍翔。西塔淨信院，改名興慶。紹興間，西僧清了，來主龍翔，始合二刹爲一。」

浙江通志卷二十「山川十二、溫州府、永嘉縣、孤嶼山」：「江心志：在郡北江中，因名江心。東西廣三百餘丈，南北半之，距城里許。初離爲兩山，築二塔於其巔，中貫川流，爲龍潭川，中有小山，即孤嶼。宋時，有蜀僧清了，以土窒龍潭，兩山成今址。孤嶼之椒，露於佛殿後。」

拱北樓，思遠樓。

瓢泉吟稿卷二「拱北樓」，卷三「嘉遷鶯、永嘉思遠樓」。

浙江通志卷五十「古蹟十二，溫州府下、拱北樓」。「萬曆溫州府志：在子城上。」

浙江通志卷五十「古蹟十二、溫州府下、思遠樓」：「萬曆溫州府志：在治西南，宋郡守劉述建，元郡守阿都齊復建。林泉生思遠樓記：思遠樓，在永嘉郡治西，冠山履湖，以其思致幽遠故名……。舊樓燬於至正辛巳之冬，又明年癸未，太守……廣其故址，作崇臺高榭，甍飛棟舉，燦然加盛於舊。既成，太守燕客其上。遙望晴峰落日，長河流雲，林園茂密，禾麥滿野……，皆足以滌煩慮，發幽趣也。公阿都齊……。」

寧波杖錫寺，半山亭。

瓢泉吟稿卷二「遊四明杖錫寺」，「鄞縣半山亭和鄭宣使韻」。

鄞縣通志「輿地志丁編、山林、四明西幹諸山表、杖錫山」：「縣西南三九公里，（建有）杖錫寺。前有七峰，唐僧紀飛錫至此，故名。東北有抱頭嶺，菴岡嶺，西爲雞冠山，山西隔溪爲餘姚，四面皆山，中爲平原。山南約半公里，有方石，高四點五公尺，闊二點五公尺……，危舉道旁，摩崖劖四明山心四大字，乃漢隸也，謂之屏風巖，或訛其聲爲鸞鳳。又杖錫寺，西峙巖下，巖中鐫有四明山心四字，爲正楷，尚隱約可見……。」

鄞州日報二〇〇九年八月十一日載：崔雨撰「半山憶——最憶荊公王安石」，略謂：安石任鄞縣縣令，治東錢湖，廣溉民田。邑人載其德，紀其功，建亭於東錢湖畔，以王公字半山名之。

鄞縣通志「輿地志己編、湖泊、東錢湖」：「在縣治東南十三公里，至十九公里。一名萬金湖，亦曰錢湖。唐曰西湖，宋曰東湖……。四周皆山，受七十二溪之水，匯爲巨浸……。灌溉鄞縣，奉化，鎭海三縣八鄉……。湖中有霞嶼，四面環山，與月波山，南北對峙。」

河南江北行省，揚州之瓜洲。

瓢泉吟稿卷二「瓜洲」。

江南通志卷十四「揚州府，山川四、瓜洲」：「在府南四十五里。名勝志云：瓜洲渡，昔爲瓜洲村，揚子江沙磧也。沙漸長，民居其上，唐爲鎭，今其上有城。」

悉爲名山古刹。故風雲烟霞之賞，瑰偉瓌容之覽，盡入胸中。涵融旣久，詩文安能不藴集益富，變化益奇，具大鵬御風之勢，雲山幽遠之境。

瓢泉吟稿卷首「瓢泉吟稿原序」：「若孟東野，喜平陵水木幽深。每坐石上吟哦，至暮乃歸……。豈東野之詩，亦求諸野乎……。牟巘序。」

瓢泉吟稿卷首「瓢泉吟稿原序」：「與李君五峰，恣覽雁蕩山……，風雲協其律呂，烟霞爲之澄廓……。鄭僖序。」

高祖琰，曾祖恒，祖清，皆不仕。父文進，字野夫。

吳文正集卷七十一「元贈承事郎德清縣尹朱君墓表」：「朱景淵……曰：吾父諱文進，字野夫……。曾祖琰，祖恒，考清，皆不仕。」按：晞顏父文進，故清爲其祖。恒爲曾祖，琰爲高祖。

有膽識，輕于財。銳敏識機，因以致富。既爲從祖，辯誣於上憲，且代人償其所貸。

吳文正集卷七十一「元贈承事郎德清縣尹朱君墓表」：「從祖渭，富饒吝嗇，里多仇怨。有自經者誣之，逮繫於獄。子幼，莫克救解。吾父，年甫弱冠，上白憲司馬公光祖，直其所訴，從祖釋械歸……。其後保任友人，貸於從祖，歲久負欠。乃債已產，代賞其子本……。值宋季世，豫計宋幣，必將無用。罄竭所有，市場諸物。未幾宋亡，舊幣果廢……。所貯物貨，價長數倍，遂得爲興家之資。」

復待人以誠，周恤戚里。歸人所寄之巨貲，陰遺炊煙不舉之家。世謂：義足以敦薄俗，智足以識機徵，時號長者。

吳文正集卷七十一「元贈承事郎德清縣尹朱君墓表」：「先是太平州黃池鎮賈人，以貨寄售，宜數千緡。既而賈死於兵，妻已改嫁……。悉輸其直，俾畜遺孤……。與人交際，不問賢否，無所訾毀，號稱長厚。或有咨問，必以忠告。每推贏餘，周恤戚鄰。歲饑民疫，偵伺炊煙不起之家，陰有所遺，不使人知……。義足以敦薄俗，智足以識機徵。」

年七十二卒，葬烏程縣，三碑鄉之小金山，贈承事郎德清縣尹。母丁氏妙靚，年七十九卒，祔葬小金山之兆，贈宜人。

吳正集卷七十一「元贈承事郎清縣尹朱君墓表」：「景淵……父……，皇慶癸丑四月二十五日終，年七十有二。其年八月，葬烏程縣，三碑鄉小金山之趾……。母同邑丁氏，諱妙覩，勤儉靜柔……。致和戊辰三月十四日終，年七十有九。祔葬小金山之兆。景淵……父贈承事郎德清縣尹，吾母贈宜人。」

二子，長即晞顏景淵，次字景思。二女，適馬，適吳。長孫介壽，南安路蒙古字學正，考滿，吏部待選。

吳文正集卷七十一「元贈承事郎德清縣尹朱君墓表」：「君之長男景淵，季景思。女適馬，適吳。長孫介壽，南安路蒙古字學正，考滿，名在吏部選中。」

（十二）子淵詩集作者張仲深傳兼註其集

張仲深，字子淵，鄮城人。

子淵詩集卷首「提要」：「考集中有歲盡詩云：照我鄉關夢，相隨到鄮城。鄮故城，在鄞縣東。唐時，析鄮，置鄞、慈、奉、鎮四邑，隸明州，元爲慶元路。納新（按：延之誤）金臺集，有懷明州張子淵七律一首……，當爲慶元路人。又鐵釜中蓮詩，題下自注敍，同時並賦諸人，有曁仲深之語，則名當爲仲深。又有懷兄子益在橫浦詩，以其兄字推之，子淵當爲字矣。」

寧波府志十九「古蹟、鄮城」：「在鄞縣東三十里，漢鄮縣治，又名官奴城。」

亦稱明州，四明，慶元路鄞縣人。

金臺集卷二「秋夜有懷明州張子淵」，卷一「巢湖述懷寄四明張子蓋」。按子益，子淵之胞兄。

寧波府志卷五「山川，府、山、四明山」，「府西南百五十里，爲郡之鎮山……。綿亘本府之奉化、慈谿、鄞縣……，諸境上。」

子淵詩集卷首「原序」：「余往至鄞，子淵群從昆弟，數相往來。」

寧波府志卷十九「古蹟、古鄞城」：「本漢縣廢城，在今縣之南。故白杜里，有鄞城山。」

子淵詩集卷二「我生」：「我生失怙口尚乳，兄弟伶仃母孤撫。母年六十子三十，夜共青燈守環堵。母言夫死當從子，子當讀書樹門户。」

子淵詩集卷首「原序」：「余識同里張君子淵，於童早中。知其明敏嗜學……。四明安晚後人，鄭奕夫，景尹父序。」

子淵詩集卷首「原序」：「余……知其嗜學之篤，張氏其興乎……。臨川危素書于金臺坊寓舍。」

子淵詩集卷首「提要」：「子淵詩集，六卷。」

襁褓中失怙，母三十而寡。教之奮起，當讀書以樹立門戶。

幼明敏嗜學，有子淵詩集六卷。

一生樂道人善，以賢孝聞名于世。

子淵詩集卷首「原序」：「余既服子淵之孝于親，又嘉良與能，樂道人之善，故書以弁其篇端……。鄭奕夫景尹父序。」

子淵詩集卷首「原序」：「他日郭囉洛君昜之（按納延之字），至京師，常言張君子淵之賢……。危素書于金臺坊寓舍。」

朝廷亦以其母子之節孝，旌表其門。

子淵詩集卷首「原序」：「張君子淵……蚤孤，事母以孝聞……。當代清要，轉聞于朝，而旌其門。吁！子淵可謂共爲子職者矣……。獨能以詩，彰其母之志節，亦榮矣……。鄭奕夫景尹父序。」

性喜旅遊，鍾愛山林。

子淵詩集卷二「疇昔」：「我生愛山殊有癖，日日登山訪幽寂……。人生得意須勝遊，莫使沈吟念疇昔。」

子淵詩集卷三「遊越」：「撫跡悲生事，因循作遠遊。半生山水願，滿眼古今愁……。晚來清興動，步屧到林幽。」

子淵詩集卷首「原序」：「余識同里張君子淵……，後十年，余教授徽饒間，子淵亦漫遊湖海。……鄭奕夫景尹父序。」

半生去家千里，

子淵詩集卷三「金華雜詠六首」：「故鄉千里外，歸夢一溪深。應想高堂上，新芻亦自斟。」

子淵詩集卷三「練川雜詩四首」：「浮世如談夢，人情似聚沙。一年江海上，千里問音賒……。客懷無可遣，時復嗅黃花。」

且嘗十年未歸。

子淵詩集卷二「歸鴈」：「商飈鳴秋眾木脱，鴈鴻來作南州客……。異鄉雖云足稻粱，江湖實恐多矰繳。同來兄弟無半存，強爾相呼整歸翮……。長安故人斷音信，一去十載忘還家……。」

子淵詩集卷四「青林渡」：「田園每爲樂事廢，鼓角又起殘年悲。十年蹤跡半江海，草草杯盤慰別離。」

惜壯志未達，無緣擢登仕版。

子淵詩集卷四「酬鄭千里見柬韻」：「弱軀秖爲吟詩瘦，強項多應食肉肥。海角書生心自赤，伏蒲無計到官闈。」

子淵詩集卷四「莫春感懷」：「半天星月碧雲流，滿眼東風獨倚樓……。多謝風光共料理，黑頭勳業鏡中羞。」

子淵詩集卷首「原序」：「子淵雖未能拾一第，承一命，以榮其親……。」

奔波四方，稻粱謀而已。

子淵詩集卷三「金華雜詠六首」：「久客經春夏，風清尚坐留。樓頭延月滯，樹稍見星流。東土登平歲，西疇黍稌秋。山妻應解事，麴糵已吾謀。」

子淵詩集卷四「泊大洋」：「過眼功名如大夢，百年身世等浮漚。高堂但願豊甘旨，肯爲區區食肉謀。」

然似不以爲意。

子淵詩集卷三「金華雜詠六首」：「經年困行役，欝欝若爲情……。物色今如此，漂流不爲名。」

子淵詩集卷四「莫春感懷」：「草樹林園日夜新，清和庭院靜無塵……。望中物色渾無賴，漂泊泥塗任此身。」

子淵詩集卷三「茜涇莊上人以詩見招飲用韻答之」：「別院圍琪樹，風聲起繹騷。暝雲連古寺，老客擁新貂。零雨妨歸計，幽人屢見招。西山如有約，何必上凌霄。」「……永懷方外友，時見雨中招。彷佛蓬壺路，何須問紫霄。」

蓋當元季之末，天下亂起，生存已屬不易也。

子淵詩集卷三「歲盡」，「無家千里客，此日若爲情。異鄉多風雪，殘年見甲兵……。」

子淵詩集卷二「題張小山君子亭」：「我嘗西湖謀卜居，前有水竹後芙蕖……。製荷爲衣竹爲策，逌謝濁世全吾生。」

遊踪所及，嘗歷江浙行省，慶元路之鄮山，慈湖，甬東書院。

子淵詩集卷三「訪鄮山周致堯時楊彥常烏性善蔣伯威陳子參軍聯句因次其韻」，卷四「慈湖感懷」，卷四「宿甬東書院簡汪以敬團結并上徐季言」。

方輿勝覽卷七「慶元府、鄮山」：「在鄞縣東，四蕃志，以海人持貨鄮易於此，故名。」

浙江通志卷十三「山川五、寧波府、慈谿縣、慈湖」：「一名普濟湖，嘉靖寧波府志，在縣東一里，唐開元間，縣令房琯，鑿廣袤一百五十畝，因縣名曰慈。」

寧波府志卷十九「古蹟、鄞、甬東書院」：「縣東三里，丞相鄭清之建，以祀迂齋先生樓昉。歲時行鄉飲酒禮，風示里人。理宗賜書額……，今廢。」

溫州路之東皐山。

子淵詩集卷一「東皐」。

樂清縣卷之二上「邑里二、敍山、東塔山」：「在縣治東，一名東臬山。九牛山過峽而南，崚嶒特起，望如卓筆，又名文峰……。淳熙間，令袁采，砌石徑二千八百尺，達山巔……。」

婺州路之金華洞，赤松宮。

子淵詩集卷一「金華洞」，「赤松宮」。

浙江通志卷十七「山川九、金華府、金華縣附郭、金華洞」：「萬曆金華府志：在縣北三十里……。道家所稱三十六洞……，其洞有三……。分上中下三洞，上曰朝眞，中曰冰壺，下曰雙龍。上洞有石眞人，儼然臨跨，莫測端倪。中洞有水簾，直下寒玉，橫飛其間，有石像石筍等。下洞有石龍獅象麟鳳鐘鼓之類，難可枚數。下洞極低，非舟不可入，非燭不可見。」

金華府志卷之三「山川、本府金華縣山、赤松山」：「縣北十五里，一名臥羊山，即皇初平叱石處，其山往往白石錯落，如群羊散牧。初平號赤松子，故山以是名，後人爲之立祠，名赤松宮。」

建德路之釣台，龍泉寺。

子淵詩集卷一「釣台」，「龍泉寺」。

方輿勝覽卷五「建德府、古跡、釣臺」：「在桐盧西南二十九里，東西二臺，各高數百丈……。有群山蜿蜒，如二蛇對走於平野之上。三江之水，並流於兩間，驚波間馳，秀壁雙峙，上有東漢故人嚴子陵。」

嚴州府志卷之六「經略志四，寺觀、嚴州府、淳安縣、龍泉寺」：「在縣東五十五里，唐咸通中建。有泉一泓，能出雲雨以蘇旱，疑有潛龍在焉，因以名。」

平江路之練川，寒山寺。

子淵詩集卷三「練川雜詩四首」，卷四「寒山寺」。

姑蘇志卷十「水、練祁塘」：「又名練川，界縣市中，東西長七十二里。其流西承江水，清徹如練，故名。」

江南通志卷四十四「輿地志、寺觀二、蘇州府、寒山寺」：「在府閶門西十里，楓橋下。相傳寒山拾得嘗止此，故名。」

衢州路之白龍洞。

子淵詩集卷二「白龍洞」。

浙江通志卷十八「山川十、衢州府、常山縣、白龍洞」：「名勝志：在縣西一里許，草木蒙密處……，乃有二洞。一當山腹，偃躬而入，莫窮其奧。一在山趾，潤溜潺潺有聲。」

紹興路之石壁寺，靈源寺，承天寺。

子淵詩集卷一「石壁寺」，「靈源寺」，卷三「游承天寺」。

紹興府志卷之五「山川志二、山下、餘姚、石壁山」：「在縣西南四十五里。十道志：其南有小山，形方正如樓，世號鼓吹樓。寰宇記云：有飛翼樓。宋謝靈運：石壁精舍還湖中。」案石壁寺，當在石壁山，寺以山名。蓋「石壁寺」詩謂：「仰首見石壁」，「自從有天地，即解有此石」，「中有梵王宮」，故云。

紹興府志卷之五「山川志二、山下、餘姚、靈源山」：「在縣西南三十里，有泉曰靈源，冬夏不竭，禱雨輒應。」案靈源寺，當在靈源山，以山名寺。蓋「靈源山」詩言：靈源山之「靈源徑其側」，「金刹屹千尺」，故云。

紹興府志卷之二十一「祠祀志三、寺、院、庵、塔、寺、府城内大能仁寺」：「在府南二里許，晉許詢，捨宅建，號祇園寺，後廢。吳越王時……，復建，號圓覺寺。宋咸平六年……，改賜承天寺……。元初燬，至正間重𥿄。明嘉靖三十年後，倭患作……，能仁蓋亦以是時廢。」

梁湖，曹娥廟。

子淵詩集卷三「梁湖」，卷四「曹娥廟」。

上虞縣志卷二十一「輿地志、水利、梁湖」：「在縣西四十里……。宋濂陳克和墓誌，梁湖者，溉民田甚溥。右族利其腴，將堙以爲田，民病嘆，君浚之……，湖今廢。」

上虞縣志卷三十一「建置志、祠祀、曹娥廟」：「在十都，曹娥江西岸。舊在江東，屬上虞，後以風潮齧壞，移置今處，隸會稽。」

杭州路之西湖，仁王寺江上一覽亭。

子淵詩集卷四「次勾曲外史西湖感懷」，「登仁王寺江上一覽亭」。

浙江通志卷九「山川一，杭州府、西湖」：「一名明聖湖，水經注：錢塘縣南江側，有明聖湖……。宋史河渠志：西湖周迴三十里，源出武林泉。西湖游覽志：本名錢塘湖，以在郡西，故名西湖。三面環山，溪谷縷注，下有淵泉百道，潴而爲湖。」

江上一覽亭，待考，疑杭州府志卷九十七「寺觀一，開寶仁王寺」：「在七寶山，宋汴京開寶寺，有仁王院僧慧照大師，隨高宗南渡。紹興五年，奏請權建寺，于七寶山。」卷四十四「宮室、江湖一覽亭」：「在七寶山，三茅觀之西，虛窗翚棟，平鑑江湖，吳山之景畢露。左右有門，曰凌虛獨步。」即仁王寺江上一覽亭。

河南江北行省，襄陽路之武當山。皆名山古刹，勝覽之境，涵融旣久，文筆自能出塵脫俗，淡雅清麗。

子淵詩集卷二「遊武當別峰次姜可玉韻」。

古今圖書集成「方輿彙編、山川典、一百五十五卷、武當山部、彙考一」：「武當山，在今湖廣襄陽府，均州城南二百里……。高二十餘里，周迴八百餘里。山有七十二峰，三十六巖，二十四澗，五臺，五井，三泉，三潭，三天門，三洞天，一福地，眞神仙奧區也。」

所交納延，友情篤厚，有詩四首，以懷張氏昆仲。且言：「廿年滄海託交情，最憶張家好兄弟。」

金臺集卷一「南城席上聞箏懷張子淵」，「巢湖述懷寄四明張子益」。卷二「秋夜有懷明州張子淵」，「送林庭立歸四明兼柬張子端兄弟」。

元詩紀事卷十八「迺賢」：「迺賢，字易之，本葛邏祿氏，譯言馬也。南陽人，薦授翰林編修官，有金臺集。」案迺賢，改譯納延。

子淵亦有詩二首，以酬納延。

子淵詩集卷一「用韻酬易之」，卷四「奉寄易之在京師」。

加以韓性，陳祖仁，

子淵詩集卷一「越上九日感懷七首呈韓明善先生」，「送陳子山待制」。

元詩紀事卷十四「韓性」：「性字明善，紹興人。延祐中，憲府舉爲慈湖書院山長，受而不赴。後卒，賜謚莊節先生，有五雲漫稿。」

新元史卷二百一十六「陳祖仁」：「陳祖仁，字子山，汴梁開封人……。祖仁貌寢，眇一目，然議論偉然，剛正負氣節，博學能文。至正二年，舉進士。授翰林修撰……，歷太廟署令……，遷翰林待制……，擢侍講學士。」

袁華，周棐，

子淵詩集卷二「海陵行爲泰州子英賦」，卷三「訪鄮山周致堯時楊彥常烏性善蔣伯威陳子參軍聯句次其韻」。

明詩紀事卷二十五「甲籤、袁華二十四首」：「華字子英，崑山人。洪武初，爲蘇州訓導。有耕學齋集十二卷，可傳集一卷。」

元詩紀事卷二十三「周棐，字致堯，四明人，嘗爲宣公書院山長。」

烏本良，烏斯道，

子淵詩集卷四「次烏繼善城南三首」。

萬姓統譜卷十三「明、烏本良」：「字性善，慈谿人。幼同弟斯道，講論經史，作詩習字，爲先達所推奬。父沒，儲無甔石，日營以奉母……，遂授徒錢塘以自資。」卷十三「烏斯道」：「字繼善，慈谿人。文尚體要，尤長於詩。興寄高遠，而清灑出塵……。尤精書法，小楷行草，各臻其妙……。國初用薦，起爲永新令，有惠政，以疾去官，民遮留不可得，立生祠祀之。所著有秋吟稿，春草齋集。」

楊維禎，張雨，

子淵詩集卷四「楊廉夫月波樓」，「次勾曲外史西湖感懷韻」。

元詩紀事卷十六「楊維楨」：「維楨字廉夫，號鐵崖，會稽人。登泰定丁卯進士第，官至江西等處儒學提舉，有鐵崖古樂府等集。」

元詩紀事卷三十三「張雨」：「雨字伯雨，一名天雨，別號貞居子。錢塘人，至正間卒，有句曲外史集。」

鄭奕夫，楊彝。多名儒碩彥，一方詩文之巨擘。時相酬唱，正諸有道，融心於相濡以沫之中，故能縱橫從心，筆與意合。

子淵詩集卷首「原序」：「鄭奕夫景尹父序」，「原序」：「浙河楊彝序」。

萬姓統譜卷一百七「鄭奕夫」：「字景允，鄞人，丞相清之曾孫也。幼穎悟絕人，動止中矩度。潛心性理，講學績文，克守清白。嘗爲慈谿、麗水，常山，三縣教諭，紫陽書院山長，陞浮梁教授。所著有論語本義，中庸大學章旨，衍桂堂集若干卷，稱習齋先生。」

浙江通志卷一百七十八「人物六、文苑一、杭州府、楊彝」：「成化杭州府志：字彥常，錢塘人。登進士第，官至翰林學士，以古文見重於臺閣，工篆隸眞楷。張伯雨負詞翰名，然自以爲不及。」

世論其詩，棄鄙褻之詞，遠雕琢之技。意情深遠，薰熟有素。

子淵詩集卷首「原序」：「鄞故越地，至於近代，遂爲文獻之邦。宗公大儒，前後相望。子淵生于其鄉，一掃其鄙褻之辭……。危素書于金臺坊寓坊寓舍。」

子淵詩集卷首「原序」：「所作百餘篇，其意輒深遠，與雕琢相謝絕。雖天稟所至，亦薰熟有素者……。艾逸單弘敘。」

古詩冲澹，頗具陶韋風格。律詩，則楚楚有致，見重于時。

子淵詩集卷首「提要」：「古詩冲澹，頗具陶韋風格。律詩雖頗涉江湖末派，格意未高……。亦楚楚有致，其見重于當時名輩，亦有以也……。」

句法精雅，以詩顯親，成一家言。

子淵詩集卷首「原序」：「凡愛心之誠，形之于言……，獨能以詩，彰其母之志節……。鄭奕夫景尹父序。」

子淵詩集卷首「原序」：「子淵蓋知讀杜詩，而精其句法者也。成一家言，以見黃太史之語，爲不誣……。楊彝序。」

族中昆仲衆多，以子益，子淵兄弟，與族兄弟子端知名。

子淵詩集卷三「懷兄子益」。

子淵詩集卷首「原序」：「余往至鄞，子淵群從昆仲，數相往來……。危素書于金臺坊寓舍。」

金臺集卷二：「送林庭立歸四明兼柬張子端兄弟。」

（十三）玉井樵唱作者尹廷高傳兼註其集

尹廷高，字仲明，號六峰，遂昌人，家柘溪，和靖先生焞之諸孫。

玉井樵唱正續全「卷首」：「元遂昌柘溪尹廷高仲明著，號六峰。」

玉井樵唱卷首「提要」：「玉井樵唱三卷，元尹廷高撰。廷高字仲明，號六峰，遂昌人。」

遂昌縣志卷二「山水、柘溪」：「在邑西四十里十八都，雞鳴峰側。山水秀麗，地宜田䐜，居民稠密。宋時仕宦甚盛，西鄉勝區也。」

積齋集卷二「括蒼尹仲明玉井樵唱序」：「括蒼尹君，和靖之諸孫，世躋仕版。」

焞字彥明，一字德充，洛人。幼從程頤受業，以篤行，理學，爲士大夫所宗仰。靖康初，種師道薦之，召入京師，不欲留，賜號和靖處士。高宗南渡，召益急，赴臨安，官至禮部侍郎，兼侍講，預經筵。紹興十二年，卒于紹興。

和靖集「宋史本傳」：「尹焞，字彥明，一字德充，世爲洛人……，少事程頤……。焞以篤行……，士大夫宗仰之。靖康初，種師道薦焞德行……，召至京師，不欲留，賜號和靖處士……。」

尹和靖集「銘記、呂德元撰墓志銘」：「紹興十二年十一月丁酉，和靖先生歿於紹興……。上又思見先生，召之愈急，禮益至。先生辭避已數十，迫上命，布衣至行在所……，八年三月，除秘書少監……，九月，除太常少卿，十一月，除禮部侍郎，兼侍講，進官左通直郎……。」

父棟，號竹坡。癸丑，宋寶祐元年（西元一二五三年），登奉常第。宦游湖海，嘗任紹興府幕官。工詩，詩作凡千餘首。丙子，至元十三年（一二七六），家毁于寇，詩皆散遺。

玉井樵唱卷首「玉井樵唱自記」：「先君號竹坡，登癸丑奉常第。宦游湖海，作詩凡千餘首。丙子，家毁于寇，遺篇散落，無一存者。僅憶秋日寄僧一聯：白蘋影醮無痕水，黃菊香催未了詩。詩存止此耳！先業無傳，雅道幾廢，不肖孤之過也。廷高拜書于卷首。」

玉井樵唱卷首「提要」：「竹坡，名棟，宋寶祐間，嘗爲紹興府幕官。」

是年，宋主𣊬降，元軍牧守未至。群雄無主，盜寇蜂起。

元史卷九「世祖六」：「十三年……，宋主遣……吉甫等，賫傳國璽及降表，詣軍前。其辭曰：大宋國主㬎……，以兩浙，福建，湖南北，江東西，二廣，四川，見在州縣，謹奉上聖朝……。伯顏入城……，收百官誥命符印，悉罷宋官府，散免侍衛禁軍……。孟琪以亡宋金玉寶，及牌印來上。」

自茲，廷高避徙二十年。丙申，元貞二年（一二九六），始返故里。

浙江通志卷一百八十二「人物六、文苑五、處州府、元、尹廷高」：「廷高遭亂，轉徙二十年。」

元詩選初集甲集「玉井峰樵尹廷高」：「仲明遭亂轉徙，宋亡二十年，始歸故鄉。」

大德間，任教諭，掌永嘉縣學。

永嘉縣志卷之九「秩官志一、學職、元、始設教諭、教諭」：「大德、尹廷高。」

元詩選初集甲集「玉井峰樵尹廷高」：「嘗掌教于永嘉。」

三年秩滿，代者至，方歸。

玉井樵唱卷中「永嘉秩滿，代者未至，思歸。」「永嘉得代後，還家舟中作。」

大元聖政國朝典章「典章八、吏部卷之二、選格」：「外任官，三週年，爲一考。」

九年端陽，詣闕以獻所學。與志不合，流落不遇。丙午，大德十年（一三〇六）端陽，返邑歸隱。

玉井樵唱卷下「丙午端陽抵郡」：「去年別家值端午，千山萬山正風雨。今年五月燕山路，夾道槐陰不知暑……。五色祥雲耀日轂，萬雄金城壯天府……。」

積齋集卷二「括蒼尹仲明玉井樵唱序」：「時君方北游，欲詣闕下，獻子美三賦，豈流落不偶者耶。」

註：此次詣闕，即所謂永嘉秩滿入京。蓋卷中「渡淮」云：「蹇驢破帽壓京塵，天地何心役老身。渺渺黃流東去水，蕭蕭白髮北歸人……。」千里迢迢，艱辛倍嚐，難有兩次。且秩滿代者未至，遷延之久暫，不易考定，故主教永嘉，當在大德五六年間。

延祐初，舉茂才。

浙江通志卷一百二十九「選舉七、元、薦辟」：「續文獻通考：元皇慶二年八月，詔天下州郡縣，於諸色户內人，察舉孝廉，賢良方正。又詔年二十五以上，有鄉黨稱其孝弟，朋友悦其信義，經明行修，儒術醇謹，學行優良者，結狀保舉，以禮敦遣。咨諸路府，其或徇私濫舉，並應舉而不舉者……究治。陳斗龍：錢塘人，舉孝廉……。尹廷高：遂昌人，舉茂才。」

註：皇慶僅二年，故廷高舉茂才，在延祐年間。

至元初，任儒學教授，主處州路學政。

處州府志卷之九「官秩下、教授、元」：「至元，尹廷高，遂昌人。」

遂昌縣志卷八「人物、文學、元」：「尹廷高……嘗掌教永嘉，復任處州路學教授。」

庚辰，至元六年（一三四〇），故里再燬於寇，流落衢州路之信安僧舍。

玉井樵唱卷中「庚辰故里再燬於寇流落信安僧舍風雨淒涼」：「羈愁野寺雨淒然，又是西風落葉天……。孤吟天地知何益，隻影江湖祇自憐……。」

西安縣志卷四「建置」：「晉書地理志：東陽郡，統縣太末，信安……。新唐書：元和七年，省盈川縣入信安。咸通中，改信安曰西安……。元史、衢州路，領西安，中倚郭。」

西安縣志卷十四「古蹟、信安城」：「天啓府志：信安故城，在西安縣南六里。方輿紀要：相傳在今城西。」

癸未，至正三年（一三四三），買田玉井峰下，建耕雲寮於南塢。復營會一堂，爲文友聚會酬唱之所。

玉井樵唱卷中「癸未秋買山卜居南塢名耕雲寮。」

遂昌縣志卷二「山水、玉井峰」：「在邑西二十里，元尹六峰，築會一堂而隱焉，著有玉井樵唱。」

處州府志卷二「山川、遂昌縣、玉井峰」：「西二十里，下有井，石如玉。」

玉井樵唱卷中「再闢耕雲隱居」，「玉井峰會一堂五首」，「堂成而方外芥室和尚玉溪道士訪玉井峰相對啜茶一笑忘言眞會一也」。

遂昌縣志卷五「古蹟、會一堂」：「在邑西玉井峰」。

戊子，至正八年（一三四八），邑再燬於寇，庠序獨存。

玉井樵唱卷中「戊子八月邑燬於寇庠序獨存」。

其間，即其累言之流離十年。

玉井樵唱卷上「謁先君墓」：「十載流離東復西」。卷中「壬午秋自翁村回奕山三首」：「十年離亂謾思家」。

「十年流落苦髩雪」。「思鄉二首」：「十年奔走避豺狼」。「綠坡山居」：「十年離亂

庚子，至正二十年（一三六〇），始營柘溪之又青舊業。

玉井樵唱卷上「庚子營又青舊業四首」：「二十年前此戰場，隔溪野燐尚淒涼。兒童生長他山久，卻把家鄉做客鄉。」

廷高一生，屢遭亂離。生活艱辛，志業困頓。然安貧樂道。

玉井樵唱卷中「耕雲寮即事二首」：「閉門貧亦樂，世態任炎涼。夢穩疑宵短，心閒覺晝長……。休笑生涯薄，疏籬橘柚黃。」「永嘉秩滿代者未至思歸」：「瘠耕寒釣平生志，清夢頻宵遶翠微。」卷下「題書示兒」：「先生堂前白板扉，不藏金銀惟藏書……。我無負郭田二頃，家傳經訓眞菑畬。」

清苦自持。

玉井樵唱卷上「耕雲寮即事三首」：「幸有薄田可饘粥，閉門且讀舊時書。」

甘於與樵漁爲伍。

玉井樵唱卷中「癸未秋買山卜居南塢名耕雲寮」：「葛巾野服從今始，甘與漁樵混姓名。」

以詩自娛自勵。

遂昌縣志卷人「人物、文學、元」：「尹廷高……日以詩酒自娛。」

玉井樵唱卷中「耕雲寮即事二首」：「此中有清興，無日不推敲。」「自得」：「消磨有酒歲時樂，發越無詩天地窮。」

著有玉井樵唱三卷，自題玉井樵唱正續藁。

玉井樵唱卷首「玉井樵唱三卷，元尹廷高撰。」

浙江通志卷一百八十二「人物六、文苑五、處州府、元、尹廷高」：「著有玉井樵唱正續稿。」

玉井樵唱正續全卷首「元遂昌柘溪尹廷高仲明著」。

世謂其詩，氣格不甚超拔，而神思清雋。

玉井樵唱卷首「提要」：「其詩，氣格不甚超拔，而神思清雋，尚能不染俗氛。」

雖顛沛流離，沈淪下僚，然怨而不誹。婉約成章，略無時粧俗態。

積齋集卷二「招蒼尹仲明玉井樵唱序」：「括蒼尹君，和靖之諸孫，世躋仕版。君獨流落不偶，故園燼於兵火。對信安風雨之榻，念奕山燕雀之巢，弔會稽之陵，紀錢塘之夢。慷慨之情，沉鬱不平之氣，一於歌詩發之。然其怨而不誹，婉而成章，略無時粧俗態。」

且律度嫻雅，無宋季數者之弊。永嘉諸篇，山川之勝，有昔人未及言者。

王正明編註「玉井樵唱」附錄「虞集玉井樵唱續集序」：「今所謂續集者，皆自浙至燕道中之詩也。感慨而不悲，沉著而不怨。律度嫻雅，有作者之遺風，而無宋季數者之弊。永嘉諸篇，又有昔人未及言夫山川之勝者。」

註：未睹王先生此著，僅從電腦中，見虞集序之節文，並加引用，謹此誌謝。

所交不廣，知名之士，僅虞集，方回二人。集嘗序其詩集，廷高亦有詩二首，題集陶邵二菴。氣類契合，情誼篤厚。

玉井樵唱卷首「提要」：「晚年與虞集友善，爲題其邵陶二菴，亦可見其氣類之相合矣！」

玉井樵唱卷上「虞博士扁所居東西曰陶曰邵以寓尚友古人之意各賦一首。」

元詩選丁集「虞學士集」：「集字伯生，蜀郡人，宋丞相允文五世孫。父汲，僑寓臨川之崇仁，以契家子，從草廬吳先生澄遊。大德初，薦授大都路儒學教授，歷國子助教，博士，累遷秘書少監，翰林直學士，兼國子祭酒，拜奎章閣侍書學士，修經世大典，進侍講學士……，至正八年五月辛，年七十有七……。至治，天曆，公仕顯融，文亦優裕。一時宗廟朝廷之典冊，公卿士大夫之碑版，咸出其手，粹然成一家言……。早歲與弟槃，闢書舍爲二室，書陶淵明，邵堯夫詩於壁，左曰陶菴，右曰邵菴，故世稱邵菴先生。」

回爲前輩，廷高仰慕，以詩贄見。

玉井樵唱卷中「贄見虛谷方使君」。

元詩選初集甲集「紫陽居士方回」：「回字萬里，別號虛谷，徽州歙縣人。宋景定壬戌，別省登第，提領池陽茶鹽，累遷知嚴州。元兵至迎降，即以爲建德路總管，尋罷，徜徉杭歙間以老。虛谷傲睨自高，不修邊幅……。晚而歸元，終以不用，乃益肆意于詩，吟詠最多，亦不甚持擇也。」

嘗遊江浙行省，處州路之巖門。

玉井樵唱卷上「題巖門」。

縉雲縣志卷一「古蹟、仙都十景」：「巖門」。

古今圖書集成第一百三十四卷「輿地彙編、山川典、仙都山部彙考、道書第二十九洞天之仙都山」：「仙都山，在今浙江處州府縉雲縣，城東二十三里，古名縉雲山。三面臨水，峰洞谷，備極奇勝……。按洞天福地記：第二十九洞天，仙都山，週迴三百里，名仙都祈仙之天。」

壽寧寺。

玉井樵唱卷上「四瑞名山古佛」：「在壽寧寺，唐末，有佛像藏於謝客巖側……。」

處州府志卷十一「寺觀、菴堂宮廟附、處州府、麗水縣、壽寧宮」：「府北八里，唐咸通十三年建」。

尖山寺。

玉井樵唱卷上「尖山寺」。

遂昌縣志卷二「山水、曾山」：「在邑西十里，尖銳聳拔，一名尖山，又號文筆峰，爲西南之秀，有寺名廣仁院。」疑尖山寺即此。

南明寺。

玉井樵唱卷中「南明寺」。

處州府志卷十一「寺觀、菴堂宮廟附、南明寺」：「府溪南三里，明萬曆間重建。」

大明高僧傳卷第六「衢州烏巨山，沙門釋道行傳二」：「釋道行，號雪堂，處州葉氏子也。初依普照英得度，出遊參佛眼，遂大悟，住郡南明……，次遷烏巨。」

壽光宮。

玉井樵唱卷中「壽光宮」。

遂昌縣志卷五「古蹟、紫極壽光宮」：「在瑞山麓，唐葉法善煉丹之地。」

翠峰貫休舊隱。

玉井樵唱卷中「題翠峰貫休舊隱」。

遂昌縣志卷二「山水、唐山」：「在邑北十五里，五代時，僧貫林望氣登山，即其地創翠峰院以居。院北有澗，廣五畝，虎跑出泉，澄澈甘冽，歲旱不竭……。休居十四年，旋入蜀不返。」

三嵓瀑布。

玉井樵唱卷中「三嵓瀑布」。

浙江通志卷二十一「山川十三、處州府、麗水縣附郭、三巖」：「括蒼彙紀：距城一里，踞西山之垠。宋皇祐間，知州李堯俞，名其右曰清虛，中曰白雲，左曰朝曦。」

麗水縣志卷三「山水、三巖」：「在縣西北二里，巖之類屋者三。中巖曰白雲，最高敞，右壁有宋戎鈐題名。前懸瀑，斗注如建瓴。高屋下，巨石屏立，激水四散……。由中巖前而左步漸下，有石如門，稍進，岩形如半月，是曰清虛。由中岩抄仄徑……，徑盡，曰朝曦。高廣亞白雲，而過於清虛……。後有石，丹碧如繪……。三巖，嶙峋岸㟧，不粘寸土，而蒼藤穴石，垂荔引波，勝概天成，不假人力。又地在近郊……，故遊踪如織。」

妙高菴半山亭。

玉井樵唱卷上「妙高菴半山亭」。

處州府志卷之九「古蹟、名勝、遂昌縣、半山亭」：「在妙高山之半，尹廷詩……。」

遂昌縣志卷二「山水、文昌山」：「原名妙高山，在治西，秀麗俊拔，中有松隱禪院……。半山者，曰半山亭，已圮，改名文昌山。」按：菴在此山。

楓塘別野。

玉井樵唱卷上「楓塘別野」。

遂昌縣志卷一「疆域、坊表鄉部附、西鄉爲都十、二十四都、二圖、龍鼻頭莊」：「去城一百里，轄……楓塘。」

翁村翠流閣。

玉井樵唱卷中「翁村翠流閣」。

遂昌縣志卷一「疆域、坊鄉亭附、西鄉爲都十、二十三都、金竹莊」：「去城八十里，轄……翁村。」按：翠流閣，在村中。

雙溪。

玉井樵唱卷下「雙溪道中值風雨」。

遂昌縣志卷二「山水、雙溪」：「在邑東，與前（周公原）後（襟溪）兩溪合流，而東下。」

銀嶺。

玉井樵唱卷下「銀嶺書懷」。

遂昌縣志卷二「山水、銀嶺」：「在邑北八十里」。

奕山。

玉井樵唱卷中「避地客奕山」。

遂昌縣志卷二「山水、奕山」：「在邑西踰湖山五里……，山勢高峻，中多平曠。」

杭州路之嚴先生祠。

玉井樵唱卷上「嚴先生祠」。

大清一統志卷二百十七「杭州府二、祠廟、嚴先生祠」：「在富陽縣觀山，祀嚴光。」

六和塔。

玉井樵唱卷中「登六和絕頂」。

咸淳臨安志卷八十二「佛塔、六和塔」：「在龍山月輪峰，即舊壽寧寺。開寶三年，智覺禪師延壽，始於錢氏南果園，開山建塔，以鎮江潮。塔高九級，長五十餘丈。內藏佛舍利，或時光明煥發，大江中舟人瞻見之。」

慶元路之茆山。

玉井樵唱卷上「葉法善天師故宅茆山」。

浙江通志卷十三「山川五、寧波府、鄞縣附郭、茆山」：「延祐四明志：在縣南五十里，與姜山對峙。名勝志：上有一井，以竿測之，其深無底。」

紹興路之東湖。

玉井樵唱卷中「東湖懷古」。

紹興府志卷之七「山川志四、海、江、河、湖」：「山陰……又有界湖爲二，曰東湖，曰南湖……。東湖所灌，在會稽境。」

平江路之姑蘇台。

玉井樵唱卷上「姑蘇臺」。

姑蘇志卷三十三「古跡、姑蘇臺」：「一名胥臺……，史記正義云：在吳縣西南三十里，橫山西北麓，姑蘇山上……。越絕書云：闔廬造九曲路……，又於臺上，別立春宮。爲長夜之飲，作天池以泛青龍舟，舟中盛致妓樂，日與西施爲嬉。」

館娃宮。

玉井樵唱卷上「館娃宮」。

姑蘇志卷三十三「古跡、館娃宮」：「吳越春秋吳地記皆云：闔閭城西，有山號硯石，在吳縣西三十里，上有館娃宮，今靈巖寺，即其地也。」

寒山寺。

玉井樵口昌卷上「寒山寺」。

大清一統志卷五十五「蘇州府、寺觀、寒山寺」：「在吳縣西十里楓橋，相傳寒山拾得嘗止此故名。」

常州路之惠山泉。

玉井樵唱卷上「惠山泉」。

大清一統志卷六十「常州府、山川、慧山泉」：「在慧山第一峰，白石塢下。唐陸羽次第名泉，得二十種，以……無錫惠山石泉水爲第二。泉水東出，經漪瀾堂之前，泉水自龍吻，吐注下池，下池深廣方丈。」「慧山」：「太平寰宇記：九龍山一名冠龍山，又曰惠山，在縣北七里。」

鎭江路之金山。

玉井樵唱卷上「金山懷古」。

方輿勝覽卷三「鎭江府、山川、金山」：「在江中，去城七里。」

甘露寺。

玉井樵唱卷上「甘露寺」。

大清一統志卷六十三「鎭江府二、寺觀、超岸寺」：「在北固山，舊名甘露寺。明一統志：北固山支麓，稍轉而南，業然隆起，謂之土山，孫吳置寺於此。」

溫州路之眞誥巖。

玉井樵唱卷中「眞誥巖」。

永嘉縣卷之二十一「古蹟志一、名勝、眞誥巖」：「大若山，在府城西北，一百五十里。梁陶弘景，於此纂集眞誥，故名眞誥巖。」

江心寺。

玉井樵唱卷中「江心寺」。

大清一統志卷二百三十五「溫州府、江心寺」：「在永嘉縣孤嶼山麓，唐咸通時建。」

婺州路之八詠樓。

玉井樵唱卷中「八詠樓、婺州」。

金華縣志五「建置、古蹟、八詠樓」、「在城南八隅一坊，府學西，星君祠南，原名元暢樓。齊隆昌元年，沈約爲東陽太守，嘗登此賦詩，復製八詠，唐時遂易今名。」

建德路之桐江。

玉井樵唱卷中「桐江舟中」。

浙江通志卷十九「山川十一、嚴州府桐盧縣、洞江」：「嚴陵志：在縣南六十步，其源有三。一出徽州，一出衢州，一出金華，三水合而東北，遠注九十里，至縣郭之南，曰桐江。東流歷富陽，是謂浙江，以入於海。江岸山巒峭峻，其木深渟若黛。」

釣臺。

玉井樵唱卷上「南歸過釣臺」。

浙江通志卷十九「山川十一、嚴州府、桐盧縣、嚴陵瀨」：「嚴陵志：在縣西三十五里釣臺下。」「富春山」：「舊浙江通志：在縣西四十里，前臨大江，上有東西二臺，一名嚴陵山。山清麗奇絕，號錦峰繡嶺，乃子陵釣處。」

中書省薊州之燕山。

玉井樵唱卷上「燕山寒二首」。

大清一統志卷四「薊州、山川、燕山」：「在薊州東南五十五里，高千仞，陡絕不可攀。」

易州之黃金臺。

玉井樵唱卷上「金臺」：「招賢往事久淒涼……，荒臺千古說昭王。」

大清一統志卷三十「易州、古蹟、黃金臺」：「在州西南……，上谷郡圖經：黃金臺在易水東南，燕昭王置千金臺上，以延天下士。水經注：金臺陂北十餘步，有金臺，臺上，東西八十許步，南北加減，高十餘丈。」

三子，伯祖憲，仲祖志，季祖惠。

玉井樵唱卷中「遊太虛觀臨池賦詩。水影一句，竟不能成偶。大兒祖憲，以谷聲遙答嶺頭猿爲對。亦粗可用，因足成篇。」：「路入煙羅別有天，我來散髮坐風軒……。水影倒棲松頂鶴，谷聲遙答嶺頭猿……。」

玉井樵唱卷中「期男祖志未至」。

玉井樵唱卷下「送惠南歸」：「去年大兒別我歸，錢塘江上秋雲飛。今年小兒辭我去，離亭黃葉燕山路……。」

玉井樵唱卷下「銀嶺書懷。大德乙巳端陽，男祖憲、祖惠遠遊，出門風雨大作，四日始度銀嶺……。」

註一：集中卷上之「早發信安」，今浙江衢縣。「西湖十景」，今浙江杭州西湖。「常州」，今江蘇武進。「山陽泊舟」，今安徽淮安。「泊舟淮陽」，今河南淮陽。「舟過彭城」，今江蘇銅山」。「北渡揚子」，今長江。卷中之「古杭秋月三首」，今浙江杭州。「長蘆舟中夜坐」，今河北滄縣。「中秋錢塘翫月」，今浙江之錢塘江。「金陵懷古」，今江蘇南京。「維揚懷古」，今江蘇揚州。卷下之「出都門」，今河北北京。以上諸地，乃人所習知，故未加考釋。

註二：卷上之「客星閣」，「中冷泉」，「觀音石」，卷中之「隴首菴」，「閔忠閣」，「登淨江寺松風閣」，待考。

（十四）樗隱集作者胡行簡傳兼註其集

胡行簡，字居敬，號樗隱。江西省新喻縣仁孝鄉人。

樗隱集卷首「提要」：「胡行簡撰，行簡字居敬，新喻人。」

符執桓篡修新喻縣志卷之十二「人物列傳，文學傳」，「胡行簡，字居敬，仁孝鄉人……，以樗隱自號。」

文聚奎等修新喻縣志卷一「疆域」：「國初志載：九鄉，五十四都，二百七十圖，康熙己酉，知縣符執桓……，又分安和爲正安鄉，而崇教、長樂，均歸上樂。鐘山，均入仁孝，編十鄉……。仁孝圖，即符志仁考鄉，在縣西南，併有鐘山……。宋樞密李諮，以孝行著，李明造，又稱純孝，可謂名實相孚。」

居梁武帝，曾駐蹕，蕭水中之蕭洲。

櫻隱集卷四「序、矩堂詩卷序」：「余假寓蕭水之上。」

櫻隱集卷三「記、思益齋記」：「友人黃尚德，訪予蕭洲寓舍……。」

櫻隱集卷五「序，送合流定巖上人遊方序」：「友人余季璋氏，訪余蕭洲寓舍……。」

江西通志九「山川三、臨江府」：「簫水，在府城西五里，又名小陽水，源出棲梧山。一出自段塘，一出自烏塘，至香田合流，而爲蕭水。」

江西通志卷九「山川三、臨江府」：「蕭灘，在府城西，蕭水中，亦名蕭洲。梁武帝南幸，曾駐此。又名判官灘……。」

至正二年壬午，登陳祖仁榜進士第。授正八品，國子助教。

陸堯春纂修新喻縣志卷十一「人物二、明、胡行簡」：「至正二年進士，授國子學助教……。」

江西通志卷五十一「選舉」：「至正二年壬午，陳祖仁榜：冷和叔，寧州人，蒼梧令……。胡行簡，新喻人……。」

新元史卷五十七「百官三、國子學」：「博士二員，正七品。助教四員，正八品。」至正六年，陞從六品，翰林修撰。

樗隱集卷首「提要」：「胡行簡……，授國子監助教，歷翰林修撰。」

樗隱集卷四「記、晦園記」：「余擢第，入翰林……。」

樗隱集卷三「記、堅白齋記」：「余……往歲承乏詞林，與衢士徐志尹同署……。」

樗隱集卷四「序」：「許承旨同聲詩序」：「賓興之二年，某充賦春官，隨兩榜之士，以門生禮，拜安陽先生于私第……。又數年，先生被旨，掌禁林，某承乏屬僚，備使令之末。復得先生同聲集，讀之……。」

新元史卷二百零八「許有壬」：「字可用……，徙湯陰……，延祐二年進士第……。改元至正……，轉中書左丞……。六年……，復以翰林學士承旨召……。」按前引，行簡至正二年，以門生拜有壬於私第。數年後，爲其僚屬。復按，有壬至正六年，除承旨，故行簡陞修撰，當在是年。

欽定大清一統志卷一百五十六「彰德府、建置沿革」、「至元二年，復置總管府，屬中書省……，本朝因之，屬河南省……。彰德府，領縣七。安陽縣，附郭……。湯陰縣，在府西四十五里……。」按：有壬湯陰人，行簡稱爲安陽先生。蓋彰德府，治安陽縣，故又稱安陽人。

新元史卷五十七「百官三、翰林兼國史院」：「承旨六員，從一品……，修撰二員，從六品。」

轉江南道行御史台，正七品御史。歟歷中外，二十餘年。

江西通志卷五十一「選舉三、元」：「至正二年壬午陳祖仁榜」：「冷和叔，寧州人，蒼梧令……。胡行簡，新喻人，江南道御史。」

樗隱集卷六「元故朱公墓誌銘」：「公諱升，字自立，姓朱氏，世居豐城之西航川……。前奉訓大夫、行御史臺、監察御史、胡行簡撰。」

樗隱集卷四「記、晦園記」：「余擢第、入翰林……。余今持憲節還鄉，慨然有遯世之志。」

文聚奎等修新喻縣志卷之十「文苑、明、胡行簡」：「胡行簡……除江南道御史，歟歷中外，二十餘年。」

新元史卷五十七「百官三、御史臺」：「大夫、從一品……。監察御史，正七品。」

擢江西廉訪使司，從五品經歷。

陸堯春篡修新喻縣志卷十一「人物、明、胡行簡」：「後任江西廉訪司經歷。」

新元史卷五十七「百官三、御史臺」：「大夫，從一品……，經歷，從五品……。」

遭世亂，辭歸郡城，以經學教授鄉里。

樗隱集合首「提要」：「胡行簡……，遭世亂，乞歸，以經學教授鄉里。」
文聚奎等修新喻縣志卷之十一「文苑、明、胡行簡」：「以世亂，居郡城……，專以經學淑後進。」

洪武二年，詔郡縣舉高潔博雅之士，行簡等八人，與儒臣李善長、劉基、宋濂等同修禮書。
明史卷四十七「志第二十三、禮一、吉禮一」：「周官儀禮，尚已然書缺簡脫，因革莫詳……。二年，詔諸儒臣修禮書……。又屢敕議禮臣，李善長、傅𪅍、宋濂、詹同、陶安、劉基……，編輯成集。且詔郡縣，舉高潔博雅之士，徐一夔、梁寅、周子諒、胡行簡、劉宗弼、董彝、蔡深、滕公琰至京，同修禮書。」

洪武三年，禮書成，刊行天下，賜名大明集禮。行簡等，各賜帛幣遣還。
明史卷二「本紀第二、太祖二」：「洪武……三年……，九月乙卯，定朝會，宴饗，樂舞之數。是月，禮書成，名大明集禮，刊行天下。」
陸堯春纂修新喻縣志卷十一「人物二、明、胡行簡」：「明初，徵至京，與修禮書，賜幣歸。」

復詔入京，欲官之，以老病辭。上憫之，賜帛遣歸。
江西通志卷七十四「人物九、臨江府二、元」：「胡行簡……，洪武初……，應召入京，上憫其老，賜帛遣之。」

檉隱集卷首「提要」：「明太祖實錄又載，徵江西儒士劉于，胡行簡等至京，欲官之，俱以老病辭，各賜帛遣還。」

或言，屢被徵召，皆辭不受。世論行簡，雖詔修禮書，然終不受官，可謂忠潔之士。

符執桓纂新喻縣志卷之十二「人物列傳、文學傳、明、胡行簡」：「後屢被徵召，每起即辭。」

檉隱集卷首「提要」：「墨竹一章，於故居舊國之思，再三致意，亦頗可見其節操。」

檉隱集卷一「七言絕句、墨竹」：「帝子浮湘羽葆飛，虛心長望翠華歸。天寒袖薄空惆悵，自剪衡雲學製衣。」

洪武十七年甲子，嘗應聘主江西鄉試。二十年丁卯，復主廣東鄉試。二十一年戊辰，同考會試。愼密選才，咸稱得人。

陸堯春纂修新喻縣志卷十一「人物二、明、胡行簡」：「主江西甲子，廣東丁卯鄉試，戊辰同考會試，咸稱得人。」

一生篤志力學，博通群經。尤精春秋，爲學者所宗。著檉隱集六卷行世，張美和序之。

符執桓纂修新喻縣志卷之十二「人物列傳、文學傳、胡行簡」：「以春秋名家，學者宗之。」

文聚奎等修新喻縣志卷之十「文苑、明、胡行簡」：「遺稿曰檉隱集，編修張美和序。」

樗隱集卷首「提要」：「樗隱集六卷，胡行簡撰。」

江西通志卷七十四「人物九、臨江府二、元」：「張美和，名九韶，以字行，清江人，元末累舉不仕。洪武三年，以薦爲縣學教諭，遷國子助教，改翰林院修撰，致仕歸，帝親爲文賜之。復與錢宰等，並徵校書，書成遣還。」按：樗隱集，無其序。

其文，沖和雅澹，簡整無贅。雖稍失壯闊，然謹守法度。詩則淡雅幽曠，流暢自然，俱名家風範。

樗隱集卷首「提要」：「行簡文章，以沖和雅澹爲宗，雖波瀾未闊，而能確守法度，不爲支離冗贅之詞。擬之元末，李祁雲陽集之流。」

宦遊所至，南抵廣州路治所之番禺，北達上都灤陽。所歷之名勝古蹟，可謂廣矣！

樗隱集卷三「記、監白齋記」：「今游番禺，復識郡守徐公炳文……。」

欽定大清一統志卷三百三十九「廣州府、建置沿革」：「禹貢揚州南境……，至元十五年，改爲廣州路……。明洪武初，曰廣州府……。本朝因之，屬廣東省，領十四縣……。番禺縣，附郭……。元屬廣州路治，明屬廣州府治，本朝因之。」

樗隱集卷五「序，方壺詩序」：「余南窺五嶺，北渡灤陽。雖荒徼絕塞，山水多佳勝，然皆湮塞無聞。」

元史卷五十八「地理志志第十、地理一、中書省、上都路」：「憲宗五年，命世祖居其地，爲巨鎮。明年，命劉秉忠相宅，於恒州東，灤水北龍崗。中統元年，爲開平府。五年，以闕庭所在，加號上都，歲一幸焉。」按：山南水北曰陽，上都開平，在灤水之北，故又號灤陽。

惜吟詠所記，僅江西夾江縣之玉笥山。

樗隱集卷一「七言律詩、玉笥道中懷袁煉師月舫」。

江西通志卷九「山川三、臨江府」：「玉笥山，在夾江縣東南四十里，道書第十七洞天……。有峰三十二，壇二十四，洞六，臺十二，亭十一，泉五，池七，巖四，井四，杏花，桃花二塢……。」

德化縣之匡山。

樗隱集卷一「五言古詩」：「題匡山中竹深處」。

九江府志卷之二「山川、德化縣」：「廬山，在府城南二十五里，古南障山。匡俗兄弟七人，皆有道術，結廬於此，故名。」

江西通志卷十三「山川六、南康府」：「廬山，在府北約二十里……。後人因匡君姓，呼爲匡山。」

安徽當塗之采石山，李白墓而已。

樗隱集卷一「七言律詩」：「采石李謫仙墳次余復興韻」。

明一統志卷十五「太平府、建置沿革」：「太平路，屬江浙行省，本朝改爲府，直隸京師，領縣三」：「當塗縣，附郭……。」
明一統志卷十五「太平府、山川、采石山」：「在府城北二十五里，牛渚北。昔人於此取石，因名。臨江有磯，曰采石。」
明一統志卷十五「太平府、陵墓、李白墓」：「在府城東、青山之北。白嘗依族人……，及卒，葬采石，儸龍山，後改葬青山。宋郡守趙崧年，爲建祠，給田，付僧看護……。」

所交，達內翰普化。

欅隱集卷一「七言古詩」：「過錢清壩和達内翰，題一錢太守祠。」
新元史卷二百十七「泰不華」：「字兼善，伯牙吾台氏，初名達普化，文宗賜以今名……。登進士第，授集賢修撰，轉秘書監著作郎……。至正元年，授紹興路總管……，改禮部尚書……，遷浙東道宣慰使都元帥……。」

篤御史列圖。

欅隱集卷一「五言古詩」：「題篤御史所藏閻立本水磨圖」。
新元史卷二百十四「篤列圖」：「字敬夫，揑古氏，後徙永豐……。天歷三年，舉進士第……，授集賢修撰……，遷江南行臺監察御史，按治湖廣江浙諸路，咸有名蹟……。以病卒，年三十七。」

張中丞養浩。

樗隱集卷一「五言律詩」：「題張希孟中丞山莊」。
元詩紀事卷十二「張養浩」：「養浩，字希孟，號雲莊，濟南人。官至陝西行臺中丞，謚文忠，有歸田類稿。」

劉參政鶚。

樗隱集卷一「七言律詩」：「和劉楚奇韻題張飛卿書房」。
惟實集卷首「提要」：「惟實集七卷，附錄一卷，劉鶚撰。鶚字楚齊，永豐人。皇慶間，以荐授揚州學錄，累官江州總管，江西行省參政，守韶州，以贛寇圍城，禦不支，被執抗節死，其事甚烈。」按：楚齊，爲楚奇之誤。

全普庵撒里參政。

樗隱集卷四「序、求志亭序」：「予以使事出西昌，參政全公，肅客快閣之上。顧瞻江山，情景具集……。」
元史卷一百九十五「列傳第八十二、忠義三」：「全普庵撒里，字子仁，高昌人……。至正……十六年，以功拜江西行省參政，分省於贛。十八年……，友諒遣其將幸文才，率兵圍贛……，力戰凡四月，兵少食盡，義兵萬戶馬合某沙，欲舉城降賊，普庵撒里不從，遂自刭……。」
吉安府志卷九「山川志、古蹟、泰和縣、古蹟」：「西昌故城，在縣西三里。漢爲廬陵郡，後改西昌。隋開皇十年，廢西昌，置安豐，尋改太和，移今縣治，舊址廢，爲民居。」

以及許承旨有壬，張編修美和。皆名宦時賢，且情誼頗篤。

按：許、張二氏之生平，俱見前引。

年七十七卒，弟行義，官湖東廉訪司僚屬。

文聚奎等修新喻縣志卷十「文苑、明、胡行簡」：「字居敬……，辛年七十七。」

樗隱集卷三「記、靜隱齋記」：「司徒辨章公，鎭江西，幕下多材能之士，予奉使咸得見之。任君從禮，倜儻之士也。往掾湖東憲，與予弟行義同署，故相知尤深。」

新元史卷五十七「百官三、江南行御臺」：「統……八道……，江西湖東道廉訪司。」

（十五）性情集作者周巽傳兼註其集

周巽，字巽亨，號巽泉。

性情集卷首「提要」：「巽事蹟，不見于他書。其詩集，諸家亦未著錄。惟文淵閣書目，載有周巽泉性情集，一部一冊，與永樂大典標題同。吉安府志，又載有周巽亨，白鷺洲洗耳亭二詩，檢勘亦與此集相同。而集中擬古樂府小序，則自題曰：龍塘耄艾周巽云云。以諸條參互考之，知巽其名，巽泉，選亨，乃其號與字也。」

江西吉安路，廬陵縣人。廬陵，今吉安縣。

惟情集卷四「五言律、魯公祠」：「唐顏魯公，爲郡另駕時，以興起斯文爲己任。益廣學舍，聘賢士，以淑我吉人。自此，盧陵聲名文物，卓爲江表冠。吉人德之，建祠螺川驛東，以永去思之意焉。」

盧陵縣卷之六「地輿志五、古蹟」：「洗耳亭，在青原山，邑人周巽亨有詩。」

元史卷六十二「江西等處行中書省、吉安路」：「唐爲吉州，又爲盧陵……。至元十四年，升吉州路總管府……，改吉州爲吉安路……。領司一，縣五，州四。錄事司，縣五：盧陵、上、占倚郭……。」

早歲失怙，銳意奮起。

性情集卷四「祭石屋先人墓詩」：「早歲自失怙，憂懷不盡言。養慚烏返哺，祭效獺銜恩。陟岵悲風起，瞻塋佳氣存。永言思罔極，垂白哭秋原。」

性情集卷四「中秋對月有懷」：「鏡裏秋容好，岩前爽氣佳。素娥元有藥，老桂又開花，對影心猶壯，觀花鬢未華。有懷瀛海客，直欲泛靈槎。」

嘗隸湖廣行省平章，衮布巴勒駙馬麾下，從征道、賀二州猺亂有功，授永明縣簿。

性情集卷五「五言排律、平猺頌：上湖廣平章衮布巴勒駙馬。時公奉詔出征道賀二州，事畢班師，特授中書平章。余參隨麾下，以功授永明簿。感公之恩，敬獻詩，以頌公之功云。」

元史卷六十三「湖廣等處行中書省，道州路」：「唐爲南營州，復改道州……。元至元十三年，置安撫司。十四年，改道州路總管府……。領司一、縣四。錄事司，縣四：營道、中倚郭……。永明、下。」

元史卷六十三「湖廣等處行中書省、賀州」：「唐改臨郡，後仍爲賀州。宋因之，元至元十三年，仍行州事……，領縣四，臨賀、下，倚郭……。」

著性情集六卷。

性情集卷首「提要」：「臣等謹案，性情集六卷，元周巽撰。」

性情集卷一「擬古樂府序」：「余讀太原郭茂倩，所輯樂府詩……，凡百卷。淵乎博哉，服膺歲久，粗會其意……，積成百有五十四篇……。暇日，令丘彬編次爲二卷，以俟知音者，相與正焉。歲在丙辰九月望日，龍塘耄艾周巽謹識。」

因鍾愛梅花，集中有吟梅詩九十五首。

按：卷一：一首。卷二：六首。卷三：十八首。卷四：三十首。卷五：十九首。卷六：二十一首。

其詩，格局不高，頗欠抑揚頓挫，雄沈奇健之勢。然杼懷繪景，深尙自然，且不失雅則。

性情集卷首「提要」：「巽詩格不高，頗乏沈鬱頓挫之致。然其杼懷寫景，亦頗近自然，要自不失雅則。集以性情爲名，其所尙，蓋可知也。」

兼以其集，流傳不廣。故不若元末同郡，灤京雜咏作者楊允孚，石初集作者周霆震，靜思集作者郭鈺，聲名之顯。

性情集卷首「提要」：「元末吉州一郡，如周霆震，楊允孚，郭鈺等，皆詩集流傳，而巽之詩獨佚，殆亦幸不幸歟！今據永樂大典所載，蒐羅編緝，釐爲六卷，俾與石初諸集存于世，亦嘗不分路爭馳矣。」

石初集卷首「提要」：「臣等謹按：石初集十卷，元周霆震撰，霆震字亨遠，安成人……。早年刻意學問，多從宋遺老遊，得其緒論。延祐中，行科舉法，再試不售，遂杜門專意詩古文……。」

灤京雜詠卷首「提要」：「臣等謹案，灤京雜詠一卷，元楊允孚撰。允孚字和吉，吉水人，其始末未詳……。以布衣襆被萬里，窮西北之勝。凡山川物產，典章風俗，無不以詠歌紀……。」

靜思集卷首「提要」：「臣等謹案，靜思集十卷，元郭鈺撰。鈺字彥章，吉水人……。元末遭辭，隱居不仕。明初，以茂才徵，辭疾不就……。」

所交，名顯宦名賢。如李初，字一初，官至江浙行省，儒學副提舉。

性情集卷三「效八音體送李狀元一初提學浙江。」

元詩紀事卷十八「李祁」：「初字一初，號希遽，茶陵州人。登元統元年進士第，官至浙江儒學副提舉，有雲陽集。」

余闕，字廷心，官至淮南行省左丞。

性情集卷三「哀故左丞余公闕」。

元詩紀事卷十八「余闕」：「闕字廷心，唐兀氏，世居武威，父官合肥，遂家焉。登元統癸丑進士第，官至淮南行省左丞。陳友諒來攻，城陷死之，謚忠宣，有青陽集。」

全普庵撒里，字子仁，官至江西行省參政。

性情集卷三「研故參政全公子仁」。按：生平見前引。

李黼，字子威，官至江西行省參政，守江州。

性情集卷三「哀故九江太守李公黼」。

新元史卷二百十七「列傳第一百十四、李黼、韓準」：「李黼，字子威，穎州人……。泰定四年，進士及第，授翰林修撰……。遷秘書太監，拜禮部侍郎……。授黼江州路總管，至正十一年夏五月盜起，陷蘄黃，焚掠數千里……。行省上黼功，拜江西行省參政，江州，南康等處，軍民都總管，便宜行事……。」

欽定大清一統志卷二百四十四「九江府表」：「宋：江州潯陽。元：江州路。明：九江府。」

馮翼翁，字子羽，名儒。著春秋集解大義，性理群書通鑑等。

性情集卷四「陪全尚書子仁，馮高州子羽，宴劉宏遠江樓，子仁大書，先得得月四字，且歌以美之，子羽作記，俾余賦詩，即席奉呈。」

新元史卷二百三十六「列傳第一百三十三、儒林三、劉友益、馮翼翁、彭絲」：「劉友益，字益友，永新人……。同鄉馮翼翁，字子羽。著春秋集解大義，性理群書通鑑……。」

揭傒斯，字曼碩，官至翰林侍講學士，有文安集。

性情集卷五「上翰林學士曼碩揭公，三史二十韻」。

元詩紀事卷十三「揭傒斯」：「傒斯字曼碩，龍興富州人。延祐初，荐授翰林國史院編修，官至翰林侍講學士，謚文安，有秋宜集。」

歐陽玄，字原功，官至翰林學士承旨，著圭齋集。

性情集卷五「奉贄歐陽承旨圭齋，於書臺楊青城宅，時公來參族譜。」

元詩紀事卷十三「歐陽玄」：「玄字原功，瀏陽人。延祐乙卯，以鄉貢首荐，登進士第。官至翰林學士承旨，有圭齋集。」

劉詵，虞集。詵字桂翁，名儒，著桂隱集。集字伯生，號邵庵。官至翰林直學士，兼國子祭酒，奎章閣侍書學士，著道園學古錄。

性情集卷五「陪劉先生桂隱，偕劉學存，謁虞學士邵庵於元妙觀，學士留飲，王玉輝道士山房，即席呈上。」

元詩紀事卷八「劉詵」：「詵字桂翁，廬陵人。宋亡，年十二，以處士終，有桂隱集。」元詩紀事卷十一「虞集」：「集字伯生，蜀郡人。宋丞相允文五世孫，父汲，僑寓臨川之崇仁。大德初，荐援大都路儒學教授。官至翰林直學士，兼國子祭酒，奎章閣侍書學士。謚文靖，有道園學古錄。」元史卷一百八十一「虞集」：「早歲與弟槃，同闢書舍為二室。左室，書陶淵明詩於壁，題曰陶庵。右室，書邵堯夫詩，題曰邵庵，故稱邵菴先生。」

蘇天爵，字伯修，官至江淮行省參政，著滋溪文稿。

性情集卷五「奉賀蘇公早朝之作」，「奉陪蘇參政，楊御史，宴冷泉亭，蘇公有詩，次韻呈上」。卷六「奉和蘇參政伯修，受詔奉使，宣撫還，賜宴宣文閣，應制韻。」元名臣事略卷首「提要」：「元名臣事略十五卷，元蘇天爵撰。天爵字伯修，眞定人，由國子學生試第一，釋褐，授薊州判官，終江浙行省參知政事。」所著尚有元文類，滋溪文稿行世。

劉嗛，字光遠，進士，省掾，湖廣理問知事，著江漢集。

性情集卷五「奉同劉進士嗛，遊衡嶽，登祝融峰」。

至正集卷三十一「送劉光遠從右丞朝京序」：「衆星麗天而拱辰，百川行地而宗東海……。今天子即位，湖廣省臣，以典故，請右丞以上，命行掾劉光遠，以選從且行……。光遠進士，除教授漢陽三年，有臣才之，羅致幕下，尤為右丞知拔行輩中……。」

至正集卷三十八「記選日」：「劉嗛光遠，兩捷鄉闈，職漢陽掾行省，始入八品流。內銓其調湖廣行省理問知事……。」

至正集卷三十二「江漢集序」：「江漢集者，鄂省理幕，湘瀏劉君光遠之所作也。初光遠以碩學俊才，得解湖廣，俄除漢陽博士……。」

遊蹤所及，除邑中之洗耳亭。

性情集卷四「題洗耳亭并序」：「泉遶青原山前，琮琤鏡徹，寒聲襲人。中山人，枕流其間，而作亭其上，以洗耳名之。鄉袞文信公，大書洗耳三字猶存。」

盧陵縣志卷之六「地輿志五、古蹟、洗耳亭」：「在青原山上，邑人周巽亨有詩。」

盧陵縣志卷之三「地輿志二、山川、青原山」：「在城東南十五里，贛江之東，自吉水嵩華山來，形勢盤鬱，山下有逕縈澗，而入待月橋，石壁峭倚……。山之麓，爲印水磯。由釣臺，過曼嶺，有大石百餘尺，爲飛雲石。過駝峰，前爲華蓋山，天井，龍湃，仰祠，峭石諸勝……。」

讀書臺。

性情集卷四「讀書臺并序」：「讀書臺，一在永和鳳岡之陽，鄉袞周文忠公，當讀書其上。松陰鬱鬱，盛夏常寒。蓋盧陵擅山水之勝，斯臺又盡攬盧陵之勝也。」

吉安府志卷九「山川志，盧陵縣古蹟」：「講經臺，舊名讀書臺，在府學西。宋慶元三年，教授于望立并記。元廢，明宣德間，知府陳本深修。正德三年，知府任儀重修，乃名而記之。」

白鷺洲。

性情集卷四「白鷺洲并序」：「洲綿亘吉州六七里，江水分流，縈迴此州，宛然金陵二水，中分一州之勢，因以白鷺名之。丞相文忠公建書院其上，種竹萬竿，公卿大夫多出此焉。由是白鷺洲之名，聞天下。」

吉安府志卷五「山川志，水，白鷺洲」：「在郡城東，贛江中，有洲突出……。春夏江漲，而洲不沒，面神岡，枕螺山，左右諸峰環列。前人見其雙水夾流，取李白二水中分白鷺洲句名之。宋知軍江萬里，建書院於洲上。」

魯公祠。

性情集卷四「魯公祠并序」：見前引。

廬陵縣志卷之八「建置志二，祠廟，祠廟上，祠，顏魯公祠」：「按新唐書，公以忤元載，由刑部尚書，貶峽州別駕。永泰元年，改吉州司馬。有惠政，暇日與文士詩人，唱和爲樂。今溪山深處，往往有其石刻題咏。公既去，士民思之，久而不忘。祠在府治通判廳，宋咸淳四年建，歐陽守道記。」

青螺峰。

性情集卷四「青螺峰并序」：「青螺峰，在廬陵郡東北，亭亭如青螺，上有金螺子，故名。旁臨大江，水光山色，映帶城郭，郡之望山也。」

江西通志卷九「山川，吉安州，巽峰」：「一名青螺峰，在吉水縣東南五里。」

詩人堂。

盧陵縣志卷之六「地輿志五，古蹟，詩人堂」：「明周巽亨詩云：詩人堂上客，載拜杜參軍。大雅今誰繼，高風自昔聞。愧來花外月，吟斷樹間雲。千載龍岡會，因詩倍憶君。」

按：此詩不見於集，可補遺卷四「五言律」。

盧陵縣志卷之六「地輿志五，古蹟，詩人堂」：「在龍岡西原，龍仁寺側。唐司户杜審言，結詩社於此。宋淳熙三年：周必大，與危炤齋，歐陽寓，買地西原八泉勝處，構祠，祀司户。一時知名士，及門弟子集此，行鄉飲酒禮後，約山。朱渙通守，王邁巽齋，歐陽守道，議置膳田，扁堂於龍岡，曰詩人堂。元廢入本寺，明陳嘉謨輩，建西原會館，仍置田，講學於此，今田歸白鷺洲書院。」

尙覽平江路之姑蘇臺。

性情集卷四「姑蘇臺」。

江南通志卷三十一「輿地志，古蹟二，蘇松二府，蘇州府，姑蘇臺」：「在吳縣西三十里姑蘇山，一名胥臺。越絕書云：闔閭起姑蘇臺三年，聚材五年乃成，高見三百里。續圖經云：「越王得神木雙，大十圍，長五十尋。雕畫文章，飾以白壁黃金，獻於吳王，王乃起此臺。蓋基於闔閭，而成夫差云。」

建德路之釣臺。

性情集卷四「釣臺」。

欽定大清一統志卷二百三十二「嚴州府、山川、富春山」：「在桐廬縣西……，七里瀨，在東陽江下，與嚴陵瀨相接。有嚴山，在東陽縣南，有嚴子陵漁釣處。今山邊有石，上平，可坐十人，臨水，爲嚴陵釣臺也……。」

衡陽路之衡嶽祝融峰。

性情集卷五「奉同劉進士嗛遊衡嶽登祝融峰」。

古今圖書集成，山川典第一百六十三卷「衡山部彙考，南嶽衡山」：「衡山，在今湖廣衡州府，衡山縣西北三十里。其山，發脈于岷山，由蜀入黔，迢遞九疑，連絡五嶺，突起爲七十二峰，盤紆八百餘里，高聳九千餘丈，南臨衡州，北鎮長沙，歷代皆尊爲南嶽，今猶載祀典。」

古今圖書集成，山川典一百六十三卷「衡山部彙考，南嶽衡山，祝融峰」：「在縣西北三十里，高九千七百三十丈，爲峰之最高……。山巔有風穴，雨將作，陰風自穴而發。又有雷池，宋時禱雨有應，建廟池上……。」

岳州路之岳陽樓。

性情集卷五「陪吳編修子高，孔掾史澄道，宴岳陽樓，分韻得航字。」明一統志卷六十三「岳州府，宮室，岳陽樓」：「在府治西南，風土記：城西門樓也，下瞰洞庭，莫詳創始……。」

鎮江路之鳳凰臺。

性情集卷四「鳳凰臺」。江南通志卷三十「輿地志，古蹟，江寧府，鳳凰臺」：「在江寧縣保寧寺後，南宋元嘉十六年，秣陵王覬見三異鳥，文彩五色，眾鳥附翼，群集時，謂之鳳，乃置鳳凰臺，起臺於山，因名……。」

彰德路之銅雀臺。

性情集卷四「銅雀臺」。河南省通志卷五十一「古蹟上，彰德府，銅雀臺」：「在臨彰縣西，曹操築。并金虎，冰井三臺，相去各六十步，其上複道，樓閣相通，中懸絕鑄大銅雀，高一丈五尺，置之樓頂，臨終遺令，施繐帳於上，朝晡使宮人，歌吹帳中，望吾西陵，後樓臺俱毀……。」

歸德府之歌風臺。

性情集卷四「歌風臺」。

江南通志卷三十三「古蹟，徐州府，歌風臺」：「在沛縣治東南，舊有亭，在泗水西岸，碑刻漢高祖大風歌，亭久傾圮。明成化間，移於縣東南。」

新元史卷四十七「地理二，河南江北等處行中書省，歸德府」：「至元二年，升爲散府，直隸行省，以宿、亳、徐、邳四州隸……。」

戲馬臺。

性情集卷四「戲馬臺」：「睢水東，彭城下，西風殘照古臺荒，楚項重瞳曾戲馬……。」

江南通志卷三十三「古蹟，徐州府，戲馬臺」：「在府城南一里，項羽因山築臺，以觀戲馬。晉義熙中，劉裕在彭城九日，大會賓僚，賦詩於此。今馬臺頭寺，有故塔在焉。」

欽定大清一統志卷六十九「徐州府表」：「隋：彭城郡。宋：徐州彭城。金元：武安州。明：徐州」。

大都路之黃金臺。

性情集卷四「黃金臺」。

畿輔通志卷五十三「古蹟，黃金臺」：「在大興縣東南十六里。太平御覽：燕昭王置千金於臺上，以延天下士，謂之黃金臺。」

更兩度出塞，遠抵代北，遼西。

性情集卷五「前年過代北」，「今歲往遼西」。

欽定大清一統志卷一百十四「代州，代州表」：「宋：代州雁門。金：代州。元：代州。明：代州。」

欽定大清一統志卷四十三「錦州府，建置沿革」：「禹貢冀州之域，周爲幽州之域，秦漢爲遼西遼東二郡地。東北境，屬遼東郡。西南境，屬遼西部。」

欽定大清一統志卷二十六「承德府表」：「平泉縣：隋：遼西郡地。」

巽以縣簿正九品之秩，絕難壯遊，歷今江西，浙江，江蘇，河南，河北，山東，遼寧，熱河八省，如此之廣而且遠。

新元史卷六十二「百官志八，諸縣」：「上縣，達赤花赤一員，正六品，尹一員，正六品。丞一員，正八品。簿一員，正九品。尉一員，從九品。典史一員……。」

因疑其嘗累遷，入京任官。或爲蘇天爵之幕賓，始能乃耳。然事皆待考。

性情集五「賀蘇公早朝之作」，「奉陪蘇參政，楊御史，宴冷泉亭，蘇公有詩，次韻呈上」，卷六「奉和參政修，受詔奉使宣撫還，賜宴宣文閣，應制韻」。

（十六）芳谷集作者徐明善傳兼註其集

徐明善，字志友，號芳谷，饒州路德興縣人。

芳谷集卷首「提要」：「臣等謹案，芳谷集二卷，元徐明善撰。明善，字志友，德興人，芳谷其號也。」

元史卷六十二「江浙等處行中書省，饒州路」：「唐鄱陽郡，仍改饒州，宋因之，元至元十四年，升饒州路總管府……。縣三：鄱陽，上倚郭。德興，上。安仁，中。」

居天門，今銀山鄉，仁義里，一都之天門村。

蔣啓敭等修德興縣志卷之七「人物志，理學」：「徐之祥，字麒父，號方塘……。講學琴山之麓，學者稱琴山先生。天門徐芳谷，嘗題其像讚……。」

吳啓新等修德興縣志卷之七「人物志，仕蹟」：「徐明善，號芳谷，一都人……。」

蔣啓敭等修德興縣志卷一「城池志，鄉村附，銀山鄉」：「仁義里：一都，去縣城五里。圖三，村九：天門村，賢田，吳園……。」

蔣啓敭等修德興縣志卷一「山川志，天門山」：「在縣西隅，周迴十里，高二百二十丈。有怪石嶙峋，盤踞溪滸，橫障洎河諸水……。」

或謂鄱陽人，蓋饒州路，古稱鄱陽郡，然易疑爲今鄱陽縣。

江南通志卷八十八「人物二十三、饒州府二．元」：「徐明善，鄱陽人。至元間，任江西儒學提舉，嘗奉使安南……。」

欽定大清一統志卷二百四十「饒州府表」謂：三國吳、宋、齊、陳、清，皆曰鄱陽郡。唐，五代，宋，均稱饒州鄱陽郡，元曰饒州路，明曰饒州府。

宋顯宦之裔，自婺州路之金華，遷龍興路之分寧。

芳谷集卷上「送趙顯之序」：「至元庚寅……，又明年，中執法，以君風裁絕出剡上，爲浙東憲幕長。華其遷，而惜其去，不獨余也。將行徵言……，爲詩四韻，以倡凡餞君者。詩曰：三年氈冷豫章城，書眼逢君百倍明。憲府已倈新掾重，籌帷長說舊僚清。蒼官挺挺鳥同集，碧宇迢迢鶚獨橫。我合故山看白石，相煩洞裏約初平。余先世自金華，徙分寧，故言。」

新元史卷五十「江浙等處行中書、婺州路」：「宋婺州……，縣六：金華……。」

新元史卷五十「江西等處行中書省，龍興路」：「宋隆興府……，州二……：寧州……，置洲治於分寧，縣一，分寧。」

六世祖禧，官至知制誥，兼御史中丞，死國事，謚忠愍，妻葬新建縣洪崖鄉。

宋史卷三百三十四「徐禧，李稷附」：「徐禧，字德占，洪州分寧人。少有志度……。召試知制誥，兼御中丞……。種諤西討，得銀、夏、宥三州，而不能守……。詔禧與內侍李舜舉，往相其事……。夏騎卒，渡水犯陳，鄜，延……，夜大雨城陷，四將走免，禧，舜舉，稷死之……。謚曰忠愍……。子俯，自有傳。」

芳谷集卷下「先樞密施田眞觀院誌」：「……樞密東湖居……，公母韓國黃夫人，先忠愍公之室，而太史公文節公女兄也。葬新建縣洪崖鄉大雲塘……，七世孫明善，嘉善，元善，來拜墓下……。」

新建縣卷之七「坊鄉考」：「洪崖鄉，管三圖。」

七世祖俯，官至端明殿學士，簽樞密院事，兼參知政事。

宋史卷三百七十二「徐俯」：「徐俯，字師川，洪州分寧人……。紹興二年，賜進士出身，兼侍讀。三年，遷翰林學士。俄擢端明殿學士，簽樞密院事。四年，兼權參知政事……。俯子後……。」

守信州，樂德興山川風俗之美，自洪州之東湖遷焉。

芳谷集卷下「先樞密施田眞觀院誌」：「先樞密東湖居士……，守信州，樂旁縣德興，山川風俗之美，由豫章東湖徙焉……。」

欽定大清一統志卷二百三十八「南昌府表」：「漢：豫章郡。三國吳：豫章郡。晉：豫章郡。宋齊：豫章郡。梁陳：豫章郡。隋：豫章郡。唐：洪州豫章郡。五代：南昌府。宋：隆興府。元：龍興路。明：南昌府。」

江西通志卷七「山川一，南昌府」：「東湖，在府城東隅，水清魚美。酈道元稱東太湖，十里二百二十六步，北與城齊，南緣迴折，至南塘，水通大江者是也。」

卒葬德興縣之二十二都。

江西通志卷一百十「邱墓，撫州府」：「樞密徐俯墓，在德興二十二部。」

明善，幼聰敏，八歲能文。

吳啓新等修德興縣志卷之七「人物志、仕蹟、元」：「徐明善，號芳谷，一都人，八歲能文。」

至元元年，甲子，爲吏江南行御史臺。

芳谷集卷上「送李可行光澤縣尹序」：「天下者，一邑之積，邑有仁令，天下之平，不難也……。至元甲子，予爲吏行臺……。」

元史卷八十六「百官二，江南諸道行御史臺」：「設官品秩，同內臺。至元十四年，始置江南行御史臺于揚州，尋徙杭州，又徙江州，二十三年，遷于健康，以監臨東南諸省……。」

芳谷集卷上「送李君序，英」：「章甫逢掖之士，仕州若縣者，得行其志，鮮焉。獨官於學者，在守先聖之道，模範後進，比於他官，無所屈志……。今年余客金陵，君不遠千里來會……。」

二十五年，暫攝從五品，江西儒學提舉，相禮部侍郎李思衍，奉使安南。

說郛卷五十六「天南行記，徐明善」：「至元二十五年十一月十二日，禮部侍郎李思衍，呈都堂，以明善輔行。十六日詣都堂，奉鈞旨，相副使，安南去者……。」

安南志略卷十七「至元以來名賢奉使安南詩」：「儒學提舉徐明善，佐兩山（按：李思衍之號）使交，春夜觀棋贈世子。」
正德饒州府志卷四「名宦，德興縣，元」：「徐明善，號芳谷，任江西儒學舉，嘗使安南，有文名。」
吳啓新等修德興縣卷之三「名宦姓氏，元」：「儒學提舉徐公明善。」
元史卷九十一「百官七，行中書省」：「儒學提舉司，秩從五品。各處行省所署之地，皆置一司，統諸路州縣學校……。每司提舉一員，從五品。副提學一員，從七品。吏目一人，司史一人。」
元詩紀事卷五「李思衍」：「思衍字昌翁，號兩山，餘干人。至元間，授袁州治中，官至南臺御史。」
江西通志卷八十八「人物二十三，饒州府二、元」：「李思衍，字克昌，餘干人……。世祖以安南未附……，召拜禮部侍郎，副參議圖魯，奉使招諭……。」
安南志略卷十七「至元以來名賢奉使安南詩：儒學提舉徐明善佐兩山使交，春夜觀棋贈世子」：「綠沈廷院月娟娟，人在壺中小有天。身共一枰紅燭底，心遊萬仞碧霄邊。誰能喚起迷魂者，賴有旁觀袖手仙。戰勝將驕兵所忌，從新局面恐妨眠。」
說郛卷五十六「天南行記，徐明善」：「至元二十五年，安南國上表……。二十六年己丑，

二十六年，春夜觀棋，有詩以贈安南世子。

二月二十八日，至其國門……。三月一日……，禮畢，宴使者……。」

安南王子陳日炫，聞其善詩，席間舉巵酒索詩，即口占五律以讋之。

元詩紀事卷九「徐明善，席上口占」：「乘傳入南中，雲章照海紅。天邊龍虎氣，南徼馬牛風。日月八荒燭，車書萬里同。丹青入王會，茅土胙無窮。」中洲野錄：「徐芳谷嘗奉使交趾國，其王子陳日炫，聞公善詩，舉巵酒立索吟，公口占云云。日炫遂納款奉貢，公聲名大振。」

二十八年，庚寅，授正九品，龍興路儒學教授。

芳谷集卷上「送趙顯之序」：「至元庚寅，余教授洪都。」

芳谷集卷上「送李尚書序，適祖」：「至元二十九年春，上將征海南島夷，命行省具舟楫戈甲弓矢……。竣事還都。諸生服公德美，爲歌詩以送之，而郡文學爲之序。」

萬曆南昌府志卷之十二「府職官沿革，龍興路總管府」：「龍興路學，教授一員，正九品，田一頃。學錄一員，學正一員。」「教授：萬一鶚，南昌人。陳時遇，新建人。徐明善，饒州人。」

按：奉使安南有功，理當陞遷，何以降授。蓋其乃暫攝斯職，並未眞除，故非降調。

二十九年，官江南行臺掾。

芳谷集卷上「送趙顯之序」：「至元庚寅，余教授洪都，顯之趙君，亦來長郡幕……。明年，同掾行臺……。」

元貞二年，爲行臺吏。

芳谷集卷上「送王仲温湖廣省郎中序」：「元貞二年，予吏行臺……。」

大德九年，乙巳，以憲司掌故之江西。

芳谷集卷上「送王仲温湖廣省郎中序」：「余休歸林下有年，大德乙巳，甫以憲司掌故來江西。而公亦以是年，來長省幄……。」

歷聘江浙湖廣三省考試，拔黃縉卿於落卷中。

吳啓新等修德興縣志卷之七「人物志，仕蹟，元」：「徐明善，號芳谷……。歷聘江浙湖廣三省考試，扳黃縉卿於落卷中。」

稟性謙和，自稱不於工詩，文不如人。

芳谷集卷上「送徐文節鷹房提領之黃州序」：「予方休官絕肉，思與世外隱君子游，而宗人文節，奉檄提領鷹房打捕之齊安求詩，予不工詩……。」

芳谷集卷上「周自昭文集序，德老」：「予友臨川周君自昭……，爲文如飆至霰集，下筆不能自休……。予文不逮君，序不足增文重……。」

著芳谷集二卷。頗談性理，而平易樸實，不涉玄奧。雅潔暢達，無失先賢準繩，以能文著稱。集中無詩，然詩亦可觀。

芳谷集卷首「提要」：「臣等案，芳谷集二卷，元徐明善撰……。集中有文無詩，亦無前後序。文凡一百二十篇，頗談性理，而平易樸實，大致雅潔，猶不失先民矩矱者……。」

芳谷集卷上「白雲察罕平章賜白氏序」：「賜姓命名，其來自古……。因公告老，賜白爲姓……。中外名公卿大夫士，詩而序之，既詳矣。僉事黎君，介景君來言曰，子能文辭者，此獨無言不可……。」

按：詩三首，見前引。

欽定古今圖書集成理學彙編文學典第八十六卷「文學名家列傳七十四，元，徐明善」：「按饒州府志，徐明善，德興人……。其時邑後先，有周伯顏，徐天麟工古詩，蔡儒實工絕句，朱有問工詞章，徐省翁，吳旭工唐律，竝以才著。」

與邑中工古詩之周伯顏，徐天麟，善絕句之蔡儒實，長詞章之朱有問，工唐律之徐省翁，吳旭，並以才著。

所交名賢顯宦，除李思衍外，僅盧摯，涿郡人，字處道，官至翰林學士承旨。

芳谷集卷上「疎齋盧公文後集序」：「公文自爲序，明善弟嘉善，得公近稿，刊爲別集。疇惜公嘗謂明善曰，子知余文焉，得無一言，乃識其概於集端云。」

元詩紀事卷四「盧摯」：「摯字處道，一字莘老，號疎齋，涿郡人。至元五年進士，官至翰林學士承旨。」

李德隆，縉山人，歷官湖北道肅政廉司簽事。

芳谷集卷上「送李德隆僉湖北憲司事序」：「天地恒而已矣。四時日月，終古不息……。今僉司恒莊李公……，在臺幕掾，倚以爲重。皆榮其遷，惜其去……。爲歌詩以餞，而屬予曰：子宜序……。」

剡源文集卷十一「恒莊詩序」：「客有言恒莊於余者曰：縉山李侯德隆……，乃取旁近先塋之田若干畝，命之曰恒莊，使李氏爲子若孫者，世守之，以圖永久不壞……。」

元史卷八十六「百官二，江南諸道行御史臺。江南十道隸江南行臺」：「江西湖東道，龍興路置司……。江南湖北道，武昌路置司……。」

李英，鄱陽人，字庭秀，歷官武昌學正，韶州路教授。

芳谷集卷上「送李君序，英」：「章甫逢掖之士，仕州若縣，得行其志者鮮焉……。今鄱陽教諭，學富行修……，望君眉睫，可以知志行矣，勉旃。」

吳文正集卷三十一「送李庭秀序」：「北湖廉訪使程公（按：鉅夫），論詩論文，法度甚嚴，於人無所不容，而愼許可。大德六年秋，余過武昌，訪士於公。公曰：居於斯者某，游於斯者，有鄱陽李英庭秀……。君仕武昌學正，會朝廷遣官，定廣西選，選爲韶州教令之教官……。」

宦遊所及，北抵大都，南達兩廣安南，惜無詩文以記其勝覽。兄弟三人，明善居長，仲嘉善，季元善。

芳谷集卷下「誌，先樞密施田眞觀院誌」：「……又數十年，公七世孫，明善，嘉善，元善，來拜墓下……。」

嘉善，字尙友，與兄齊名。官至饒州路儒學教授，未幾，掛冠去。

蔣啓敭等修德興縣志卷之七「人物志，儒林，元」：「徐嘉善，字尚友。明敏嗜學，與兄芳谷齊名。爲婺州學正，改饒州路教授，未幾，掛冠去。」

元善，命從李英受業。

芳谷集卷上「送李君序，英」：「今鄱陽教諭李君，學富行修，詞翰人尤賞重，余命季弟受學。加大匠於木，立就繩墨，知其於教事，最習也。」

孫女，適張孟庸。盜殺其夫，欲納之，貞烈死節。

江西通志卷一百一「烈女五，饒州府，元」：「張孟庸妻徐氏，德興人。盜納，徐哭曰：芳谷吾祖也，夫被爾殺，反又事之，豈不辱吾祖乎，不從而死。」

（十七）茶山老人遺集作者沈貞傳兼註其集

沈貞，字元吉，號茶山老人。

茶山老人遺集卷末「附錄」：「茶山老人遺集二卷，元沈貞撰。貞字元吉，自號茶山老人。」

湖州路長興茶山人。茶山，墟名。在縣北四十五里，顧渚山下，以產茶製茶得名。

茶山老人遺集卷末「附錄，明勞鉞湖州府志」：「沈貞，字元吉，長興茶山人。」

新元史卷五十「地理志五，江浙等處行中書省」：「湖州路……領……縣五：烏程，歸安，安吉，德興，武康。州一：長興州……。」

長興縣志卷十「山，顧渚山」：「在縣西北四十七里。按元和郡縣志云：縣北四十里。寰宇志云：西北三十里。高一百八十丈，周十二里，名產紫筍。茶山，墟名……。唐時，置茶院於此。每歲進奏役工三萬人，積月方畢。院側有清風樓，絕壁峭立于大澗，中流亂石飛走，曰明月峽。茶生其間，尤爲絕品……。」

長興縣志卷十一「水，金沙泉」，「按郡圖志云：即每歲造茶所也，寰宇記。金沙泉，不常出。每造茶時，有司具牲帛祭之，始得水，事訖輒涸。宋末，屢加浚，泉迄不至。至元十五年，中書省遣官致祭，一夕水溢，可溉田千畝……。在縣北四十五里，顧渚山下。唐時，以此水造紫筍茶進貢……。」

長興縣志卷十四「古蹟，貢茶院」：「在縣西北四十五里，貞元十七年，刺史李詞置。以吉祥寺東廊爲院，修貢堂在院內，有唐貢茶刺史，題名二十八人石刻。堂上有杜牧題茶山詩云。山實東吳秀，茶稱瑞草魁……。」

因亂，避居士林之求詩卷。士林民淳壤沃，殷富朴善。飛泉繞屋，翠竹成牆，景色清幽秀麗。唐宋以來，因居多文人，得名。

茶山老人遺集巷下「士林山水記」：「去長城北十里，曰士林。唐宋迄元，居多文人，得名。壤沃民淳，殷富朴善。凡離世外道者，施施而來，紆紆而遊，余因亂，避居此……。」

長興縣志卷十四「古蹟，元隱士，沈貞宅」：「在縣北三十里，求詩卷。」

長興縣志卷十五「寺觀，士林庵」：「在縣北十里士林村，明崇禎四年，建士林村，元沈貞故居也。地倚西清澗，飛泉繞屋，密林成牆。石徑紆徐，遮以樹影，山烏一聲，則林花亂落。秋風一度，則木葉堆蹊。訪茶山者，輒流連不忍徑去。吟詩巷，滿詩衖，並在于此。庵奉土地像，人以沈貞爲即其神，稱茶山土地云。」

茶山老人遺集卷末「附錄，明張愼爲長興縣志」：「沈貞，字元吉……。所居地，名士林。有求詩卷，唐宋名流，多觴咏於此……。」按卷爲巷之誤。

長興縣志卷十四「古蹟，士林」：「在縣北十里，唐宋文人，多居於此，元沈貞隱處。」

長興縣志卷一下「建置沿革」：「禹貢楊州之域……，晉武帝太康三年，分烏程，立長城縣，屬吳興郡……。梁開平四年，改長城縣爲長興縣……。元貞元年，陞長興縣，爲長興州，仍屬湖州路……。洪武二年，降長興州爲縣……。」

性介，特立獨行，卓然出群。明敏嗜學，安貧樂道。雖在田畝間，猶手不釋卷。嘗從許謙游，博通經史，尤長于詩。

茶山老人遺集卷末「附錄，明顧應祥長興縣志」：「沈貞，字元吉……。性介，篤學，博通經史，尤長于詩。安貧樂道，特立獨行……。」

茶山老人遺集卷末「附錄，本朝鄭元慶湖錄」：「沈貞，字元吉……。甘貧力學，雖在畎畝，手不釋卷。」

茶山老人遺集卷末「附錄，本朝朱彝尊明詩綜詩話」：「茶山老人，敦蠱上履二之節，從白雲游……。」

新元史卷二百三十四「儒林一，許謙」：「字益之，婺州金華人……。謙生數歲而孤，妣母陶氏，日授孝經論語，稍長肆力於學。三十始受業於金履祥之門……。嘗以白雲山人自號，世稱爲白雲先生……。」

元末，戰亂頻仍，隱橫玉山。雖徙避艱辛，處之泰然。

萬姓通譜卷八十九「上聲，二十七寢，沈」：「元，沈貞。字元吉，長興人。元末，隱居橫玉山中。」

茶山老人遺集卷末「附錄，明顧應祥長興縣志」：「沈貞……當元季擾攘，艱難遷徙，以全性命，然胸次泰然……。」

長興縣志卷十「山，橫玉山」：「在縣西北三十五里，高一百九丈，周三里。望之，蒼翠如玉。有神廟，今爲觀音祠。」

入明不仕，縣尹欲辟之，遣人先覘其意，則堅匿不出。

茶山老人遺集卷首「茶山老人遺集序」。「古人不以詩文重，而後世重其人。往往蒐羅其詩文頌讀之，以爲論世尚友之具……。老人生于元末，入明不仕，隱德潛行，軼于正史……。雲中鮑鈴。」

茶山老人遺集卷末「附錄，明勞鉞湖州府志」：「沈貞，字元吉……。一日縣令欲辟之，先使人覘其意。元吉知之，避匿不出宅……。」

茶山老人遺集卷末「附錄，本朝鄭元慶湖錄」：「沈貞，字元吉……。宅旁一井，冬夏原泉湧流，溉田數十畝，貞日往來，吟咏不出……。」

舍旁一井，冬夏清泉湧流不止，可溉田數十畝。元吉日往來，吟咏不出。

踵門問學求字者，絡繹于途，日不暇給。

茶山老人遺集卷末「附錄，本朝鄭元慶湖錄」：「沈貞，字元吉……。踵門問字者，日不暇給。」

著茶山集十卷，或謂十二卷，五十卷。

萬姓通譜卷八十九「上聲，二十寢，沈，元」：「沈貞，字元吉……，茶山集十卷。」

茶山老人遺集卷末「附錄，明勞鉞湖州府志」：「沈貞，字元吉……，有茶山稿十二卷。」

兩浙名賢錄卷四十四「高隱，元，沈元吉貞」：「沈貞，著茶山稿十二卷。」

茶山老人遺集卷來「附錄，明顧祥長興縣志」：「沈貞，字吉……，所著有茶山集五十卷行于世。」

茶山老人遺集卷末「附錄，明張愼爲長興縣志」：「沈貞，字元吉……。元吉著有茶山集五十卷，傳于世。」

惜詩文多散佚，僅存遺集二卷。

茶山老人遺集卷首「茶山老人遺集序」：「老人詩文之傳，蓋幾乎泯矣……。取諸書，編錄梓之，詩若干首，文若干篇，爲二卷，雖未窺全豹，亦蔚然可見一斑矣。」

世謂其詩，頗涉粗淺，不若楊維禎遠甚。然樂神曲，則頗爲奇古。

茶山老人遺集卷末「附錄，茶山老人遺集二卷」：「元沈貞撰……，靜志居詩話，稱其人品高於楊維楨，至詩文，則頗涉粗淺，不逮楊維楨遠甚……。」

茶山老人遺集卷末「附錄，本朝朱彝尊明詩綜詩話」：「茶山老人……集五十卷，惜不傳。從陳編中，搜得樂神曲，一十三首，不無冗長，且多闕文，因汰其六，稍爲刪易補綴，頗覺奇古。」

至其人品，則高節清標，堅不仕明。足化俗格貪，有益世道。較之楊氏等，招來揮去者爲高。

茶山老人遺集卷末「附錄，茶山老人遺集二卷」：「元沈貞撰……。靜志居詩話，稱其人品，高於楊維楨……。」

茶山老人遺集卷末「附錄。本朝朱彝尊明詩綜詩話」：「茶山老人……，方之楊廉夫輩，呼之即來，遣之即去者，如論奕然更高一品……。」

茶山老人遺集卷首「茶山老人遺集序」：「嗟乎，士方隱居求志，銷聲滅景，怡然自足于一世，詎希夫後代之名哉。乃其清標卓規，有不可掩，往往歷永久，而名歸之。其流風所被，可以廉頑立懦，寬鄙敦簿，以視夫得位行道者，又何區別焉……。」

所交不廣，集中所示，僅楊維禎一人。

茶山老人遺集卷上「同楊廉夫題梵業院，即皐塘寺」。

元詩紀事卷十五「楊維禎」：「維禎，字廉夫，號鐵崖，會稽人。登泰定丁卯進士第，官至江西等處行中書省儒學提舉，有鐵崖古樂府等集。」

一生未出鄉里，然遍覽邑中，名勝古蹟之祠山宮。

長興縣志卷十五「寺觀，祠山行宮」：「在縣西一里五峰山，祀祠山神，靈濟聖烈王張渤。宋淳熙三年，道士陳靜逸建。舊在縣東一里，年久頹廢。」

洗心亭

茶山老人遺集卷上「五言，洗心亭」。

長興縣志卷十五「古蹟，洗心亭」：「在縣西五峰山，元州尹黃德芳建。」

清涼寺。

茶山老人遺集卷上「五言，清涼寺」。

長興縣志卷十五「寺觀，清涼寺」：「在縣西一里，五峰山下。舊在和平鎮，號化成庵。宋治平二年，改今額。元至正間，遷於此……。」

五峰山。

茶山老人遺集卷上「五言，五峰山」。

長興縣志卷十「山、五峰山」：「在縣西一里，張志：高十丈，周三里。括地志云：仙人姚紾所居。陳虞寄報國寺碑云：四鶴齊飛，五峰相映。輿地紀勝：上有洗心亭。」

紫金菴。

茶山老人遺集卷上「五言，紫金菴」。

長興縣志卷十五「寺觀、紫金講寺」：「在縣西長安門外，宋淳熙四年，剏名紫金庵，元末毀於火。」

金沙泉。

茶山老人遺集卷上「五言，金沙泉，在茶山」。

長興縣志卷十一「水，金沙泉」：「金沙泉……，在縣北四十五，顧渚山下。唐時，以此水造紫筍茶進貢。統紀云：顧渚山貢茶院側，有碧泉湧出，燦如金星。」

西清澗。

茶山老人遺集卷上「五言，西清澗」。

茶山老人遺集卷下「士林山水記」：「西清澗，澗石宗生，杜若澗。人局鬧，湍水激發碓碾。故瀆爲琮琤聲，吼爲雷殷聲，濺注瀺灂，爲鐘磬琴筑聲。」

陳家瀼。

茶山老人遺集卷上「七言，陳家瀼」。

茶山老人遺集卷下「士林山水記」：「陳家瀼，實霸先舊業，與其鄰，手鬮者。瀼東西，膏腴萬頃。農歌互答，樵牧問話，蔥蔥蒨蒨，總禾績麥，野興幽趣，溢于心目，不可殫狀。」

響泉崖。

茶山老人遺集卷上「七言，響泉崖」。

長興縣志卷十「山，響泉崖」：「在縣北十里。」

堯山。

茶山老人遺集卷上「七言，堯山」。

長興縣志卷十「山，堯市山」：「堯市山，在縣西北四十一里，高一百四十丈，周十里，□名石門山。山上有堯市，堯時洪水，居民于此作市，因名。有纜船石，石上多孔，人以爲攬船處……。上有池，廣一畝，生野荷。山之右高巖上，有石門庵……。」附錄沈貞「堯市山」詩，内容與「堯山」同，故堯市山，即堯山。

横玉山。

茶山老人遺集卷上「七言律，横玉山」。

長興縣志卷十「山，横玉山」：「在縣西北三十五里，高一百九丈，周三里，望之，蒼碧如玉。上有神廟，今爲觀音祠。」

定惠院。

茶山老人遺集卷上「七言律，定惠院」。

長興縣志卷十五「寺觀，定惠教院」：「在縣北二十五里無胥邨，唐貞觀二年建。吴越錢氏，改號報國寺。宋治平二年，改今額。寶佑三年，僧印寶請敕定惠院……。」

章惇墓，丫臼嶺。

茶山老人遺集卷上「七言律，題章惇丞相墓」，「遊丫臼嶺」。

長興縣志卷十「山，丫臼嶺」：「在縣北三十五里，由吉祥四都，達吉祥六都，下有章惇墓。」

梵業院。

茶山老人遺集卷上「七言律，同楊廉夫題梵業院，即皋塘寺」。

長興縣志卷十一「水，臯塘」：「在縣東二十五里，漢平帝元始二年，吳郡高士臯伯通所築。按伯通吳郡大家，有賢行，築塘以鄣太湖……。譚志：按鐵崖集，有臯唐寺，應在臯塘矣，而舊志不載。今併詩補入寺觀，以資故實。」

兩川，南川軍砦。

茶山老人遺集卷上「七言律，遊兩川」，「南川軍砦」。

茶山老人遺集卷下「遊兩川記」：「東吳固爲山水窟，然號稱慕幽勝者，弗能徧歷也。余住茶山，年且老，茶山幽勝，尚未克歷覽……。歲辛酉三月二十又四日，約好事多士，相與縱遊……。如此者，行行而上，曰上張……，遂分兩歧，南曰南川，北曰北川。先自北佳竹塢……，復遊南川……。」故兩川，南川軍砦，在茶山，亦即顧渚山。

長興縣志卷十「山、南川山、北川山」：「俱在顧渚山，北去縣西北六十里，高一百八十丈，周八里，與宜興縣接界。」

桃花塢。

茶山老人遺集卷上「七言律，桃花塢山行」。

長興縣志卷十「山，桃花塢」：「在縣北二十五里，多桃花。」

茶山老人遺集卷下「遊兩川記」：「復遊南川……，至桃花塢。塢極深，無他雜木，皆茗檟苦茶桑柘，高入雲際……。峰勢峻極……，塢下急澗潺潺，巨石爲底，矻爲噴流，匯爲飛湍，清洌甘美……。苟存隱逸志者，至此興趣可掬也……。」

陳墓嶺。

茶山老人遺集卷上「七言律，登登陳墓嶺。」

長興縣志卷十「山，陳墓嶺」：「在縣北二十里，相傳有陳后陵墓。」

上吉祥寺。

茶山老人遺集卷上「七言律，上吉祥寺」。

長興縣志卷十四「古蹟，貢茶院」：「在縣西北回十五里，元貞十七年，刺史李詞置，以吉祥寺東廊爲院，修貢堂……。」上吉祥寺，疑即此。

石澗。

茶山老人遺集卷上「七言律，石澗納涼」。

長興縣志卷十一「水，石澗」：「在縣北，士林之西」。

茶山老人遺集卷下「士林山水記」：「石澗，澗勢曲折如之玄，順而東，達則東流逆而西引，則西流。坻滔洄洑，不能名狀。激之爲湍，渟之爲瀦，繚之爲派，支稍砨砥而高，爲豎流，爲噴泉，爲縱橫澮澗，潭多紅錦，鱗多紋，魚有八鬚……。」

白石玉。

茶山老人遺集卷上「白石山懷古」。

長興縣志卷十「山，白石山」：「在縣東南四十二里，高三十丈，周三里，出礪石如礬，張志。白石山，出白礬石，吳興記。」

茶山老人遺集卷下「士林山水記」：「白石山，山石晶晃如雪堆，塢中佛氏，居幽隱清，適足以嘉遯。樹木皆卑屈堅瘦，若茜叢棘巢，百鳥喧啾，難冬，常如二三月……。」

徐氏山。

茶山老人遺集卷上「望徐氏山」。

長興縣志卷十「山，徐氏山」：「在縣北士林之西。」

茶山老人遺集卷下「士林山水記」：「徐氏山，山舊屬徐，故山以姓姓之。登高望遠，具區之夫椒，雙雷，洞庭，馬蹟，宛在足底。」

徐公塘，慈姑塘。

茶山老人遺集卷上「徐公塘」，「慈姑塘」。

長興縣志卷十一「水，徐公塘」：「在縣北十里」。「慈姑塘」：「在縣北十里。」

卒葬五雲山。

長興縣志卷十三「陵墓，茶山老人墓」：「在五雲山。」

（十八）一瓢稿賸稿作者翁森傳兼註其集

翁森，字秀卿，號一瓢，台州路仙居人。

宋詩紀事卷八十一「翁森」：「森字秀卿，號一瓢，台州仙居人。」

元史卷六十二「地理五，江浙等處行中書省，台州路」：「唐初爲海州，復改台州，又改臨海郡，又爲德化軍，宋因之。元至元十三年，置安撫司，十四年，改台州總管府……，領司一，縣四，州一。錄事司，縣四：臨海，上倚郭。仙居，上。寧海，上，天台，中。州一：黃巖州。」

早歲，明敏篤學，經史百家之言，無所不窺。歷代之史，熟若貫珠。傳疏叩之，不遺一言，爲考亭餘緒，時稱翁書廚。

宋季忠義錄卷十三「翁森」，「翁森，字秀卿，號一瓢，仙居人。書無不窺，叩之，舉傳疏不遺一言。或歷代史，上下四三千年，纚纚如貫珠，僉呼曰，翁書廚。」

宋元學案補遺卷四十九「朱學之餘」：「隱君翁先生森……。」

宋亡，隱居教授。

宋詩紀事卷八十一「翁森」：「森字秀卿……，宋亡，隱居教授。」

浙江通志卷一百七十六「人物五，儒林中，台州府，元」：「翁森，嘉靖浙江通志，字秀卿，仙居人，隱居教授。」

時科舉之制廢，官多吏進。粗識字，能治文書，得入臺閣，共筆箚。吟一篇詩，習半行字，亦名爲儒。

元文類卷三十四「送李茂卿序」：「大凡今仕唯三塗。一由宿衛，一由吏，一由儒。由宿衛者……十之一，由儒者……十分之一半，由吏者……十九有半焉……。」

續通典卷二十二「選舉志，雜議論下」：「余闕曰……，自至元以下，始浸用吏，雖執政大臣，亦以吏爲之。由是中州小民，粗識字，能治文書者，得入臺閣，共創錔。積日累月，可致通顯。」

新元史卷一百九十三「鄭介夫」：「今吟一篇詩，習半行字，即名爲儒……。」

光緒仙居志卷之十三「人物志上，宋」：「翁森……當元之世，科目既廢，富家子弟，多不讀書，而習于壟斷之技。或爲吏胥，以求仕進。或挾冊哦詩，以糊口於四方。」故富家子弟，多不讀書。或爲胥吏，以圖進取。或習壟斷，而謀其利。或挾書哦吟，糊口四方。森慨然建安洲書院。當因邑有安洲山，而名之。

赤城新志卷之七「學校，書院」：「安洲書院，在仙居縣東二十五里，元至元中，隱士翁森建，今廢。」

赤城志卷二十二「山水門四，山，仙居」：「安洲山，在縣東南五里，舊名管山，又名九旬，上有潭。按舊志：唐武德中，僧灌頂，講經於此。時漁者甚眾，頂勸止之。一夕風雨，旦視之，則爲洲矣，故更今名。」

取朱子白鹿洞學規以爲訓，授之儒術，期能育材化俗。先後受業者，八百餘人，彬彬然稱盛於時。

萬姓統譜卷一「上平聲，一東，翁」：「元，翁森……，取朱子白鹿洞學規以爲訓，從游者，前後至八百餘人。」

光緒仙居志卷之十三「人物志上，儒林，元」：「翁森……以儒術設教，化其鄉人，彬彬稱盛焉」

著一瓢稿，又稱此盧先生集。惜多散遺，僅存賸稿一卷，詩二十八首。

赤城新志卷之十「人物二」：「翁森……有一瓢稿行于世。」

光緒仙居志卷之十七「藝文志，集部，一瓢集」：「元翁森著，字秀卿，傳見儒林。赤城新志云：又名此盧先生集。」

一生未出鄉里，所交名賢，僅呂徽之六松。

一瓢稿賸稿「寄懷呂六松」。

光緒仙居志卷之十五「人物志下，遺逸，元，呂起猷」：「呂起猷，字徽之，號六松，博學能詩文。宋亡，深晦不仕，居萬山中，以耕漁自給……。」

一瓢稿賸稿「附錄，輟耕錄：呂徽之，家仙居萬山中，博學能詩，而安貧樂道，耕漁以自給……。」

陳孚剛中。

光緒仙居志卷之十三「人物志上，儒林，元」：「翁森……與臨海陳孚剛中善。後陳奉使西川，屏騶從，葛衣造之。森迎而笑曰：斯吾昔日剛中乎？促膝劇談而別，陳爲作安洲鄉學記。」

元詩選二集丙集「陳治中孚」：「孚字剛中，號笏齋，台州臨海人。幼清峻穎悟，博學有氣節。至元中，孚以布衣，上大一統賦，江浙行省聞于朝，署上蔡書院，考滿，謁選京師。二十九年，世祖命梁曾以吏部尚書，再使安南，選南士爲介，朝聲薦孚，調國史院編修官，攝禮部郎中，爲曾副。陛辭，賜五品服，佩金符以行……。使還，除翰林待制，兼國史院編修官。廷臣以孚南人尚氣，頗嫉忌之，遂除建德路總管府治中，再遷治中衢州，秩滿，特授奉直大夫，台州路總管府治中。大德七年，台州旱……，發倉賑饑……，而孚亦以此致疾，卒于家，年六十四……。」

遊蹤所及，天台，海門而已。

一瓢稿賸稿「過天台」。

赤城志卷二十一「山水門三，山，天台，天台山」：「在縣北三里，按陶弘景眞誥，高一萬八千丈，周回八百里。山有八重，四面如一……。」

一瓢稿賸稿「海門道中宿田家」。

赤城志卷二「地理門二，鄉里，黃巖，飛凫鄉」：「在縣東南二十里，管里七，親仁，海門，懷禮……。」

卒葬縣之下枝。

光緒仙居志卷之二十「古蹟志上，冢墓」：「隱士翁森墓，在縣南下枝。」

（十九）紫巖于先生詩選作者于石傳兼註其集

于石，字介翁，婺州路蘭谿人。

宋詩紀事卷八十「于石」：「石字介翁，婺之蘭谿人。」

居紫巖鄉，因以爲號。晚徙城內，又號兩溪。

禮部集卷十七「于介翁詩選後題」：「于介翁先生，名石。因所鄉，自號紫巖。後徙城中，復兩溪之號。」

清張許等修蘭谿縣志卷三「建置志，鄉隅」：「紫巖鄉：江陽里，在銅山鄉東南，管三十一都……。」「銅山鄉，清江里，在附郭，管三十四都。」

宋淳祐九年生。

元詩選二集「于處士石」：「石字介翁……，年三十而宋亡。」按元至元十六年，西元一二七九年，宋亡。石時年三十，西元一二七九年，減三十，即西元一二四九年，宋淳祐九年生。

貌古氣剛，性豁達達幽默。喜詼諧，慕杜五高之爲人。

宋元學案補遺卷七十三「王氏門人，于先生石」：「于石，字介翁……。貌古氣剛，喜詼諧，早慕杜氏五高之爲人。」

從朱子門人，王瀚定庵受業。

禮部集卷十七「于介翁詩選後題」：「于介翁先生，名石……，後師王定庵，業詞賦。」

宋元學案卷七十三「麗澤諸儒學案、朝奉天定菴先生瀚」：「王瀚，字伯海，金華人。龜山弟師愈之子，而文憲公柏之父。師呂成公（按呂祖謙），亦逮事朱文公，仕至朝奉郎，主管建昌軍僊都觀。參可言集考。梓材謹案：先生號定菴……。朱子別集，棲賢磨崖題名，有門人丁克，王翰。王翰，蓋即先生，翰澣古今字爾。」

魯齋集卷首「提要」：「臣等謹案，魯齋集二十卷，宋王柏撰……。案柏之祖師愈，受業於楊時。其父瀚，亦及朱子，呂祖謙之門。」

魯齋集卷十二「先友尺牘總跋」：「先君端方嚴介，擇交寡與，然久要急義，無愧古人。」

魯齋集卷十二「書先君遺獨善汪公帖後」：「先君少有大志，中年慨然以單騎，遊荊楚，入武當……，亦徧歷邊徼……。如地理之遠近，形勢之險隘，敵情之隱微，邊防之疎密，如指諸掌……。」

接聞諸老緒論，多所通解，其學自負甚高。

浙江通志卷一百九十三「人物十，隱逸下，台州府，宋，于石」：「萬歷金華府志，字介翁，蘭溪人……。接聞諸老緒論，其學多所通解，自負甚高。」

年三十，宋亡，高隱不仕。

元詩選二集「于處士石」：「石字介翁……，年三十而宋亡，隱居不出。」

兩浙名賢錄卷四十六「于介翁石」：「宋改物後，隱居不仕……。」

教授鄉里，獎掖後進。

禮部集卷十七「于介翁詩選後題」：「愚年十二三時，從之遊，會以故舍去。後數歲，見愚所作，輒曰：是子當不下人，向之不能卒業，彼此交以爲恨。而稱道誘掖，惓惓不怠，猶有古人之風焉。」

安貧樂道，寄情山林，銳意詩。

紫巖于先生詩選卷二「七言古詩，紫巖翁歌」：「一掬之水，可湘可沿，一拳之石，可漱可眠，其動也以天。萬壑之風，不琴而弦，兩山之雲，不爐而煙，其靜也以天。前鍾後鼎，左瓢右簞，何榮何辱，熟愚熟賢，先生笑而不言。」

紫巖于先生詩選卷三「五言律詩，吾家，二首」：「明月成三友，青山結四鄰。家貧猿執爨，林靜鳥司晨。好竹能醫俗，幽花不媚人。盤餐何所有，春韭與秋蓴。」

紫巖于先生詩選卷三「五言律詩，山居，二首」：「結屋萬山頂，柴扉晝懶開。搗茶驚鶴醒，抛果引猿來。笋短和泥掘，松高依石栽。有詩尋勝去，多趁暮鐘回。」

明徐用檢修蘭谿縣志卷四「人物志，文學」：「于石，字介翁……，宋改物後，隱居不出，一意於詩……。」

金華賢達傳卷十「元于石傳」：「于石，字介翁，蘭溪人。從王定菴游，接聞考亭之緒，為文確有根據，後一意為詩。」

爲文，得考亭再傳，皆有所本。

禮部集卷十七「手介翁詩選後題」：「世變後，一意於詩，出入諸家，豪宕激發，骨氣蒼勁，望而知其爲山林曠士。」

詩則豪宕激發，骨氣蒼勁，爽健可觀，類其爲人。

元詩紀事卷五「于石」：「詩藪：勝國吾鄉詩人，若于介翁……，如紫霞洞云云，白雲洞云云，雖自元人語，亦豪爽可觀。」

元詩紀事卷五「于石」：「元詩選：紫巖讀史七首中云：首錄酇侯忘紀信，不誅項伯戮丁公。鄭君不肯更名籍，項伯胡爲賜姓劉，對仗極工，惜全首未稱。案尚有：百二山河秦地險，八千子弟楚天亡，亦工。」

復對仗工整，新拔奇崛中，清麗溫雅，風味不凡。

紫巖于先生詩選卷三「七言律詩，讀史」：「亡秦四海角群雄，三尺胡然起沛豐。首錄酇侯忘紀信，不誅項伯戮丁公。親而寡助寧非叛，國爾忘身始是忠。賞罰於斯庸未當，終然擊柱與爭功。」

紫巖于先生詩選卷三「七言律詩，讀史」：「楚漢興亡事已休，至今堪嘆亦堪羞。鄭君不肯有名籍，項伯胡為賜姓劉。寡助固知親亦叛，孤忠忍亦主爲讐。人臣貴在明大義，勿爲身謀爲國謀。」

紫巖于先生詩選卷三「七言律詩，讀史」：「今來古往一封疆，虎鬪龍爭幾帝王。百二山河秦地險，八千子弟楚天亡。朝廷有道自多助，仁義行師豈恃強，往事興廢何處問，寒煙衰草滿斜陽。」

元詩紀事卷五「于石」：「時藪：勝國吾鄉詩人，若于介翁，李坦之，皆新拔多奇句。」

元詩紀事卷五「于石，紫霞洞」：「洞門相對是吾家，朝看煙雲暮看霞。鐵笛一聲山石裂，老松驚落半岩花。」句白雲洞：「一局殘棋雙鶴去，石枰空倚白雲寒。」

紫巖于先生詩選卷首：「介翁又以其魁岸奇偉之氣，發爲清麗溫雅之詩……。蘭谿金履祥吉父序。」

紫巖于先生詩選卷末：「蘭溪于石……其詩謂：一川疏雨平沙牧，半樹斜陽隔塢春。坡暖四時筍，溪寒五月花。春盡花無主，風來葉自秋等句，風味不凡……。金華王氏冰壺山館有刻本，余重付刊，特識其緣起于此，季樵胡宗楙。」

紫巖于先生詩選卷三「七言律詩，秋思」：「遠水遙天起斷鴻，秋光冷淡客情濃。一川疏雨平沙牧，半樹斜陽隔塢春。落葉輕於流俗態，寒花羞作少年容。憑高不礙乾坤眼，興入晴嵐第幾重。」

紫巖于先生詩選卷三「五言律詩，吾家」：「松蔭六七里，茅屋兩三家。坡暖四時笋，溪寒五月花。泉聲挾風雨，雲氣走龍蛇。誰謂謀生拙，開前數畝瓜。」

宋季忠義錄卷十三「于石」：「于石……爲詩，俊逸，常帶淒婉，因宋社既屋，抑鬱有故國之思。」

宋室既亡，俊逸中，常帶淒婉抑鬱，有故國之思。

元詩紀事卷五「于石」：「詩藪：勝國吾鄉詩人，于介翁……，于在元頗知名。」

禮部集卷十七「于介翁詩選後題」：「一時吾鄉言詩者，皆莫及也。」

一時言詩者，皆所莫及，於元頗知名。

禮部集卷十七「于介翁詩選後題」：「于介翁先生，名石……。平生刊稿七卷，其子以版借人，爲所匿，餘篇或購以錢，久將妄爲己作，薄甚可嘆也。」

著紫巖詩集七卷，其子以版借人，爲所匿，當擬圖利，或日久據爲己有。

禮部集卷十七「于介翁詩選後題」：「于介翁先生名石……，金華山賦及樂府櫽括出師表致得意之作，金華山賦及樂府櫽括出師表等，散佚不可考。

等作，先生自以爲得意者，今皆無可考。」

由門人吳師道，選爲三卷，即今紫巖于先生詩選。

紫巖于先生詩選卷末：「予暇日，因即其傳本，及所藏續抄者，選之爲三卷。愧力之未能廣其傳，庶幾寫錄散布，不遂泯沒。俾掠美盜名者，有所驚……。泰定三年，歲在丙寅，門人吳師道謹識。」

清張許等修蘭谿縣志卷十四上「人物志，儒林，元」：「吳師道，字正傳，居邑之隆禮坊。自幼穎悟不群，善記覽，工詞章。爲歌詩，清麗俊逸。弱冠，因讀眞西山讀書記，翻然有志於爲己之學，刮摩淬礪，日長月益……，造詣日深。至治元年，登進士第，歷官高郵縣丞，寧國錄事，池州，建德縣尹，皆卓卓有善政，足驗其所學。因大臣荐爲國子助教，陞博士。其教人，一本朱子之訓，而尊許衡之成法，六館諸生，人人自以爲得師。丁內艱歸，以奉議大夫禮部郎中致仕……，所著有易詩書雜說，春秋胡傳附辨，戰國策校註，敬鄉前後錄，及文集二十卷。」

金履祥爲之序。

紫巖于先生詩選卷首：「介翁其益勉之。蘭谿金履祥吉父序。」

金華賢達傳卷十「儒學，元，金履祥傳」：「金履祥，字吉甫，蘭谿人。從曾祖景文，以孝行著稱，名聞於朝，爲改所居鄉，曰純孝鄉。履祥博涉群書，師事王柏，又登何基之門……。德祐初，以迪功郎，史館編修起之，辭弗就。居金華山中，迪導後學，諄切無倦，而尤篤于分義。故人子坐事，母子分配隸。履祥傾貲營購，卒購以還。基柏之喪，率同門士，以義制服，而明師弟子之禮……。著通鑑前編二十卷……，四書疏義考証又合二十卷。所居仁山，學者稱仁山先生。元統初，國子博士吳師道移書學官，祠履祥于學。至正中，謚文安。」

所交皆鄉里，除金履祥，鮮有知名之士。

紫巖于先生詩選卷一「五言古詩」：「贈張君玉」，「次張嘉父閒居」，「次韻呂芳卿春遊」，「次韻鄭德彝擬古集句」，「次韻劉和德賦淵明」。卷二「七言古詩」：「美人章寄徐秉國」，「答吳子眞」，「次趙九翁」，「張德裕盤谷隱居」。卷三「五言律詩」：「次趙德輿」，「次韻潘天英自感」，「次韻徐月卿秋興」。「七言律詩」：「端午次韻和徐改之」，「清明次韻周君會」，「次韻徐廷珪偶成」，「次韻徐則正山居」，「次韻徐永之秋興」。

遊蹤所及，歷邑中之棲眞院。

紫巖于先生詩選卷一「宿棲眞院分韻得獨字」。

明萬曆蘭谿縣志卷之六「雜志類上，寺觀」：「栖眞教院」：「洞岩山後，唐長興中，有僧建石關寺於銅山。太平興國八年，僧如契愛茲山之勝，遷居之。舊名靈洞，祥符中改額。

蘇林記觀音閣云：蘭谿邑東一十里，有山曰靈洞，栖眞院據其巔。喬松龍蟠，怪石虎踞。古木參天，修竹拂雲。山勢環抱，奇峰屹然……。」

半山亭。

紫巖于先生詩選卷三「七言律詩，半山亭」。

明萬曆蘭谿縣志卷之六「雜志類上，古蹟」：「半山亭，縣東二十里，洞岩山之腰，有亭翼然，故名其亭。已廢，石磴具存。」

古城山。

紫巖于先生詩選卷三「七言律詩，九日同黃宏公遊古城山」。

清嘉慶蘭谿縣志卷二「山川志，山」：「古城山，縣南二十里。大阜中峙，而兩山環抱，左右山脊有城，周二三里，其缺處如門。」

淨居院。

紫巖于先生詩選卷三「七言律詩，淨居院」。

明萬曆蘭谿縣志卷之六「雜志類上，詩觀」：「淨居教院」：「俱紫巖鄉，唐景初建，于石詩云……。」

小三洞。

紫巖于先生詩選卷三「七言絕句，小三洞」。

兜率寺。

浙江通志卷十七「山川九，金華府，蘭谿縣」：「小三洞，吳師道小三洞記，周數里，峻拔百餘丈，石骨巉然。有小三洞，皆與金華洞通。上洞名白雲，下洞名湧雪，中洞名紫霞。」

紫巖于先生詩選卷三「七言絕句，兜率寺」。

明萬曆蘭谿縣志卷之六「雜志類上，寺觀」：「兜率寺，太平鄉，晉太傅胡鳳建。初名和安，祥符初改額，唐詩僧貫休道場也。于石詩云：錢塘一劍倚霜寒……。」

金華之赤松宮。

紫巖于先生詩選卷三「七言律詩，赤松宮」。

明萬曆金華府志卷之三「山川，本府金華縣山」：「赤松山，縣北十五里，一名臥羊山，即皇初平叱石成羊處。其山往往白石錯落，如群羊放牧。初平號赤松子，故山以是名。後人爲之立祠，名志松宮。」

三洞。

紫巖于先生詩選卷三「七言律詩，三洞」。

浙江通志卷十七「山川九，金華府，金華縣附郭」：「金華洞，萬曆金華府志：在縣北三十里，周五百里，道家所稱三十六洞，金華洞元之天。其洞有三，巍然在上，去天若尺五者，曰朝眞。洌然在中，有泉若擊鼓鼓鼙之聲者，曰冰壺。豁然在下，有石若白龍之升降者，曰雙龍。赤松山志：與赤松山相接，分上中下三洞。上曰朝陽，中曰冰壺，下曰雙龍……。」據上述金華洞，即「三洞」。

八詠樓。

紫巖于先生詩選卷三「七言絕句，八詠樓」。

明萬曆金華府志卷二十四「古蹟」：「八詠樓，在府學西，齊隆昌初，太守沈約建，名玄暢樓，有八詠詩。宋至道間，知州馮伉易今名。景祐三年，知州林洙重建。近改爲星君樓之玉皇閣，道士移其匾，八詠門城樓上。」

西巖寺。

紫巖于先生詩選卷三「七言絕句，西巖寺」。

清康熙金華縣志「雜志類，寺觀」：「西岩寺，于石詩：丹厓翠壁數千尺……。」「多寶寺，以上四寺，俱在五都。」按：缺頁，卷數不可辨識。

清康熙金華縣卷之一「方輿志，鄉都」：「東北曰東陽鄉，和義里，管四都。舊編圖十七，今編圖二十一。五都……，六都……，七都……，八都……。」據上述，西巖寺，在金華縣東北，東陽鄉之五都。

紫薇巖。

紫巖于先生詩選卷三「七言絕句，紫薇巖」。

清康熙金華縣志卷之一「方輿志，山川」：「紫薇岩，縣西北三十里，劉孝標于此，著書講學，亦名講堂洞。有石室，深廣十丈。其中峭壁，青黃丹碧，交相掩映。夕陽返照，色更奇絕。陰晦，則闇然一色而已。有懸泉下滴，大暑不竭云。」

明萬曆金華府志卷之三「山川，本府金華縣山」：「紫薇岩，縣西北三十里，一名講堂洞。有石室，深廣十丈。即梁劉孝標，隱居講學之地。孝標名峻，後卒于岩。門人謚曰玄靖，著有類苑山□志等書，行于世。」

東陽昭利廟。

紫巖于先生詩選卷三「七言律詩，白沙昭利廟」：「按東陽志：神姓盧，漢輔國大將軍也。擒赤眉，誅新莽，與立功焉。後歲旱，夢于吳王，俾決白沙堰，水溉田數千頃，至今賴之。」按道光東陽縣志卷十一「政治志七，祠祀，群祀附」：不載昭利廟，地址待考，或已堙滅。

亦遠及建德路之小石塘源。

紫巖于先生詩選卷一「五言古詩，小石塘源」：「源深數百里，屬嚴之建德，接婺之浦江，民習淳古，眞避世之地。」按道光建德縣志卷之二「疆域志，山水，水利附」：不載小石塘源，待考。

釣臺。

紫巖于先生詩選卷三「七言絕句，釣臺」：「傲視群雄百戰來，獨全高節老蓬萊。三公不仕雲臺將，物色何須及釣臺。」

浙江通志卷十九「山川十一，嚴州府，桐廬縣，富春山」：「舊浙江通志：在縣西四十里，前臨大江，上有東西二臺，一名嚴陵山，清麗奇絕，號錦峰秀嶺，乃子陵釣處。」按釣臺有多處，以詩而論，當爲此處。

桐江，雙溪。

紫巖于先生詩選卷三「七言絕句，旅中遣懷」：「片雲相望浙東西，回首家山路欲迷。昨夜桐江江上夢，倒隨流水上雙溪。」

浙江通志卷十九「山川十一，嚴州府，桐廬縣，桐江」：「嚴陵志，在縣南十步，其源有三。一出徽州，一出衢州，一出金華。三水合東北，遠注九十里，至縣郭之南，曰桐江。東流歷富陽，是謂浙江，入於海。江岸山巒峭峻，其水深渟若黛。」

康熙金華縣志「方輿類，山川，溪，雙溪」：「一源爲東泒，亦東港……。一曰南泒，亦曰南港……，會于城下，□名雙溪，亦名瀫溪。西行受白沙溪，桐溪，盤溪之水，入於蘭溪。乃會衢水，又受□水，北折爲桐江，東流爲浙江，放於海。」

杭州路錢塘之孤山。

紫巖于先生詩選卷三「七言絕句，孤山」：「老梅半樹倚枯槎，路入湖心第幾家。水月荒涼誰復問，遊人多只看梅花。」

杭州府志卷二十二「山水三，錢塘縣二，孤山」：「在縣西二里，裏外湖之間，一嶼聳立，旁無聯附，湖山絕勝處。亦曰孤嶼，又名瀛嶼。宋處士林逋隱居於此處。舊多梅，逋手植，梅徑尤存。」

按孤山有多處，如江西通志卷七「山川，袁州，孤山」，紹興府志卷之五「山川志，山下，孤山」等。以詩而論，當馬杭州路西湖之孤山。

紹興路會稽之千秋觀。

紫巖于先生詩選卷三「七言絕句，寄題千秋觀」。

紹興府志卷之七十一「古蹟志一，賀監宅」：「舊志：在五雲門外，一名道士莊。唐賀知章，以秘書監，請爲道士，詔許之，以宅爲千秋觀，後改天長觀。宋郡守史浩，建懷賀亭，鑑湖一曲亭。又於觀前築榮賜園，内有幽襟，逸興，醒心，迎棹四亭。又築長提十里，夾道皆種垂楊，芙蓉，有橋曰春波橋，跨絕湖面。春和秋爽，花光林影，左右映帶，風景尤勝，眞越中清絕處也。」

餘姚之石壁寺。

紫巖府志卷之五「五言古詩，再遊石壁寺」。

紹興府志卷之五「山川志二，山下，餘姚，石壁山」：「在縣西四十五里。十道志：其南有小山，形方正如樓，世號鼓吹樓。寰宇志云：有飛翼樓。」石壁寺，疑在石壁山。蓋諸多寺觀，以所在山爲名。如江南通志卷四十三「輿地志，寺觀一，江寧府，清涼寺」：「在府西北，石城門內清涼山。」方輿勝覽卷山卷三「鎭江府，寺院，金山寺」：「在金山上，屹立江中。」方輿勝覽卷一「臨安府，寺院，靈隱寺」：「在錢塘十二里，靈隱天竺兩山之間。」嘉慶休寧縣志卷二十四「雜志，寺觀」：「松蘿菴，在松蘿山。」等。

卒祀鄉賢祠。

嘉慶蘭谿縣志卷八「學校志，祠閣，鄉賢祠」：「西廡外，其制與名宦祠同。嘉慶三年，各後裔趙棻等，捐資重建。祠內祀宋浚……，于石……，元吳師道，明吳沈……。」

二子，長名衢，教以讀書貴有用，潔身謹愼，安貧樂道，學古賢哲。

紫巖于先生詩選卷三「七言律詩，自述」：「大兒不學小兒癡，四十頭顱已可知。道勝自然貧亦樂，氣充不與貌俱衰。三杯徐邀聖賢酒，一卷淵明甲子詩。滿眼世情從厚薄，此心當與古人期。」

紫巖于先生詩選卷一「五言古詩，示衢子」：「我學三十年，巧不能勝拙。汝年今弱冠，愼勿虛歲月。何必千里師，而後可受業。何必萬卷書，而後稱博洽。讀書貴有用，豈徒資筆舌。立身一弗謹，萬事皆瓦裂。蔬肉同一飽，自可甘薇蕨。布帛同一暖，何必輕短褐。貧賤士之常，紛華安足悅。晴窗明几硯，夜燈耿風雪。汝今其勉旃，經史須涉獵。顧我何足學，當學古賢哲。」

（二十）後圃黃先生存集作者黃樞傳兼註其集

黃樞，字子運，休寧古林人。

弘治徽州府志卷之九「人物，隱逸」：「黃樞，字子運，休寧古林人。」

康熙休寧縣志卷之一「方輿，隅都」：「二十九都：五城，龍灣，溪口，于灘，漁灘，古林，清漪堨，李家亭，倫堂，月潭。」

後圃黃先生存集卷首「重刊後圃黃先生存集序」：「先生父君啓翁，耆儒也……。汪恩序。」

詩禮世家，其先多顯著。父君啓，爲一方耆儒。讀書明理，尤精陰陽地理之學。

後圃黃先生存集卷首「後圃黃先生存集序」：「先生名樞……，世居休寧之古林，爲詩禮家，其先多著顯，厥考君啓先生，讀書明理，尤精於陰陽地理之學……。門人李本立，頓首拜書。」

樞受業乃父知友龍源趙汸東山，回溪朱升楓林之門。

後圃黄先生存集卷首「後圃黄先生存集序」：「君啓先生……，與楓林朱學士，東山趙太史，交契甚厚……。門人李本立，頓首拜書。」

江南通志卷一百六十四「人物志，儒林二，徽州府，明」：「趙汸，字子常，休寧人。先學於九江黄澤，又從臨川虞集游。獲聞吳澄之學，覃思冥悟，通貫六經，尤邃於春秋。作春秋屬辭，以著聖賢筆削之旨。作春秋集傳，以明聖人經世之志。」著左氏傳補註，春秋師說，以爲學者，求端用力之階。至正末，嘗起鄉兵保鄉井。明興，召修元史，學者稱東山先生。

康熙休寧縣志卷之六「人物，儒碩，明六人」：「趙汸，字子常，龍源人……。」

康熙休寧縣志卷之一「方輿，隅都」：「五都：龍源，北山，瑯□，富載，余村，洽舍，小坑，坯坑，七橋。」

康熙休寧縣志卷之六「人物，，儒碩，明六人」：「朱升，字允升，回溪人。幼師陳定宇櫟，聞九江黄楚望澤，講道湓浦，偕趙汸，往從學焉。既有得乃歸，讀書郡城紫陽祠。是秋，登鄉貢進士，戊子，授池州路學正。以身示法，南北學者雲集。已丑淮甸兵起，壬辰，蘄黄兵至徽。允升所居窮僻，雖避兵逋竄，而時時著述不輟……。取易詩書周官，儀禮禮記四書，孝經小學，各爲旁注，及書傳補正輯註，刻行之。尋隱居歙之石門山，講學不惓。丁酉，太祖兵下徽州，以鄧愈言其賢，降駕親訪之，對曰：高築牆，廣積糧，緩稱王。上大稅，命預帷幄密議，尋辭歸……。丁未，授翰林侍講學士，中順大夫，知制誥，同修國史……，學者稱楓林先生。」

康熙休寧縣志卷之一「方輿，隅都」：「二十六都：首村，巴村，回溪，回口，梅田，臨溪，半路。」

明敏嗜學，窮究經史，受經講學，蘊籍日深，其造益盛。

弘治徽州府志卷之九「人物三，隱逸」：「黃樞，字子運……，聰明好學。」

後圃黃先生存集卷之三「贊，自贊」：「胡不憚煩，窮經考史，弄墨研冊……。」

後圃黃先生存集卷首「後圃黃先生存集序」：「先生名樞……，出入二公之門，受經講學，日益強盛……。門人李本立，頓首拜書。」

性尚直柔，神定樂天，寬厚無愁。

後圃黃先生存集卷之三「七言絕句，復子度弟書後韻」：「僻性生平尚直柔，慣居客館雪盈頭。從渠狂妄多顛倒，老子胸中無點愁。」

後圃黃先生存集卷之三「贊，自贊」：「爾心甚寬，爾神甚完……。」

談吐詼諧，磊落瀟灑，絕無崖岸倨傲之態。

後圃黃先生存集卷首「後圃黃先生存集序」：「先生名樞……，尊前席上，詠歌笑語，詼諧灑落，絕無崖倨氣象。」

祖宅悉讓其弟，自於舍後隙地，營圃以居，人稱後圃先生。

嘉慶休寧縣志卷之十二「人物，文苑，明，黃樞」：「字子運……，性孝友，所居祖產，悉以讓二弟，自取居後隙地，構圃以息，人稱後圃先生。」

安貧樂道，不事庶務。唯以詩書論道爲心，至老不倦。

後圃黃先生存集卷之三「贊，自贊」：「後圃三間，種菊藝蘭。飯盂蔬盤，布袍韡冠。從髮禿而齒殘……。」

後圃黃先生存集卷首「後圃黃先生存集序」：「其諸庶務，悉置度外，惟讀書論道，至老不倦。」

隱居教授，從游益衆。諄諄善誘，以德義淑後進。春風時雨，麗澤殊深。

後圃黃先生存集卷首「重刊後圃集序」：「先生……隱居教授……，以德義開後學……。賜進士徵仕郎南京禮部給事中，郡人游震得序。」

後圃先生存集卷末「跋後圃先生集後」：「族翁後圃先生……，蘊籍日深，從遊益衆，名則日起……。國學生，族孫□百拜謹跋。」

後圃黃先生存集卷首「後圃黃先生存集序：「本立不敏，亦當執經請業於先生之門，春風時雨，麗澤良深……。門人李本立，頓首拜書。」

載玭比玉，李本立道生，金彥瑾，金旬士，陳伯盛，皆其高是。

後圃黃先生存集卷之一「門人戴玭校梓，古林山房重刻。」按戴玭，戴玭，當爲一人。

後圃黃先生存集卷首「重刊後圃黃先生存集序」：「其門人戴比玉，李本立輩……。提刑按察司副使，後學方塘汪思序。」

後圃黃先生存集卷首「後序」，「其徒道生李公序之……。儒學教官，姻友生，汉口程叔春謹序。」

康熙徽州府志卷之十五「隱逸傳，明，黃樞」：「字子運……，金彥瑾，戴玭，皆其徒也。」

後圃黃先生存集卷之一「五言古詩，送金生旬士行赴成均。」

後圃黃先生存集卷之一「七言古詩，題陳生伯盛屋壁。」

後圃黃先生存集卷首「重刊後圃存集序」：「後圃黃先生子運，生丁叔季，而耽書業儒，不求聞達。夷考其世，則自至正壬辰，蘄黃倡亂，民之壯者弓矢，弱者溝壑。賊嘗三至休寧，剽掠無寧歲。」

屢遭戰亂，兼以病足。行動蹣跚，寸步千里艱。故絕意仕進，不求聞達。

後圃黃先生存集卷首「後圃黃先生存集序」：「值元綱解紐，泰運未開，竟無意進取。」

後圃黃先生存集卷之二「五言排律，三月十七日書懷」：「十年幾出避兵戎，門户蕭條敢諱窮。又欲移家雲影外，可堪欹枕雨聲中。子規號叫三更盡，老婦呻吟四壁空……。」

後圃黃先生存集卷之三「贊，自贊」：「黃某不幸，有罷癃之病，左足病甚，躄不能行，人笑而目之曰左躄翁，因自作贊。贊曰……，病爾足以蹣跚，寸步千里之艱……。」

浙江行省總戎李克魯，隆禮敦聘，有司累舉教官。皆以病足，堅辭不出，以詩書自娛。

後圃黃先生存集卷首「後圃黃先生存集序」：「見知於浙江行省總戎李克魯，以禮敦請……。我朝定國，文致太平，有司累舉爲校官，以左躄之疾，辭不就召。」

後圃黃先生存集卷首「重刊後圃黃先生存集序」：「有聘君不應也，以書自娛而已……。」

詩文甚富，絕不留稿。其子則惠，與門人戴比玉，李本立，訪求百至，百得一二，即今後圃黃先生存集四卷。

後圃黃先生存集卷首「重刊後圃黃先生存集序」：「平生製作甚富，成則棄去曰：適吾意耳，乃欲以傳世乎！既歿世，則惠與其門人，戴比玉，李本立輩，遍訪之，如搜逋亡，得付一於千百。」

後圃黃先生存集卷首「後圃黃先生存集序」：「平生措辭爲文，發言爲詩……，絕不留稿，其嗣子則惠，摭拾於親朋間，百得一二，編錄成帙，題曰後圃存集。俾門兄比玉校梓，以求其傳。」

其詩，溫厚平澹，諷時寓道，皆合先賢法度。

後圃黃先生存集卷首「重刊後圃存集序」：「先生之於道可謂窮矣！其發於詞翰咏歌之際，

則溫厚平澹，非有所養者能然哉。」

後圃黃先生存集卷之一「七言古詩，效王建體作縣門鬭」：「縣門曉鬭何喧囂，公事冗雜吏卒驕。瘐羸有口莫敢訴，長官怒火心發燒。鞭笞累百不停手，悲鳴酸叫干雲霄。酉後忽如烏鳥散，明朝依舊如今朝。山中貪人要知足，不聽此聲即爲福。」

後圃黃先生存集卷之一「七言古詩，題呂烈婦」：「無符不去寧水沒，無傳不出寧火亡。精誠耿耿貫金石，清節凜凜逾冰霜。呂家女作吳家婦，綵翼于飛如鳳凰。忽驚草動風塵起，天荒地老無逃藏……。不辭辛苦竄荊棘，山深乃復多豺狼……。貞心有死不可辱，香魂遽逐雲飛揚……。」

每有吟咏，爭相傳誦，膾炙人口，以詩顯於明初。

後圃黃先生存集卷末「跋後圃先生存集後」：「凡有感遇，輒見於咏歌，每篇章一出，人爭傳誦之。」

後圃黃先生存集卷首「後圃黃先生存集序」：「佳吟雅製之膾炙人口，初不以歲月之遠，而致遺逸也。」

後圃黃先生存集卷首「重刊後圃黃先存集序」：「古林有後圃先生者，以詩鳴國初。」

一生未出鄉里，所交知名之士，僅吳逵希道，汪大淵煥章二人。

後圃黃先生存集卷一「五言古詩，吳希道所藏先人均儀父植耘亭卷」。

弘治徽州府志卷九「隱逸，吳逵」：「字希道，休寧璜原人。謙厚文雅，不言人過。閒居獨處，必端坐歛容。見人必具衣冠，非甚病，必夙興夜寐，所交皆當世名士。天性孝友，遭父喪，聘而未娶。有強徇俗成禮，逵厲色以拒之。及宅兆未卜，族有感義者，願以地獻，不受。慈親在堂，值世變，侍避兵，未嘗失所。母年八十，抱癱瘓不能出者數年，飲食起居，親自扶持。土豪胡仲得，肆剽掠，執吳善天，吳伯原，金萬全，黃伯宇等，將殺之，逵力解獲免。宗族無遠近大小，咸相敬重，以有德君子稱之。」

康熙休寧縣志卷之一「方輿，隅都」：「二十都：忟口，潢源，大阜瀛，吳田嶺。」按璜原，當即潢原。

後圃黃先生存集卷之一「七言古詩，題汪煥章行卷」。

夷島志略卷首「提要」：「臣等謹案，夷島志略一卷，元汪大淵撰，南昌人，至正中，嘗附賈舶浮海，越數十國，絕所聞見。」

邑中名山古剎，鮮所遊覽。可考者，嘗遊顏公山。

康熙休寧縣志卷之七「藝文，題咏，宿顏公山，黃樞，子運」。按後圃黃先生存集，無此詩。

欽定古今圖書集成，方輿彙編，職方典第七百八十八卷「徽州府，山川考二，休寧縣」、「顏公山，在縣西南六十里，高五百仞，周三十八里。由五嶺來，西南接婺源界。自麓至巔，可三十里。范方伯晞陽記曰：山氣香暖，勢高拔，清幽絕氛。俗人盛熱，猶袷衣，夜分似初冬。節候山居者，屏葷酒，遠近來者，亦不以腥入，眞仙界也。」

黃泥山。

後圃黃先生存集卷之一「七言古詩，題汪煥章行卷」：「憶者我尋陳太丘，酒闌共作黃泥遊。黃泥山川秀盤鬱……。」

上虞縣志校續卷二十一「輿地志二，山川，黃泥山」：「俗名袋頭山，在縣西三十里，有明朱袞，朱朋求墓。」

方塘。

後圃黃先生存集卷之三「五言絕句，方塘活水。」

康熙休寧縣志卷之一「方輿，隅都」：「十都：橫街，上資，演口，渭橋，方塘，板橋，吳村，資村。」

山口，劍潭，居雲嶺，雲居亭。康熙休寧縣，嘉慶休寧縣，弘治徽州府志，康熙徽州府志，江南通志，明一統志，大清一統志，方輿勝覽，古今圖書集成等，均不載，疑不可考。

後圃黃先生存集卷之三「五言絕句，山口八詠：劍潭浸月」。「七言絕句，題居仁嶺雲居亭」。

兄弟三人，子運居長，仲子中，季子度。子中喪子，建樓，年四十八卒。其兄謂之有才無福，天不欲昌大其家。手足情篤，有詩八首，祭文一篇，似懷其仲季。

後圃黃先生存集卷之一「五言古詩，猶子寶□□至，子中弟悼幼子詩，就用韻：仲氏有幼子，外秀中實慧。每期必亢宗……。」卷之二「五言排律，子中弟創樓，時留外，不克賀喜而寄之。」「七言律詩，寄子中弟」，「子中弟山居六載，幸獲平寧，喜而有作。」「寄子中」，「生旦示子中子度二弟」，「中秋憶舍弟」，卷之三「詩餘，和子中弟，寄賀樂府。」卷之四「文、祭子中弟文：嗚呼，天不欲吾家昌大耶，何吾弟有才而無福也。四十八年手足之情，而遽止斯，何禍患之來如是之酷也……。」

後圃黃先生存集卷首「後圃黃先生存集行」：「先生名樞，字子運……，其嗣子則惠。」嘉慶休寧縣志卷之十二「人物，文苑，明」：「黃樞……孫維天，字景高，有嚮明齋集一卷，附後圃集。曾孫莆，字世瑞，博學能文，著有梅臯集，人比之梅都官去。」子則惠，孫維天，字景高，有嚮明齋集一卷。曾孫莆，字世瑞，博學能文，著梅臯集，人比之梅都官。

（二十一）懶翁詩集作者黃壽民傳兼註其集

董壽民，字松間，號懶翁，金華人。

懶翁詩集卷首「序」：「吾祖諱壽民，字松間，號懶翁……。是吾祖與汝祖壽民公，號懶翁居士之手澤也……。皇明天啓元年，歲次辛酉，孟春月，裔孫自公謹序。」

懶翁詩集卷上「清明往婺雲埤，掃父坦翁墓回，途次和明卿韻。」

宋咸淳二年生，年十三，宋亡。

懶翁詩集卷首「序」：「吾祖諱壽民……，宋咸淳二年丙寅，八月十四日生……。皇明天啓元年……，裔孫自公謹序。」

新元史卷十「世祖四」：「十六年……，張宏範大敗宋張世傑於崖山，陸秀夫負宋主昺，蹈海死。」

按宋咸淳二年，西元一二六六年，元至元十六年，一二七九年，宋亡，懶翁十三歲。

懶翁詩集卷首「序」：「遠祖松間先生……，遊府庠，時大元皇帝法則，在學之士，俱要每月朔望，掛牌，背臥碑點名。彼時艱輟，急流勇退，拂袖歸隱，于古瑩之陽，築室讀書，……自公書年七十五叟親潦筆。」

及長，遊府庠，元制，在學生員，朔望掛牌，臥碑點名。拂袖歸隱，於古瑩之陽，築室讀書，不求聞達。

懶翁詩集卷首「原序」：「吾家懶翁……，不屑與時人角進取……。因思翁平昔樹立大節，詩不足以盡奇偉……。大元至正六年，歲次丙戌，孟春月，兩浙解元，奉使兩廣，尋除巢

潛然有抗元樹節之志。

雲，仲可謹撰。」

性明敏寬和，器宇灑脫，神韻飄逸，篤人倫，友愛兄弟。

懶翁詩集卷首「原序」：「吾家懶翁，眞天才飄逸，器宇酒落……，仲可謹序。」

懶翁詩集卷首「序」：「吾祖諱壽民……，素性聰敏寬和友愛，與諸弟雖分二母，似有連床大被之風……，自公謹序。」

沈酣典籍，嗜學造道。沈潛體認，篤實力行。

懶翁詩集卷末「懶翁譯壽民……，篤□彝倫，沈酣典籍。」

懶翁詩集卷首「原序」：「吾家懶翁……，爲學造道，沈潛體認……，仲可謹序。」

懶翁詩集卷首「懶翁詩集序」：「其遠祖壽民公……，務實學，不求聞于人……。嘉慶二十五年，歲次庚辰，暮春，江西道監察御史，前翰林院庶吉士，加二級，星源城南蟠溪，汪桂撰。」

豁達自適，布襪青鞋步當輿。

懶翁詩集卷下「吾廬」：「裘馬輕肥總任渠，誰知吾自愛吾廬。好山當戶雲描畫，落葉滿堦風掃除。醉裡呼童歌酒頌，病間留客看醫書。身閒時赴吟翁約，布襪青鞋步當輿。」

鍾情山林，蘊集天富。廣結詩社，相得益彰。

懶翁詩集卷下「山居雜興十，其一」：「吾愛山居好，柴門路屈盤。秋聲開戶聽，雲影倚闌看。坐石評唫案，臨風把釣竿。竹廚有石鼎，煮茗更燒丹。」

懶翁詩集卷下「山居雜興十首，其九」：「山居吾所愛，盡日掩柴關。酒趣壺觴外，詩情水月閒。夢隨莊蝶化，身伴海鷗閒。地僻交遊少，漁樵共往還。」

懶翁詩集卷首「序」：「遠祖松間先生……，廣結詩社，陶情觴詠，以養天年……。自公書，年七十五叟親潦筆。」

詩則佳思敏捷，立書而就。音韻鏗鏘，詞華駢麗，膾炙人口。

懶翁詩集卷首「原序」：「吾家懶翁……，于詩執筆而成，佳思浮動……。仲可謹撰。」

懶翁詩集卷首「序」：「懶翁……詩集，大抵音韻鏗鏘，詞華駢麗，英英膾炙人口……，自公謹序。」

皆眞情流露，沛然紙上。一心化俗行道，非世俗所能囿。

懶翁詩集卷首「原序」：「凡江山之登眺，縉紳之交酬，賓主之會離，行乎家庭鄉黨，所以厚人倫，美教化，悉於詩發其義……。仲可謹撰。」

懶翁詩集卷首「懶翁詩集序」，「其發爲詩歌，皆至性所流露，曠達不羈，非俗所能囿……。汪桂撰。」

曹伯啓士開，譽爲聲動浙右。

懶翁詩集卷首「原序」：「廉使曹文貞公，大加稱償，詩譽藹浙右……。仲可謹撰。」

晚年，病足，喪妻。

懶翁詩集卷上「病腳遺懷」、「年來多病少良醫，左臂病酸左腳肥。睡起眼花無處看，坐看雙燕引雛飛。」

懶翁詩集卷下「九日悼亡」：「憶昔重陽病起來，老妻扶我步中堂。把萸採菊笑分插，酌酒烹雞勸其嘗。千載光陰愁易過，百年伉儷老雖忘。傷心往事今何問，和淚看花欲斷腸。」

至正十五年，乙未卒，享年八十九，葬古塋坤山。

懶翁詩集卷首「序」：「遠祖壽民……，至正乙酉十二月三十卒，殯古塋坤山艮向……。自公謹序。」

按中華書局辭海下冊「附錄：中外歷代大事年表」：至正年間，無乙酉。「至正乙酉」，疑誤。設爲至正十五年，乙未，西元一三五五年卒，前陳生於一二六六年，則享年八十九。

著懶翁詩集二卷。

懶翁詩集卷首「序」：「遠祖松間公……，吟有詩集遺後，因爲兵火所燬，存者弗全。吾堂叔石潭翁德俊，既慕得前卷，而後又得後卷。」

所交碩儒名宦，盧摯疏齋，官至翰林學士承旨。

懶翁詩集卷上「贄見按察盧疏齋」。

元詩紀事卷四「盧摯」：「摯字處道，一字莘老，號疎齋，涿郡人。至元五年進士，官至翰林學士承旨。」

廉希貞薌林，官至昭文館大學士。

懶翁詩集卷上「上廉薌林平章」。

書史會要卷七「元、廉希貞」，「字薌林，畏吾人，官至昭文館大學士，封薊國公，善匾榜大字。」

王壽衍眉叟，玄教道士，封眞人。

懶翁詩集卷上「訪開元宮王眉叟」。

王忠文集卷十六「元故宏文輔道粹德眞人王公碑并序」：「至正十三年庚寅十月十六日，宏文輔道粹德眞人，僊化於湖州德清縣，百寮山之開玄道院，春秋八十有一……。公諱壽衍，字眉叟，姓王氏。其先河南修武人。宋建炎初，從渡江，遂家於杭州而著籍焉……。至元甲申，玄教大宗師開府，張公之弟子陳義高……，遂度爲弟子。」

曹伯啓士開，官至御史臺侍御史。

懶翁詩集卷上「上浙西廉訪大使曹士開，時致仕，在常州。」

元詩紀事卷九「曹伯啓」：「字士開，碭山人。至元中，爲蘭溪主簿，官至御史臺侍御史，謚文貞，有漢泉漫稿。」

王都中本齋，官至河南行省參知政事，謚清獻。

懶翁詩集卷上「上王本齋總管」。

書史會要卷七「元，王都中」：「號本齋，閩審知之後，居平江，官至河南行省參加政事，謚清獻。以廉介自持，爲政簡而不凡。大學似其爲人，小字亦善。」

沈烈秋田，官常州推官，有政聲。

懶翁詩集卷上「訪沈秋田路教」。

梧溪集卷三「謝沈奐有章素段有引」：「奐檇李人，大父烈，字秋田，明尚書，善琴。大德間，由郡學錄，累遷常州推官，所在著美績。」

嘗遊金陵杭浙，然所歷名勝古蹟不廣，僅及太平路當塗之采石。

懶翁詩集卷首「序」：「遠祖松間先生……，遊金陵杭浙，廣結詩社，陶情觴詠，以養天年……。自公書，年七十五叟親潦書。」

欽定大清一統志卷八十四「太平府，山川，當塗縣，牛渚山」：「在當塗西北二十里，一名采石磯……。舊志：采石山，在縣西北二十五里……，周二十五里，高百仞，西接大江，三面俱繞姑溪，一名翠螺山，山下突入江處，名采石磯。」

饒州路德興之靜住寺。

懶翁詩集卷上「遊靜住寺」。

江西通志卷一百十三「寺觀三，饒州府，靜住寺」：「在德興縣東四里，唐開元中，曾機建。宋參政張燾，讀書其間，寫壁觀二大字刻石，明萬歷間寺廢。」

瑞州路府城之碧溪。

懶翁詩集卷上「碧溪」。

江西通志卷八「山川二，瑞州府，碧溪」：「在府城，自幸龍王廟前，流經通眞橋，至府學前入江。」

信州路玉山之懷玉山，龍湫。

懶翁詩集卷上「懷玉山觀龍湫」。

江西通志卷十一「山川五，廣信府，懷玉山」：「在玉山縣北一百二十里，界饒信兩郡，當吳楚閩越之交，爲東望鎭……。有龍潭，十八漈，又有二十四奇景，峰九……。」

懷玉寺。

懶翁詩集卷上「中秋同葵心遊懷玉寺」。

江西通志卷一百十二「寺觀二，廣信府，懷玉寺」：「在玉山縣二十九都，唐大歷間建。乾符中，志初禪師開法席。宋有齋古禪師，元有雪濤禪師居此，皆名衲。」

湖州路長興之吳山。

懶翁詩集卷上「暑中寓吳山，陳家樓題壁。」

長興縣志卷十「山，吳山」：「在縣南四十三里，高六十丈，周二十里，下臨苕溪，相傳吳王送女於此故名。山下有廣壽寺，宋獅子和尚，於此主持。俗傳山灣有潮高三尺，倒流七十里，名吳王送女潮……。」

子恕齋。

懶翁詩集卷首「原序」：「翁子恕齋，搜輯吟藁，得手澤聽存若干，歲年缺漏來示……。」

父茂一，號坦翁，卒葬金華之雲埠。母項氏，子壽民居長。

懶翁詩集卷上「清明往婺埠，掃父坦翁墓回，途次和明卿韻。」

懶翁詩集卷首「序」：「吾祖諱壽民……，茂一公之長子，項氏婆婆所出也……。裔孫自公謹序。」

懶翁詩集卷首「序」：「吾祖諱壽民……，厥弟五人，俱程氏婆婆所出……。裔孫自公謹序。」

弟耕老，敬可，早卒，兌芳，前峰，七十五納妾，鏡塘，居淮，皆程氏所生。

懶翁詩集卷上「舟中別舍弟耕老」，「哭敬可弟」，「梅雨次兌芳弟韻」，「次前峰弟喜雨韻」。「次韻鏡塘弟居淮見寄」，卷下「聞前峰納妾，時年七十五歲，作詩以戲之。」。

(二十二) 滄浪軒詩集作者呂彥貞傳

呂彥貞，名著，字句吳，號彥貞，自號席帽山人。江陰人，居吳淞之青龍江。

滄浪軒詩集卷首「跋」：「國朝至正中，江陰呂彥貞，著，字句吳。居于吳淞之青龍江以著書，自號席帽山人……。至正丙午三月，崑山德輝顧仲瑛，跋於築玉草堂。」江南通志卷十二「山川二，蘇松二府，松江府」：「青龍江，在福泉東北。吳志云：孫權造青龍戰艦於此，故名。昔通滬瀆入海，浩潮無涯。韓世忠曾駐軍於此，其上爲巨鎮，置市舶司，其佳麗擬於杭州。元以後，江既阻隘，鎮亦遂廢……。」

初從李澹泉學，後師左峰伯。授業八年，教以德學須兼備，窮通宜淡然，勇義學前賢。

滄浪軒詩集卷三「哭李師澹泉」：「弱歲春風坐，燕南老益親……。」「先生易簀日，貧爲以爲殮，家兄新圃，濟堂，爲之經理。」滄浪軒詩集卷五「送業師左峰伯之任桃園學博二首」：「八載周旋侍絳帷……。」滄浪軒詩集卷二「送業師左峰伯南旋」：「昔吾學樂時，從宦至幽燕。受業門牆下，歲月已三遷。視我宛如子，善誘循循然……。驅車出東郭，小子爲執鞭。拱手立道左，先生曰勉旃。德行與文藝，君子貴能全。窮通有命在，勇義學前賢……。」

資明敏，性嗜學。博覽群書，經史百家之言，無不究習。

滄浪軒詩集卷一「景州謁董子祠」：「程子謂漢世儒者，惟大毛公，董子，諸葛公三人。」滄浪軒詩集卷六「海棠二首」：「少陵母，名海棠。」「同作」：「王彥冲海棠詩：梅借風流柳借輕。」

滄浪軒詩集卷六「元日」：「東坡元日立春詩：省事天公厭兩回。」

滄浪軒詩集卷六「春興同家兄濟堂，舍弟丹渚，作十首，春風」：「群芳譜：風汜也，其氣博汜。而動物也，得怒之氣則暴，得喜之氣則和。」「述異記：列子御風而行，常以立春日，歸乎八荒。」

按以上所引，皆其詩註。由乎此，或可概見其學。

號稱書癡，尤肆力于詩。

滄浪軒詩集卷四「偶成」，「狂名早已號書癡，偃蹇空山懶下帷……。」

滄浪軒詩集卷四「除夜即事」：「余本純根人，素性無他嗜，叉手學吟哦，不厭雕蟲技……。」

著滄浪軒詩集六卷，爲戊申至己未所作。

滄浪軒詩集卷首「跋」：「國朝至正中，江陰呂彥貞……，有滄浪軒詩集六卷行世……，以甲子爲目……。至正丙午三月，崑山德輝顧仲瑛，跋於築玉草堂。」

滄浪軒詩集卷一「戊申、擬古二首」，卷六「己未・元日」。

因罹艱疾，後無吟錄。

滄浪軒詩集卷六「哭妹」：「昨夜凶音到草堂，滿天風雨助悲傷……。年來我亦懷艱疾，涕淚滛滛腐席牀。」

其詩，意境清雅，詞藻恬淡尖新，深見學養蘊籍之豐。

滄浪軒詩集卷一「讀太白詩作」：「青蓮巨手劈天開……，高歌嘯傲壓多才。千秋月影依牛渚，一派江流繞鳳臺……。」

滄浪軒詩集卷一「題太白酒樓詩」：「我聞太白謫仙人，南游瀟湘西峨岷……。漁陽一旦動鼙鼓，宮殿無復靈光新。盲兒管絃宴凝碧，長蛇封豕交狂奔。朝元閣上感風雨，此樓依舊輝河濱……。」

滄浪軒詩集卷三「冬夜有感」：「對酒難爲樂，高齋夜欲闌。風簾一燈暗，霜幙五更寒。賀監方辭綬，梅仙早掛冠。如好道歲暮，猶自滯長安。」

滄浪軒詩集卷五「曉發」：「微雲澹空碧，殘月掛修林。一葉無邊去，寒流深復深。」

尤傷庚申之北遁，皇孫之見俘。故國舊君之思，隱語喑啞之辭。發攄指斥，一無鯁避。

滄浪軒詩集卷首「跋」：「國朝至正中，江陰呂彥貞……。其游維揚懷舊，傷庚申之北遁，哀皇孫之見俘，故國舊君之思，痰辭隱語，喑啞相向，未有如彥貞之發攄指斥，一無鯁避者也。戊申元日則云：月明山怨鶴，天黑道橫蛇。丙寅築城則云：孺子成名狂阮籍，伯才無主老陳琳……。彼其志之所存，與彥貞何以異乎……。至正丙午三月，德輝顧仲瑛，跋於築玉草堂。」

案「跋」中所言「游維揚懷舊」，「戊申元日」，「丙寅築城」三詩，明刊本「滄浪軒詩集」不載，當因時勢鼎革，刪除所致。

嘗作河清頌，臺臣荐之，稱疾不就。壬戌以文學錄用，有司敦迫赴任。子掖，以父老疾泣請乃止。

歲戊辰卒，享年五十。

滄浪軒詩集卷首「跋」：「作河清頌，臺臣荐之，稱疾不就。至正壬戌，以文學錄用，有司敦迫上道。子掖，任通事司令，叩頭泣請，上命吏部符止之。戊辰歲，年五十卒。」

兄弟五人

滄浪軒詩集卷三「壬子，送伯兄薪圃之博陵。」

滄浪軒詩集卷六「戊午，濟堂仲兄至自逐城。」

滄浪軒詩集卷一「己酉，縣齋讀書，同濟堂，杕園兩兄作。」

滄浪軒詩集卷五「丙辰，得家君書，救梓北行，留別薪圃，杕園兩兄，後溪從弟。」

季杕園，彥貞行四。

滄浪軒詩集卷四「乙外，送家兄濟堂，舍弟丹渚，隨家慈之遂城。」「寄濟堂家兄，丹渚舍弟。」

弟丹渚，年十八卒。

滄浪軒詩集卷六「己未、哭五弟」：「雁行林立燦如雲，喜汝蘭芽志不群……。」「嘆汝髫齡與世辭，悠然長往竟何之……。」「曾駕吳船泝綠波，萍蹤兩度到滹沱。三千里外離愁繞，十八年中別恨多……。」

姐瑤華，通翰墨，具才華，妹一，均先卒。

滄浪軒詩集卷六「戊午，哭姊氏瑤華四首」：「獨應虺蛇夢，無能與雁行。紅顏多命薄……，何處問觀香。」「髫年耽翰墨，林下舊稱賢……。何嘗慚博士，眞不愧書仙。一旦焚遺槀，高風似陛娟。」

滄浪軒詩遺卷六「戊午，哭妹」：「昨夜凶音到草堂，滿天風雨助悲傷。烏私觸緒方縈夢，雁侶離群又亂行。母氏辭世雙握手，父兮遠別九迴腸，年來我亦懷艱疾，涕淚潘潘腐席牀。」

父十四失怙，家徒四壁。母晝綉夜織，父篤學有成。累官青縣，安肅，清豐。

滄浪軒詩集卷三「壬子，家慈五十壽詩」：「吾家素清貧……。祖母爲余言，汝父幼遭戹。失怙十四年。家徒立四壁。弱冠作秀才，但知事筆墨……。爾母于歸後，般憂未暫釋……。白日費針指，中夜勦紡績。親身摻井臼，風雨罔休息。十口免飢寒……。」

滄浪軒詩集卷二「辛亥，家君調任青縣」。卷四「甲寅，聞家君補官安肅」。卷四「乙外，得家君調清豐信」。

彥貞亦因侍親，旅遊，江南幽燕，往返三次，得遍覽運河兩岸，以及金陵以南，長江兩岸，河南鄭洛地區之名勝古蹟。

滄浪軒詩集卷二「庚戌，秋日從家慈南歸，時家君以交代事留饒。」卷五「丙辰，得家君書，命梓北行，留別薪圃，秋園兩兄，後溪從弟。」卷六「戊午，哭五弟」：「余丙辰年北遊，適弟隨家慈，自清豐南旋，相遇汶上旅次。」

嘗歷露筋祠。

滄浪軒詩集卷一「露筋祠」。

江南通志卷四十「輿地志，壇廟四，祠墓附，揚州府」：「露筋祠，在甘泉縣邵伯鎮北三十里。」

淮陰侯釣臺，漂母祠。

滄浪軒詩集卷一「淮陰侯釣臺懷古」，「題漂母祠」。

欽定大清一統志卷六十四「淮安府，古蹟」：「韓侯釣臺，在山陽縣北，與漂母祠爲鄰。」

千金亭。

滄浪軒詩集卷一「千金亭」。

江南通志卷三十二「輿地志，古蹟三，淮安府」：「千金亭，在清河縣，淮陰舊縣西，漂母飯韓信，信貴，賜千金，後人因築亭其上。」

天妃閘。

滄浪軒詩集卷一「天妃閘」。

萬年閘。

欽定大清一統志卷六十五「淮安府二」：「天妃閘，在清河縣草壩下，北岸堤内。」

滄浪軒詩集卷一「萬年閘贈華守備」。

山東通志卷十九「漕運，漕運紀程」：「萬年閘，在丁家廟閘西十里北岸……。閘官一員，閘夫三十名。」

南旺湖。

滄浪軒詩集卷一「舟過南旺湖作」。

山東通志卷六「山川志，水總，兖州府，汶上縣」：「南旺湖，在縣西四十里，東爲蜀山湖。」

董子祠。

滄浪軒詩集卷一「景州謁董子祠」。

畿輔通志卷四十八「古蹟，河間府」：「董子祠，在景州城東廣川鎭，有唐宋碑刻。」

蕪萎亭。

滄浪軒詩集卷一「蕪萎亭懷古，敬和家君元韻。」

畿輔通志卷五十四「古蹟，深州」：「蕪蔞亭，在饒陽縣滹沱河濱。後漢書郡國志，安平國饒陽，有蕪蔞亭。註：馮異進麥粥光武帝。縣志，亭在饒陽縣北草蘆村。」疑蕪萎亭，即此。

竇建德故壘。

滄浪軒詩集卷一「訪竇建德故壘」。

欽定大清一統志卷二十一「廣平府，古績」：「建德故城」：「在永年縣北二十五里，接雞澤縣界，有故城二，東西相直，相傳竇建德屯兵處。」

記信墓。

滄浪軒詩集卷一「紀信墓」。

山東通志卷三十二「陵墓志，濟南府，鄒平縣」：「漢紀信墓，在縣西北四十里昌國城，見元魏地形志。」

河南通志卷四十五「陵墓，開封府，鄭州」：「紀信墓，在滎澤縣西孝義保。信爲將軍，乘漢王車誑楚，被焚而死，葬此。」

案彥貞嘗遊今天山東，與河南之鄭洛地區，其所造訪之紀信墓，究爲何者，不易考定，故二墓並陳。

河間獻王墓。

滄浪軒詩集卷二「謁河間獻王墓」。

畿輔通志卷四十八「陵墓，河間府」：「在獻縣東八十里，傍有廟。王名德，景帝子。」

青縣盤古廟。

滄浪軒詩集卷二「青縣謁盤古廟」。

青縣志卷四「輿地志，古蹟篇，壇廟」：「盤古廟，在縣南十二里，大盤古村，元世祖至元十五年，即宋端宗景炎三年，帝昺祥興元年建。」

峭帆亭。

滄浪軒詩集卷二「春日登峭帆亭」。

宣統畿輔通志卷一百六十「古蹟七，署宅一，順天府，甯河縣」：「峭帆亭，在蘆臺鎮。」

青縣志卷四「輿地志，古蹟篇，亭臺」：「峭帆亭，舊志引畿輔通志云：在城北蘆臺城中。按亭之設，不詳所自。中有碑，陰陽兩面，刊乾隆御製詩二首，俱行書。其地在縣城東北二里，衛河西岸堤上，西距大陳莊百餘步。當日漕航絡繹，掩映於兩岸烟樹間，帆影觽歌，娛人耳面，亦勝慨也。」

木門城。

滄浪軒詩集卷二「滄州覽古五首，木門城」。

宣統畿輔通志卷一百五十六「古績三，天津府，青縣」：「參户故城，在縣南……。元和志：參户故城，一曰木門城，在長蘆縣西北四十里……。中有大樹，因名。舊志木門鎮，在今縣西南三十里，蓋以故城得名。」

青縣志卷四「輿地志，古蹟篇，城鎮」：「參户故城，城舊在縣西南木門店。」「木門故鎮，即今城西南三十里，木門店參户故城。」

亞夫墓。

滄浪軒詩集卷二「滄州覽古五首，亞夫墓」。

江南通志卷四十「壇廟四，祠墓附，徐州府」：「絳侯周勃墓，在豐縣東北十二里。丞相周亞夫墓，在絳侯墓左二里，勃次子。」

麻姑城。

滄浪軒詩集卷二「滄州覽古五首，麻姑城」。

欽定大清一統志卷十七「天津府，古蹟」：「麻姑城，在滄州北。北魏書地形志，章武縣有大麻姑祠，俗云海神，或云麻姑神。太平寰宇記，廢乾符縣，有麻姑城……。」

五壘城。

滄浪軒詩集卷二「滄州覽古五首，五壘城」。

欽定大清一統志卷十七「天津府，古蹟」：「五壘城，在滄州南……。輿地云。漢宣帝封河間獻王子雍，爲景城侯，五子分居城中，俗呼爲五壘城。按南皮縣志：縣東北五十里，有壘城村，蓋即此。」

清風樓。

滄浪軒詩集卷二「滄州覽古五首，清風樓」。
宣統畿輔通志卷一百六十二，古蹟九，署宅三，天津府，滄州：「清風樓，在州境，晉泰康中建。薩天錫錄囚，駐節於此。」

顏魯公祠。

滄浪軒詩集卷二「德州謁顏魯公祠」。
山東通志卷二十一「秩祀志，濟南府，德州」：「顏魯公祠，在州城西門外，衛河月堤上，祀唐平原太守顏眞卿。」

夾馬營。

滄浪軒詩集卷二「夾馬營口號」。
河南通志卷五十二「古蹟下，河南府」：「夾馬營，在府城東，宋太祖生於此。」

項王墓。

滄浪軒詩集卷二「阿城候閘，訪項王墓。」
山東通志卷三十二「陸墓志，泰安村，東阿縣」：「漢項羽墓，在縣東南山中。水經註：穀城縣西北三里，有項王羽之塚在焉，石碣具存。按羽與高帝初起義，帝封羽爲魯公。高帝既滅楚，魯爲羽守。持羽頭示魯，魯乃降。遂以魯公，葬於穀城，即此。」

掛劍臺。

滄浪軒詩集卷二「掛劍臺」。

山東通志卷九「古蹟志，附宮室，濟南府，東阿縣」：「掛劍臺，在縣西南六十里。漕河東岸，有徐君墓。相傳吴季札，掛劍于此。」

伍相國故里。

滄浪軒詩集卷二「宿遷尋伍相國故里二首」。

江南通志卷三十三「輿地志，古蹟四，徐州府」：「伍員里，在宿遷縣北七十里，桃溝崖。」

南昌亭。

滄浪軒詩集卷二「南昌亭懷古放歌」。

江南通志卷三十二「輿地志，古蹟三，淮安府」：「南昌亭，在山陽縣西三十五里。地道記云，韓信從亭長寄食處。」

文游臺。

滄浪軒詩集卷二「過文游臺有感」。

高郵州志卷一「古蹟，宅墓坊牌廟宇附」：「文游臺，在城東二里，東嶽廟後。宋蘇軾過高郵，與寓賢王鞏，郡人孫覺，秦觀，載酒論文於此。時守以群賢畢集，顏曰文遊臺。李伯時作圖，刻之石，以爲淮堧名勝之地，後祠四賢於其上。」

賣魚灣文忠烈公祠。

滄浪軒詩集卷二「賣魚灣謁文忠烈祠」。

江南通志卷三十二「輿地志，古蹟四，揚州府，通州」：「賣魚灣，在通州石港場。」

江南通志卷四十「輿地志，壇廟四，祠墓附，通州」：「文丞相祠，在州門外十五里觀音山，祀文天祥……，又一在石港鎮。」按文忠烈祠，即文丞相祠。

四照亭。

滄浪軒詩集卷三「冬日四照亭晚眺」。

江南通志卷三十一「輿地志，古蹟二，蘇州府」：「四照亭，在長州縣北東圃。吳郡志云：宋王渙建爲屋四合，各植花石，隨時之宜……。」

鍾秀山。

滄浪軒詩集卷三「鍾秀山」。

通州直隸州志卷二「山川志，山」：「鍾秀山，在州治北三里，上有碧霞閣。」

法輪寺。

滄浪軒詩集卷三「游法輪寺。」

通州卷五「寺觀，堂附」「法輪寺。」

狼山。

滄浪軒詩集卷四「從家君登狼山，奉和原韻。」

通州志卷二「山川」：「通之山有五，而狼山爲最奇……。狼山之名，謂以形似，或謂有狼據焉……。狼山之陽，頂立浮屠五級，名支雲塔，可望數百里。塔後爲僧伽殿，塔前即江海神祠，祠前爲萃景樓。樓前爲土地祠，祠前東折，爲振衣亭。由振衣亭而東，爲葵竹山房，今爲四賢祠。祠內有三辰軒，光風霽月二亭。由祠而東，爲半山亭，楣間顏以山腰官閣，作狼山游者，多飲於此。又東南稍下，爲少憩亭，亭邊有石浮屠七級而小。又東南迤邐而下，有栖雲閣。閣前爲釋伽殿，即廣教禪寺……。」

黃泥山。

滄浪軒詩集卷四「宿黃泥山海雲菴，次家君韻。」

通州志卷二「山川」：「塔山，俗名黃泥山，高爲丈者十七，而二百九十丈之週也。上有浮屠遺址，下有仙女洞，一名穿江洞。昔有一老女子，從龍舒來，久之乃仙去。下有通濟閘，石上刻字猶存，元時海運故道也。洞之東，有望姑峰，高可六七仞，下有沈鷹灣。」

馬鞍山。

滄浪軒詩集卷四「遊馬鞍山，次家君韻。」

通州志卷二「山川」：「馬鞍山，高同塔山，而週倍之，亦以形似，俗謂隋煬帝征遼時放馬處。惟揚志又云：帝自將擊高麗，恐是一事。上有積翠峰，在元君祠前，南去州治十八里，北去三里，有鍾秀山。」

文峰塔。

滄浪軒詩集卷四「九日登文峰塔有懷」。

江南通志卷三十二「輿地志，古蹟三，淮安府」：「文峰塔，在阜寧縣城南。」

陳琳墓。

滄浪軒詩集卷五「陳琳墓」。

寶應縣志卷三十一「古蹟志，墓域」：「魏司空軍諮祭酒管書記室陳琳墓，在縣治東六十里射陽莊。」

四賢祠。

滄浪軒詩集卷五「謁四賢祠」：「祠祀范文正公，岳武穆王，胡文定公，文忠烈公。」

欽定大清一統志卷七十三「通州，祠廟」：「四賢祠，在州城內。祀宋范仲淹，胡瑗，岳飛，文天祥。」

軍山寺。

滄浪軒詩集卷五「軍山寺」。

通州志卷二「山川」：「通之山有五，而狼山爲最奇，又最中。東爲刀刃山，又東爲軍山。」疑寺在山上，因山名寺。

散金臺。

滄浪軒詩集卷五「散金臺」。

山東通志卷九「古蹟志，附宮室，兗州府，嶧縣」：「二疏故里，在縣東境，有二疏城，散金臺，俱在蘭山縣界内，西去嶧縣四十里。」

山東通志卷九「古蹟志，附宮室，沂州府，蘭山縣」：「二疏城，在縣西南一百五十里，即今之羅滕城也，漢疏廣疏受歸老于此。城之東北，有散金臺。」

武侯故里。

滄浪軒詩集卷五「武侯故里」。

山東通志卷三十一「秩祀志，祈州府」：「諸葛武侯廟，在府城北三十里。即故中邱城，孔明嘗居此。故後人稱中邱，爲諸葛城。」按諸葛亮，字孔明，瑯琊人，蜀封武鄉侯。沂州，古稱瑯琊郡。故沂州府之中邱，即武侯故里。

三國志卷三十五「諸葛亮」：「字孔明，琅邪陽都人……。亮早孤，從父玄，爲袁術所署豫章太守，玄將亮及亮弟均之官。會漢朝更，選朱皓代玄。玄素與荊州牧劉表有舊，往依之。玄卒，亮躬耕隴畝……。建興元年，封亮武鄉侯……。」

欽定大清一統志卷一百四十「沂州府，建置沿革」：「禹貢，徐州之地。春秋，魯地。秦置瑯邪郡……。後漢建初五年，置瑯邪國，魏晉因之……。大業初，仍改州爲瑯邪郡……。」

闕里先聖廟。

滄浪軒詩集卷五「闕里謁先聖廟」。

山東通志卷九「古蹟志，附宮室，兗州府，曲阜縣」：「闕里，在聖廟東。」

山東通志卷十一之六「闕里志六，廟祠」：「至聖廟，在魯城內，本距曲阜縣八里。明正德中，從僉事潘珍之請，環聖廟爲城，遷縣於此，以衛之。」

鄒縣孟夫子廟。

滄浪軒詩集卷五「鄒縣謁孟夫子廟」。

山東通志卷二十一「秩祀志，兗州府，鄒縣」：「亞聖孟子廟，在縣南一里，一在四基山墓前。」

滕文公廟。

滄浪軒詩集卷六「滕文公廟」。

山東通志卷二十一「秩祀志，兗州，鄒縣」：「滕文公祠，在縣學東，即性善書院，元延祐間建。」

匡衡故里。

滄浪軒詩集卷五「漢匡衡故里」。

山東通志卷九「古蹟志，附宮室，兗州府，鄒縣」：「匡衡故居，在縣東二十里匡庄。」

駱賓王墓。

滄浪軒詩集卷五「駱賓王墓」。

義烏縣志卷十九「坵墓」：「唐，仕御駱賓王墓，縣東二十里，上□塘邊。」

狼山支雲塔。

滄浪軒詩集卷五「登狼山支雲塔遠眺」。

見巷卷「從家君登狼山，奉和原韻」註。

劍山。

滄浪軒詩集卷五「劍山道中遇雨」。

通州直隸州志卷二「山川志，山」：「劍山，在狼山東，一名劍脊山，又名刀刃山，以形銳得名。高四十四丈，周五百丈。東北高峻處，爲老烏巖。巖右有雙人峰，下有燕子洞，又有望海洞。左有鍊丹臺，右有獺魚洞，再右有菩提洞。東南峭壁色赭，曰赤壁……。」

軍山。

滄浪軒詩集卷五「雨後登軍山」。

通州直隸州志卷二「山川志」：「軍山，在劍山東南，其麓有象鼻巖，一名象山。高六十一丈，周六百五十二丈。山北有普陀巖，下有磴道，可上者，爲大山門。由磴道西行，達山腰羅漢院，爲西路。稍西卻，折而東上，陟絕頂，爲東路，名劉郎路。東北自山椒，至麓峛崺數十丈，若象垂鼻者，即象鼻巖，上有古榆灣，下爲椒嘴石。南有白雲泉，泉側有品泉石，茶竈石。下有臥雲窟，上有躡雲磴。再南有疊錦巒，右爲水雲窩，旁爲四賢祠。南爲丁公廟，右有六和塔，其後爲招鶴厓。自普陀巖……，有仄徑可上，曰小山門，南有白雲洞，洞前爲桃花峪。洞則有鷹嘴峰，右有眞人洞，左眞煉再臺。臺右有落星巖，其南爲雷轟石，再南爲分水石，西南有石門洞。西山腰爲包公祠，西北有獅子屈。」

虞山。

滄浪軒詩集卷六「望虞山」。

通州志卷二「山川」、「虞山」……，山之陰，多巉嵒峭壁，怪巘奇岫，如蒼龍蜕骨，燦然霞蔚。南者數十仞若屏……。下有千人洞，鵓鴣岩。又有紫石岩，海月岩。岩下有觀音大士院……，下有名盤石，北去有寶陀石，俱有題名。去東數十仞，有夕陽洞……。山之高，以丈計者五十三，而週迴幾十倍……。山之陽，有獅子石，有松崗。」

焦山，金山。

滄浪軒詩集卷六「過焦山作」，「金山晚泊」。

江南通志卷十三「輿地志，山川三，鎭江府」：「焦山，在府東北九里大江中，舊傳以東漢焦光隱此得名……。與金山對峙，相去十五里。」

北固山。

滄浪軒詩集卷六「北固山」。

江南通志卷十三「輿地志，山川三，鎭江府」：「北固山，在府城北，下臨長江。迴嶺斗絕，其勢險固故名。又名北顧山，因梁武帝改京口城樓，曰北顧樓得名……。山有寺曰甘露，西有秋月潭，走馬澗……。於此西南，有鳳凰池，天津泉。」

黃天蕩。

滄浪軒詩集卷六「黃天蕩懷古」。

讀方輿紀要卷二十「江南二，江寧府」：「黃天蕩，在府東北八十里，韓世忠與兀朮相持處也。胡氏曰：大江過昇州東，浸以深廣，自老鸛嘴，度白沙，橫闊三十餘里，俗名天黃天蕩。」

燕子磯。

滄浪軒詩集卷六「登燕子磯」。

讀史方輿紀要卷二十「江南二，江寧府」：「燕子磯，在觀音門西。金陵記：幕府山東，有絕壁臨江，梯磴危峻，飛檻凌空者，宏濟寺也。與宏濟寺對岸相望，翻江石壁，勢以飛動者，燕子磯也，俱爲江濱峻險處。」

雨花臺。

滄浪軒詩集卷六「雨花臺」。

江南通志卷三十「輿地志，古蹟一，江寧府」：「雨花臺，在江寧縣城南三里聚寶山上。俯矚城闕，萬家烟火，與遠近雲峰相亂，遙望大江如帶。方輿勝覽云：梁武帝時，雲光法師講經於此，天雨花故名。」

報恩寺。

滄浪軒詩集卷六「登報恩寺浮圖」

江南通志卷四十四「輿地志，寺觀二，蘇州府」：「報恩寺，在府城北，故又稱北寺。吳赤烏初，孫權爲乳母陳氏刱，詔改開元。吳越錢氏，移支硎山報恩寺額於此，故名。梁僧正慧造浮圖於中，凡十一層。」

忠孝亭。

滄浪軒詩集卷六「忠孝亭謁卞忠貞公墓」。

江南通志卷三十「古蹟，江寧府」：「忠孝亭，在上元縣治城，卞壺墓側。南唐即其墓，作忠孝亭。宋慶歷三年，葉清臣以父忠子孝，改爲忠孝亭。」

莫愁湖。

滄浪軒詩集卷六「莫愁湖四省」。

江南通志卷十一「輿地志，山川一，江寧府」：「莫愁湖，在府西三山門外。相傳盧莫愁居此，因名。」

孝陵。

滄浪軒詩集卷六「謁孝陵」。

江南通志卷三十七「輿地志，壇廟，祠墓附，江寧府」：「明太祖孝陵，在上元縣鍾山之陽，與高皇后合葬，懿文太子祔焉。」

吳大帝陵。

滄浪軒詩集卷六「吳大帝陵」。

江南通志卷三十七「輿地志，壇廟，祠墓附，江寧府」：「三國吳大帝蔣陵，在上元縣鍾山之陽，孫陵岡上，步皇后合葬於此，宣太子登亦祔葬。」

臺城。

滄浪軒詩集卷六「臺城」。

江南通志卷三十「輿地志，古蹟，江寧府」：「臺城，在上元縣北，元武湖側。輿地紀勝云：一曰苑城，本吳後苑城也。晉咸和中，作新宮，遂爲宮城。下及梁陳宮，皆在此。晉宋時，謂朝廷禁省爲臺，故謂宮城爲臺城。城周六里百一十步，有六門……。」

雞鳴寺。

滄浪軒詩集卷六「登雞寺有懷」。

江南遍志卷十一「輿地志，山川一，江寧府」：「雞鳴山，在東北覆舟山之西，其臨玄武湖……。明初於此山巔，建觀星臺，賜名欽天山，左右列十廟，繚以朱垣。其東麓爲雞鳴寺，有普濟墖。」

明一統志卷六「南京，寺觀」：「雞鳴寺，在雞鳴山，洪武二十二年建置，寶公塔於寺後山頂。」

攝山。

滄浪軒詩集卷六「同家兄遊攝山，以日暮不及登最高峰，帳然賦此。」

江南通志卷十一「輿地志，山川」：「攝山，在府東北四十五里，多藥草，可以攝生，因名……。南史云：齊明僧紹居此山，後捨宅爲棲霞寺。齊時，隨石大小，鑿佛像千餘，名千佛嶺。右爲開天巖，有白乳泉，白鹿泉。又有般若堂，明月臺，宴坐石。高下相望，勝處極多。東巖下有畫石，山中有石穴，曰花洞，相傳與句容華陽洞通。」

子掖，官通事司令。

滄浪軒詩集卷首「跋」：「國朝至正中，江陰呂彥貞……，子掖，任通事司令……。至正丙午三月，崑山德輝顧仲瑛，跋於築玉草堂。」

(二十三) 雪崖先生詩集作者金守正傳兼註其集

金守正，字雪崖，臨江路之新淦人，居邑之培山。

雪崖先生詩集卷首「金徵士守正文集序」：「文章關乎氣運之盛衰者，士之通論也……。金徵士守正……，示余詩文若千首……。洪武壬戌秋，石門梁寅序。」

金文靖集卷九「從兄季質處士墓誌銘」：「處士諱相子，字季質，姓金氏……。先少保雪崖先生，親撫育之，教之讀書……。」

金文靖集卷九「亡弟幼孚徵士墓誌銘」：「其先居寶慶，遠祖彥，始來居新淦之厚聚。宋建隆間，始祖清復，徙居里之洪坑。歷若干世，再徙今之培山。」

同治新淦縣志卷一「地理志，山川，形勢附」：「培山，在縣治東北三十里。」

同治新淦縣志卷一「地理志，山川，形勢附」：「培山，明胡叔廉：培山松竹萃，深處隱元微。露滴黃花盎，雲流紫氣飛。鶴鳴當晝寂，鳳宿小春口。相親更相守，端見此山奇。」

既冠，入郡庠受業。因其教虛邪，棄歸。

雪崖先生詩集卷一「歲二十五夕，郡庠同鄒公輔，邊伯謙，對酒遣心。」：「梅簷息寒溜，蘭缸粲餘輝。蕭條歲云莫，何以寫我思。幸有一斗酒。相與斟酌之。其虛復其邪，攜手當同歸。」

一生嗜學，博究群集，至老不惓，爲篤實之君子。

雪崖先生詩集卷末「金先生詩集後序」：「先生篤實之君子也，博究群籍，雖老不惓……。

豫章，胡儼序。」

以學養萃行，教授鄉里，師表郡邑。

金文靖集卷九「亡弟幼孝徵士墓誌銘」：「幼孝，諱長吾，姓金氏……。考守正，以文學行誼，師表鄉閭。」

金文靖集卷九「亡弟幼孚徵士墓誌銘」：「幼孚，諱尊生，後更名信，而字幼孚……。考……諱守正，師表鄉郡，萃文行之美。」

洪武十一年戊午，荐辟臨江府學訓導。學在府治南，瀕江。

雪崖先生詩集卷四「戊午郡庠除夕」：「草根霜白角聲寒，獨夜江城歲又闌。百里未歸仍是客，一年多事強居官。燈前爛熳椒花頌，案上蕭踈首蓿盤。擁被不眠瞻曙色，春班早擬正衣冠。」

同治新淦縣志卷七「選舉志，荐辟，明」：「胡子持：孝廉，提舉學僉事。胡子泰：吏部主事……。金守正：訓導……。」

康熙臨江府志卷五「官師，明，訓導」：「吳孟性，鄒幼亨，金守正：新淦人，俱洪武中……。」

金文靖集卷九「亡弟幼孝徵士墓誌銘」：「洪武中，司訓臨江郡庠。」

弘治徽州府志卷四「職制，郡邑官屬，國朝，徽州府」：「知府一員，正四品……。儒學教授一員，從九品，訓導四員。廩膳增廣生員，各四十人，附學生無定數，學有司吏一人……。」

江西通志卷十七「學校，臨江府學」：「始爲廟，在軍治南，瀕江，宋淳化三年建。景祐三年，始創學……。」

國祚更替，既悲元之失政敗亡，復喜明之勃興治平，然兩代均不得志於時。

雪崖先生詩集四「夜讀元史」：「先朝垂統百年餘，今代淒涼太史書。禮樂治衰時已矣，忠邪論定事何如。幽燕雪暗河關廢，豐沛雲寒廟貌虛。俛仰人間如夢寐，燈前展卷一欷戲。」

雪崖先生詩集卷四「新元待漏之作」：「坐擁□床酒未醒，默聽譙鼓數更聲。已過殘臘丙寅歲，最愛新元壬子晴。海嶽遙呼聖人壽，雲霄惟望泰階平。何當擊壤娛黃髮，未愧田間老一生。」按：丙寅，洪武十九年。壬子，洪武五年。

雪崖先生詩集卷一「秋懷，丁未歲」：「白露昨日下，豐草今日腓。長樊曉鳴鶪，玄燕將安歸。祚意正蕭條，行歌悲式微。愁雲千里起，落日心神飛。周道翳荒榛，臨歧多是非。誰爲招隱者，製彼芰荷衣。」按：丁未，元至正二十七年。

洪武二十二年己巳卒，葬邑中石莊之鄭坑。

金文靖集卷九「亡弟幼孚徵士墓誌銘」：「洪武己巳，不幸先君捐館……。」

金文靖卷九「亡弟幼孝徵士墓誌銘」：「葬石莊鄭坑，從先大夫之兆。」
因子貴，永樂壬辰，贈奉直大夫，右春坊，右德諭。妻羅氏，陳氏，太宜人。
余文靖集卷九「亡弟幼孝徵君墓誌銘」：「孝守正……，永樂壬辰春，聖天子推恩，贈奉直大夫，右春訪，右德諭。母陳氏，贈宜人，羅氏封太宜人。」
金文靖集卷九「亡弟幼孚徵士墓誌銘」：「考贈奉直大夫，右春坊，右德諭，諱守正……。母贈宜人，陳氏封太宜人。」
父仲卿，謹愿誠篤，樂善好施。洪熙初元，加贈資善大夫，太子少保，兼武英殿大學士。
金文靖集卷九「從兄季質處士墓誌銘」：「處士諱相子，字季質，姓金氏……。洪熙初元，蒙朝廷推恩，贈資善大夫、太子少保、兼武英殿大學士……。先少保雪崖先生，親撫育之，教之讀書……。」
著雪崖先生詩集五卷。
雪崖先生詩集卷首「雪崖先生詩集目錄」：「卷之一：四言古詩，五言古詩。卷之二：五言律詩，五言排律，五言絕句。卷之三：七言古詩。卷之四：七言律詩，七言絕句。卷之五：雜著。」
世論其詩，繩墨嚴謹，不涉放蕩。端正風教，異乎淫靡。涵詠於道德，不涉乎蕪穢。雄如山岳，潔如冰玉，溫純和平，澹雅深遠，非學養精邃，難造乎此。

雪崖先生詩集卷首「金徵士守正文集序」：「守正之詩文，繩準既合，異乎放蕩。風教悠係，異乎淫靡。雄如山岳，不淪卑下。潔如冰玉，不涉蕪穢。海內之文章，漸趨正大之域，觀於守正之所造，有以見之矣……。洪武壬戌，石門梁寅序。」

雪崖先生詩集卷首「金守正文集序」：「律度森嚴，辭氣雄混，雅澹踈宕，溫潤而縝……，非畀篤志好古，研精覃思，何以臻此……。登仕郎，翰林國史院編修官致仕，同郡張美和序。」

雪崖先生詩集卷末「金先生詩集後序」：「其爲詩，溫厚而和平，潔沈而有思，殆所謂安於素履，而涵泳乎道德者也，信乎其可傳於後矣。譬之深林大壑，古松修篁，清風徐來，鏘然成韻……。朝議大夫，國子祭酒，兼翰林侍講，國史總裁，豫章胡儼序。」

所交胡儼，字若思，南昌人。官至朝議大夫，國子祭酒，侍講，掌翰林院事。雪崖長子幼孜，從之受業。相交三十六年，嘗序雪崖詩集。

明史卷一百四十八「胡儼」：「字若思，南昌人。少嗜學，於天文地理，律歷醫卜，無不究……。永樂二年，拜國子監祭酒……。明年北征，命以祭酒，兼侍講，掌翰林院事……。」

雪崖先生詩集卷末「金先生詩集後序」：「先生之子幼孜從游，器之，余因獲交焉。至于今，三十有六年矣……。朝議大夫，國子祭酒，侍講，國史總裁，豫章胡儼序。」

梁寅，字孟敬，新喻人。淹博經史，德純識高。詔修禮書，江西考鄉試者三。講學石門，徒類甚衆。著石門集，周易參考，春秋考義，尙書纂義，禮記輯略，詩經演義，周禮考註等。與雪崖相交甚久，理念契合。嘗序雪崖詩集，雪崖有詩以寄之，且殊爲推崇。

隆慶臨江府志卷十二「人物列傳，理學，明，梁寅」：「字孟敬，新喻人。幼穎異……，得四書五經，早夜誦讀，淹究自得……。應召赴京議禮……，禮書成，上之。賜衣幣，授之官，以老疾辭還……。江西省臣，禮聘主文衡者三……。歸隱居石門，徒類甚眾……。先生德純識高，篤志力行。不但爲文字之學，所著有周易參考，春秋考義，尚書纂義，禮記輯略，詩經演義，周禮考註……，石門集……。」

雪崖先生詩集卷一「寄門梁先生」：「徂景忽已宴，玆歲聿蹉跎。離居積幽念，懷人將奈何……。名理析毫髮，講說嚴不頗。於焉開我人，惠澤洪揚波。孤鳳鳴暾日，瑤琴希雲和。伊余仰絕規，板揖顧豈多。舍情復濡翰，惆悵龍門歌。」

張美和，名九韶，以字行，新淦人。官至翰林編修，致仕，帝親爲文賜之，著吾樂山房稿。與雪崖爲鄉里，嘗序其詩集。

同治新淦縣志卷八「人物志，文苑，明，張美和」：「名九韶，以字行。能辭賦，元末，累舉不仕。洪武三年，以荐爲清江縣學教諭。後遷國子助教，改翰林院編修。致仕歸，帝親爲文賜之。與錢宰等，並徵修書傳，既成，遣還。與清江聶鉉崇德貝瓊齊名，時稱成均三助。著有理學類編，群書備數，元史節要，吾樂山房稿。」

王恪，字敬仲，錢塘人，官臨江知府。工詩，時稱文章太守。雪崖累從出遊，嘗宿其家，譽爲文章太守，情誼篤厚，有詩七首，以相唱和。

隆慶臨江府志卷十一「名宦列傳，國朝，王恪」：「字敬仲，錢塘人。進士，洪武中，知臨江府。興學育才，尤工詩翰，時以文章太守稱之。」

雪崖先生詩集卷二「己未元日奉呈敬仲王太守相公」。卷三「凌雲篇：美郡守王侯敬仲，禱雨有應而作也」。「己未夏旱，郡守王公恪，夜夢所治廢井，有蜿蜒若龍物者，明命郡士談筠瑞，繪于壁，爲文祭之，未幾雨隨至，因題詩其上，筠瑞錄于卷，屬余和之，遂用韻，附于左方」。卷四「敬仲太守入覲」。「夜宿敬仲太守宅，贈道士陳澗泉，「次韻太守相公遊慧力寺」。「將歸呈敬仲王太守相公」：「旅館西風白苧秋，鄉山南望日登樓……。文章太守應知己，欲訴閑情半是愁。」

雪崖一生，未出郡邑。遊蹤所至，僅歷慧力寺。

雪崖先生詩集卷一「遊慧力寺簡住禪師」。

江西通志卷一百十一「寺觀一，臨江府，慧力寺」，「在府城南，瀕江，即唐歐陽處士宅，宋熙寧間建，新喻章穎有記。後兵燬，明洪武間重建。時有僧黃半問，召至京，賦金陵春曉稱旨，御賜架裟歸。」

鳳洲。

雪崖先生詩集卷四「春日共劉先生諸君遊鳳洲。」

夾江新志卷一「山川」：「南源水，由聶房繞西山嶺，經上朱田上蓋，過鳳洲，下茨梘，下出夏塘夏驛，入泥江。」

江西通志卷九「山川三，臨江府，金鳳洲」：「在府城文明門對岸，形如鳳。古讖云：金鳳洲圓，丞相出是也。宋黎立武，建有金鳳書院，今廢。」疑即所遊之鳳洲。

子四，長幼孜，次幼學，幼孚，幼孝。

金文靖集卷九「亡弟幼孚徵士墓誌銘」：「考贈奉直大夫，右春坊，右德諭，諱守正……。予兄弟四人，次幼學，幼孚，幼孝。」

幼孜，名善，以字行。官至禮部尚書，兼文淵閣大學士，武英殿大學士，翰林學士。年六十四卒，贈少保，諡文靖。著金文靖集，其文邊幅稍狹，不及楊士奇諸人之博大。而雍容雅步，頗亦肩隨。

明史卷一百四十七「金幼孜」：「名善，以字行，新淦人……。永樂……十二年，命與廣榮等，纂五經四書性理大全，遷翰林學士。十八年，與榮竝進文淵閣大學士。仁宗即位，拜户部右侍郎，兼文淵閣大學士，尋加太子少保，兼英武殿大學士……。洪熙元年，進禮部尚書，兼大學士，學士……。宣德六年十二月卒，年六十四。贈少保，諡文靖。」

金文靖集卷首「提要」：「臣等謹案，金文靖集十卷，明金幼孜撰。幼孜有北征錄，已著錄。幼孜在洪武建文之時，無所表見。至永樂以訖宣德，皆掌文翰機密，與楊士奇諸相亞。其文章，邊幅稍狹，不及士奇諸人之博。而雍容雅步，頗亦肩隨。」

（二十四）搜枯集作者舒遜傳兼註其集

舒遜，字士謙，號可菴，徽州路績溪縣人。

徽州府志卷九「人物三、隱逸、國朝、舒遜」：「字士謙，號可菴，績溪人。」

亦稱華陽人。蓋績溪，古稱華陽縣，本漢歙縣之華陽鎮。

貞素齋集卷首「貞素齋集序」：「華陽逸者，舒頔道原甫序。」按：舒頔，遜之長兄。

貞素齋集附錄卷一「華陽貞素舒先生墓誌銘」：「白雲唐仲實拜手撰。」

徽州府志卷一「地理一、建置沿革、績溪縣」：「本漢歙縣之華陽鎮。」

徽州府志卷一「地理一、郡名、邑名附、績溪縣」：「良安、乳溪、華陽。縣本歙縣之華陽鎮，故名。」

高祖珣，國學上舍生。時天下多故，不仕，著鶴林手稿。曾祖夢旂，字武仲，官登仕郎。祖正大，字直方，號梅埜。至元二十四年，授長薌書院山長，轉廣德儒學學正。

貞素齋集附錄一「故貞素先生舒公行狀」：「高祖九六公，諱珣，以明經補國學上舍。時天下多故，遂不仕，著有鶴林手稿。大父諱正大，字直方，號梅埜，元初，以肆業積分，授饒州路長薌書院山長，轉廣德路儒學正。」

徽州府志卷八「如物二、宦業、元、舒頔」：「祖正大，字直方，號梅埜。至元二十四年，授饒州路長薌書院山長。」

江西通志卷二十二「書院二、饒州府、長薌書院」：「在浮梁縣景德鎮，宋慶元三年，監鎮李齊愈請建。元貞二年，山長凌子秀，朱繼曾，請於江東宣慰使稽厚，以舊基新之。延祐間，浦江吳萊署山長。泰定二年，進士方回，請於總管段廷珪，重修之。明洪武……四年……，書院遂廢。」

父弘，字彦洪，號白雲。以文學荐受昌化，錢唐教諭。母戴氏，勤儉起家，待人謙和，故家恒給，而事無遺。

貞素齋集附錄卷一「故貞素先生舒公行狀」：「父弘，字彦洪，號白雲先生。以文學荐授杭州路昌化縣教諭，又轉錢塘，皆儒官也。」

貞素齋集附錄卷一「華陽貞素舒先生墓誌銘」：「父弘，號白雲先生，兩任昌化，臨安教諭。」

貞素齋集卷三「祭先妣安人戴氏文」：「吾母之生也，以儉勤起家，以和睦處眾，不衿不耀，畏威保守，故家恒給，而事無遺也。」

兄弟三人，長頔，字道原，號貞素。後至元三年，丁丑，辟貴池教諭，秩滿，調丹徒。至正十年，庚寅，轉台州學正。遭時多艱，不仕歸。著貞素齋集，行於世。

貞素齋集附錄卷一「故貞素先生舒公行狀」：「先生生於元大德甲辰十二月二十又四日。諱頔，字道原，貞素其號也……。嘗與其弟遠、遜，輿親避寇巖谷……。」

元詩選二集「貞素先生舒頔」：「至元丁丑，江東憲使燕只不花，辟爲池陽貴池教諭。秩滿，調丹徒校官，館于平章秦元之之門。至正庚寅，轉台州學正。時艱不仕，奉親攜書，歸遁山中。」

次遠，字仲修，號北莊，著北莊遺稿。

元詩選二集「舒□□遠」：「遠字仲修，號北莊，頔之弟也……，所著曰北莊遺稿。」

貞素齋卷一「適安堂記」：「丙辰歲，季弟遜，構數椽於故址……，名其堂曰適安。」

貞素齋集附錄卷三「北莊遺稿：早行和弟可菴。」

遜其季也。

至正十年，庚寅，兵戈蠭起。

貞素齋集卷一「適安堂記」：「壬寅，兵戈蠭起。」按：壬寅，當爲庚寅之誤。

元史卷四十一「順帝五」：「十年（至正庚寅）……命前同知樞密院事不顏不花等，討廣西猺賊……。方國珍攻溫州……。十一年（至正辛卯）……，穎州妖人劉福通爲亂，以紅巾爲號……。劉福通陷汝寧府，及息州，光州，衆至十萬。徐壽輝陷蘄水及黃州路。」

至正十二年，壬辰四月，寇至家毁。

貞素齋集卷三「祭先妣安人戴氏」：「壬辰夏四月，寇至邑。」

貞素齋集卷首「貞素齋集序」：「自壬辰寇變，家藏譜畫書籍，與所作舊稿，蕩然無遺。」

舉家二十餘口，展轉避於山深地險之金洲。以爲難可逃，禍可避。

貞素齋集卷三「祭先妣安人戴氏」：「寇至邑，挈家至坑口……，寅夜去三十都……，又慮頑獷，勢未靖安，遂如十四都，栖梧桐坑，迤邐上竺岑之金洲，止周榮甫家。山深地險，將謂難可逃，而禍可避。彼時吾母，挈諸媳諸孫，及吾兄弟二十餘人。」

然至正十六年，丙甲，竟悉爲賊所擄。頔正色叱斥，欲殺之。兄弟執手，爭相代死。且謂：可罄取所有，酷毒吾家，唯望但存弱孫，以奉吾母。賊衆感泣，俱釋之。

貞素齋集附錄卷一「故貞素先生舒公行狀」：「嘗與其弟遠遜輿親，避寇巖谷，被擄執。先生正色叱賊，言甚厲，欲殺害之。兄弟執手，抵爭代死。且曰：若輩罄我囊橐，酷毒吾家。但存弱孫，以奉吾母，死無憾焉。由是，賊眾感泣，俱釋以全，丙甲二月初七日也。」

入大彰山胡子坑，朝竄暮奔，饑寒交迫。

貞素齋集卷三「祭先妣安人戴氏文」：「周榮甫家……，度不可居也，頃如十三都，抵上塘胡家。勢又未寧，入大彰山，宿胡子坑。幾三月，未嘗知鹽與肉味。風食露宿，飽常少，而饑常多。暮竄而朝奔，憂有餘而喜不足。」

康熙績溪縣志卷一「方輿志，山。大彰山」：「在縣東六十里，一名彰山，一名三王山，一名玉山，是爲邑鎮，高五百五十仞，周百五十里，浙水出焉。唐天寶時，嘗產銀鉛，今絕。其麓有百丈巖，有巨石百餘丈，壁立如屏。鑿石貫橋，潭深百丈……。」

貞素齋集附錄卷一「華陽貞素舒先生墓誌銘」：「壬辰丙申，遁伏巖穴。四五年間，兵革未靖。家畫藏夜匿，溫飽不時。艱難險阻，驚恐難安。千情萬狀，境遇不堪。」

貞素齋集卷首「貞素齋集序」：「四五年間，妖孽未除，兵革未息，出處未寧，東奔西竄，又復零落，當饑寒鬱悒，不堪於懷。」

貞素齋集卷首「提要」：「臣等謹按，貞素齋集八卷……，元舒頔撰……。其文章，頗有故遜之一門，可謂五世書香，孝悌傳家。兼以家學淵源，復從長兄授業，由是長於詩文。一時兄弟唱和，花萼相輝。」

法。律詩則縱橫排宕，不尚纖巧織組之習。七言古體，尤爲擅場。」

元詩選二集「舒□□遜」、「遜字士謙，號可菴。道原以詩名家，士謙與仲修，皆從之遊，得其源流。」

弘治徽州府志卷九「人物志三、隱逸、元、舒遜」：「字士謙，號可菴……，長於詩文。」

貞素齋集附錄卷二「北莊遺稿」：「北莊先生，諱遠，字仲修。可菴先生，諱遜，字士謙，我祖貞素先生之弟也……。一時唱和，花萼相輝。貞素先生嘗爲之圖，其樂可知……，八世孫孔昭謹誌。」

洪武間，邑興學，亦若長兄，義存故主，交舉不就。

弘治徽州府志卷九「人物三、隱逸、元、舒遜」：「洪武間，邑興學，交舉之，不就。」

貞素齋集附錄卷一「故貞素先生舒公行狀」：「歲丁酉，天下猶未寧。今衛國鄧公，勘定吾郡。江淮知府天章理公，開治吾邑，交章荐剡，厚禮卑辭，聘先生於北山之陽。先生志不果出矣，遂以疾辭。」

貞素齋集卷首「提要」：「臣等謹按，貞素齋集八卷……，元舒頔撰……。其文，乃多頌明攻德，蓋元剛失馭……。其怨尤特，遺老孤臣，義存故主，自抱其區區之志耳。頔不忘舊國之恩，爲出處之正。不掩新朝之美，亦是非之公。」

洪武八年，丙辰，家毀十五年，始於故址，營適安堂居之。其間生活艱辛窘迫，可以概見。

貞素齋集卷一「適安堂記」：「壬寅兵戈蠭起，室廬劫盡……。一十有五年，丙辰歲，季弟遜，構數椽於故址，以蔽風雨，不華不飾，名其堂曰適安。」

一生甘于田野，勢力不趨。棲遲守拙，不忮不求，恬然自得。

貞素齋集附錄卷二「可菴搜枯集、自贊」：「可菴可菴，處世敻別，勢力不趨，棲遲守拙，雖無善可稱，亦無惡可說。」

年六十八卒，著搜枯集，詩文多散逸，僅存四言詩一首，五詩十二首，七言詩三十一首，詞五闕，文一篇。

弘治徽州府志卷九「人物三、隱逸、元、舒遜」：「辛年六十八，所著有搜枯集，行于世。」

其詩，法先賢，守繩墨。典雅琦麗，而不雜蕪淺。

貞素齋集附錄卷二「搜枯集、五言詩、題度洪富嶺道中」：「踏破瓊瑤路，行穿翡翠岑。光搖鰲背穩，跡印獸蹄深。冰瑩奩開鏡，泉凝玉墜簪。野梅香徹骨，三嗅動微吟」

貞素齋集附錄卷二「搜枯集、七言詩、餞博士朱大同赴京就試」：「峨峨萬仞紫陽山，仰止彌高不可攀。孔席未能三月暖，祖鞭又覲五雲間。八珍分錫瓊林宴，群珮趨陪玉筍班。敷奏九重承顧問，定應家學動龍顏。」

清新淡遠，而不涉俗念。

素齋集附錄卷二「搜枯集、七言詩、和曹從善見寄」：「雨餘山霽草痕青，徹夜灘聲作雨聲。起坐東軒清不寐，開窗邀月傍雲聽。」

貞素齋集附錄卷二「搜枯集、七言詩、道中」：「雨來雲裏山頭低，雨收雲束山腰齊。眼前好景吟不得，天風冷冷馬頻嘶。」

雄健壯闊，而毫無纖弱。

貞素齋集附錄卷二「搜枯集、七言詩、題翬嶺」：「金削芙蓉傍五雲，躋攀手可摘星辰。

風霜威肅峰巒曉，雨露思深草木春。百折縈紆通鳥道，一泓澄澈瞰龍津。從今闊步最高處，身近蓬萊天上人。」

貞素齋集附錄卷二「搜枯集、七言詩、偶成有感」，「少年一笑擲千金，騎馬看花遊上林。飄飄兩袖香風發，鈞天彷彿聞仙音。回首往事清夢裏，滾滾年光付流水，安得壯士挽銀河，願言爲把紅塵洗。」

祭貞素兄終七文，尤見對長兄尊崇思慕之深。

貞素齋集附錄卷二「搜枯集、文、祭貞素兄終七文」，「義重手足兮，同氣連理。痛裂肝腸兮，涕泗漣洏。薄陳素奠兮，聊表孝思。哀有盡兮，思無窮時。尚饗！」

所交不廣，知名之士，僅朱同，程通二人。

弘治徽州府志卷九「人物三、隱逸、元、舒遜」：「與侍郎朱同，長史程通輩，爲詩友。」

貞素齋集附錄卷二「搜枯集、七言詩、餞博士朱大同赴京就試」。「余舊藏朱大同侍郎墨菊，友仁黃兄，展玩之餘，感歎哀悼不已，遂賦詩以挽。敬步韻，以復情見乎辭。」

明詩紀事卷十五「甲籤、朱同」：「同字大同，休寧人，學士升子。洪武中，舉明經，爲徽州教授。復以人才舉，召爲吏部員外郎。擢禮部侍郎，坐事死，有覆瓿集七卷。」

江南通志卷一百五十五「人物志、忠節三、徽州府」：「程通，字彥亨，績溪人。祖平坐法，戍延安。父以誠，省兄於廣，冒瘴死。通舁父柩歸葬，廬墓三年。赴太學上書陳情，乞祖還鄉。辭極懇切，太祖憐之。命兵部除其籍，驛送平還。庚午，通舉鄉試，授遼府長史。文皇將舉兵，通上封事，陳備燕之策。及即位，械至京師，死獄中。」

嘗遊徽州路之翬嶺，即徽嶺山。

貞素齋集附錄卷二「搜枯集、七言詩、題翬嶺」。

乾隆績溪縣志卷一「方輿志、山、徽嶺山」：「一名翬嶺山，一名大尖山，徽水出焉。在縣西北十五里，高四百五十仞，周三十里……。其山縈紆陡峻，凌曉常行雲氣中。」

靈山。

貞素齋集附錄卷二「搜枯集、七言詩，九日辱邑令歐本泉見招，登高靈山。」

弘治徽州府志卷一「山川、歙縣、靈山」：「在縣西北三十里，高三百五十仞，周七十七里。山產靈香草及黃精，上有靈壇，人射獵，有犯之，終無所獲。輿地志云：山甚高峻，欲雨先聞鼓角聲。有圓石，高數丈，上有石如車蓋。」

寧國路之華陽寺。

貞素齋集附錄卷二「搜枯集、七言詩、過旌德華陽寺，文天關上人留飲，貞素兄賦詩，遂次韻。」

嘉慶旌德縣志卷四「典禮、廟宇、寺」：「華陽寺，縣東五里。」

嘉慶旌德縣志卷一「疆域、山川、山、嶺附」：「華陽山，在縣東五里。」

江南通志卷十六「輿地志，山川六，寧國府」：「華陽山，在府東南八十里，名勝志云：其山，連跨宣、涇、寧、旌諸邑。其西絕頂，曰高峰，夐出雲表，山僧依巖構屋，覆以鐵瓦，人多雜猿猱以居。其南爲密壠嶺，又盤嶺稍西，爲金牌嶺。二嶺之間，僅通一線。爲涇、旌間道，郡南一阨塞也。」按此寺，當即華陽寺，寺因山名。

鎭江路之丹徒。古稱京口，武進，延陵，剡縣，即今鎭江縣。

貞素齋集附錄卷二「搜枯集、七言詩，再過鎭江有感」。

大清一統志卷六十二「鎭江府表」：「鎭江府，後漢屬吳郡。三國吳，置京口鎭於此。晉毘陵郡，宋齊梁陳，徐州東海郡，唐潤州丹陽郡，五代潤州，宋鎭江府，元鎭江路，明清鎭江府。」

大清一統志卷六十二「鎭江府表」：「丹徒縣，兩漢丹徒縣。三國吳，武進縣。宋齊梁陳，剡縣，丹徒縣。隨延陵縣，唐五代丹徒縣，宋丹徒縣，元丹徒縣，路治。明清丹徒縣。」

貞素齋集附錄卷二「搜枯集、五言詩，題洪富嶺道中。」

洪富嶺，待考。

（二十五）方叔淵遺稿作者方瀾傳兼註其集

方瀾，字叔淵，其先莆陽人。以倦名利，高蹈離鄉，隱於吳中。

吳中人物志卷十「元」；「方瀾，字淑囦，其先莆陽人，至瀾居吳。」

方叔淵遺稿卷末「附錄」：「次方叔淵先生自趙屯歸城中韻、朱德潤」：「晨發趙屯路，郊務曷勝紀……。思倦名利涂，醒心甘洗耳。先生棄儒冠，高蹈出鄉里……。」

閉門讀書，課徒自給。

吳中人物志卷十「元」：「方瀾……居吳中，閉門讀書，恒教授以自給。」

方叔淵遺稿卷末：「方叔淵先生……居吳……。唯閉門讀書，訓徒以自給……。南陽耕夫樊士寬，拜手謹書於介然堂。」

終生未娶，人比之和靖林逋。

元詩紀事卷十八「方瀾」：「蘭陔詩話：淑淵……少年不娶，人比之林和靖。」

宋史卷四百五十七「隱逸上」，「林逋，字君復，杭州錢塘人。少孤力學，不爲章句，性恬淡好古，弗趨榮利。家貧，衣食不足晏也。初放遊江淮間，久之，歸杭州。結廬西湖之孤山，二十年，足不及城市。眞宗聞其名，賜粟帛，詔長史歲時勞問……。既卒，州爲上聞。仁宗嗟悼，賜謚和靖先生。」

工詩，然不苟作，作必過人，尤善筆札。

吳中人物志卷十「元」：「方瀾……平生善詩，然性不苟作，作必過人，尤工筆札。」

後至元五年，歲已卯六月二十三日，年七十七卒。

方叔淵遺稿卷末：「方叔淵……年七十有七，今年夏六月二十三日謝世……。至元後巳卯八月五日，南陽耕夫樊士寬，拜手謹書於介然堂。」

所作多散佚，僅存遺稿一卷，詩四十一首。

方叔淵遺稿卷末：「方叔淵先生……，平生吟咏賦述固多。性不善苟作，斯五言律，凡若干首，亦何止於是，迺盡余所見者而已……。南陽耕夫樊士寬，拜手謹書於介然堂。」

吳中人物志卷十「元」：「方瀾……有詩一卷。」

其詩，用詞遣句，澹雅清麗，若不食人間煙火。蘭陔詩話，元詩選，皆譽其「樂天」之「以詩爲佛事，隨地學山居。」「臨平道中」之「暖容時供酒，寒力曉欺棉。」「己巳歲五月二十六日夜大雨」之「萬緒集雙鬢，百年堪幾愁。」「秋日錢塘紀事」之「江流拍岸闊，海氣入城涼。」「秋夕有感」之「疎鐘出煙寺，新月入人家。」「梅」之「香能占月夜，春不棄茅簷。」爲千錘百鍊，苦吟獲得之佳句。

元詩紀事卷十八「方瀾、句」：「以詩爲佛事，隨地學山居。煖容時借酒，寒力曉欺綿綿。萬緒集雙鬢，百年堪幾愁。江流拍岸闊，海氣入城涼。疎鐘出煙寺，新月入人家。蘭陔詩話：叔淵……集中，如詠樂天云云，臨平道中云云，夜雨云云，錢塘紀事云云，秋夕云云，皆佳句。」

元詩選己集「方布衣瀾」：「其詩句，如詠樂天云：以詩爲佛事，隨地學山居。臨平道中云：煖容時借酒，寒力曉欺綿。梅花云：香能占月夜，春不棄茅檐。夜雨云：萬緒集雙鬢，百年堪幾愁。皆從苦吟得之。」

生平恬淡自適，有詩云：「悠然悅天籟，宛自是閒心。」「埜性自夷曠，非關絕世塵。」

方叔淵遺稿「幻住菴聽松軒」：「不與俗同調，風生高樹林。老僧無法說，滿院但潮音。人靜埜禽下，雨涼山葉深。悠然悅天籟，宛自是聞心。」

方叔淵遺稿「初冬作」：「沈寥蕭瑟後，霽色卻宜人。霜己千林曙，天猶十月春。黃花蝶過晚，白葦雁銜新。埜性自夷曠，非關絕世塵。」

厭於世紛，因言：「但息人間累，仙鄉不離房。」「林下非無趣，浮生萬不齊。」

方叔淵遺稿卷末「附錄」：「次方叔淵先生自趙屯歸城中韻、朱德潤」：「晨發趙屯路……，壯年厭世紛……。」

方叔淵遺稿「早秋夜坐」：「萬星都讓月，勢不並光芒。塵陌聞鐘靜，風庭洒頂涼。明河西落野，飛露下霑裳。但息人間累，仙鄉不離房。」

方叔淵遺稿「玄妙觀訪劉澹然」：「仙扉曉更寂，香靄石狻猊。日出松杉外，風來殿角西。篔簹沐霧溼，薜荔壓墻低。林下非無趣，浮生萬不齊。」

故與人鮮少往還，所交僅朱德潤，樊士寬二人。

方叔淵遺稿末「附錄」：「次方叔淵先生自趙屯歸城中韻、朱德潤」：「晨發趙屯路……，歲末少知己……。」

新元史卷二百三十七「文苑上，朱德潤」：「朱德潤，字澤民，平江人……。工詩文，善書，尤長於繪事。延祐末，游京師，趙孟頫荐之……。仁宗召見，授應奉翰林文字，同制誥，兼國史院編修官。英宗嗣位，出爲鎮東行省儒學提舉……。英宗遇弒，德潤謂人曰：吾挾所長，事兩朝而不偶，是命也……，遂棄官歸……，卒年七十二。」

樊士寬生平待考。有關文獻，均不載其事蹟。

然優遊吳楚，嘗歷鎮江路之金山寺。

方叔淵遺稿「金山寺」。

江南通志卷四十五「輿地志、寺觀三、鎮江府」：「金山江天寺，在金山。晉時建，名澤心，宋時屢易名。自元以來，通謂金山寺。山後有塔，絕頂爲妙高臺，臺下爲楞伽室……。凡樓閣亭軒，及巷堂之屬，四十有四。」

集慶路之大茅峰。

方叔淵遺稿「大茅峰」。

江南通志卷十一「輿地志、山川一、江寧一府」：「茅山，在句容縣東南，高三十里，周百五十里……。相傳漢時，茅氏兄弟三人，得道於此，因名……。其最高者，曰大茅峰……。其他爲洞，爲巖，爲泉，爲澗，爲岡，爲峪，不可勝紀……。山泉皆赤色，飲之延年，幽奇瑰偉，絕異群山，許邁以爲潛通五嶽，允爲江南之鎮。」

杭州路之錢塘。

方叔淵遺稿「秋日錢塘紀事」。

新元史卷五十「地理志五、江浙等處行中書省」：「杭州路……領……縣八：錢塘……。」

臨平。

方叔淵遺稿「臨平道中」。

萬曆杭州府三十四卷「坊里、市鎮」：「臨平鎮，去城四十里。」

揚州路之海陵。

方叔淵遺稿「海陵道中」。

欽定大清一統志卷六十六「揚州府表，泰州」：「兩漢，海陵。晉宋齊梁陳，海陵郡。唐，泰州。五代宋，泰州軍。元明清，泰州。」

吳江州之吳江。

方叔淵遺稿「過吳江」。

乾隆吳江縣志卷二「山水，松江」：「一名吳江，一名吳淞江。史志云：自元置松江府，吳淞之名獨著，不復稱松江矣。」

玄妙觀。

方叔淵遺稿「玄妙觀訪劉澹然」。

江南通志卷四十四「輿地志，寺觀二，蘇州府」：「玄妙觀，在府城東北隅。刱自晉咸寧中，唐名開元宮，宋改天慶觀，建炎中，燬於兵，紹興十六年重修，元至元元年，改今額。殿中有吳道子老君像，唐玄宗御贊，顏魯公書。東廡有通神菴，爲何眞人所君……。」

嘉興路之石門。

方叔淵遺稿「石門夜泊」。

欽定大清一統志卷二百二十「嘉興府表、石門縣」：「五代，崇德縣。宋，崇德縣。元，崇德州。明清，崇德縣。」

湖州路之幻住菴。

方叔淵遺稿「幻住菴聽松軒」。

乾隆烏程縣志卷之九「寺觀」：「幻住禪寺，在弁山，中峰曾駐錫於此。久圮，僧廣權重修，年久圮。本朝康熙五十三年，僧性空重建大殿。禪房、廚寮，以次興修。趙孟頫游幻住菴詩：雨後溪水溢，黃流行地中。輕舟何迅邁，沿波兼順風……。黃玠游幻住菴留贈月千江上人四首：出郭動柔櫓，春花始班班。俯舷照清流，正見衰病顏……。」故幻住禪寺，即元代之幻住菴。

乾隆吳興合璧卷一「山部、烏程縣、弁山」：「載山而立，是名爲弁。卞姓所居，又名爲卞。六千餘丈，高接穹蒼。七十二峰，青開菡萏……。」按戴山，一名弁山，又名卞山。

（二十六）荻溪集作者王佶傳兼註其集

王佶，或謂名偕，字叔與，瑯琊人。

北京圖書館古籍珍本叢刊「荻溪集二卷、封面」：「元、王偕撰。」「卷首、序」：「琴水陳仲淵先生……，一日攜荻溪集一帙示余曰：此王荻翁先生之詩也……。先生名偕，字叔與，世爲瑯琊人……。洪武癸亥冬十一月既望，俊學馮原智序。」

四庫全書存目叢書「荻溪集二卷、封面」：「元、王佶撰。」「卷末、四庫全書總目、荻溪集二卷提要」：「舊本題，元、王偕撰……。偕字叔與，瑯琊人。」

按：兩種版本，內容悉同。僅作者之名互歧，一有序無題要，一有題要無序。

仕元崑學教授。

北京圖書館古籍珍本叢刊「荻溪集二卷、卷首、序」。「仕元爲崑學教授。」

元史卷六十二「地理五、江浙等處行中書省、平江路」：「領司一、縣二、州四……，崑山州。」

新元史卷六十二「百官志八，諸路總管府」：「其屬曰儒學教授一員，學正一員，學錄一員，諸路同。其散府，上、中州，亦設教授一員。下州設學正一員……。」按：元、崑山爲州，非縣。
至正十年，庚寅，天下亂起，遂絕意仕途。
元史卷四十二「順帝五」：「十年……，方國珍攻溫州。」
北京圖書館古集珍本叢刊「荻溪集二卷、卷首、序」：「元亂，絕意仕進。」
寓居荻溪之西，自號荻溪翁，以課徒爲生。
荻溪集卷上「人日荻溪寓舍……。」卷下「歲暮還荻溪……。」
四庫全書存目叢書「荻溪集二卷、卷末、四庫全書總目提要」：「寓居荻溪之西，以狄溪翁自號。」
太平鎮志第十七章第一節「人物、傳略王皐」：「宋建炎三年（一一二九）三月，王皐護送宋高宗南渡，駐蹕平江府（今蘇州）。在不斷遷移中，王皐深感全家隨軍行動的不便，就向高宗請假，在蘇州停留數天，安置家眷。他便駕小船，在蘇州城周圍察訪，到達長洲縣益地鄉荻扁村（今太平鎮旺巷村）時，看到此地土地肥沃，環境優美，有荻溪，荻川二條水路交匯，隣接陽澄湖西湖，水陸交通方便，便將家眷安置定居于荻扁……。」
長洲縣志卷十二「鄉都、市鎮村附」：「益地鄉金生里，在縣東北，管都二：十七都，十八都……。荻扁，鶡冠子云：四里曰扁，在十七都。」
光緒蘇州府志卷八「水、陽城湖」：「在府東二十里，上接吳淞江，東通巴城湖，北通施澤湖。東北入新陽界，西北近相城，南出婁江，北近常熟昆城湖。長洲諸湖，此爲大，廣七十里……。」

荻溪集卷下「穀日同兩門人，過破山，隨喜佛事月留宿。」

唱組詩社，益肆力於詩，雖貧不廢。

荻溪集卷上「庚寅……九月二十又六日，逋社初舉，薛偉男載酒，登虎丘，，分得十蒸。」卷下「陸貽翼集諸同社，張燈賞菊，次馬子山韻。」

北京圖書館古籍珍本叢刊「荻溪集二卷、卷首、序」：「益肆力于吟事，雖貧困，不廢也。」

按：至正十年，庚寅，組詩社，即已絕意仕途，不再奔波遠行。

由友人惠衣贈米，可知其生活艱困之甚。

荻溪集卷下「歲暮還荻溪，承遇公製新詩布袍垂送，雪阻不果，握別，情見于詩。」「謝錢孝廉惠米。」

馮原智謂其長於詩，可追唐玄宗開元盛世，憲宗元和中興諸家，顯爲溢美之譽。

北京圖書館古籍珍本叢刊「荻溪集二卷、卷首、序」：「長于詩……，可追開元、元和諸家。」

舊唐書卷九「玄宗下」：「史臣曰……，于斯時也，烽燧不驚，華戎同規。西蕃君長，越繩橋而競欵玉關。北狄酋渠，捐毳幕而爭趨鴈塞……。可謂冠帶百蠻，車書萬里……。康哉之頌，溢于八紘。所謂世而後仁，見於開元者矣……。」

全唐詩卷一百二十五「王維」：「王維，字摩詰，河東人……。開元九年，進士擢第……。殿璠謂維詩，詞秀調雅，意新理愜。在泉成珠，著壁成繪。蘇軾亦云：維詩中有畫，畫中有詩也。」

全唐詩卷一百四十「王昌齡」：「王昌齡，字少伯，京兆人，登開元十五年進士第……。昌齡詩，緒密而思清，與高適、王之渙（涣之）齊名。」

全唐詩卷一百四十七「劉長卿」：「劉長卿，字文房，河間人，開元二十一年進士……。權德輿嘗（常）謂爲五言長城……。」

舊唐書卷十五「憲宗下」：「贊曰：貞元失馭，群盜箕踞。章武赫斯，削平嘯聚。我有宰衡，耀德觀兵。元和之政，聞于頌聲。」

全唐詩卷三百三十六卷「韓愈」：「韓愈，字退之，南陽人……。元和中，再爲博士……。文自魏晉來，拘偶對，體日衰。至愈，一返之古。而詩豪放，不避麤險，格之變，亦愈始焉。」

全唐詩卷三百五十「柳宗元」：「柳宗元，字子厚，河東人……。元和十年，移柳州刺使。江嶺間，爲進士者，走數千里，從宗元遊。經指授者，爲文辭，皆有法。」

著荻溪集二卷，詩二百二十九首。爲其自甲申，至正四年前，至辛丑，至正二十一年，晚期之作。

荻溪集卷上「詩一百十五首」，卷下「詩一百十四首」。

荻溪集：自卷上第一首，至二十九首，爲甲申以前之作。自卷上第三十首：「甲申中秋，劉子中招遊隱湖，方介平從吳門適至，即登舟觴詠。」至卷下一百一十三首，，「辛丑花朝」。爲自至正四年，至二十一年，十七年之作。

集中，無五言，六言，七言，古詩，絕句，律詩，排律之分。

荻溪集：卷上第三十首：「甲申中秋，劉子中招遊隱湖，方介平從吳門適至，即登舟觴詠。」爲七律。第三十一首，「山中寄劉子中」，爲五律。第三十二首：「望鍾山」，爲七律。第三十三首：「北上別顧與沼」，爲五律。第三十八首；「蕲脛河」，爲五絕。第三十九首：「觀園人浴馬」，爲五律。第四十三首：「報國寺雙松歌」，爲古詩。第四十四首：「七夕前一日，與徐參軍漢翔，集清苑王貳尹曙齋」，爲五律。

四庫全書存目叢書「荻溪集」：卷上，第四十頁：「甲申中秋，劉子中招遊隱湖……。」第四十二頁：「庚寅除夕，辛卯元旦二首」。第四十四頁：「癸巳春莫（暮），薛偉男將移居，集牡丹花下言別，得春字。」卷下，第五十二頁：「丙申元旦」。第五十六頁：「丁丑上巳日，同友人謁玄武廟，因過秋水園小飲。」第五十八頁：「申酉歲交二首」。第六

依年次，時序錄存。

十五頁：「庚辛歲交二首」。第六十七頁：「辛丑花朝」。按：所用荻溪集，有兩種版本。因頁數不同，故列引用版本。

荻溪集卷下，第一首：「丙申元日」，按元月一日。第二首：「人日，喜大音玉澗昆仲，過訪寓齋。」按元月七日。第三首：「花誕日，縱步海虞城南，因訪陸貽翼，勤宣昆仲不值。」按花朝日，二月十五日。第十首：「七夕，因行甫良生，集錢孝廉書齋。」按七月七日。

且間有失誤。其中二首，各佚一字。

四庫全書存目叢書「荻溪集」：第四十頁，「渡淮，次韻訓張學憲南屏。」爲五律，遺一字。

「又渡淮流去、征衣帶酒痕、笑看孤影瘦、共指一心存、水氣殘柳烟光、沒遠村、終了垂釣者、若個是王孫、」

四庫全書存目叢書「荻溪集」：第五十一頁，「歲莫（暮）雜詩十首、第七首。」爲五律，失一字。

「邨惟一姓、風俗自人衆、夏服朝裸、冬麻晝亦
閑、秖知耕白水、不解看青山、除却昏姻外、民生
事〻刪、」

六首，誤增一字。字誤，倒置，各一首。

四庫全書存目叢書「荻溪集」：第四十頁，「北上別顧與沼」。爲五律，誤增一字。

「相見頭俱白、知深敢恨遲、那堪傾盖ㄋ日又是
別君時、客路穿冰霰、鄉心積夢思、明朝三徑菊、獨
立傲霜枝」

四庫全書存目叢書「荻溪集」：第四十一頁，「七夕前一日，與徐參軍漢翔，集清苑王貳尹曙齋。」爲五律，誤增一字。

「庭樹雨初沐、官街爽氣饒、秖憐池草碧、不駭井
梧凋、瓜果沿風俗、樽匏集家寮、鄉心兼客便、咫
并入酒杯消」

四庫全書存目叢書「荻溪集」：第四十三頁，「九日趙使君紫霞，招汎吳山。」爲七律，誤增一字。

「湖上寒風卷浪沙頻登臨猶怯病中身那憑綠
酒酬佳節况有青山似故人紅染霜林茶磨樹
白翻烟渚越溪蘋酬歌殺度能重九細折茱萸
插鬢新」

四庫全書存目叢書「荻溪集」：第四十六頁，「癸巳七夕」。為七律，誤增一字。

「沉雲不動夜何如遲日斷香難柰此時天上且
艱相會日心間休怨日歸期愁亭別院空停杼
病卧他鄉只擁帷抱拙已教雙鬢白無心乞巧
到蛛絲」

四庫全書存目叢書「荻溪集」：第四十九頁，「謝孫赤翁寄惠湖筆」。為七律，誤增一字。

「村荒賈客無苔雲愁絕臨池面夕陽芸閣忽分
斑管到歸舟仍客託故人將與來昶草添精銳
飲罷揮毫助劇狂欲報愧無青玉案珍藏先為
蹟硫黃」

四庫全書存目叢書「荻溪集」，第四十五頁，最後一首詩題，誤增「明」一字。

「夜坐苦熱懷薛偉南燕寄同明日先子
山明仲遠諸子」

四庫全書存目叢書「荻溪集」，第五十七頁，第二首詩題，誤次爲「吹」。

「陸貽翼集諸同社張燧賞菊吹禹子山
韻」

四庫全書存目叢書「荻溪集」，第六十頁，第四首詩題，「城尋」二字倒置。

「秋晚喜楊仲遠過訪山居即同過破山
夜話早起偏城尋西山色而別却寄此
作二首」

善繪畫，嘗一時中斷。

北京圖書館古籍珍本叢刊「荻溪集二卷、卷首、序」：「兼善繪事。」

荻溪集卷下「申酉歲交二首、贈寓破山。」：「星霜旅館年初盡，鐘鼓空山衣正喧。有佛住邊聊歇腳，無家歸處欲消魂。蠲除硯際青山廢，（時即斷繪事）簡點詩租白髮存。齒豁頭童成底事，祇贏乞食傍空門。」

荻溪集卷下「理繪事」：「吮毫非我事，寄興老偏宜。偶有會心處，似于千古期。盧鴻高莫敵，摩詰妙堪師。今日南窗下，愚翁谷已移。」

工山水。

荻溪集卷上「題畫」：「霜林紅葉醉秋嵐，水面無山不蔚藍。曾記攜筇看此景，野橋茅屋似江南。」

荻溪集卷下「題畫」：「茅屋寂寂有溪臨，古木層崖取次深，君欲賈山同結隱，須留此畫按圖尋。」

荻溪集卷下「題看泉圖」：「半天鳴瀑挂晴暉，六月偏能作雪飛。消得炎蒸應此處，日斜攜手澹忘歸。」

善畫梅。

荻溪集卷下「題畫梅」：「一枝容易惱春魂，長伴黃昏月到門。今日寫將殘墨裡，不須踏雪過前邨。」

荻溪集卷下「題畫梅」：「郎當舞袖太離披，曾任孤山伴鶴嬉。處士不歸黃鶴去，秪留疎影在天涯。」

亦以畫贈人。

荻溪集卷下「題畫贈海虞杜明府」。「徧野棠陰晝自深，羨人爲政日沐心。訟堂無事秋如水，獨對青山理宓琴。」

荻溪集卷下「題畫鳴琴圖贈吴縣周侯」。

半生飄蕩，所歷頗廣，嘗寓大都。

荻溪集卷下「丙申元旦」：「天涯令節摧雙鬢，坐（節）對寒梅悄然。十月東風餘舊臘，一身羈族入新年。屠蘇已後今朝酒，故物徒存隔歲氊。飄蕩半生頭白盡，不堪書劍又琴川。」

荻溪集卷上「七夕雨、時寓都門。」

元史卷五十八「地理一、大都路」：「唐幽州范陽郡，遼改燕京，金遷都爲大興。元太祖克燕……，至元元年……，改中都。四年，始於中都之東北，置今城而遷都焉。」

保定路之清苑。

荻溪集卷上「七夕前一日，與徐參軍漢翔，集清苑王貳尹署齋。」

大清一統志卷十「保定府表」：「晉、樊輿縣。齊周、樂鄉縣。隋、唐、五代、清苑縣。宋遼、保塞縣。金、元、明、清、清苑縣。」

經益都路之瑯琊。

荻溪集卷下「丁酉秋，偶經故里，過袁升歧舊廬有感。」

大清一統志卷一百四十「沂州府表」：「兩漢、三國魏、晉、瑯邪國。宋瑯邪郡，魏、北徐州瑯邪郡，齊周、沂州瑯邪郡，隋，瑯邪郡，唐、五代、宋，金、元、明、清、沂州。」

過彰德路之羑里。

荻溪集卷上「過羑里」。

河南通志卷五十二「古蹟上、彰德府、羑里城」：「在湯陰縣北九里，一名牖城，一名防城，北臨牖水，即文王衍易之地也。」

衛輝路之斮脛河。

荻溪集卷上「斮脛河」。

河南通志卷七「山川上、衛輝府、斮脛河」：「名太和泉，亦名陽河。源出輝縣，東流經淇縣界入衛河。紂斮朝涉之脛于此，故名。」

行者直轄歸德府之宿州。

荻溪集卷上「宿州道中二首。」

元史卷五十九「地理二、河南江北等處行中書首、歸德府」：「領縣四，州四……。州四：徐州……。宿州，唐置……，元初隸歸德府，領臨渙、蘄、靈壁、符離四縣……。」

大清一統志卷八十七「鳳陽府表、宿州」：「唐、五代、宿州，東宿州符離，金、元宿州，明、清宿州。元至元二年，省縣（符離）入州。」今符離縣。

平江路之子游墓。

荻溪集卷上「登子游墓曉望」。

嘉靖常熟縣志卷十「陵墓志、言偃墓」：「史記吳世家註：子游墓與仲雍冢並列。」按偃字子游。

嘉靖常熟縣志卷十「陵墓志、仲雍墓」：「史記索隱：仲雍冢在常熟西虞山上，與言偃冢並列。吳地志云：仲雍墓，在虞山東嶺。」

嘉靖常熟縣志卷一「山志、虞山」：「在縣治西北一里……。越絕書云：虞山，巫咸居，蓋吳越時，已名虞山矣。舊志言：山長十八里，其高處，江外諸山，皆可見焉。」

大清一統志卷五十四「蘇州府、山」：「虞山……，上有二洞穴，穴側有石壇，周六十丈。山東二里，有石室，太公呂望，避紂處……。」

隱湖。

荻溪集卷上「甲申中秋，劉子中招遊隱湖。方介平適從吳門至，登舟觴咏。」

越絕書卷二「外傳記、吳地傳」：「昆湖，七十六頃一畝，去縣一百七十五里，一名隱湖。」

洪武蘇州府志卷三「川、湖、昆承湖」：「在常熟東南五里，長三十六里，廣十八里。水經云：廣長各十八里，東南入崑山界，東出白茆浦，入楊子江。又云：崑湖在崑山北，承湖在昆山西北，本二湖，合爲一焉。」按隱湖，即今昆承湖。

虎丘。

荻溪集卷上「春暮，王公美載酒，招楊月輔，程民同方曰明，同集虎丘，得春字。」

江南通志卷十二「輿地志，山川二，蘇州府，虎邱山」：「在府西北九里。吳越春秋云：闔閭葬此，以扁諸魚腸劍三千爲殉。越三日，金精結爲白虎，踞其上，故名。又曰：海湧山，絕巖聳壑，茂林深篁，爲江左邱壑之表。初山踞平疇中，唐白居易，始鑿山麓，引水四周，溪流迴映。緣山南一徑入，遂有遙深幽邃之致。其最勝者，爲劍池。兩岸劃開，中涵石泉，深不可測，世傳秦皇鑿山求劍處也。稍前爲千人石，高下平衍，可坐千人，神僧竺道生，講經於此。有點頭石，生公講經時，聚石爲徒，石輒點頭，因名……。」

海虞。

荻溪集卷下「花誕日，縱步海虞城南，因訪陸貽翼勤宣昆仲不値。」

大清一統志卷五十四「蘇州府表、常熟縣」：「晉、宋、齊、梁、陳、海虞縣。唐、五代、宋、常熟縣。元、常熟州。明、清、常熟縣。」

嘉靖常熟縣志卷一「山志、虞山」：「在縣治西北一里。括地志，祥浮圖經，並曰海禺。吳郡志，曰海虞。續志，曰海巫。以爲海禺者，謂山臨海之隅。以爲海虞者，謂虞仲嘗隱此山，縣亦以山名。海巫者，以商相巫咸與其子賢，嘗居之，後葬于此……。」按虞山，又名海虞，海禺，海巫。常熟古稱海虞，蓋縣以山名。

破山。

荻溪集卷上「宿破山，同爲子山。」

江南通志卷十二「輿地志、山川二、蘇州府、破山」：「在常熟縣虞山北六里，相傳龍鬬而山破，故名。上有鬬龍澗，傍有硃沙洞，放生池。池東北有空心潭，又有舜井。」

破澗。

荻溪集卷上「游破澗有作」：「空山龍已去，濊濊但鳴泉。聲自千古落，名繇一邑傳。血寒餘赭石，雲散出青天。磵草離離處，難忘是醉眠。」

按破澗，由所引詩意，即前引破山之破龍澗。

破山寺。

荻溪集卷上「歲莫（暮）雜詩十首」：「長懷破山寺，壯麗抱層峰……。」

姑蘇志卷三十「寺關下，常熟縣叢林寺十觀一」：「破山興福寺，在虞山北嶺下。齊始興五年，邑人，郴州牧倪德光捨宅建。始名大慈，梁大同三年，改興福寺。唐咸通九年，賜額破山興福寺。舊寺有高僧文譽塔，體如塔，救虎閣，宗教院，通幽軒，空心亭。唐御賜鍾瓔珞樹，重萼千葉蓮。修廊複殿，奇花異木，最號奇勝，今並廢不存。」

按破山寺，疑即破山興福寺。時人，簡稱破山寺。

集慶路之鍾山。

荻溪集卷上「望鍾山」

江南通志卷十一「輿地志、山川一、江寧府、鍾山」：「在府東北十五里，朝陽門外，本名金陵山。据庾闡揚都賦云：山時有紫氣，故名紫金山。高一百八十五丈，周迴六十里……。漢秩陵尉蔣子文，吳爲立廟此山，因改爲蔣山。又曰聖遊山，又曰北山……。兩峰秀起，北一峰最高，其上有太子巖，即昭明讀書臺，八功德水，在其下……。山後有洞曰朝陽，有商飆館，九日臺。」

蠡口。

荻溪集卷下「次蠡口」。

洪武蘇州府志卷三「川、湖、江、口」：「蠡口，在齊門之北，去門十八里。又有蠡塘，在婁門之東。相傳鴟夷子，乘扁舟下五湖，潛過此，以出招大夫文種，因名。」

江南通志卷三十一「輿地志、古蹟二、蘇州府」：「蠡口，在長洲縣齊門外，相傳范蠡泛五湖出此。」

光緒蘇州府志卷八「水、太湖」：「在府西南三十餘里，東西兩百里，南北一百二十里，周五百里，廣三萬六千頃……。一名震澤，一名具區，一名笠澤，一名五湖。然今湖中，亦自有五，名曰菱湖，莫湖，貢湖，胥湖，游湖。」

杭州路之吳山。

荻溪集卷上「九日，趙使君紫霞，招汎吳山。」

兩湖志纂卷九「吳山勝蹟、吳山」：「在浙江省城，鳳山門內。名勝志：春秋時，爲吳南界，以別於越，故名吳。或曰：以祠伍子胥，訛伍爲吳。故郡志，亦稱胥山。凡城南隅諸山，曼衍相屬，總曰吳山，而異其名。西湖遊覽志：天目爲杭州諸山之宗。翔舞而東，蘊結於鳳凰山。其支山，左折遂爲吳山。秀崿奇峰，帶湖映壑，江介海門，迴環拱固，扶輿淑麗之氣，鍾然……。」

西湖。

荻溪集卷上「午日少虛呂少宗伯西湖，招觀競渡。」

浙江通志卷九「山川一、杭州府、西湖」：「一名明聖湖，水經注：錢塘縣南江側，有明聖湖……。宋史河渠志：西湖，周迴三十里，源出武林泉。兩湖遊覽志，本名錢塘湖，以在郡西，故名西湖。三面環山，溪谷縷注，下有淵泉道，瀦而爲湖。」

錢塘江觀湖。

荻溪集卷上「八月十八日，觀潮錢塘江上。」

浙江通志卷九「山川一、杭州府、錢塘江」：「萬曆錢塘縣志：在縣東南，本名浙江……。

今名錢塘江，其源發黟縣，曲折而東，以入於海。潮水晝夜，再上奔騰，衝激聲，撼地軸。郡人以八月十六日，傾城觀潮爲樂。」

嘉興路之語溪。

荻溪集卷上「語溪道中，寄懷楊仲遠二首。」

光緒嘉興府志卷十三「山川二、石門縣、語溪」：「語兒中涇，一名語溪。自縣東五十里，達嘉興南谷湖。禦兒之名尚矣……。水經載萬善歷曰：吳黃武六年正月，獲彭綺。是歲，由拳西鄉，有產兒便能語，因詔爲語兒鄉……。國語：吾禦兒臨之，今俗作語字。在吳越時，爲棲兵之地。」

台州路之大慈寺，釜山。

荻溪集卷上「霜降前一日，同馬子山，李赤城，黃正夫，登釜山觀海，遍歷七峰，過大慈寺，各賦紀事。」

浙江通志卷二百三十二「寺觀七、台州府下，天台縣、大慈寺」：「赤城志：在縣北二十九里，陳時僧智顗建……。隋創國清，乃更寺爲道場。宋大中祥符元年，改今額。其法堂，曰淨名，以顗嘗講是經故也。寺有顗所供普賢，及手書陀羅尼經，隋朝所賜寶冠尚存。有漱玉亭，又有虞世南所書華嚴經，紹興中，爲秦檜取去。」

按登釜山觀海，過大慈寺，故寺在釜山。然浙江通志，台州府志，赤城志，赤城新志，天台勝跡錄，均不載此山。復按安肅縣有釜山，金華縣有大慈寺，然均不合登山觀海之言，故不取。

建德路之七里灘。

荻溪集卷上「雨中過七里灘」：「萬壑千山雲氣迴，灘聲早爲入秋哀。傷心一掉風偏緊，回首雙臺雨不開。七里獨留天地色，群賢爭負棟梁村。於今慟哭無皐羽，只有閒鷗去復來。」

浙江通志卷十九「山川十一、嚴州府、桐廬縣、七里灘」：「嚴陵志：在縣西四十里，與嚴瀨相接，兩山夾峙，水駛如箭。諺云：有風七里，無風七十里。蓋舟行艱於牽挽，惟視風以爲遲速。」

浙江通志卷十九「山川十一、嚴州府、桐廬縣、富春江」：「舊浙江通志：在縣西四十里，前臨大江，上有東西二臺，一名嚴陵山。清麗奇絕，號錦峰繡嶺，乃子陵釣處。」

凡今浙江，江蘇，安徽，河南，山東，河北諸省，均有其宦幕之行踪。

荻溪集卷上「往昔」：「二載客京邑，一年居保陽。苦多行役累……，悔作半生忙。」

按其寓燕京兩年，居保定南一年，當任官，或爲幕賓於此。蓋其家貧，絕無千里遠遊，久居在外之力。

晚年，既悲「垂老奈饑驅」，「滿頭白雪」，「腸斷江邊憔悴客」。

荻溪集卷上「語溪道中，寄懷楊仲遠二首。」：「也知高臥好，垂老奈饑驅。六月雨冷路，三餐客子廚……。」

荻溪集卷上「至日」：「荒村至日渾忘至，老我吟長不用長……。腸斷江邊憔悴客，滿頭白雪臥匡床。」

復感「親朋老去滄波隔」，「車笠阻貧交」。

荻溪集卷上「寒食旅望，懷故鄉知己，兼寄子山。」：「窺人燕子遂黃鶴……，誰家桃李出疎籬。親朋老去滄波隔……，山廚久已斷晨炊。」

荻溪集卷下「倚仗」：「冬晴寒氣薄，倚仗立江郊……。風霜餘老鬢，車笠阻貧交……。」

尤以「已信無家在」，「回首家人自可憐」。悲傷感懷，令人動容。

荻溪集卷下「庚辛歲交二首」：「老年長道路，不是忘鄉關。已信無家在，寧辭作客艱……。」

荻溪集卷上「人日，荻溪寓所，賦得遙憐故人思故鄉，即拈遙憐字爲韻，寄日明、月輔、日生，仲遠。」：「傳杯此日記頻年，回首家山自可憐……。垂老不堪長恨別，，忍揮青淚問高天……。」

按二詩所陳，當指懷念故邑瑯琊而言。

然爲人雅厚守拙，情感豐富。

荻溪集卷上「癸巳七夕」：「流雲不動夜何遲，目斷香軿禁此時……。抱拙已教雙鬢白，無心乞巧到蛛絲。」荻溪集卷上「寄懷楊仲遠」：「不見楊生久，相思夜不眠。自違芳草埞，又過落花天。忙只賞詩債，貪誰與酒錢。愁來應念我，書發淚雙懸。」

與吳中人士，多所交往，不乏造訪之友。

荻溪集卷上「夏日，揚月輔，方日明，楊仲遠，小飲山齋，得朝字。」「辱趙使君紫霞，枉駕村居，賦謝。」「陳孝廉言時，枉駕村居，十六韻。」「金少司農，崑山程侯，先後枉駕村居，余滯攜李，闕展迓，聊寄此作。」「冬日，李待御過訪村居。」荻溪集卷下「秋晚，毛潛夫枉駕見訪，別後，次花甲餘首韻賦寄。」「秋晚，喜楊仲遠，過訪山居。即同過破山夜話，早起，徧尋城西山色而別卻，寄此作二首。」「石上人過訪二首」。

薛偉男，馬子山，則尤稱交厚，各有詩六首以贈之。

荻溪集卷上「九月二十有六日，逋社初舉，薛偉男載酒登虎丘，分得十蒸。」「癸巳春莫，薛偉男將移居，集牡丹花下言別，得春字。」「贈薛偉男移居」。「首夏，陸載義，薛偉男，攜二美人，招汎虎丘，即席分韻三首。」「夜坐苦熱，懷薛偉男，兼寄日明，日生，子山，仲遠諸子。」卷下「立春日，雨中，楊仲遠率其長君，移酒饌過池上見酌，酒半，喜薛偉男，扶青昆仲至。」

荻溪集卷上「霜降前一日，同馬子山，李亦城，黃正夫，登釜山觀海，偏歷七峰，過大慈寺，各賦紀事。」「寒食旅望懷故鄉知己，兼寄子山。」「宿破山，同馬子山。」卷下「陸貽翼集諸同社，張燈賞菊，次馬子山韻。」「寄懷馬子山」。「張岡涇訪馬子山，李霜赤兩社長，其居停賈周兩翁，留飲浹日。」

惜知名者鮮。

按平江松江地區，物阜民豐，文風鼎盛，譽滿一方之名士本多。如呂誠敬夫，邵亨貞復孺，錢霖子雲，錢惟善思復，曹知白又玄，顧瑛仲瑛等。兼以河湖交錯，景色優美，交通便捷，又復隱蔽，元末避難隱居於此之名士亦眾。如王逢原吉，楊維禎廉夫，郭翼義仲，秦約文仲，袁華子英，陶宗儀九成，謝應芳子蘭等，均與之一無交往。（請參閱來鶴亭作者呂誠傳，野處集呂亨貞傳，耕學齋詩集袁華傳。）

育子女各一，孫一。家雖貧，妻賢子孝，溫馨滿門。

荻溪集卷上「庚寅除夕，辛卯元日二首。」：「寒風吹不斷，此夕作愁予。江畔形骸老，天涯故舊疎。辛盤兒薦餕，柏酒婦推餘。擁絮柴門裡，低頭惜歲除。」

荻溪集卷上「課小監種菜」：「曉圃初遇雨，無遲來耜操。己甘田野賤，莫惜荷鋤勞。肉食繇廊廟，藜羹藉爾豐。盤飧滿籬落，吟思亦堪豪。」

荻溪集卷下「丙申除夕，余度歲婿家……。」

（二十七）古山樂府作者張埜傳兼註其集

張埜，字埜夫，號古山。

御選歷代詩餘卷一百九「詞人姓氏、元」：「張埜，字埜夫。」

古山樂府卷首「古山樂府序」：「往年僕游京師，古山張公一見，招置館下……。至治初元中秋日，李長翁書於三山之光霽亭。」

其先火山軍人，金世宗大定間，始家邯鄲。

邯鄲縣志卷十「人物志上、仕蹟、元」：「張之翰，字周卿，號西巖，其先火山軍人。金大定間，伯祖進，應進士舉，至邯鄲卒，因家焉……，其子埜……。」

大清一統志卷一百二十二「保德州表、河曲縣」：「宋，火山軍，太平興國七年置。治平四年，置火山縣，爲軍治。金，隩州，大定二十二年，升軍爲州。河曲縣，元貞元年，置爲州治。明、清，河曲縣。」

山西通志卷二十七「山川十一、保德州、河曲縣」：「火山，在縣西七里，高一里，盤踞二里。山上有孔，以草投其中，烟焰上發，可熟食，草木胥不生。上有硇砂窟，下有氣沙窟。黃河經其下，似遇覆釜，而河爲之曲。山後有大石，有禹廟，水不能浸，宋名火山軍以此。」

老學庵筆記卷十「吳中卑薄，斸地二三尺，輒見水。予頃在南鄭，見一軍校，火山軍人也。言火山之南，地尤枯瘠，鋤钁所擊，烈焰應手涌出，故以火山名軍，尤爲異也。」

按火山軍之「軍」，爲宋代行政區劃，路、府、州、軍、監、縣之一。因有火山，故以名「軍」，即今山西省之河曲縣。

侍從皇太后，命注易經，授翰林國史院，從六品修撰。

邯鄲縣志卷十「人物志上、仕蹟、元」：「張之翰……其子埜，侍從皇太后，奉命注易，授翰林院修撰。」

新元史卷五十六「百官志三、翰林國史院」：「承旨六員，從一品……。待制二員，正五品。修撰三員，從六品。應奉翰林文字五員，從七品。編修官十員，正八品。」

因嘗値省，疑曾遷中書省屬員。蓋修撰並無値省之責。

古山樂府卷下「臨江仙，戊午九月二十一日，宴罷直省，和徐工部韻。」按蓋，盍，蓋同。

曾至泉南，疑復官江南諸道行御史臺。蓋非官入閩，道阻且險，向爲人所卻步。當因官守，巡視泉南。

古山樂府卷下「沁園春、又、泉南作」：「自入閩關，形勢山川，天開兩邊……。區區仕宦誰憐，道有志從來鐵石堅，但長存一片忠貞義膽……。」

元史卷八十六「百官志二、江南諸道行御史臺」：「大德二年，定爲江南諸道行御史臺，設官九員，以監江浙，江南，湖廣三省。統江東，江西，浙東，浙西，湖南，湖北，廣東，廣西，福建，海南十道……。」

著古山樂府二卷，顧嗣立元詩選，稱其家世文儒，詩詞清麗。

元詩選癸集「癸之乙、張修撰野」：「野字野夫，邯鄲人。官修撰，家世文儒，詩詞清麗，有古山集。」按埜同野。

御選歷代詩餘卷一百九「詞人姓氏、元」：「張埜，字埜夫，邯鄲人，有古山樂府二卷。」

御選歷代詩餘，於所著二十三調，六十四首中，選其中十四調，二十五首。水龍吟十八首，更選十首。足證其詞，品評之高。

御選歷代詩餘卷十四「阮郎歸、張埜二首。」卷十九「太常引、張埜。」「鵲橋仙、張埜。」卷三十三「南鄉子、張埜。」卷四十六「江城子、張埜。」卷五十一「驀山溪、張埜。」卷五十六「滿江紅下、張埜。」卷六十一「滿庭芳下、張埜。」卷六十二「八聲甘州、張埜。」卷六十九「念雙驕下、張埜二首。」卷七十二「木蘭花慢、張埜。」卷七十五「水龍吟、張埜十首。」卷八十六「風流子、張埜。」

李長儒序言則謂：其詞千變萬態，意高語妙，可與蘇辛，並駕齊驅，得乃父謫傳。

古山樂府卷首「古山樂府序」：「所著樂章……，千變萬態，意高語妙，眞可與蘇（按東坡）辛（按稼軒），齊駕竝驅。然其詞林根柢，實得於西巖先生之嫡傳。」

其父之翰，學爲通儒，才足時用。知松江府，百廢俱興，綽有古循吏之風，至今猶祀於名宦祠。所著西巖集二十卷，計詩十卷，詞二卷，文八卷。詩有蘇黃之遺風，文具唐宋之舊規。家學淵源，其授於其子者亦厚矣！

嘉靖廣平府志卷八「古蹟志、陵墓類、元、松江知府張君之翰墓」：「在邯鄲縣東十五里，劉村之南。學士李謙撰神道碑銘曰：學爲通儒，才應時須。事至物來，應酬有餘……。」

嘉靖廣平府志卷十二「鄉賢、元、」：「張之翰，字周卿，號西巖，邯鄲人……。除松江府知府，兼勸農事。汰虛數租米十萬石，又剏西湖書院，起先聖燕居樓，復貢舉堂，建松江小學，立上海縣學，作三賢祠，修築社稷壇。百廢俱興，綽有古循吏風……。」

西巖集卷首「提要」：「臣等謹案，西巖集二十卷，元張之翰撰……。知松江府事……，力除其弊，得以蠲除，至今猶祀於名宦祠……。其詩情岩逸，有蘇軾，黃庭堅之遺，文亦頗具唐宋舊格……。」

古山既受皇太后之器重，復歷任翰苑，中書省，江南行御臺，故所交多時賢名宦。如閻復子靜，高唐州人。仕至翰林學士承旨，謚文康，有靜軒集五十卷。

古山樂府卷上「水龍吟、又、爲閻靜軒壽。」

新元史卷一百八十八「閻復」略謂：字子靜，其先平陽人，後徙高唐州。自東平行臺書記，累遷翰林應奉文字，翰林修撰，翰林直學士，翰林學士，仕至翰林學士承旨，謚文康，有靜軒集五十卷。」

李拱辰延弼，滏陽人，官至御史臺都事。

古山樂府卷上「青玉案、又、用李廷弼留別韻。」

新元史卷一百九十四「李拱辰」略謂：字廷弼，本磁州人。曾祖儀，爲滏陽令，因家焉。歷官高郵府判官，紹興路新昌縣尹，擢監察御史，簽福建閩海道廉訪司事，進三品，仕至御史臺都事。

安祐，磁州人，官至集賢大學士。

古山樂府卷上「木蘭花慢、陪安參政宴吳山盛氏樓。」

萬姓統譜卷二十五「上平聲，十四寒，安，元」：「安祐，磁州人。弱冠上書，世祖奇之，授以近侍。每有委用，規模宏遠。官至集賢大學士，卒贈平章。追封興國公，謚文康。」

王約彥博，眞定人。歷官翰林直學士，刑部尚書，仕至奎章閣大學士，知經筵。

古山樂府卷下「沁園春、又、爲王彥博尚書壽。」

新元史卷一百八十七「王約」略謂：王約，字彥博。其先開封人，後徙家眞定。自翰林國史院編修官，累遷禮部主事，中書右司員外郎，翰林直學士，刑部尚書，仕至奎章閣大學士，知經筵。

杜肯穫，汾州平遙人，官至行省左丞

古山樂府卷下「沁園春、又、爲杜左丞壽」。

新元史卷一百四十八「杜豐、思敬」略謂：杜肯穫，汾州平遙人。祖豐，封沁陽郡公。父思敬，仕至中書右丞。肯穫，陝西行省左丞。一門通顯，四世昌盛。

盧亘彥威，汲郡人，歷翰林編修，翰林應奉文字，仕至翰林待制。

古山樂府卷下「蓦山溪、和盧彥威應奉食柑韻」。

元詩紀事卷十「盧亘」：「亘字彥威，汲郡人。元貞間，姚燧薦爲國史院編修，官至翰林待制。」

元明善復初，清河人，官至行省參政。

古山樂府卷下「江城子、和元復初賦玄圃梅花」。

書史會要卷七「元、元明善」：「字復初，清河人。官至翰林學士，湖廣行省參知政事，謚文敏。文章言行，有聲於時。書體純熟，似守李北海之矩度。」

高昉顯卿，大名人。仕至中書右丞，行省平章政事。

古山樂府卷下「太常引、又、壽高右丞，自上都分省回。」

新元史卷二百一「高昉」：昉字顯卿，其先遼東人，後徙大名。自集賢院掾，累遷吏部主事，禮部侍郎，潭州路總管，中書參政，中書右丞，仕至江浙行省平章政事。

盧摯處道，號疏齋，涿郡人，終翰林學士承旨。

古山樂府卷下「南鄉子、贈歌者怡雲，和盧處道韻。」

元詩紀事卷四「盧摯」：「摯字處道，一字莘老，號疏齋，涿郡人。至元五年進士，官至翰林學士承旨。」

宦遊所及，嘗歷杭州路之西湖。

古山樂府卷上「八聲甘州、戊申再到西湖。」

明一統志卷三十八「杭州府、山川、西湖」：「在府城西，周回三十里，其源出於武林泉。山川秀發，景物華麗。自唐以來，爲東南遊賞勝處。舊稱西湖有十景，曰平湖秋月，蘇堤春曉，斷橋殘雪，雷峰落照，南屏晚鐘，麯院風荷，花巷觀魚，柳浪聞鶯，三潭印月，兩峰插雲。至今湖中，四時邦人士女，嬉遊歌鼓之聲不絕……。」

湖山勝槩亭。

古山樂府卷上「水龍吟、又、題湖山勝槩亭。」

湖山勝槩亭，疑在西湖。然明一統志，大清一統志，浙江通志，杭州府志，錢塘縣志，西湖遊覽志，湖山便覽，西湖志類鈔，武林舊事，西湖志纂，西湖遊覽志餘，均不載此亭，確址待考。

錢塘西山。

古山樂府卷上「水龍吟、又、游錢塘西山。」

明一統志卷三十八「杭州府、山川、南屏山」：「在府城西三里，恠（按怪）石聳秀，中穿一洞，其上石壁若屏。」

明一統志卷三十八「杭州府、建置沿革」：「錢塘縣、附郭。」

常州路之太清道院。

古山樂府卷上「水龍吟、又、戊戌中秋，同馬西麓經歷，祐之提舉諸公，飲於太清道院。時祐之浩歌古調數曲，音韻清壯，座中莫不擊節賞歎。予亦效顰，作此侑觴，若曰樂府，則吾豈敢，姑就其協律云耳。」

太清道院，確址待考，疑清初以廢。

龍興路之滕王閣。

古山樂府卷上「水龍吟、又、登滕王閣。」

明一統志卷四十九「江西布政司，南昌府、宮室」：「滕王閣，在府城西，章江門外城上，西臨大江。高祖子元嬰，都督洪州時，建閣成。命至，封爲滕王，因名其閣。夾以二亭，南曰壓江，北曰挹秀。」

鉛山州之辛稼軒墓。

古山樂府卷上「水龍吟、又、酹辛稼軒墓，在分水嶺下。」

江西通志卷一百十「邱墓、廣信府、宋」：「贈光祿大夫辛棄疾墓，在鉛山虎頭門，紹定間勅葬。舊有金牌，立驛路傍，曰稼軒先生之墓，謝疊山有記。」按：鉛山州，元代屬江浙行省，爲直隸州。

詞林紀事卷十一「宋九、辛棄疾」：「棄疾，字幼安，濟南歷城人。耿京聚兵山東，節制忠義軍馬，留掌書記。紹興三十二年，令奉表南歸。高宗召見，授承務郎。寧宗朝，累官浙東安撫使，加龍圖閣待制，進樞密都承旨卒。德祐初，以謝枋得請，贈少師，謚忠敏，有稼軒長短句十二卷。」

大都路之盧溝橋。

古山樂府卷上「滿江紅、盧溝橋。」

明一統志卷一「京師、關梁、盧溝橋」：「在府西南三十五里，跨盧溝河，金明昌初建。本朝正統九年重修，長二百餘步，石欄刻獅形。每早，波光曉月，上下盪漾，曙景滄然一奇也。爲京師八景之一，名曰盧溝曉月。」

明一統志卷一「京師、山川、盧溝河」：「在府西南，本桑乾河，又名漯河，俗呼渾河，又曰小黃河，以流濁故也。其源出山西大同府桑乾山，經太行山，入宛平縣境，出盧溝橋下，東南至看丹口，分爲二派。其一，流經通州高麗莊，入白河。其一，南經固安，至武清縣小直沽，與衛河合流入於海。」

建德路之釣臺。

古山樂府卷上「石州慢、又、題釣臺。」

浙江通志卷十九「山川十一、嚴州府、桐盧縣、富春山」：「舊浙江通志，在縣西四十里，前臨大江，上有東西二臺。一名嚴陵山，清麗奇絕，號錦峰繡嶺，乃子陵釣處。」

集慶路之石頭城。

古山樂府卷上「石州慢、又、登石頭城、清涼寺、翠微亭。」

江南通志卷三十「輿地志、古蹟一、江寧府、石頭城」：「在上元縣石城門西北。金陵志云：周顯王三十八年，楚城石頭，曰金陵邑。漢建安十七年，吳改爲石頭城。丹陽記云：吳時土塢復，因山加甓爲城，因江爲池，地形最爲險固。」

清涼寺。

江南通志卷四十三「輿地志、寺觀一、江寧府、清涼寺」：「在府西北，石城門内清涼山。吳順義中，建爲興教寺。南唐爲文益禪師道場，後主嘗留宿寺中，有未能歸去宿龍宮之句。宋太平興國間，改清涼廣惠寺……。明洪武初，賜名額。左上爲清涼臺，俯視大江，即南唐翠微亭舊址，登覽最勝。西偏爲善慶菴，幽潔高爽，莫愁湖朗然在目。寺舊有董羽畫龍，李後主八分書，李霄遠草書，時人目爲三絕。」

翠微亭。

江南通志卷三十「輿地志、古蹟一、江寧府、翠微亭」：「在上元縣清涼山巔，南唐時建。宋乾道間毁，紹熙中復建。淳祐己酉，陳綺新而大之，遺址如砥。」

杭洲路之吴山。

古山樂府卷上「木蘭花慢、陪安参政宴吴山盛氏稷。」

明一統志卷三十八「杭州府、山川、吴山」：「在府治東南，吴人憐子胥以諫死，立祠其上，又名胥山。上有寺觀，左臨大江，右瞰西湖，爲一郡勝槩。」

西湖志纂卷九「吴山勝蹟」：「吴山，在浙江省城，鳳山門内。名勝志：春秋時，爲吴南界，以别於越，故名吴。或曰：以祠伍子胥，訛伍爲吴。故郡志：亦稱胥山。凡城南隅諸山，曼衍相屬，總曰吴山，而異其名……。秀愕奇峰，帶湖映壑，海介海門，迴環拱固，扶輿淑麗之氣鍾焉……。」

松江府之松江。

古山樂府卷上「木蘭花慢、又、端陽發松江。」

洪武蘇州府志卷三「川、江、松江」：「在郡南四十五里，一名松陵。舊經云：松柏險溢，故名松陵，又名笠澤……。」

江南通志卷十二「輿地志、山川二、松江府、松江」：「在府北七十里，上海縣界，府因以名。一名吴淞江，亦曰松陵江。其源出太湖，自吴江長橋東流，至尹山北流，至甫里東北流，至溵山，北合趙屯浦，東合大盈浦，又東合顧會浦。崧子浦，盤龍浦，凡五大浦，至宋家橋東南流，與黃浦會而入海。」

揚州路之瓜洲城。

古山樂府卷下「沁園春、又、宿瓜洲城。」

欽定大清一統志卷六十七「揚州府二、關隘鈔關、瓜洲鎮」：「在江都縣南四十里江濱。元和郡縣志：昔爲瓜洲村，蓋揚子江中之砂磧也。沙漸漲出，狀如瓜字，遙接揚子江渡口，自唐開元來，漸爲南北襟喉之處。九域志：江都縣有揚子，板橋，大儀，灣頭，邵伯，宜陵，瓜洲七鎮。舊志：宋乾道四年，始築城置堡，有石城，東西北三面長四里。明初，置巡司。」

泉州路之泉南。

古山樂府卷下「沁園春、又、泉南作。」

欽定大清一統志卷三百二十八「泉州府表」：「唐、泉州清源郡。五代、泉州。宋、泉州清源郡。元、泉州路。明、清、泉州府。」「建置沿革」：「禹貢揚州南境……，明洪武初，改曰泉州府，屬福建布政使司。本朝因之，屬福建省，領縣五。晉江縣，附郭……。」按「泉南」，係指泉州晉江縣，以南之地區。確址，不可考。

淮上。

古山樂府卷下「賀新郎、淮上中秋。」

江南通志卷五十四「河渠志、淮一」：「禹貢導淮，自桐柏東會於泗沂，東入于海……。淮水入海之道，自禹迄今不改，其不同者，大河南徙，淮水受泗而東，其故道，悉爲河所奪也。以今輿地言之，淮水自河南桐柏縣南，東歷羅山，息縣，光州，東北逕江南（按省名）潁州府南，又東逕霍丘縣北，又東逕潁上縣南，又東逕壽州鳳臺縣西北，又東逕懷遠縣南，又東鳳陽縣北，又東逕臨淮縣北，又東北逕五河縣南，又東逕泗州南，盱眙縣北，又東北逕清河縣南，與泗水合，謂之清口，又東北逕山陽縣北，又東北逕安東縣南，又東北入於海。」按「淮上」，確址不可考。

洪州。

古山樂府卷下「清平樂、到洪，寄新齋和前韻。」

欽定大清一統志卷二百三十八「南昌府表」：「漢、三國吳、晉、宋、齊、梁、陳、隋（皆稱）豫章郡。唐、洪州豫章郡。五代、南昌府。宋、隆興府。元、龍興路。明、清、南昌府。南昌縣，郡治……。」按「洪」，即洪州，今南昌縣。

註：上述二十七位，元代文苑，無碑傳作者之傳，因多江浙贛皖人士，故其所交之時賢名宦，所遊之名勝古蹟，間有重復之處。因各傳獨立，兼以文稿亦無法，先註明請參閱，出版後之何頁，致重復之處，未加處理，謹此陳明。

三、方志與元人別集間令人矚目之若干問題二

（一）新編保定志部分七律之作者誤

新編保定志謂，「上巳」以下三十首，皆文文山天祥所作，誤。

新編保定志卷二十三「詩文、七言」：「上巳、在禁中、文山」，「完縣八景」，「北樓」，「南樓」，「東樓」，「西樓、前人」、「過保定」，「暮春山游」，「溪光亭小憩」，「留題山房」，「壽田處士」，「過徐橋」，「白溝」，「登武遂城」，「望易京」，「七月九日往雄州」，「登雄州城樓」，「渡白溝」，「遂城道中」，「避暑玉溪山」，「定興文廟枯杏復花其尹求詩、縣吾奉議府君故治」，「宿華陽台」，「又」，「玉乳峰」，「唐張忠孝山亭故基」，「飲聞雞臺」，「雙清空堂遺址」，「會飲北山」，「城樓待雨」，「溪光亭看雨、前人」。按慣例，詩篇名下，具作者姓名。若以下諸詩，雖不具作者，亦皆其詩，非漏刊，或無作者之詩。

蓋以上諸詩，自「暮春山游」以下二十三首，皆劉因所撰。

靜修集卷卷四「七言律詩」：「登雄州城樓」。卷十五「七言律詩」：「過徐橋」，「白溝」，「登遂武城」，「望易京」，「七月九日往雄州」，「定興文廟枯杏復花其尹求詩、吾縣奉議府君故治」，「宿華陽臺」，「又」，「飲聞雞臺」，「玉乳峰」，「唐張忠孝山亭故基」，「雙清空堂遺址」，「會飲北山」，「暮春山游」。卷十六「七言律詩」：「城樓待雨」，「溪光亭看雨」。卷二十「七言律詩」：「渡白溝」，「遂城道中」，「避暑玉溪山」，「溪光亭小憩」，「留題山房」，「壽田處士」。按地方志之藝文志，均選自有關之詩文集，故其排列次序，與原著不盡相同。故新編保定志，亟應修正之，以免作者誤刊，易名之失。

(二) 大名府志部分碑傳無作者姓名

方志之藝文志，皆選自各有關之詩文集，故每篇詩文，均具作者姓名。然大名府志之文章志，則有三碑一傳，無作者姓名，實屬罕覯。

大名府志卷十「文章志、文類、元城縣、宋魏郡申君墓誌銘」、「大名縣、元大名監郡昔李公神道碑」，「大名縣、元大名達魯花赤昔李公墓誌銘」，「開州、伯顏宗道傳」。唯「元大名監郡昔李公神道碑」言：教化百拜，以墓碑爲請，憚不得辭。

大名府志卷十「文章志、文類、大名縣、元大名監郡昔李公神道碑」：「有元以神武戡定區夏，弘業遠馭，控制撫御之方甚悉。政治無大小，例建官臨獲，猶古監郡然……。參政教化，百拜以墓碑爲請……，惲謝不敏，禱愈懇，以教化孝忠之義，固不得辭……。」

按惲即王惲，所著秋澗集，有此碑文。除碑稱稍異，人名均依三朝國語解，加以新譯外，極少差異，故此碑爲王惲所撰。

大名府志卷十「文章志、文類、大名縣、元大名監郡昔李公神道碑」：「有元以神武戡定區夏，弘業遠馭……，公諱益立山，其先以沙陀貴種，唐亡，子孫散落陜隴間……。至元戊寅，葬公於大名縣臺頭里之新阡，從卜吉也，公之夫人田氏白氏祔焉。三子，長曰愛魯……，次羅合……，次小鈐部……。孫三人，長曰教化……，次曰也先帖木兒……。參政教化，百拜以墓碑爲請……。」

秋澗集卷五十一「大元故名路宣差李公神道碑」：「大元以神武戡定區夏，長策遠馭……。公諱益立山，其先係沙陁貴種，唐亡，子孫散落陜隴間……。至元戊寅，葬公於大名縣臺頭里之新阡，從卜食也，夫人田氏白氏祔焉。三子，長曰阿嚕……，次曰老哈……，次曰舒泌布……。孫三人，長嘉琿……，次特穆爾……。嗣侯嘉琿，百拜以墓碑來請……。」

另兩碑一傳，僅言以鄉里之誼，爲撰碑述傳。

大名府志卷十「文章志、文類、元城縣、宋魏郡申君墓誌銘」：「君諱選，字升之，世籍大名元城縣……。君長姪楡，以君之子幼，成服終喪，且哀泣丐銘於予。與君同鄉里，知君爲詳，與之銘……。」
大名府志卷十「文章志、文類、大名縣、元大名達魯花赤昔李公墓誌銘」：「公諱野速普花，字從善，姓昔李，唐兀氏……。卜以是年七月九日，祔葬於大名縣顏家里，先塋之次。其孤玉里沙，狀公之行，請銘諸竁。」
大名府志卷十「文章志、文類、開州、伯顏宗道傳」：「侯名伯顏，字宗道，北地人也。其部族，爲曷剌魯氏……。無後，唐兀崇善，頗知梗概。予亦爲同郡，遂敘云……。」
按其鄉里人士，有詩文集者，計五人。前二人之著作，與碑文無關。後三人之著作，世已無傳。
大名府志卷七「人物志、文學、元城縣、元、潘迪」：「所著有周易春秋傳，大學中庸述解，及格物類編，石古音訓，六經發蒙，洪範講義諸書。」
大名府志卷七「人物志、材望、大名府、元、張立道」：「所著有郊祀集，平蜀總論，安南風土記，六詔通說。」
大名府去卷七「人物志、文學、大名府、元、趙元昌」：「逸其名，號樵山，明五經，仕至三臺御史，國子司業，有樵山文集。」
大名府志卷七「人物志、文學、東明縣、元、王鶚」：「世祖……即位，首授翰林學士承旨，典章制度，皆所裁定……。所著有論語集義，及應物集。」
大名府志卷七「人物志、文學、東明縣、元、李好文」：「登至治二年進士……，授河南行省平章致仕。所著有端本堂經訓要義，大寶錄，大寶龜鑑，河濱苦窳集，行于世。」

按文淵閣四庫全書，四庫全書未刊本，新編叢書集成，四部叢刊，四部備要等，無樵山文集，應物集，河濱苦窳集。

兼以四庫全書元人別集，乾隆、光緒畿輔通志之金石志、陵墓誌、藝文志，中州金石考，均無此二碑一傳，故作者姓名，已不可考。

(三) 作者同書二名兼用

方志所纂錄之詩文，絕大多數，悉用其名，亦間有用其字或號者。然一志之藝文志，作者二名兼用，如重修保定志之劉駰、劉因者，殊不多見。

重修保定志，劉駰之詩，計十三首。

重修保定志卷二十三「詩文、五言、劉駰」：「容城西園有花數本、故次第以賦」：「芍藥」、「薔薇」、「夜合」、「酴醾」、「木槿」、「蜀葵」、「看雪」。「七言」：「鼓城龍湫」、「宿洪崖觀」、「大覺寺」、「中山道中」、「滹沱河」、「大風臺、前人」。

餘則悉爲劉因。

重修保定志卷二十三「詩文、七言」：「易州懷古、代燕山節婦項氏怨」、「宿洪岩寺早起」、「遊隱山亭二首、並前人」。「五言律詩」：「詠梅」、「虞帝廟、唐縣」、「登保定市閣」，餘則未錄。

按劉因，初名駰，後易爲因。然何時易曰因，己不可考。故劉駰、劉因，二名兼用，當因其早期作品，署名劉駰，有以致之。然二名兼用，易使讀者，誤爲二人。且以上諸詩，悉見於劉因之靜修集。

靜修集卷一「五言古詩」、「芍藥」、「薔薇」、「夜合」、「酴醾」、「木槿」、「蜀葵」、「看雪」、「詠梅」。卷五「七言絕句」：「遊隱山亭二首」。卷十八「七言絕句」：「宿洪岩寺早起」。卷十九「五言律詩」：「虞帝廟」、「登保定市閣」。

故重修保定志，似應如靜修集，悉用劉因爲宜。

(四) 姓名近似疑為傳抄之誤

天下同姓名者，所在多有，如元有三王沂。

紫山大全集卷十六「大元故順天路總管府權府事王公神道碑」：「公諱沂，字振文，童幼穎悟過人，比冠通方識務……。蔡國張公，起閭里，相帥歸命我太祖皇帝，謨畫軍事，多從公出。順天既內附，蔡國公承制，辟公錄事判官，兼規措大使……，擢權順天府事……。晚年詩益工，以老致仕。」

伊濱集卷首「提要」：「臣等案，伊濱集二十四卷，王沂撰。沂字思魯，先世雲中人，徙于眞定……。延祐初進士，嘗爲臨海縣尹……，嵩州同知……，國史院編修官……，翰林待制……，中大夫禮部尚書。」

東里文集卷十八「墓誌銘、王竹亭先生墓誌銘」：「王竹亭及其弟子啓兩先生，學正篤行，高風直節，表表乎大江之西……。竹亭先生，諱沂，字子與，竹亭其別號。」

宋元有三朱晞顏。

桂勝卷一「詩、朱晞顏」：「慶元改元，寒食日，陪都運寺丞，遊白龍洞。時牡丹盛開，小酌巖下，夕陽西度，並轡而歸，成詩。」

鯨背吟集卷首「提要」：「臣等案，鯨背吟集一卷，舊本題元朱晞顏撰。前有自序，署其字曰名世……。先世自晉陵遷吳，冒朱姓……。」

瓢泉吟稿卷首「提要」：「臣等案，瓢泉吟稿五卷，元朱晞顏撰。考元代有兩朱晞顏，其一爲作鯨背吟者，其一爲長興人，字景淵，即著此稿者。」

然元代另有姓名近似者四人，疑爲傳抄之誤。如楊維禎與楊維貞，鄧文原與鄧文厚。

吳江志卷二十「五言律」：「過龐山湖、楊維貞、會稽、待制」。卷二十一「七言律」：

「塔寺西軒洗竹、楊維禎」。

浙江通志卷二百七十六「藝文十八、詩、七言律、元、鄧文原」：「三月晦游道場宿清公房與成文同行二首。」

吳錫縣志卷四上「元、惠山夏日酌泉燕集、鄧文厚」。

內黃縣志卷九「文章、元、提刑按察使胡祗遹撰、內黃重修廟學記一首」。

磁縣縣志卷末「附錄、藝文、元文、采芹亭記、胡祗適、州人、大中大夫」。

衢州府志卷十三「藝文志、元、魯貞、江山學田記」。

黃州府志卷十八「藝文、傳、黃岡隱君西山吳公傳、曲阜、魯眞」。

魯貞與魯眞，胡祗遹與胡祗適。

按楊維禎與楊維貞，均會稽人。魯貞與魯眞，皆曲阜人。胡祗遹與胡祗適，同爲磁州人，官大中大夫。

松江府志卷三十一「人物九、游寓」：「楊維禎，字廉夫，會稽人。泰定間李黼榜進士，淹貫經傳，雄於詩文。由天台尹，改錢青鹽場司令，提舉杭之四務，轉建德府推官，陞江西等處儒學提舉，未上，會兵亂，攜家寓華亭……。」

桐山老農集卷首「提要」：「臣等案，桐山老農集四卷，元魯貞撰。貞字起元，自號桐山老農，開化人。集中萬青軒記，自稱曲阜人，蓋曲阜其祖貫也……。人品既高，胸懷夷曠，一切塵容俗狀，無由入其筆端。」

秋澗大全集卷四十「故翰林學士紫山胡公祠堂記」：「公諱祗遹，字紹開，自號紫山，磁之武安人。由中書郎官，歷河東山東按察使，濟寧總管，仕至翰林學士，大中大夫。」故楊維貞、魯眞、胡祇適，疑爲楊維禎、魯貞、胡祗遹之誤。至鄧文厚，疑爲鄧文原之誤，雖疑之，並無旁證。然亦未發有關楊維貞，胡祇適，魯眞，鄧文厚，生平之文獻。

(五) 元明之際二袁華一文一武非一人

元明之際，有二袁華。一爲崑山袁華，字子英。少穎悟，過目成誦。博覽經史百家之言，工詩，尤長於樂府。明初，任蘇州府學訓導。著有可傳集，耕學齋詩集等。

崑山縣志卷十「人物、文學」：「袁華，字子英，少穎不群，過目輒成誦。考究經史百氏，號爲該博，善詩章樂府。洪武初，爲郡學訓導。所著有可傳集、耕學稿。」

二爲明千戶袁華。朱元璋與陳友諒，決戰鄱陽湖，袁華與同知元帥李志高等三十六人，戰死於涇江口。後追封、肖像康郎山忠臣廟，詔有司歲時致祭。

明史卷一百三十三「列傳第二十一、趙德勝、南昌康郎山兩廟忠臣附」：「康郎山戰死者三十五人……。及援南昌，大戰鄱陽湖……。越四日辛卯，復大戰，副元帥昌文貴，左元帥李信、王勝、劉義死。八日壬戌，扼敵涇江口，同知元帥李志高，副使王咬住，亦戰死。其他偏裨死事者，千戶姜潤，王鳳顯，石明，王德，朱鼎，王清，常得勝，袁華，陳沖……。凡贈公一人，侯十二人，伯二人，子十五人，男六人，肖像康郎忠臣廟，有司歲致祭。」

讀史方輿紀要卷八十三「江西一、鄱陽湖」：「鄱陽湖，即彭蠡湖。在南昌府東北，一百五十里。饒州府西四十里，南康府城東五里，九江府東南九十里，周迴四百五十里，浸四郡之境……。湖中之山，最大者，曰康郎山。」

讀史方輿紀要卷八十五「江西三、饒州府、餘干縣、康郎山」：「在縣西北八十里，濱鄱陽湖，湖之南涯也。相傳有康姓者居此，因名。一名枕浪山，謂能與風濤抗也，訛曰康郎。明初，陳友諒圍南昌，明太祖帥舟師赴救，友諒解圍，東出鄱陽迎戰，相持於康郎山，友諒屢敗……。今忠臣廟在其山，蓋祀與友諒戰時，死事諸臣云。」

讀史方輿紀要卷八十五「江西三、九江府、湖口縣、禁江」：「縣東北九十里，下接小孤山，上通九江……，或謂涇江。明初，陳友諒圍南昌，明太祖帥舟赴救。至湖中，先遣兵屯涇江口，復以一軍屯南湖嘴，以遏友諒歸師，乃相持於湖中。既而敵師出湖口，命常遇春等，統舟師橫截之……。友諒……欲由涇江遁回，諸軍追擊至涇江口，涇江之兵，復邀擊之，友諒戰死。」

故明史之千戶袁華，與崑山之詩人袁華，雖姓名相同，然爲二人。若干著作，視爲一人，誤。

（六）元明之際四袁華籍貫異名實為一人

元明之際，除明史之千戶袁華外，尚有四袁華。一爲太倉袁華，字子英。

太倉州志卷之七「藝文、元、袁華」：「字子英，太倉人。讀書二三過，輒記不忘。考察百氏，紬繹經史，號爲該博。善詩章樂府，爲楊鐵崖推重。號耕學子，所著有可傳集。」

二爲崑山袁華，字子英。

萬姓統譜卷二十二「明、袁華」：「字子英，崑山人。少穎悟不群，讀書三過，輒記誦不忘，工詩，尤長樂府……。楊維禎尤重其人，以才子目之。洪武初，爲郡學訓導。」

明詩紀事卷二十五「甲籤、袁華、二十四首」：「華字子英，崑山人。洪武初，爲蘇州訓導。有耕學齋集十二卷，可傳集一卷。」

三爲汝南袁華，字子英。

玉山名勝集卷一「汝南袁華子英」：「玉山之中草堂深，石床蘿磴秋陰陰。華林月白鶴在野，水館風清魚聽琴。底須封侯醴泉郡，自好躬耕梁父吟。碧桐翠竹吾所愛，他日杖履重幽尋。」

四爲汝陽袁華，字子英。

玉山名勝集卷三「汝陽袁華子英」：「採得崑岡石，連雲種小亭。日華閣靈雨，虹影燭青冥。」

按太倉袁華，崑山袁華，姓、名、字、事跡、著作均同，故爲一人。復按金、元、明、清之汝寧府，自兩漢以降，均稱汝南郡。汝陽縣，自隋以降，均名汝陽，且爲汝南郡治之所在。

欽定大清一統志卷一百六十八「汝寧府表」：「兩漢、三國魏、晉、宋、齊、魏、梁附、齊、周、隋，汝南郡。唐、五代、宋，蔡州汝南郡。」

欽定大清一統志卷一百六十八「汝陽縣」：「隋、唐、五代、宋、金、元、明、清，汝陽縣。」

故汝南袁華，汝陽袁華，姓、名、字，籍貫悉同，故爲一人。兼以耕學齋詩集之作者袁華，字子英，崑山人。其作品，間有自署汝陽袁華。

耕學齋詩集卷首「提要」：「臣等謹案，耕學齋詩集十二卷，明袁華撰。華字子英，崑山人。生於元季，洪武初，爲蘇州府學訓導。」

耕學齋詩集卷一「送秦文仲歸崇明拜祀墓詩有序」：「淮海秦君德卿，教授鄉里，垂四十年，歿而門人私謚，曰孝友先生。其行述見鐵崖楊先生，所爲撰墓誌銘，崇明桑梓里也。至正庚子，高郵張君某，同知州事，始白於有司，列祀校官之先賢祀祠，以天賜堂主李君配焉。明年春正月，其子約，將歸拜祠下，並展三世松楸。汝陽袁華，追餞於婁之上，而贈君詩。」

耕學齋詩集卷六「靈壁石魚磬歌」：「靈壁石魚磬，房山高公所遺，杜南谷眞人者。後歸開元王谿月，追谿月歿，南谷之孫，丹丘復得之。鐵崖楊先生誌其事，汝陽袁華爲作歌。」

可傳集，亦自稱汝陽人。

可傳集卷首「提要」：「臣等謹案，可傳集一卷，明袁華撰。華有耕學齋詩集，已著錄。此本爲至正癸卯，楊維禎所刪定。」

可傳集「天香詞」：「至正龍集壬辰之九月，玉山主人，宴客於金粟影亭。時天宇澂穆，丹桂再花。水光與月色相蕩，芳香共逸思俱飄，眾客飲酒樂甚。適錢塘桂天香氏來，靚粧素服，有林下風，遂歌淮南招隱之詞。玉山於是執觴起而言曰：夫桂盛於秋，不彫於冬，又不與桃李競秀。或者以爲月中所植，信有之矣。今桂再花，而天香氏至。豈非諸君子，躡雲梯，占鼇頭之徵乎！請我賦之。汝陽袁華，乃口占水調，俾歌以復主人，率坐客咸賦焉，詞成者六人。」

古人常以其籍貫之古稱，謂其籍貫。或以其祖籍，稱其現隸之籍貫。如邵亨貞，華亭人。又以華亭，古稱雲間，故署其籍貫，曰雲間人。亨貞祖籍淳安，然其祖、父三代居華亭，故爲華亭人，然亦謂其淳安人。

御選歷代詩餘卷一百九「元、邵亨貞」：「字復孺，號清溪，華亭人，有蛾術詞選四卷。」

蟻術詩選卷之一「元、雲間、邵復孺著。明、新都、汪稷校。」

全元散曲一四五三頁「邵亨貞」：「字復孺，號清溪，雲間人。」

嘉禾志卷一「沿革、松江府」：「舊華亭縣也……。若夫雲間之名，則陸士龍，對張茂先所謂，雲間陸士龍一語得之也。」按晉代陸雲，字士龍，與兄機，有才名，時稱二陸。野處集卷首「提要」：「臣等謹案，元邵亨貞撰。亨貞字復孺，淳安人。」故太倉袁華，崑山袁華，汝南袁華，汝陽袁華，實爲一人。

（七）崑山顧瑛別名輝誤

崑山顧瑛，字仲瑛，別名輝。

崑山縣志卷十一「人物、隱逸」：「顧瑛，字仲瑛，別名輝，少輕財結客，豪宕自好……。築別業，扁曰玉山佳處……。所著詩，曰玉山璞稿。」

然顧氏自傳，以及其他典籍，均稱一名阿瑛，字仲瑛，別名德輝。

吳下冢墓遺文卷三「金粟道人顧君墓誌銘、顧仲瑛」：「金粟道人，姓顧名德輝，一名阿瑛，字仲瑛，世居吳……。性好結客，尚乘肥衣輕……。於舊第之西偏，壘石爲山，築草堂於其址……，總名爲之玉山佳處……。大元至正戊戌五月廿九日，顧阿瑛自製。」姑蘇志卷五十四「人物十三、儒林」：「顧阿瑛，字仲英，別名德輝，崑山人。少輕財結客，豪宕自好……。築別業於茜涇西，曰玉山佳處……，稱金粟道人……。所著詩曰玉山璞稿……，曰草堂名勝集……，曰草堂雅集。」明史卷二百八十五「文苑、陶宗儀、顧德輝等」：「顧德輝，字仲瑛，崑山人。家世素封，輕財結客，豪宕自喜……。築別業於茜逕西，曰玉山佳處……。自號金粟道人……。」

元詩選初集「玉山主人顧瑛」：「瑛一名阿瑛，別名德輝，字仲瑛，崑山人。世居界溪之上，輕財結客……。自稱金粟道人……，所著有玉山璞稿……，玉山名勝集……，草堂雅集。」

元詩紀事卷二十七「顧瑛」：「瑛一名阿瑛，別名德輝，字仲瑛，崑山人……，有玉山璞稿。」

元史類編卷三十六「顧德輝」，「字仲瑛，別名阿瑛，崑山人。少輕俠，通賓客……，卜築玉山草堂……，集曰玉山名勝……，曰草堂雅集……，號金粟道人。」

玉山璞稿卷首「提要」：「臣等案，玉山璞稿一卷，元顧瑛撰。一名阿瑛，又名德輝，崑山人。少輕財結客……，卜居玉山草堂。」

萬姓統譜卷九十五「元、顧阿暎」：「字仲瑛，名德輝，崑山人。少輕財結客，豪宕自好……。築別業於茜涇西，曰玉山佳處……。所著詩，曰玉山璞稿。」

新元史卷二百三十八「文苑下、顧德輝、郭翼」：「顧德輝，字仲瑛，崑山人……。築草堂自居，曰玉山草堂……，自號金粟道人。」

故崑山縣志，謂顧瑛別名輝，誤。所以如此者，究爲刊刻之誤，抑或別有所本，均不可考。

（八）南昌府志元代龍興路總管府任官表紀年誤

萬曆南昌府志卷之十二「府職官沿革」：表列歷代設官之職稱，與歷年任官之姓名。中其元代龍興路總管府，歷年職官年表謂：元祐七年：桑哥失里，同知。郭完拆，判官……。

按元祐爲宋哲宗年號，且元代諸帝，亦無此年號，故紀年誤。

（九）南昌府志龍興路總管府任官年表職稱誤

萬曆南昌府志卷之十二「府職官沿革」：元代龍興路總管府職官年表載，「至正四年……。錄事，李廉，有傳。楊璋，經歷。」

然總管府，設經歷。

元史卷九十一「百官七，諸路總管府」：「至元初置……，上路，秩正三品，達魯花赤一員，總管一員……，同知，治中，判官，各一員……，經歷一員，知事一員，照磨兼承發架閣一員……，譯史，通事各一員。」

其屬，錄事司，置錄事。

元史卷九十一「百官七，諸路總管府，錄事司」：「錄事司，秩正八品。凡路府所治，置一司，以掌城中戶民之爭……。設錄事，司侯，判官，各一員…。」

按經歷，錄事，職稱既殊，職掌亦異，表列混淆，錯置，故誤。

（十）徐芳谷字明善誤

鄱陽縣志謂：徐芳谷，字明善。

道光鄱陽縣志卷十二「人物志，文苑，元」：「徐芳谷，字明善，至元間，任江西儒學提舉，嘗奉使安南……，歷聘江浙湖廣三省考試，拔黃縉卿於落卷中……。」

然明修饒州府志，芳谷集提要，清修饒州府志，清修二德興縣志，均稱徐明善，號芳谷。

正德饒州府志卷四「名宦，德興縣」：「徐明善，號芳谷。任江西儒學提舉，嘗使安南，有文名。」

芳谷集卷首「提要」：「芳谷集二卷，元徐明善撰。明善字友德，德興人，芳谷其別號也。官隆興教授，又爲江西儒學提舉。嘗奉使安南，歷聘江浙湖廣三省考試，拔黃溍於落卷中。蓋亦一時，以文學知名之士……。」

黃家遴等修饒州府志卷之二十七「人物七，文苑」：「元，徐明善，德興人。八歲能文，至元間，任江西儒學提舉，嘗奉使安南……。別號芳谷，著有芳谷集……。」

吳啓新等修德興縣志卷之七「人物志，仕蹟，元」：「徐明善，號芳谷，一都人。八歲能文，歷聘江浙湖廣三省考試，拔黃縉卿於落卷中。嘗奉使安南……，所著芳谷文集。」

蔣啓駁等修德興縣志卷之七「人物志，儒林，元」：「徐明善，號芳谷，一都人，歷聘江浙湖廣三省考試，拔黃溍卿於落卷中，嘗奉使安南……。」

按徐芳谷，徐明善，姓氏，籍貫，生平事蹟悉同，實爲一人。故鄱陽縣志，易徐氏之號爲名，易其名爲號，誤。

（十一）至正四年八人任龍興路儒學教授誤

萬曆南昌府志，至正四年，八人任龍興路，儒學教授，誤。

萬曆南昌府志卷之十二「府職官沿革，元，龍興路總管府」職官年表：「至正四年……，教授：萬一鶚，南昌人。陳時遇，新建人。徐明善，饒州人。葉聖時。姚登孫，蜀人。□節夫，富州人。余岳。善材之，建德人。」

蓋一年之間，路儒學教授，更迭八人，殊難令人置信。

（十二）徐明善至正四年任儒學教授誤

至正四年，徐明善任龍興路，儒學教授。

萬曆南昌府志卷之十二「府職官沿革、元、龍興路總管府」職官年後；「至正四年，教授……。徐明善，饒州人……。」

按明善至元二十五年，隨李思衍，奉使安南，時年當三十餘歲。

說郛卷五十六「天南行記，徐明善」：「至元二十五年十一月十二日，禮部侍郎李思衍呈都堂，以明善輔行。十六日詣都堂，奉鈞旨，相副使，安南去者。」

蓋以其口占詩之敏捷機智，與夫學養造詣之境界，似非二十餘歲者，所能臻此。

元詩紀事卷九「徐明善」：「中洲野錄：徐芳谷嘗奉使交趾國，其世子陳日炫，聞公善詩，舉巵酒，立索詩，公口占曰：乘傳入南中，章雲照海紅。天邊龍虎氣，南徼馬牛風。日月八荒燭，車書萬國同。丹青入王會，茅土胙無窮。日炫納欵奉貢，公聲名大振。」

安南志略卷十七「至元以來名賢奉使安南詩」：「儒學提舉徐明善，佐兩山（按：李思衍之號）使交，春夜觀棋贈世子：綠沈庭院月涓涓，人在壺中小有天。身共一枰紅燭底，心遊萬仞碧霄邊。誰能喚回迷魂者，賴有旁觀袖手仙。戰勝將驕兵所忌，從新局面恐妨眠。」

復按：自至元二十五年，西元一二八八年，迄至正四年，西元一三四四年，爲時五十六年。設明善奉使安南時，三十五歲。則至正四年，明善已九十一歲，安能任龍興路儒學教授，故誤。

（十三）中統九年命名開平誤

口北三廳志謂：中統九年，命名開平。

口北三廳志卷之三「古蹟，多倫諾爾，開平故城」：「元史地理志：世祖命劉秉忠，相宅於桓州東，灤水北龍岡。中統九年，爲開平府，五年，以闕庭所在，號上都，歲一幸焉。」

然元史，新元史等，均稱中統元年，命名開平，且中統僅四年。

元史卷五十八「地理志十，地理一，中書省，上都路」：「憲宗五年，命世祖居其地，爲巨鎭。明年，世祖命劉秉忠相宅於桓州東，灤水北之龍岡。中統元年，爲開平府，五年，以闕庭所在，加號上都。」

新元史卷四十六「志第十三，地理志一，中書省，上都路」：「世祖命劉秉忠建城於桓州東，灤水北之龍岡。中統元年，賜名開平。五年，建爲上都。」

元史卷五「本紀第五，世祖二」：「至元元年……九月……丁巳，以改元大赦天下。詔曰：應天者，惟以至誠。拯民者，莫如實惠……。改中統五年，爲至元元年……。咨爾臣民，體予至意。」

故口北三廳志，開平命名之年既誤。中統九年之說，則爲尤誤。以金志節之纂修，黃河潤之增修，竟有此失，殊出人意表，因疑刊刻之誤。

（十四）明張愼為長興縣謂沈貞居求詩卷誤

明張愼爲長興縣謂，沈貞居士林之求詩卷。

茶山老人遺集卷末「附錄，明張愼爲長興縣志」：「沈貞，字元吉……。所居地，名士林，有求詩卷，唐宋名流，多觴咏於此……。」

然清趙定邦長興縣志，「古蹟」，「寺觀」，均言沈貞居士林之求詩巷。

長興縣志卷十四「古蹟，元隱士沈貞宅」：「在縣北三十里求詩巷，張志。」

長興縣志卷十五「寺觀、士林庵、附錄、明沈貞士碑」：「沈子世家于吉溪澗上……，明初有茶山沈氏者，寔隱于此，余蓋其裔也。終因抱膝閒吟，因號其地，曰士林。不數武有求詩巷，故址依然……。」

故茶山老遺集，附錄張憤爲長興縣志，謂沈貞居士林之求詩卷，顯爲謄錄之誤，或刊刻之失。

（十五）康熙金華縣志引于石詩字誤

康熙金華縣志，西岩寺，引于石詩謂：「丹厓翠屋數千尺」。

康熙金華縣志「雜志類，寺觀」：「西岩寺，于石詩：丹厓翠屋數千尺，絕頂僧房三四間……。」

然原著紫巖于先生詩選，則謂：「丹巖翠壁數千尺」。

紫巖于先生詩選卷三「七言絕句、西巖寺」：「丹巖翠壁數千尺，絕頂僧房三四間……。」

且「丹巖翠壁數千尺」。遠較「丹厓翠屋數千尺」爲雅。故康熙金華縣志，引于石「西巖寺」詩，字誤。

四、元史拾零

（一）元初名宦不乏曾為蒙古之俘虜

吾國歷代邊疆宗族之南下牧馬，無不大事財貨人口之掠奪。蒙古大軍，則爲尤甚。蓋俘虜可用以攻堅，從事軍中艱苦之勞役，而工匠則可供技術生產之勞動力。故元初名宦，不乏曾爲俘虜者。

（一）許衡：圭齋集卷九「大元敕賜故中書左丞集賢大學士國子祭酒贈正學垂憲佐運功臣太傅開府儀同三司追封魏國文正公許先生神道碑」略謂：許衡，字仲平，懷之河內人。以嘗匾其齋曰魯，故世人遂號之曰魯齋。太宗四年，曾爲蒙軍游騎所俘。以其萬夫長，酗酒殘暴，力諫之，久乃信其言，人賴以全活者無數。太宗七年，萬夫長東去，遂隱徂徠山，遷泰安之東館鎮。銳意力學，於經史百家之言，無不究習。至元以來，十被徵召。累仕國子祭酒，集賢大學士兼國子祭酒，集賢大學士兼領太史院事。嘗拜中書左丞，太子太保，均力辭不說。皇慶三年，詔與宋儒周程張邵司馬張呂九人，從祀夫子之廟庭。

（二）竇默：元史卷一五八「竇默」略謂：竇默字子聲，初名傑，字漢卿，廣平肥鄉人。幼知讀書，毅然立志。會國兵伐宋，默爲所俘。同時被俘者三十餘人，皆被殺，獨默得脫。及北還，與姚樞、許衡，朝夕講習。世祖在潛邸，遣使召之。問以治道，日凡三召，敬待加禮，不令去左右。進拜太子太傅，力辭不敢受。除翰林侍講學士。至元十七年，拜昭文館大學士。後累贈太師魏國公謚文正。

（三）王鶚：元史卷一六〇「王鶚」略謂：王鶚字百一，曹州東明人。幼聰悟，日誦千餘言，長工詞賦。金正大元年，中進士一甲第一人。授應奉翰林文字，累遷歸德府判，亳州城父令，行蔡州汝陽令。金主遷蔡，擢左右司郎中。蔡州陷，將被殺，萬戶張柔聞其賢救之，輦歸，館于保州。世祖在潛邸，遣使聘鶚，及至，使者迎勞。召對進講，每夜分乃罷。建元中統，授翰林學士承旨。制誥典章，皆所裁定。

（四）楊惟中：元史卷一四六「楊惟中」略謂：楊惟中，字彥誠，弘州人。金末，以孤童子，事太宗。知讀書，有膽略，太宗器之。命使西域二十餘國，宣暢國威，敷布政條。累遷陝右四川宣撫使，晉江淮京湖南北路宣撫使，建行台，蒙漢軍諸帥，並聽節制。中統二年，追謚忠肅公。

（五）郝和尚拔都：元史卷一五〇「郝和尚拔都」略謂：郝和尚拔都，太原人，以小字行。幼爲蒙古軍所掠，在郡王迄忒麾下。長通譯語，善騎射。太祖遣使宋，往返數四，以辯稱。累遷行軍千戶，以善戰名。進拜宣德、太原、西京、平陽、延安五路萬戶。升萬戶府，爲河東路行省，得便宜行事。卒贈太保儀同三司、冀國公。

（六）劉敏：元史卷一五三「劉敏」：劉敏字有功，宣德青魯人。歲壬申，太祖師至山西，敏時年十二，從父母避難德興禪房。山兵至，父母棄敏走，大帥憐而收養之。一日帝宴諸將於行營，敏隨之入。帝見其貌偉，異之。召問所自，俾留宿衛，習國語。閱兩年，能通諸部語，帝嘉之。後累遷安撫使，便宜行事。太宗即位，城和林，建萬安宮，命董其役，進行尚書省。定宗即位，詔敏與牙魯瓦赤同行省事。憲宗即位，召赴行在，仍命與牙魯瓦赤同政。

（七）王檝：元史卷一五三「王檝」略謂：王檝字巨川，鳳翔虢縣人，舉進士，金授副都統，守涿鹿隘，太祖將兵南下，檝鏖戰三日，兵敗見執，將戮之，神色不變，太祖問曰：汝曷敢抗我師。對曰：臣以布衣受恩，誓捐軀報國。今既僨軍，得死爲幸。帝義而釋之，授都統，佩金符。累遷宣撫使，兼行六部尙書事。入覲，授銀青榮祿大夫，仍前職，兼御史大夫，世襲千戶。

（八）李邦瑞：元史卷一五三「李邦瑞」略謂：李邦瑞字昌國，以字行，京兆臨潼人，世農家。邦瑞幼嗜學，讀書通大義。嘗被掠，逃至太原，爲金小吏，從守閽漫山寨。木華黎攻下諸堡，金將走，邦瑞率衆來歸，復居太原。守臣惜其才，具鞍馬，遣至行在。中書以其名聞，受旨使宋，不得入。未幾，復受命，宋仍拒之。復受旨以行，出蘄黃，宋遣賤者來迎，邦瑞怒，叱出之。宋改命行人，乃議約而還，太宗慰勞。甲午，從諸王闊出，經略河南，授金符，宣差軍儲使。

（九）游顯：新元史卷一六七「游顯」略謂：游顯字子明，本代州崞縣人大姓。金宣宗遷汴，從其族於許州頤穎。太宗四年，拔許州。顯被俘，隸大帥巴而思不花部下。以善國語，擢爲經歷，累遷副達魯花赤。世祖踐祚，擢中書左丞，大名宣撫使，益都路總管。晉河北河南道提刑按察使，改陝西四川道提刑按察使，終江淮行省平章政事。

（十）張雄飛：新元史一五八「張雄飛」略謂：張雄飛，字鵬舉，沂州臨沂人。父琮仕金，守盱眙，金主疑之，罷其兵，徙居許州。大兵屠許州，唯工匠得免。有田姓者，琮故吏也。自稱能爲弓箭，且詐以雄飛及李氏爲家人，由是獲全，遂徙朔方。入居大都，數歲盡通諸部語。至元二年，廉希憲薦之世祖，授同知平陽路轉運司事。累遷侍御史，荆湖北道宣慰使，改燕南河北道宣慰使。

（十一）程鵬舉：輟耕錄卷四「賢妻致貴」略謂：鵬舉在宋季，被虜於興元板橋張萬戶家爲奴，張以虜到臣家女某氏妻之。既婚三日，即竊謂其夫曰：觀君之才貌，非久在人後者。何不爲去計，而甘心於此。夫疑其試已也，訴於張，張命箠之。越三日，復告曰，君去必可成大器，否則，終爲人奴耳。夫愈疑之，訴於張，張命粥於市人。妻臨行，以所穿繡鞵一，易程一履，泣而曰：期執此相見矣。程感悟，奔歸家。時年十七八，以蔭補入官。迨國朝統一海宇，程爲陝西行省參知政事。

（十二）張惠：新元史卷一八六「張惠」略謂：張惠字廷傑，成都新繁人。元兵入蜀，惠年十四，被俘杭海。居數年，盡通諸國語。孟速思愛其才荐之，入侍世祖潛邸。世祖踐祚，授燕京宣慰副使。至元二年，拜中書參知政事，行省山東。遷中書右丞，二十四年，除榮祿大夫、平章政事，行省楊州。

按遼金開國之初，亦登用漢人，然皆迎降或治下選拔之人才。曾爲俘虜，且成名宦者，除遼史卷七十四「張知古」，金史卷八十三「祁宰」外，並不多見。故元初名宦，不乏曾爲俘虜者，實爲元初政治上，一種特殊之現象。

(二) 元代興亡之際饑民亂軍食人

金元之際，饑民以人爲食。

元朝名臣事略卷八「左丞許文正公」：「時歲饑，民食橡栗，或易子而食。」

歸潛志卷十一「錄大梁事」，「時京師被圍數月，倉廩空虛……。百姓食盡，無以自生。米升直銀二兩，貧民往往食人。殍死者相望，官日載數車出城，一夕，皆剮食其肉淨盡。搢紳士女，多行匄（按乞也）于街。民間有食其子……。人朝出，不敢夕歸，懼爲饑者，殺而食。」

靜修集卷九「易州太守郭君墓銘」：「金貞祐主南渡，而元軍北還。是時，河朔爲墟，蕩然無統。強焉凌弱，眾焉暴寡，孰得而控制之。故其遺民，自相吞噬殆盡。」

石初集卷三「人食人」：「髑髏夜哭天難補，曠刼生人半爲虎。味甘同類日磨牙，腸腹深於北邙土。郊關之外衢路傍，旦暮反接如驅羊。喧呼朵頤擇肥胾，快刀一落爭取將。憑陵大嚼刳心燎，競睹兕觥誇飲酹。不知劍吼已相隨，後日還貽髑髏笑……。攄忠疾惡古或聞，未覩烹魚互吞滅……。」

惟實集卷六「至正甲申歲，大饑。民多艱，食殍死者相望……。」

宋史卷四百十二「孟珙」：「約共攻蔡……，進逼土城，金人驅其老稚，熬爲油，號人油砲，人不堪楚……。降者言，城中絕糧已三月，鞍韉敗鼓，皆糜食。且聽以老弱互食。又往往斬敗軍全隊，拘其肉以食。」

而亂軍，更大事搜掠民衆，以人爲糧。

陵川集卷三十五「左副元帥祁陽賈侯神道碑銘並序」：「時諸方州，皆事屠並爭地，殺人不恤其民。且荐饑，更相啖噬。」

牧菴集卷二十一「平涼府長官元帥兼征行元帥王公神道碑」：「大軍去，而群盜復起，岐雍之郊，百千爲曹，以剽發財粟爲業。及既殫亡，無所得，始掠人爲糧……。長安路絕，而生齒益耗矣。」

青崖集卷三「重修北嶽露臺記」：「金衰，群盜蜂起，奪掠斬艾，所在蕩盡……。貞祐初，天兵南牧，衆推公主石城寨。丙子，石海亂，歲且饑，民瀕於沙河者，夜採魚藕草糧，以糊口，晝穴窨不敢出。海遣何副運者，擁精騎五千，駐之曲河村。得一窨，即食之。析骸爨骨，腥聞於天。」

即平日，跋扈驕横之將，亦嘗食人。

歸潛志卷六「十一、十二頁」：「南渡之後，爲將帥者，多出世家，皆膏粱乳臭子……。赫舍哩雅爾呼達……，鎭宿泗數年，屢破宋兵有威，好結小人心。然跋扈不受朝廷制，嘗入朝，詣都堂，詆毁宰執，宰執亦不敢言……。尤不喜文士，僚屬有長裾者，輒取刀截去。又喜凌侮使者，凡朝廷遣使者來，必以酒食困之。或辭以不飲，因併食不給，使餓而去……。會宴諸將，并妻皆在座，時共食豬肉饅首。有一將妻言，素不食豬肉。雅爾呼達，趣左右易之。須臾食訖。問曰：爾食何肉？對曰：蒙相公易以羊肉甚美。雅爾呼達笑曰：不食豬肉，而食人肉，何也？爾所食，非羊肉也。其人大嘔，疾病數日。」

至食人之法，與乎男女老幼，肢體部位，食之之味，陶氏記之甚詳。

輟耕卷九「想肉」：「天下兵甲方般，而淮右之軍，嗜食人。以小兒爲上，婦女次之，男子又次之。或使坐兩缸間，外逼以火。或於鐵架上生炙，或縛其手足，先用沸湯澆潑，卻以竹帚，刷去苦皮。或乘夾袋中，入巨鍋活煮。或刲作事件，而淹之。或男子則斷其雙腿，婦女則特剜其兩乳。酷毒萬狀，不可具言，總名曰想肉。以爲食之，使人想之也。」

故亂世之人，遭遇如此，誠慘絶人寰。

(三) 元代發人深省之二萬戶

豁兒赤兀孫、木華黎，爲成吉思汗開國，所册封五萬戶之一。且豁兒赤兀孫，賜號別乞，服白衣，乘白馬，位在諸人上。

然木華黎之子孫，以顯赫之戰功，或昭著之政績，累世通顯，與元代相始終，如附表。而豁兒赤兀孫之子孫，則元史無徵，榮耀及身而沒。

故二者之際遇，誠令人不勝唏噓，且發人深醒。蓋家族之榮枯興衰，端賴其子孫，能否深受良好之陶冶，使之具備大兵團指揮，或國家執政之才華。若僅以預言倡瑞，良不足以榮顯子孫。

新元史卷一百二十五「豁兒赤兀孫」：「昨者神明示我，見有……無角犍牛，曳一大帳椗木，循帖木眞所行轍跡而來，亦作人語曰：長生天命，帖木眞爲達達主，我今載國往送之。部眾以老人言，必不謬，往往忻動，爭附太祖。豁兒赤兀孫謂太祖曰：君他日得國，何以報我？太祖曰：汝言若徵，賜汝萬戶。曰：萬戶何足道，容我取部中美婦人，三十人爲妻。且我縱不擇言，言必見聽。既而部族果推太祖爲可汗，上成吉思汗。乃敕豁兒赤兀孫，娶三十妻……，爲萬戶。蒙古人以別乞爲尊，別乞者，服白衣，騎白馬，位在諸人上，歲時主議……，酬其夙願焉。」

木華黎家族世系

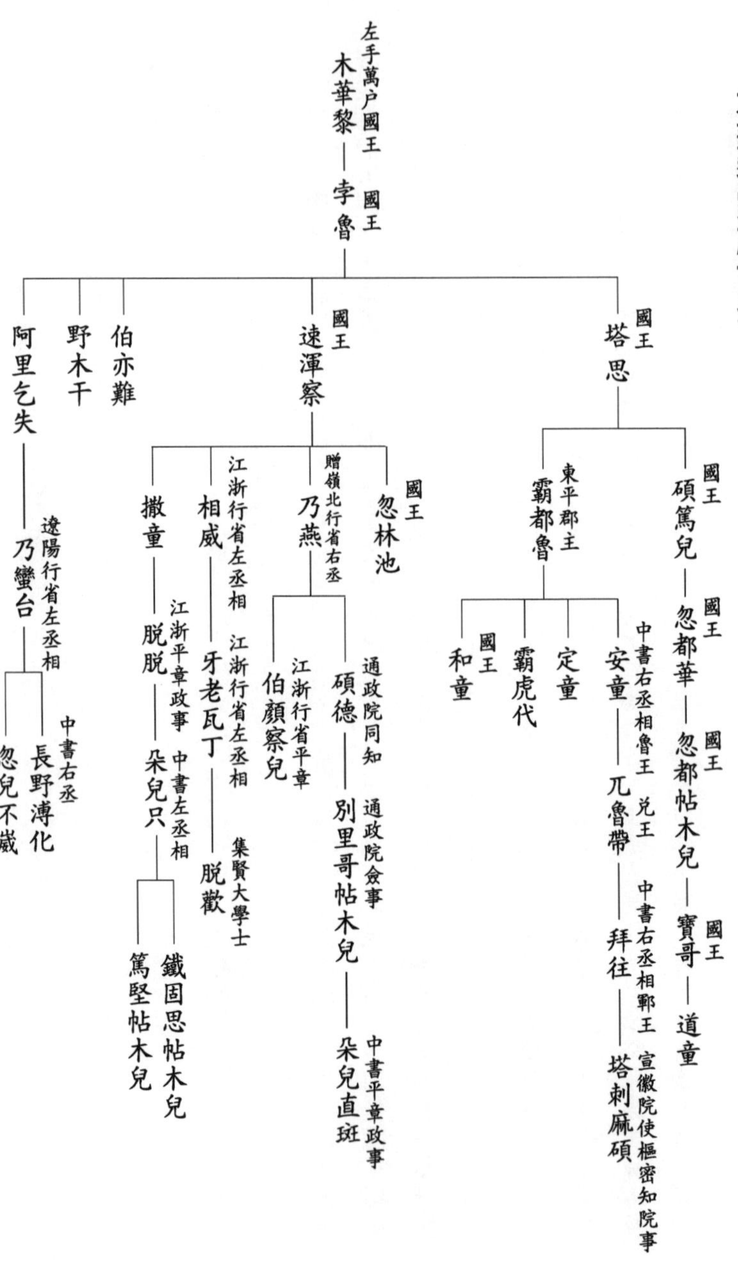

左手萬户國王
木華黎
國王
孛魯
國王
塔思
國王
速渾察
伯亦難
野木干
阿里乞失
國王
碩篤兒
東平郡主
霸都魯
國王
忽林池
贈嶺北行省右丞
乃燕
江浙行省左丞相
相威
撒童
遼陽行省左丞相
乃蠻台
國王
忽都華
中書右丞相魯王
安童
定童
霸虎代
國王
和童
通政院同知
碩德
江浙行省平章
伯顏察兒
江浙行省左丞相
牙老瓦丁
江浙平章政事
脱脱
中書右丞
長野溥化
忽兒不歳
國王
忽都帖木兒
兗王
兀魯帶
通政院僉事
別里哥帖木兒
集賢大學士
脱歡
中書左丞相
朵兒只
國王
寶哥
道童
中書右丞相鄆王
拜住
中書平章政事
朵兒直斑
鐵固思帖木兒
篤堅帖木兒
宣徽院使樞密知院事
塔剌麻碩

（四）宋代文風鼎盛之旁證

宋代文風鼎盛，由唐宋八大家，宋代六人，可以概見。且詩詞，繪畫，畫法，雕塑，建築等，亦無不有輝煌之成就。降至南宋，雖偏安江南，然餘風不墮，兼以田野富裕，故民間婦女，亦多能詩文者。

梧溪集卷二「和吉州何節婦詩韻有序」：「何婦賀，永新人，至正十二年，蘄兵殺其夫，將汙之。賀曰：竊聞師令嚴，淫虐者，斬以徇，汝獨不懼徇乎？兵以言諸帥，帥議聘焉。賀曰：「彼禁淫虐，乃欲委禽未亡人耶！未幾，聘至，賀閉户不納，齧指血題詩曰：涇渭難分清與濁，妾身不幸厄紅巾。孤兒尚忍更他姓，烈女何曾嫁二人。白刃自揮心似鐵，黃泉欲到骨如銀。荒村落日猿啼處，過客聞之亦愴神。遂自刎死。」

梧溪集卷二「和戍婦陳聞雁有感四首有引」、「浪喜燈花落又生，夜寒頻放剪刀聲。游鴻不寄征夫信，顧影娉婷無限情。右婦陳聞雁而作也，題于華亭戍壁。」

梧溪集卷三「和趙女謝世韻有序」：「南臺椽趙晉女，生而秀慧，自幼愛讀列仙傳。母怪問曰：列仙傳，何如烈女傳。女笑答曰：某有夙習乃爾。或聞人請婚，輒謂母曰：凡求婦，爲養舅姑，承祭續後也。不以實辭，而聽其納采，脱物故，其失三者之望，必母氏是尤，遂辭之。年二十六，一夕命婢，使具紙筆，題詩曰：九重飄緲黃金闕，十二玲瓏白玉樓。

明朝了卻人間夢，獨跨青鸞自在遊。端坐至曙而逝。」

陵川集卷十「武昌詞三首」：「王師圍鄂，游騎於金牛鎮，得一婦人。欲侵之，厲聲曰：我夫翁姑皆死，目前未即死，又可受辱邪！速與我死，遂置之。自稱梅溪主人張素英，作歌詩數篇以見志，尋以疾卒……。僕親見之……。」

御選歷代詩餘卷一百十八「詞話、南宋」：「南渡後，有二婦人，能繼李易安之後，清菴□氏，秀齋方氏也，皆能文章。清菴爲鮑守之妻，秀齋乃夷吾之女弟，歸於陳日華。秀齋能識人，嘗有二館客，一陳勉之，一陳景南也。紹陶錄。」

御選歷代詩餘卷一百十八「詞話、南宋」：「陸敦禮侍兒，名美奴，善口占小詞，每乞韻於座客，頃刻成章，敦禮命掌文翰。其卜算子詞云：送我出東門，乍別長安道。兩岸垂楊鎖暮煙，正是春光老。一曲古陽關，莫惜金樽倒。君向瀟湘我向秦，魚雁何時到。如夢令云：日暮馬嘶人去，船逐清波東注。後夜最高樓，還肯思量否。無緒無緒，生怕黃昏疏雨。苕溪漁隱。」

凡此，亦可視爲，宋代文風鼎盛之旁證。故趙宋一代，武備雖衰，致累世無不深受，遼金元之侵凌，終至滅亡，然音容之盛，亦彌足稱道。

（五）元代公文多以俚語撰成

元代官員，多由吏進。由儒進者，百分之五。由吏進者，百分之九十五。

元文類卷四十「雜著、政典總敘、補吏」：「國朝入官之制，自吏業進者爲多，卿相守令于此焉出。」

新元史卷六十四「選舉志一、科舉」：「二十一年九月，丞相哈剌合孫等言：十一月中書省臣言，皆以爲天下習儒者少，而由刀筆吏，得官者多。」

牧菴集卷四「送李茂卿序」：「太凡今仕惟三塗，一由宿衛，一由儒，一由吏。由宿衛者，言出禁中，中書奉行，制敕而已。十一之由儒者，則教官及品者，提舉教授，出中書。未及者，正錄而下，出行省宣慰，十分一之半。由吏者，省、臺、院、中外庶司、郡、縣，十九有半。」

元初，無科舉選才之制。延祐間，始行之。故由進士入官者，僅百之一。而江南才俊之士，入京會試，道阻且長，且有所不屑，甘於沈隱山林田野之間，故進士之品質，並非悉爲上選。

元史卷八十一「選舉志第三十一、選舉一」：「世祖既定天下，王鶚獻計，許衡立法，事未果行。至仁皇延祐間，始斟酌舊制而行之。取士以德行爲本，試藝以經術爲先。」

新元史卷六十四「選舉志一」：「自世祖以來，科舉議而未行，士之進身，皆掾吏……。皇慶三年八月，天下郡縣，興其賢者能者，賦於有司。次年二月，會試京師，朕將親策焉。」

欽定續通典卷二十二「選舉、雜議論下」：「皇慶延祐中，由進士入官者，僅百之一。由吏致顯要者常十之九。」

欽定續通典卷二十二「選舉、雜議論下」：「南方之地遠，士多不能自至於京師。其抱蘊者，又往往不屑爲吏，故其見用者尤寡……。延祐中，仁宗初設科目，亦有所不屑，而甘自沒溺于山林之間者，不可勝道，是可惜也。」

中州小民，粗識字，能治文書，皆可爲吏，得入臺閣共筆劄。日積月累，可致通顯。

欽定續通典卷二十二「選舉、雜議論」：「我國初有金宋，天下之人，惟才是用之，無所專主，然用儒者居多。自至元以下，浸用吏。雖執政大臣，亦以吏爲之。由是中州小民，粗識字，能治文書者，得入臺閣共筆劄。累日積月，可以致通顯。中州之士，見用者遂浸寡。」

新元史卷一百九十三「鄭介夫」：「今吟一篇詩，習半行字，即名爲儒。檢舉式例，會計出入，即名爲吏。吏指儒，爲不識時務之書生。儒詆吏，爲不通古今之俗子。」

胥吏之品質如此，由吏入官者，其學養，不言可喻。

新元史卷二百七「傅巖起」：「晉寧汾西人，父傑，以縣吏，除河中府絳州兩提控案牘，有能名，故巖起亦長於吏事。辟中書省掾，歷陜西行省都事，入爲吏部主事……，泰定元年，拜監察御史……，遷左右司郎中，參議中書省事，四年擢吏部尚書。御史韓鏞言：吏部天下銓衡，巖起從小吏入官，不知天下賢才。又尚書三品，巖起官四品，於法亦不得遷。」

兼以方面大員，官至一品者，皆北人，即蒙古人。不識漢字，無力批閱公文。遇事僅靠傳譯，而指示之。故刻名印，蓋之而已。

欽定續通典卷二十二「選舉、雜議論」：「元世，當治平之時，臺省要官，皆北人爲之，漢人南人，萬中無一二。其得爲者，不過州縣卑秩……。元之用人，大抵偏于國族勳舊，貴游子弟。故選舉之法，久而未行，仁宗決意行之，由此中華縫掖之士，僅得拔什一於千百。」

輟耕錄卷二「刻名印」：「今蒙古色目人之爲官者，不能執筆花押，例以象牙，或木刻而印之。宰輔及近待，官至一品者，得旨則用玉圖書押字，非特賜不敢用。按周廣順二年，平章李穀，以病臂辭位，詔令刻名印用，據此，則押字用印之始也。」

新元史卷一百八十三「崔斌」：「尚書留夢炎、謝元昌言：江淮行省，事至重，而省臣無一人，通文墨者，乃遷崔斌江淮行省左丞。」

江淮省臣，自平章政事，左右丞，參知政事，竟無一人，通文墨者，詔崔斌爲江淮行省左丞。故上下之公文，多用通俗之俚語撰成。粗鄙之狀，誠空前絕後。

大元聖政國朝典章卷之一「典章二、求直言」：「至元二十九年，正月初十日，本院官奏，月的迷奏將來。今夏省官奏，陳言的有呵，休這當者教上頭來者麼道，聖旨了也麼道，偏行的文書行來有。今軍官每，俺有提説言語麼道裏，人多有去理他每根底，教來呵。他的軍人每，沒人管的一段，有俺言生理會麼道，説將來有麼道奏呵。奉聖旨，我是那般道來。今後有人陳言的事有呵，著文字封省，與將來者，他每根底休教來者麼道，聖旨也，欽此。」

大元聖政國朝典章卷之一「典章四、政紀、省部紀綱」：「江浙行省，准尚書省，至大二年九月初四日，奏過事内一件。古時委付官人每呵，各有管的勾當。如今地廣民眾，有省官人每，領著大綱，各管勾當，官人每，分省辨呵，甚麼勾當不成。就有近年省裏的勾當繁冗，不能守著紀綱，從朝至暮，押文有爲那般的上頭，大勾當法度廢了，百姓每生受，天道不順，更隨處官人每，自管的勾當，不尋思㕑推調。有六部合了的事，呈於省家。省裏合了事，上位根底奏聞……。」

大元聖政國朝典章卷之一「典章五、内臺、監察合行事件」：「如今脱脱，奉國公右丞相爲御史大夫，只兒哈郎爲御史中丞，整治臺綱麼道，委付了也。不以是何軍站、民匠，管著的官人每，不用心撫治，無體例，横斜差役的上頭，百姓每生受。有係官錢糧，造作物料内，克落侵盜，移易借貸的，覥面皮，要肚皮，教百姓每生受。不公不法的官吏每根底，監察每，廉訪司官人每……依著在聖旨體例裏，御史臺裏，昔者監察每，廉訪司官每，體察出來的勾當，問的其間，不揀誰休阻壞者，這的每道宣諭了也麼道，別了體例行呵。他不怕那甚麼道，但有合行的勾當，依著在先行來的聖旨體例裏行者。各自委付著的勾當裏，用心向前行者麼道，衆人根底宣諭的聖旨行了也。」

大元聖政國朝典章卷之二「典章六、體察、體覆附、改立廉訪司」：「至元二十八年五月二十三日，欽奉聖旨，節該外頭有的提刑按察司官每，在先半年裏，一遍刷卷體察勾當，出去有來。各道裏不住多時，一路的過去上頭，百姓每生受。官人令史每，做賊説謊的，不知來爲那般上頭，將提刑按察司名字，改了呵，立了肅政廉訪司也。這廉訪司官人每，提調著各路，監臨坐地者，在先一般做賊説謊弊倖勾當革了者。不揀甚麼勾當成就，休交百姓每生受麼道，曉諭的聖旨行有。如今但是勾當裏行的官人每，交百姓生受，要肚皮，壞了勾當的人每，肅政廉訪司官人每，體察省拿住呵。受敕的官人每根底，取了招伏呵，杖子裏決斷的罪過有呵。他每就便要罪過者，重罪過有呵。臺裏與將文字來，咱每根底奏者。受宣的官人每，做罪過呵，取了他每招伏，奏將來者。更不要肚皮，不揀甚麼勾當成就了，不交百姓生受，行的人每根底，明白文字裏，奏將來呵。他每根底名分添與的，怎生般償的，咱每識也者……。」

然朝廷詔、制、表、箋，因出自名家之手筆，故洗煉典雅，並非前陳可比。

牧菴集卷一「行銅錢詔、原注至大二年十月」：「錢幣之法，其來遠矣。三代以降，沿革不常。世祖皇帝，建元之初，頒行交鈔，以權民用，已有鈔幣兼行之意。蓋錢以權物，鈔以權錢，子母相資，信而有證。今鈔法一新，期於公私兩利，重維經久之計，必復鼓鑄之規。」

牧菴集卷一「考贈蔡國武穆公制」：「知臣宜莫如君，凡曰有勞必有報，推子以求其父，父雖未仕而亦封。實原始之教忠，特飭終而追恤。具官之考福寬，初由力穡，旋致豐貲。嘗倒困以周旋，率裂卷而免負。俾鄉鄰傾心，而懷惠善頌其家。鍾光嶽全，氣以生賢，元勳于國祿，及養以五鼎，年幾躋于九陵。於戲！世皆流澤于目前，潢汙隨涸。爾獨揚名于身後，華袞何加。尚其光靈，服此茂渥可。」

道園學古錄卷十二「上尊號翰林國史院稱賀表」：「冊奉鴻名，府徇臣民之請。禮成盛日，丕昭宗社之光。道揆方隆，頌聲攸作。中賀欽符天則，統接聖謨。致治無爲，揖讓允稱於至德。秉彝有懿，範圍總囿於成功。誕敷經緯之文，克廣繼承之孝。備兼眾美，永福群生。臣等叨掌絲綸，幸題編簡。鏤辭白玉，煥乎日月之明。封詔紫泥，大矣乾坤之造。」

道園學古錄卷十二「監修國史府賀皇后受冊箋」：「宸極當陽，際乾坤之交泰。中闈定位，仰日月之同升。穆卜靈辰，誕膺縟典。欽維柔嘉有則，恭儉夙成。鐘鼓瑟琴，善繼徽音之美。褘褕鞠展，宜占元吉之文。儼規範於六宮，孚儀刑於四海。臣等叨司合袞，兼總史筵。求賢審官，願載恩於卷耳。厚倫美化，詠正始於關雎。」

〈六〉發宋諸帝陵事補遺

(一)密葬宋諸帝遺骸主其事者五人

至元二十一年，桑哥爲相，與江南浮屠總攝楊輦眞伽，互爲表裏，矯制發宋帝諸陵，蓋利其殉葬之珍寶也。

南村輟耕錄第六十節：「謹按元世祖二十一年甲申，桑哥爲相，典江南浮屠總攝楊輦眞伽相表裏，嗾僧嗣古妙高上言，欲毀宋諸陵。明年乙酉正月，桑哥矯制，可其奏。於是發諸陵，實利其殉寶也……。成化巳丑中秋日，華亭彭某識。」

十二月十二日，楊輦眞伽，命其徒率衆，盡發諸帝陵，滅其屍，棄其骨于野。

輟耕錄卷四「發宋陵寢」：「十二月十有二日，帥徒役，頓蕭山，發趙氏諸陵寢。至斷殘支體，攫實襦玉，柙焚其胔，棄骨草莽間。」

唐珏，字玉潛，號菊山，會稽之山陰人。家貧，以授徒養其母。聞之，售其家具，邀里中少年，授以貲，收諸帝遺骸。刻木以爲記，納以黃絹囊，置匱中，密葬之。並取四郊之暴骨，散置諸陵，僞維其狀。

輟耕錄卷四「發宋陵寢」：「唐君珏，字玉潛，號菊山，會稽山陰人。家貧，聚徒授經，營滫瀡以養其母……。聞之，痛憤亟，貨家具，得白金百星許，執卷行貸得白金，又百星許。乃具酒醪羊豕，邀里中少年若干輩，狎坐轟飲，酒且酣，少年起請曰：君儒者，若是將何爲焉。唐慘然，具以告，願收遺骸共瘞之。衆謝曰諾。中一少年曰：發丘中郎將耽耽餓虎，事露奈何？唐曰：余固籌矣。今四郊多暴骨，取竄以易，誰復知之。乃斵文木爲匱，複黃絹爲囊，各署其表，曰某陵某陵，分委而散遣之。蘊地以藏，爲文而告。詰旦事訖來集，出白金羨餘，酬戒勿泄。」

元詩紀事卷三十一「唐珏」：「珏字潛玉，號菊山，會稽人。」

林景熙，字德陽，號霽山，溫州平陽人。僞爲丐，背竹籮持竹夾，遇物則夾諸籮。懷兩許銀牌百餘，以賄番僧，得高宗、孝宗遺骸，以兩函貯之，葬之東嘉。

輟耕錄卷四「發宋陵寢」：「宋太學生林德陽，字景曦，號霽山，當楊總統，發掘諸陵寢時，林故爲杭丐者，背竹籮，手持竹夾，遇物即以夾投籮中。林鑄銀作兩許小牌百十，繫腰間。取賄西蕃僧曰：餘不敢望收其骨，得高家孝家，斯足矣！番僧左右之，得高孝兩朝骨，爲兩函貯之，歸葬於東嘉。」

霽山文集卷首「提要」：「臣等謹案，霽山文集五卷，宋林景熙撰。景熙字德陽，號霽山，溫州乎陽人。咸淳辛未，太學釋褐，授泉州教官，歷禮部架閣，轉從政郎，宋亡不仕。與王修竹、鄭樸翁、胡汲古輩，尋歲，晏之盟，往來吳越間……。」

羅陵則收理宗無首遺骸，買棺製衣，而葬之。

輟耕錄卷四「發宋陵寢」：「理宗之屍……，乃倒懸其屍樹間……，三日竟失其首……。事竟，羅陵使買棺製衣收斂，大慟垂絕，里爲之感泣。」

此外，唐珏與太學同舍生鄭宗仁，號樸翁，林景熙，皐羽等，適在越上，乃僞爲採藥者，以草囊收諸帝遺骸。

霽山文集卷三「夢中作四首」：「適先生（按：唐珏），與同舍生鄭樸翁等數人，在越上，痛憤不能已。遂相率爲採藥者，至陵上，以草囊，拾而收之。」

元詩紀事卷三十一「林景熙」：「徐沁金華游錄云：楊璉眞伽發陵事……，是時，會稽唐玉潛珏，永嘉林景熙德陽，鄭宗仁樸翁與皐羽……，協謀收掩陵骨……。景熙答皐羽詩，亦有夜夢繞句越，落日冬青枝，豈非諸公共其事之明證乎。」

御選歷代詩餘卷一百十八「詞話、南宋」：「唐玉潛與林景熙，同爲採藥之行，潛葬諸陵骨，樹以冬青，世人高其義烈。而詠蓴，詠蓮，詠蟬諸作，巧奪天工，亦宋人所未有。陳子龍。」

故主其事，而知名者，既較輟耕錄所記，唐珏、林景熙，羅陵三人外，尚有鄭宗仁、皐羽，計五人。且林景熙所言，與輟耕錄所記之內容，亦頗有出入。

（二）理宗顱骨之處置有異說

發理宗陵，其屍如生，殉寶尤多。爲攫取所含夜明珠，倒懸其屍於樹間。瀝取水銀三日，竟失其首。或謂得之者，可厭勝致富，或言可作飲器。楊髼眞伽事敗，顱骨沒入於官，賜諸帝師。

輟耕錄卷四「發宋陵寢」：「先啓寧宗、理宗、度宗、楊后四陵，劫取寶玉極多。惟理宗之陵，所藏尤多。啓棺之初，有白氣亘天，蓋寶氣也。理宗屍如生，其下皆藉以錦，錦之下，承以竹絲細簟一。小廝攫取，擲地有聲，乃金絲所成。或對云，含珠有夜明者，乃倒懸其屍樹間，瀝取水銀，如此三日，竟失其首。或謂西番僧回回其俗，以得帝王髑髏，可以厭勝致富，故盜去耳。」

南村輟耕錄第六十節：「截理宗頂，以爲飲器。未已，髼胡事敗，飲器亦籍入于官，以賜帝師。」

洪武元年，遣谷秉義，赴北京，索飲器于番僧汝納鑒藏深惠。詔應天府尹，瘞諸高座寺。明年，歸藏于舊陵。

南村輟耕第六十節：「大明洪武元年戊申，正月戊午，太祖高皇帝，遣二部主事谷秉義，即北京，索飲器於西僧汝納鑒藏深惠。詔應天府尹，亟而瘞諸鳳臺門，高座寺之西北。巳酉六月庚辰，上覽浙省進宋諸陵圖，遂命啓瘞南歸，藏諸舊陵云……。成化巳丑中秋日，華亭彭某識。」

然亦有異說，蓋林景熙言：北軍投理宗顱於湖中，唐珏、林景熙、鄭樸翁等，僱漁人搜之，一網而得，乃盛二函，葬之越山，且植冬青樹以識之。

齊山文集卷三「夢中作四首」：「時號楊總統，盡發越上宋諸帝山陵……，其餘骨骸，棄草莽中，人莫敢收。適先生與同舍生鄭樸翁等……，又聞理宗顱骨，爲北軍投湖水。因以錢購漁者求之，幸網而得。乃盛二函，託言佛經，葬於越山，且種冬青樹識之。」

(七)元宋聯軍決柴潭練江非為水淹蔡州

元太宗五年，金哀宗二年六月，金主奔蔡州。

元史卷二「太宗」：「五年……六月，金主奔蔡。」

金史卷十八「哀宗下」：「二年……六月……己亥，上入蔡州。」

欽定大清一統志卷一百六十八「汝寧府、汝寧府表」：「隋：汝南郡。唐五代：蔡州汝南郡。宋：蔡州汝南郡。金元明清：汝寧府。」

九月，速不台帥衆攻蔡州。累戰失利，遂築長壘圍之。

重修汝南縣志卷五「大事記、南宋」：「金主拜天於節度廳……，邏騎馳奏，敵兵數百，突至城下。將踴躍，咸請一戰，金主許之……。衆既出接戰，蒙古兵奔潰。塔齊爾以數百騎，復駐城東。金主遣兵接戰，又敗之。自是，蒙古不敢薄城，分築長壘圍之。」

金史卷十八「哀宗下」：「二年……九月…。辛亥，大元兵築長壘圍蔡州。」

十一月，宋孟珙率軍二萬，獻糧三十萬石，助元軍攻蔡。

金史卷十八「哀宗下」：「二年……十一月……，宋遣江海、孟珙，帥兵萬人，獻糧二十萬石，助大元兵攻蔡。」

汝陽縣志卷之七「職官志、武功」：「寶慶六年癸巳，史嵩之命孟珙等，帥師二萬，運米三十萬石，赴元那顏倴盞，約圍金人於蔡。」

宋史卷四百十二「孟珙」：「大元兵遣宣撫王□，約共攻蔡。制置使謀于珙，珙請以二萬人行。」

金軍於蔡州城南三里之柴潭，建樓櫓於其上，堅其防禦。相傳下有龍，人不敢近，宋軍將士，頗爲疑懼。兼以柴潭高汝水五六丈，有居高建瓴之勢，視宋軍之部署、行動，瞭若指掌，可指揮蔡州守軍，以利戰守。因此，蔡州，柴潭，內外互爲犄角，金軍持以爲固。

欽定大清一統志卷一百六十八「山川、柴潭」：「在汝陽縣南三里。」

明一統志卷三十一「汝寧府、山川、柴潭」：「在府城外，一名東澤。」

重修汝南縣志卷五「大事記、南宋」：「孟珙進逼柴潭。在汝陽縣南，立柵潭上，命諸將奪柴潭樓。」

故宋軍必先克之，始可薄蔡州而攻之。孟珙因此召麾下飮，且告之謂：柴潭非不可破，彼所持此水耳。且其堤雖固，鑿其兩翼，決之立涸。十二月，決柴潭入汝水。潭水盡洩，實以薪葦，攻而拔之。

金史卷十八「哀宗下」：「二年……十二月……，宋兵決柴潭，入汝水。」

宋史卷四百十二「孟珙」：「珙召麾下飲再行曰：柴潭非天造地設……，彼所恃此水耳。決而注之涸，可立待。皆曰隄堅未易鑿，珙曰：所謂堅者，止築兩隄首耳，鑿其兩翼，可也。潭果決，實以薪葦，遂濟師攻城。」

明一統志卷三十一「汝寧府、山川、汝水」：「源出天息山，東流入境，經汝陽、上蔡、新蔡、西平入淮。」

元軍亦決城西十里之練江，亦名黃酉河，練水。所以決練江入汝水者，非爲水淹蔡州。蓋大軍渡河，設敵軍半渡而擊之，則登彼岸者，人少力薄，易爲殲滅。乘船而渡者，設防不易，兼較集中，傷亡必衆，故向爲兵家大忌。

金史卷十八「哀宗下」：「二年……十二月……丁丑，大元兵決練江。」

汝陽縣志卷之一「山川、黃酉河」：「城西十里，源出欒山紫花澗，東逕駐馬店，南過黃龍邨……，受冷河水，東逕李秀橋，九座塔北，轉而南折，至城西北入汝，一名練江。」

欽定大清一統志卷一百六十八「汝寧府、山川、練水」、「源出確山縣之欒水，逕縣北三十里，俗稱黃酉河。東流至汝陽縣西，有斷濟河、寨河、冷水，諸小川匯入焉，至縣南入于汝。」

世界名將治兵語錄第三編「用兵原理、二、知己知彼」：「敵人遠來新集，行列未定，可擊……。涉遠道，後行未息，可擊。涉水半渡，可擊。險道狹路，可擊。旌旗亂動，可擊。陳數移動，可擊……。凡此數者，選銳衝之，分兵繼之，急擊勿疑。吳起。」

練江既決，兩軍並進，元軍破其外城，由西合攻其內城，隳其城垣。然金將呼沙呼已先築寨壕以爲備。調其三面精銳，日夕禦戰。

金史卷十八「哀宗下」：「二年……十二月……已卯，大元兵破外城。」

重修汝南縣志卷五「大事記、南宋」：「蒙古亦決練江，於是兩軍皆濟，攻其外城，破之。進逼土門，兩軍合攻西城，克之。先是呼沙呼，命築寨浚壕爲備。乃西城墮，兩軍皆未能入，但於城立柵自蔽。呼沙呼摘三面精銳，日夕戰禦。」按汝陽縣志，稱「忽斜虎」。

哀宗三年春正月，傳位子宗室子承麟。宋軍列雲梯，克其南門，引元軍入，城中巷戰。哀宗自縊而焚，承麟爲亂軍所害，金亡。

宋史卷四百十二「孟珙」：「己酉，珙帥師向南門，至金字樓，列雲梯，令諸將聞鼓而進。馬義先登，趙榮繼之。萬眾競登，大戰城上……。門西開，招倂盞入。」

金史卷十八「哀宗下」：「三年正月……，戊申夜，上集百官，傳位東面元帥承麟……。己酉承麟，即皇帝位……，亟出捍敵，而南面已立宋幟。俄頃四面呼聲震天地，南面守者棄門，大軍入，與城中巷戰，城中軍不能禦。帝自縊于幽蘭軒……。末帝爲亂兵所害，金亡。」

元史卷二「太宗」：「甲申春正月，金主傳位于宗室子承麟，遂自經而焚。城拔，獲承麟殺之。宋兵取金主餘骨以歸，金亡。」

附蔡州形勢示意圖：「汝陽縣志圖」。

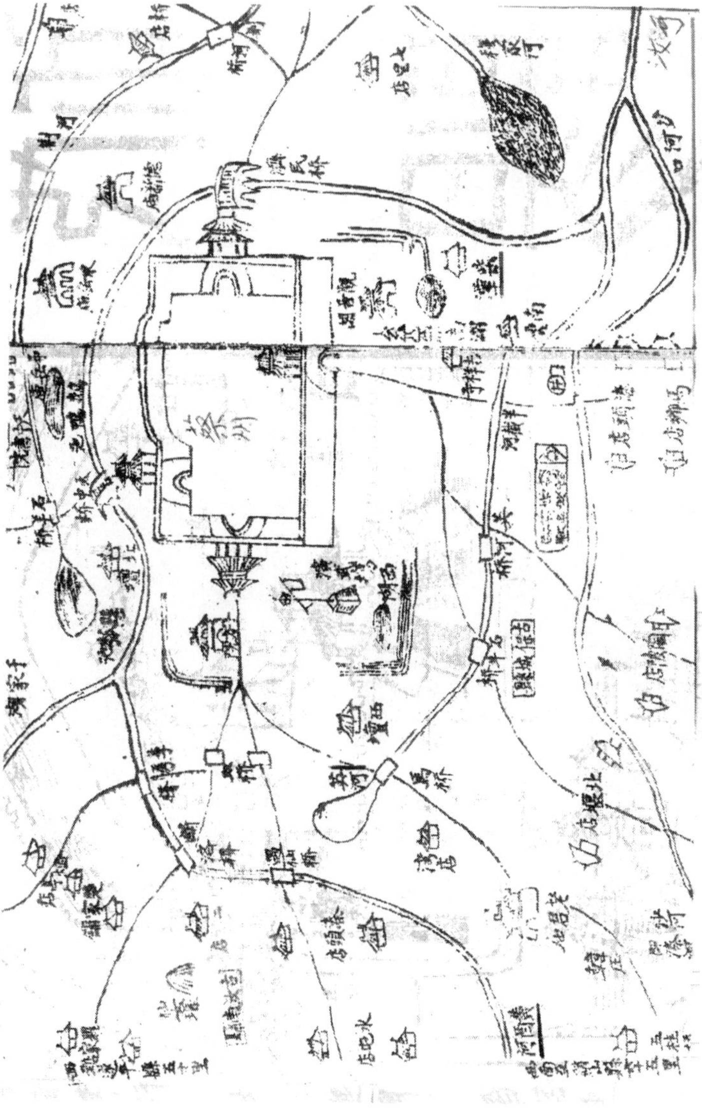

（八）「南村輟耕錄」作者為陶宗儀

商務印書館，所出版之人人文庫「歷代小史」，卷七三「南村輟耕錄」，不著作者。然此書，乃摘錄「輟耕錄」之部分內容而成，故作者爲陶宗儀。

蓋「南村輟耕錄」，計五十四頁，七十九節，除每節不具篇名，人名、職稱，依遼金元三史國語解新譯，第六十節，爲華亭彭某所撰外，內容與四庫全書之「輟耕錄」悉同。故足證此書，爲陶宗儀所撰。

「南村輟耕錄」之第一節，至第十七節，以次爲「輟耕錄」卷一之「平江南」，「浙江潮」，「宋興亡」，「萬歲山」，「大軍渡河」，「檄」，「朝儀」，「科舉」，「江南謠」，「白道方」，「官不致仕」，「達爾罕」，「內八府宰相」，「伊勒都齊」，「大漢」，「珪齊」，「實保齊」。

「南村輟耕錄」之第十八節，至第五十五節以次爲「輟耕錄」卷二之「聖聰」，「尊師重道」，「受佛戒」，「減御膳」，「聖儉」，「后德」，「徵聘」，「治天下匠」，「以官爲氏」，「不食死」，「染髭」，「殺虎張」，「御史舉荐」，「切諫」，「丁祭」，「高學士」，「大黃愈疾」，「置臺憲」，「內御史署銜」，「令史」，「臺字」，「詔西蕃」，「五刑」，「錢幣」，「巴爾斯」，「善諫」，「使交趾」，「刻名章」，「國璽」，「宣文閣」，「占驗」，「權臣擅政」，「懷孟蛙」，「賊臣攝祭」，「叛黨告遷地」，「土人作椽」，「蕭先生」，「端厚」。

「西南村輟耕錄」之第五十六節，至五十八節，以次爲「輟耕錄」卷三之「辯正統」，「貞烈」，「岳鄂王」。

「南村輟耕錄」之第五十九節，第六十一節，至第七十一節，以次爲「輟耕錄」卷四之「發宋陵寢」，「相術」，「前輩謙讓」，「論詩」，「賢妻致貴」，「奇遇」，「賢烈」，「挽文丞相詩」，「禱雨」，「廣寒秋」，「無恙」，「不亂附妾」。

「南村輟耕錄」之第七十二節，第七十三節，以次爲「輟耕錄」卷七之「粥爵」，「還金絕交」。

「南村輟耕錄」之第七十七節，第七十八節，以次爲「輟耕錄」卷八之「老苗」，「老苗後段」。

「南村輟耕錄」之第七十四節，第七十五節，第七十六節，第七十九節，以次爲「輟耕錄」，卷十「越民考」，卷十八「記宋宮殿」，卷十九「攔駕上書」，卷二十九「紀隆平」。

且「南村輟耕錄」，含意甚明，爲「南村」之「輟耕錄」。南村爲陶宗儀之號，故益證爲陶氏所著。

梧溪集卷五「濯足小像辭有序」：「天台陶氏九成，名宗儀，號南村居士。明經博學，養高雲間，與予友善，嘗爲贊騎牛像……，今復爲題是像云。」

說郛卷首「序」：「說郛一百卷，乃元季寓吾松南村，天台陶九成，取經史傳記，諸子百家，雜書之所編。予未嘗見，成化辛丑，予罷官歸鄉，於士人龔某家，得借錄之……。後之人，憐予志，爲之重校刊，則予雖老死，亦無憾矣。時弘治九年，歲次丙辰，春三月初吉，上海郁文博書。」

海叟集卷三「懷南村陶先生」：「柴桑老孫子，清望獨超群。身同鷗鷺侶，心耽科斗文。著書今已就，運甓誰能勤。袁安正高臥，歌罷復思君。」

海叟集卷二「題陶九成南村草堂」：「多士方見才，斯人乃梧檟。秉心自超越，當時識趨舍……。」

兼以輟耕錄，原名南村輟耕錄。邵亨貞「南村輟耕錄疏」，孫作南村輟耕錄「序」，均言之。然何時刪南村，僅稱輟耕錄，已不可考。且木鐸出版社，亦據元刻本之南村輟耕錄，重行出版。故由上所述，尤大有助於作者爲陶宗儀之考定。

南村輟耕錄卷首「南村輟耕錄疏」：「南村田叟，陶君九成，著書三十卷。凡六合之內，朝野之間，天理人事，有關風化者，皆采而錄之，非徒作也……，乃名之曰南村輟耕錄。朋游間，咸欲爲之版行，以備太史氏采擇，而未有倡首之者。於是僭爲疏引，以伸其意。

同志之士，有觀其書者，必樂聞而興起焉……。青溪野史邵亨貞。」

輟耕錄卷首「輟耕錄序」：「余友天台陶君九成，避兵三吳間。有田一廛，家於松南。作勞之暇，每以筆墨自隨。時時輟耕……，遇事肯綮，摘葉書之……，如是者十載……，得凡若干條，合三十卷，題曰南村輟耕錄……。九成名宗儀，少工舉子業，晚乃棄去，闔户著書，此其一云。至正丙午夏六月，江陰孫作大雅序。」

南村輟耕錄卷首「出版者説明」：「本書有元刻，及明刻本多種，現在用一九二三年，武進陶氏，影元刻本爲底本，斷句重印。元刻本正文，每節沒有標目，我們據卷首的總目，補標在每節之首。」

至於第六十節，爲成化己丑，華亭彭某所增入。蓋補「發宋陵寢」一節，明初有關之措施。

「南村輟耕錄」第六十節：「輟耕錄載，發宋諸陵事未備。謹按元世祖二十一年甲申，桑哥爲相，典江南浮屠總攝楊輦眞珈，相裏表，嗾僧嗣古妙高上言，欲毀宋諸陵。明年乙酉正月，桑哥矯制，可其奏。於是發宋諸陵，實利其詢寶也。又裒諸帝遺骼，建白塔於杭故宮，曰鎭南，以厭勝之……。其後至正十九年己亥，僞周張士誠，遣平章張士信守杭，壞白塔甃城，塔亡，而元亦馴至於亡矣！大明洪武元年戊申正月戊午，太祖高皇帝，遣二部主事谷秉義，即北平索飲器於西僧，汝納鑒藏深惠。詔應天府尹，亟而瘞諸鳳臺門，高坐寺之西北……。至我朝，而蕩滌殆盡，宋帝泉壤之冤，亦隨以雪……。高皇帝之功，巍巍乎冠絕前古……。今據史臣宋景濂、高季迪，並先儒楊維禎、王逢原諸集，以釘補其未備，觀者詳之。成化巳丑中秋日，華亭彭某識。」

兼以陶宗儀，流寓松江有年，與彭某爲鄉里。故傳抄陶氏之南村輟耕錄，既便亦易。

滄螺集卷四「陶先生小傳」：「先生諱宗儀，字九成，姓陶氏。先由閩之長溪，徙永嘉陶山，再徙臺之黃巖……。先生沖襟粹質，灑然不凡。少舉進士第，一不中，即棄去。務古學，無所不窺……。家甚貧，抵淞教授弟子。遇人無夷險佞直，一接以誠……。由避兵，家淞城之北，泗水之南，諸生買地結廬、遂居以老。晚益閉門著書，世所共傳。說郛一百卷，輟耕錄三十卷，書史會要九卷，四書備遺二卷，其未脫稿者，不與焉……。」

松江府志卷十六「第宅」：「南村草堂，在泗涇北，陶宗儀讀書之所。□□□□書扁，李著作孝光，張翰林□□□□。」

因商務出版之「南村輟耕錄」，爲彭某傳抄南村輟耕錄，部分內容而成。既係傳抄而成，故仍曰南村輟耕錄。且「南村」爲鄉里所熟知，遂未署作者之姓名。

五、元人別集補逸之二

（一）孛朮魯翀菊潭集補遺

太原縣志卷六「集詩、題東汾王、孛朮魯翀、翰林編修、延祐戊午」：

「河東此地建神宮，山色依然水向東。封號尚傳周盛典，遊觀不變晉遺風。一渠道院滄浪畔，幾族人家杳靄中。聞說歲時多祀禱，錦衣光照畫橋紅。」

「曉隨騶從謁靈宮，杲日初升殿角東。分水塔高歸急溜，望川亭古起悲風。閒看鐵樹臨祠下，倦采青蘋向沼中。清興滿懷歸未盡，吟鞭指處夕陽紅。」

「廟門高敞倚長松，日照珠簾見聖容。金榜大書新賜額，寶幢徽號舊褒封。軒裳接踵來遊客，牲酒充庭拜老農。我欲枕溪營傑閣，直宜高處掛元龍。」

可補卷一「詩」之末。

襄城縣志卷六「志詞翰、襄城縣學記」：

「縣之廟學政相仍，或創或葺，既有功緒，士民父兄，即相率礱石鐫文，示不忘德，其權輿則緱山陳公之筆也。監縣哈臘章至，以請堂庫陋將壓，暨尹武瑞，簿王元弼，教諭周壽祖，謀撤新之，崇大于舊。初釁序構而西闕，遂築于西，以堂遺材足之，于是堂序鼎出，有儼有翼，上下各稱。起役于延祐四年秋八月甲午，訖工于六年春二月戊子。既落之矣，其鄉先生林從善父，以諸生溫迪罕紹基，走書京師，屬記曰：是役也，監侯倡之，僚寀和之，民悅而事舉。鄉侯之賢，惟恐不傳。翀來汴，汴高士項仲明父，屬林君意彌篤。翀邑學之舊從事也，敢以昧陋辭。按春秋鄭氾邑也，周襄王出居，改曰襄城。或曰黃帝時，蓋已有之。故隸汝州，今許州屬縣。許昌祭酒大儒趙公，以道義化服其鄉，襄城則杖履所及，親炙之士，尤彬彬焉。林君其高弟也，嘗師縣學。縣大夫之于庠序，欲有所爲，輒佐佑之。頃歲以來，棟宇完于學，租石豐于田。師生之資，可謂具矣。且汝潁之處古文明之區，冠帶之奧，賢才之藪也。聖朝以經行取士，山川之所育，政教之所培植，風化之所陶冶，賓興之盛，將不讓州，予竊有望焉。古所謂教四民，皆範于其中。世益下衰，不盡臻此。雖然師士之則，士民之望也。之堂也，之序也，師教而弟子學。道德之醇疵，事業之作止，行義之榮辱，文藝之順悖，習俗之厚薄，賢能之有繫焉。授受乎是堂，藏修乎是序。聖賢有成書，朝廷有明法，日邁月征，效或未至，豈賢有司，築室以奉師弟之意哉！有志者，宜思所以奮起也。至治元年，春正月甲申記。元翰林學士、孛朮魯翀撰。」

可補卷三「碑銘」之末。

（二）邵亨貞蟻術詩選補遺

書畫彙考卷三十「書二十、元人合卷、南金先生，莫春過溪上，僅獲一再聚首，詰朝即遂返櫂。既數日，乃辱貽書。僕以世故掣，因循弗即具答。早秋有興，偶成四韻，以寓故人之感，併謝不敏，時辛卯七月二十二日也，亨貞再拜。」

「桃花浪裏泊扁舟，草草相逢恨莫留。一自春風來折簡，幾番月夜獨登樓。塵蹤偃蹇長懷舊，蓬鬢蕭踈又見秋。爲謝故人安好在，身閒不負遠公遊。」

書畫彙考卷二十「書二十、元人合卷、庚寅至日，有懷南金兄，嘗寫短句，左便未寄，併以達。」

「一從之子移家去，久矣溪居絕賞音。萬事無情空過眼，三年不見轉關心。春風綵筆新詩少，夜雨青燈舊夢深。今日柴門又冬至，野梅花下獨沈吟。」

書畫彙考卷二十「書二十、元人合卷、曲江先生，錄示元夕，所壽伯翔翁之作，且徵鄙和，是以賞音見許也。其能無言，以復盛意耶。倚韻信筆，斐然成章，惟諸大方家，印可是望。亨貞再拜。」

「青袍朝士識貞元，時論前修教子孫。綵筆自堪修五鳳，黃金誰復購長門。雨深燈火杯頻舉，夢入池塘草漸繁。兵後吳山春尚好，鶯花應滿舊家園。」

書畫彙考卷二十「書二十、元人合卷、追次前韻，遙致翔翁親長，彌高之頌，亨貞再拜。」

「晉代經今屢改元，雲間二陸尚諸孫。承平不改丘園隱。爲庶仍推德澤門，□硯傳家終遺遠，農書成帙更芟繁。□□初度當元夕，擬祝椿齡□□園。」

以上四詩，可補卷六「七言八句」之末。

書畫彙考卷二十「書二十、元人合卷、疎雨滿庭，似報岩花之訊。清風入座，忽來玉樹之章，乃賡再歌，庸復盛意，亨貞頓首。」

「故園老樹碧成帷，次第秋香發舊枝。待得花開先折出，煩君題作墨參差。」

「廣寒宮裡錦游帷，招隱山中棘樹枝。自是天香猶拍塞，不堪人事日參差。」

可補卷七「七言絕句」之末。

(三) 邵亨貞蟻術詞選補遺

書畫彙考卷二十「書二十、元人合卷、南金兄始托交時，與僕俱未弱冠，今已百年過半矣！暮景相從之樂，世故牽掣，迨今未遂。兵後避地溪濱，復得旦暮握手。慨前跡易陳，預後期之可擬。不能已於言也，敬借前韻，述懷如左。契弟邵亨貞再拜。」：

「歲寒歸計曾商略，富貴與神仙，辜前約。儒冠已負生平，不羨揚州去騎鶴。蓬鬢老風霜，心如昨。惟應郢上高才風，斤慣削，相見問行藏，重評泊。無情最是桑榆，那得昌陽引年藥，山水有清音，同行樂。」

書畫彙考卷二十「書二十、元人合卷、亂後乍見故人情文浹甚！老來共談往事，心緒茫然。再賡春草之詞，以索寒梅之笑。」：

「亂離避世無方略，何處可尋幽，須期約。桃源只在人間，爭得身輕跨遼鶴，空憶舊歡遊，成今昨。自憐兵後多愁吟，肩頻削，老病有孤舟，難安泊。殘年但願相依，爾汝忘形縱狂藥。白首待時清，應無樂。」「子月既望，壬辰，友弟亨貞，書于小溪吟屋，實南至前之五日也。」

二詞可補卷之末。

(四) 元明善清河補遺

重修保定府志卷二十五「記、遂州三皇廟記、中奉大夫禮部尙書元明善撰」：

「昔在世祖皇帝，丕承大業，混海而一之。百度既新，肇工效職，思所以遂民生，而壽國脈也。若夫穀粟布帛，豐之在我。陰陽寒暑之不時，於是乎有札瘥夭死，而有不得必其時于天，乃進醫氏焉。蓋醫氏，藥有上中下三品，辨其五味，三性七情。然後爲和劑，以節診脈，辨寸關尺爲三部，以調四時沈浮滑澁之候，以湯丸酒散，視其病之淺深所在而攻之。於是乎有以勝其不時之氣，人得其天年矣！夫醫氏之都府，秩三品，屬有提舉、提領，以掌群醫之尹。調教授、教諭，以掌弟子之業肄，皆不證於有司。郡縣聽建三皇廟，屬之長吏，春秋致祀。若曰太昊伏羲氏，炎帝神農氏，黄帝軒轅氏，其醫家之先聖先師云爾。嗚呼三聖人者，立人極，闢世道，亘天地，而崇不宰之功者，庸詎醫家之所致者耶。雖然國家之澤，滂沛無際。群陶衆化，各遂厥生，熟知夫致之者哉。遂州隸保定路，昔爲兵衝。今五六十年，而視他郡，猶未完庶。皇慶二年，同知州事梅汝弼實來，三月三日，薦其常事，即州聽事，綿蕝祼獻，禮畢，汝弼大懼。倡曰：郡國通祀，而州人安。陋踵非聽事焉，以享神聖，神聖其假耶？不也，一日聞上，罪奚辭貫？監州判官和之曰：唯唯，僉圖之亟。道士劉道祥、周至全，予地五畝，在故天慶觀之右，當城中之亢爽。爲殿爲像，設如制。爲闕，爲講堂，翼以兩廡，凡屋爲間一十有三。肇基於延祐元年十月二月辛巳，畢工於明年十有一月丙辰，榜曰三皇廟。財不侵官，役不强民。而創制端大，神或以妥。時州守物故，汝弼實專州事。既三年，民曰賢部使，亦曰能且廉，蓋版户流而來歸者過百矣。故言出而人諾，事立而功就。如此既落其成，遂以掄授醫學正。江國紀持州士朱公奎狀，即著作郎田君惟正，求明善書其事于石。書不汝斯也，盍亦求進醫氏之本指歟。明天道，窮物理，察陰陽之幾，參化育之妙。消息有無，斡旋動静，存心以仁，處物以義，夫然後盡醫之良也。若夫守其經脈藥石之故，而論厥全失者，斯末矣。其或視危阿强陛，丹臒黝堊之焜煌，朔望一再來羅拜堂下，逡巡而退，鼓篋以游者，又所不齒。其必曰爲師者，教之以何術？學者備之以何業？考其術之慎，而業之精。始聽與疾角而鹵莽而滅裂，藥之，剌之，將有不死於疾，死於醫者也。噫是豈朝廷進醫氏之本指哉，亦豈賢有司，奉明詔之初意哉。尚望遂之子弟，有起於斯言也。監郡歷二人，答石鐵木兒、怯來，判官楊德祿，吏目王千章立。」

可補卷一「萬竹亭記」之末。

堂邑縣志卷十八「藝文第三十上、縣尹張養浩去思碑、元明善」：

「夫養民失道，則人之生也，或不以義。強者不翼而飛，不爪牙而攫噬，弱細者病矣。智者舞其巧，譎者騁其捷。饕餮者，恣其慾。頑暴者，勇於敢。風之以湰昏，扇之以夭艷，斯立者，搖傾者，委非傑然者，不能以義中。處上之人，爲此懼也。變酷虐之法，施慘毒之刑，彼不白訟，夫己之所由非義，方讐視其上，而萌復之之心，此秦漢之所以廢興也。若夫生有養也，死有藏也，幼有學，而壯有業也。孝弟者興於家，頑愚者迸諸遠。鄉有仁厚之風，里有雍睦之俗。以是道而養民，民有不趨於義者乎！世罷封君，縣令之職，實與民比。求治切者，恒重其選。是蓋不能復古，而欲徵之於目前者然也。一令之賢，萬室由之而安，義以之立興。夫養之以道者一也，令之選，可不重耶！天下之縣，至眾也。烏得令，令賢乎一。有植身端潔，牧人有恩者，居則愛之，去則思之，至於勒碑頌德，若將世世戴焉者。由此觀之，則好治惡亂，又人之恒性也。特狃於薰習，而操守不堅者，始變矣！堂邑有德令，曰張君，其才贍，而心仁。以得長民爲喜，亦以爲懼。其言曰：吾始以儒而未試，令長大縣，吾所學，或得以利夫人。然地方百里，丁黃數萬。治平日久，其封植滋厚。曰嚮於矜夸浮靡，則徼倖變詐之俗，相扇而熾。以古之道治之，則壓於勢，有不容吾盡者。苟焉以塞令之責，而又媿夫吾所學。下車恪勤厥職，除一弊，若隄水而撲火。曰令實民師帥，非清白，其何能律。乃取太尉震之言，榜其堂曰四知。曰人不聞教，而務尋鞭撻，是虐之也。老者使篤倫理，幼者壯者，登之於學而教之，敢有弗率者，罰之無宥。曰胥皀，在官祿，不足養家，日以肥是，必弄纖愚，以推剝之也。豪猾者逐，良愿者止。曰更漏不明，一縣聾瞶，乃建鼓角樓，以節昕昏。崇三皇之祀，館醫學其中，而使學者學醫，而精其業。曰歲秣國馬，班處甸民，民苦之甚。乃創都廐，四十有三。芻菽官既予直，而馬有常處。曰卒旅輟兵，而漕惡於亡賴，賊民於隱，乃與長，明約束之。至縣界者，皆斂手惕息，不敢與民索一飯。曰害吾民者，雖貴強，吾不彼貸。曰民皆赤子，一筆刑版，將不得齒善。始至，有嘗爲盜者五人，乃召與約曰：能改，即削汝盜版。及去，削者三人。蓋令之治人也，才存心也仁。其潛施默運，使民陰受其賜，有非言語所能既者。然三年之間，田者贏，工販者足。老幼服於禮節，強者不得病夫弱細矣。智者，譎者，饕餮頑暴者，戢而不得肆矣。得盡其才，得盡其力，庶幾以道養民者也。然則堂邑人化，令之教，殆近於義乎。不然，何張君之既去，久猶不忘，相率伐石記美，屬其邦彥，監察御史申君從敬，走二人京師，亟求余文也。余與張君，同丞相掾，同太子文學，同學士院。而余之縣，實鄰堂邑，知張君莫余若。余與邑之人，亦烏得不同其樂善之心。故首述民情，繼紀張君之善，以諗諸來者。系之詩歌，以遺申君，俾歸刻之。歌其辭，想其人，類古之遺愛者焉。張君濟南人，名養浩，字希孟，今爲秘書少監。其詩曰：畇畇甫田，穀菽茂止。力者詵詵，佃彼長畝。婦子饁之，相之草薙。稅駕於桑，令維田畯。嘗其壺飧，笑言以溫。邑人敏生，劬躬服賈。永作儉勤，耄倪與與。罔敢惰驕，廢其教語。令有鞭笞，庭將媿汝。哲令柔仁，剛強之克。引養而恬，先事口食。虞飽而嬉，乃繩之職。人有退言，始若戾余。室富而安，今悔吾初。乳煦蒙稚，令維母慈。母去稚遺，熟卹寒饑。令馬騤騤，如翰雲飛。跂望而悲，莫願我來。曳石于山，刻頌于石。世無磨泯，式歌明德。」

青城續修縣志第五册「藝文志上、元、墓誌、泰定三年、元中山郡伯焦侯碑、元明善撰、翰林學士知制誥」：

「焦氏出姬姓，春秋傳謂，虞虢焦滑，皆姬姓是也。漢之時，延壽其後也。子孫散處齊梁間，濟南之焦姓始此，世爲青城望族。歷唐宋金，顯宦不絕。金之季，有名之彥者，登童子第優等，授長山簿。天興壬辰，國兵破濟南，焦氏族盡死，譜元不可考矣。之彥子，諱瑾，即侯之父，中山伯也。年十三，得不死，俘以北，後五年而歸。中統三年，李壇分兵圍青城，城且破，中山伯縋城紿賊曰：城降矣，將以金帛牛酒獻，請緩攻，賊爲少卻。翌日，官兵至，壇敗走，全城，伯之力也。伯娶劉氏，生侯，諱文炳，性至孝。母郡君劉氏病疫，七日不汗，且死，醫皆議去。侯籲天，以刃刺脅，取肝一臠，詭爲藥進。甫入口，大汗而甦，而侯亦病矣。時五月，濟南多蠅，嚐膚動以千萬計，而莫近所傷處。後母目盲，侯夜稽顙北辰，旦則舐母目，旬月復明。鄉黨至今稱之，侯之行如此。至元丁亥六月，侯卒，年六十。娶楊氏，生子五。長彬，從仕郎昌邑縣尹。次祥，擢湖南道宣慰司令吏。生子名澍，大都轉運鹽使。奏侯之弟，二子，侄十有七，女四，孫男二十有二，女孫十有二，曾孫男十有二，女三，元孫女三。其侯之季子，則知府也。名榮，字榮卿。年數歲，即有成人器。經史子籍，無不貫穿，尤嫺國書。年二十五，推擇爲中書譯使。初尹武康邑，以大治，民感功德，衆於佛前題曰：清政侍郎焦佛子，以祝公壽。再尹如皋，淮安萬户府，袁州推官，豪民艾九五者，賊殺鄰境民命數人，公廉得其實，賊伏其辜。論死者九人，配出獵爲民害者十五年，公納款陳論，禁止之。邊戍三百，雜處民居爲擾，公置舍處之。歷戍者四十有四人。知太和州，民苦役法不平。公會議三歲後，一旦而定，民悦，後遂著爲焦知州役冊，至今遵之。造六閘以備蓄洩，溉田數十萬畝。損祿廪數百斛爲倡，得義穀八萬有奇，如朱文公義倉法，民甚賴之。平反賊盗，活冤獄十二人，未逮七十六人。誣者胡氏，抵其罪，民大悦。提舉萬億綺源庫，眡官物，如己有。去之日，如始至。同知陝西轉運鹽使司事，益官課，使鹽商。池鹽非假煎造，公忠誠感神。初西南風，水自成鹽，新池神廟以報之。至大四年，國朝建封贈之典，始贈侯中順大夫上騎都尉中山郡伯，妻楊氏，中山郡君，而公授湖州路總管府事。時甲有訴乙盜鍋直，而殺其兄者。獄成，公閱他卷，甲兄常爲盜，乃知乙所殺盜鍋者也，乙遂免死。因公行浙西，就勸義倉，穀共四萬斛，悉如太和法，以備凶歲。公之德政，蓋不可悉數，姑略舉其尤著者。請老，以大中大夫松江府知府致仕，階三品。娶王氏，始封中山郡君，加郡夫人。長子伯奇，以父蔭，從仕郎提領池州務。泰定改元，以侯初贈郡伯，應進制加大中大夫輕車都尉中山郡侯。郡君楊氏，贈中山郡夫人。侯父瑾，追贈中順大夫上騎都尉中山郡伯。母劉氏，贈中山郡君。竊嘗謂，侯舐目刲肝之孝，蓋中山伯，盛德所致。若知府公之光明先世，澤流子孫，皆侯之孝行致也。焦氏之盛，將垂之無窮。信乎天之報施善人，可謂不誣矣！俾子孫無忘先世，積累之由，庶幾他時傳述者，亦有考云爾。」

二文可補卷六「碑」之後。

（五）錢惟善江月松風集補逸

玉山名勝集卷四「詩、錢塘錢惟善思復」：

「自寫遊山記，長懸戀闕心。開尊留好客，促席和新吟。亦有孟東野，豈無支道林。適然幽興至，還復一登臨。」

姑蘇志卷三十「寺觀下、普濟禪寺、錢惟善、宿普濟寺」：

「初到湖邊寺，相逢有穎師。深悲十年事，朗誦四懷詩：高柳窺春早，寒燈照夜遲。寧無一杯酒，慰我鬢如絲。」

陝西通志卷九十七「藝文、十三、詩、商山四皓、元、錢惟善」：

「已剖巴陵橘，猶歌商嶺芝。避秦非避漢，一出繫安危。」

書畫彙考卷二十「書二十、元人合卷、遠承佳作見寄，足佩不遺故舊之高誼。且知穎之樂，不減吳中。因次韻以答，曲江居士錢惟善，上伯宣茂異契友」：

「遙聞新雨賦成詩，異土相知得貴卿。穎上民猶思漢德，箕陰人笑避堯名。虎牢西峙劍雙壁，鼇極東浮盃四瀛。何夕連床一尊酒，共談詩品與詩評。」

書畫彙考卷二十「書二十、元人合卷、伯宣過澄懷樓相訪，且錄昨伯寅，雙槐清集之作以示，因次韻，見老懷拳拳于伯寅者如此。並簡吾友循正提學諸佳子弟，同千里一笑耳，鄉末錢惟善上。」

「風輪纔轉秋生座，錦雲初張春滿缸。賴有遠山橫矩幅，恨無健筆運長杠。白頭吟動今朝興，金縷歌傳舊日腔。留別有詩須重醉，雨來剪燭話西窗。」

書畫彙考卷二十「書二十、元人合卷、次韻伯宣茂材，留別之作，並錄寄循正提學諸佳子弟，一笑。」

「之子有行役，殷勤別我吟。夢歸淞水遠，愁入穎川深。移竹聽新雨，采蓍求故簪。人生聊復爾，何必問升沈。」

書畫彙考二十卷「書二十、元人合卷、聞伯寅欲邀予，過錦雲小酌不果。」

「一聲漁唱起，何處最堪聽。我住水精域，子遊雲錦亭。過橋煩惠遠，荷鍤笑劉伶。明日嚴灘下，維舟訪客星。」「明日聞松雨、伯宣與伯寅，過雲錦，不得如□，因賦一笑。書于澄懷樓上，曲江老人錢惟善識。」

書畫彙考卷二十「書二十、元人合卷、次韻伯宣茂才，同集于伯寅文學雙槐堂。松雨和上倡酬之作，六月廿六日，曲江老人錢惟善。」

「子從潁上南歸日，袖有新詩錦不如。故里猶存召伯樹，清尊共醉夏侯居。此行未許輕分袂，他日無令數寄書。早晚金雞下丹詔，豈容老驥伏鹽車。」

書畫彙考卷二十「書二十、元人合卷、詩送伯宣茂才還潁，曲江老人錢惟善。」

「到潁曾蒙遠寄詩，爛然秋月步揚輝。親安堂上書連榻，弟沒軍前泪滿衣。感慨又成千里別，笑談已是十年違。此迴莫戀西湖好，應夢庭闈亟賦歸。」

「莫學青門舊種瓜，幸沾新化到天涯。野陰春雨肥桑柘，城動秋風急鼓笳。總是移居來潁水，也勝遷客去長沙。巢由妄世非吾事，霸□惟懷仲父家。」

上詩十一首，可補卷之末，蓋其詩集，並未分類。

（六）沈貞茶山老人遺集補遺

長興縣志卷十「山、顧渚山、附錄、元、沈貞、春日茶山書事詩」：

「春來日日好天氣，況是全盛太平年。東家官人借騎馬，南市津頭多買船。閒似少陵來杜曲，興于元亮到斜川。呼童速取一斗酒，恰有杖頭三百錢。」

可補卷上七言律詩之末，七言絕句之前。

（七）陳孚陳剛中詩集再補遺

仙居志卷末「僊居集卷五、文外篇、雜記、元、安州鄉學記、陳孚」：

「鄉有學古也，古方百里而井，自王畿以及郊遂，皆立之學。王之元子暨庶人，皆學焉。學之要求，放心而已。今子翁子，其猶行古之道歟。初余少，即與翁子游，相好也。壯而行四方，皇皇然三十載歸。始聞翁子之鄉學，喜而往之。踵其藩，其植秩然。升其著，其琴琅然。履其奧，其籍秩然。既而諸生魚貫以登，逢衣大帶，俛伏磬折，其容肅然，其氣充然。退而弦誦之聲，隱隱若金石然。於是知翁子之學，信其古之學也。則進而諸生勖之曰：二三子知學之要乎？心也萬理之宗也。其初善也，人性梏於氣，棘於欲，棼於意，若擿埴之途，而不知覺，故於師而學焉。學者收其放，而存其良也。一人之心，天地之心也。其周流而廣大，未嘗一息閒也。予與而師，孜孜汲汲，窮日夕之力，若飲食起居，不須臾離，豈有他哉。誠以修齊治平，自正心始，未有不須學而成者。實生民之命，天地之經也。

江之南古之學，嘗盛矣。異時華門圭竇，無弦誦聲，人以不儒爲恥。今則異於是，父命其子，兄命其弟曰：無科目矣，士不可以卿相矣。儒固之秋箑，冬之絺也，奚以學爲。於是素封之家，蓄貲鉅萬，有論語不讀，其子若弟，健者爲壠斷之賤。丈夫猾則爲府史里胥，城旦之役而已。否則，兔園之策，蚩詅之符，蓋朝於斯而夕果腹，然何爲箪瓢若是，餒乎。人乃以儒爲恥，噫！俗之弊陋，一至此哉。何不爲鬼爲蜮鱗介而鬚眉之。夫心，吾之心也。學以存心，亦吾之學也。豈以有科目則學，無科目則不學哉。吾之心，善則舜，利則跖，念則聖，不念則狂。今以口腹之饕，耳目之溺，取其與天地同體，週流廣大者，斵而狹之，日趨於鬼蜮，而莫知返，誰之咎歟！吾行四方三十載，蓋嘗近天子之光，職太史氏，見朝廷所以嘉惠多士甚厚，召南之風，被於朔易。畿之内三雍齵然，縉紳鼓篋以萬數，郊遂皆立之學，而獨駭夫江之南台之鄉之無學也，猶幸翁子之鄉之有學也。二三子絃於斯，誦於斯，亦思一人之心，天地之心也。當收其放，而存其良。知舜跖之分，在善利之間。而念不念，聖狂繫焉。從而師若友，講明問辨，默而存之，擴而充之。本一心之妙，極於天地萬物之變化。則人物日以明，天理日以融。居家孝弟之效成，在鄉禮讓之俗興，使終身窮約，傭何損。仕而立乎朝，則堯舜其君，堯舜其民，皆分内事也，於我何加焉。若以無科目而不學焉，夫健則爲壠斷之賤，丈夫猾則爲府史里胥，城旦之役。又賤則爲蚩詅之符，兔園之策，曰姑果其腹者，此謂失其心哉。翁子將曰：非吾徒當斥之大門之外。」

（八）黃樞後圃黃先生存集補遺

康熙休寧縣志卷之七「藝文、題詠。宿顏公山」：「去山一十五里近，願遊未遂三十年。秋風吹我凌絕頂，空翠與人湔俗緣。半夜鳳笙吹素月，終朝龍井起祥煙。不知萬劫今餘幾，惟有雄文與世傳。」

可補卷二「七古律詩」之末。

引用書目

1. 漢 司馬遷：史記 一百三十卷 商務印書館 文淵閣四庫全書本
2. 漢 鄭 玄：周禮注疏 四十二卷 商務印書館 文淵閣四庫全書本
3. 漢 班 固：前漢書 一百二十卷 商務印書館 文淵閣四庫全書本
4. 漢 佚 名：越絕書 十五卷 商務印書館 文淵閣四庫全書本
5. 晉 陳 壽：三國志 六十五卷 商務印書館 文淵閣四庫全書本
6. 宋 范 曄：後漢書 一百三十卷 商務印書館 文淵閣四庫全書本
7. 唐 劉 昫：舊唐書 二百卷 商務印書館 文淵閣四庫全書本
8. 宋 陸 游：老學庵筆記 十卷 商務印書館 文淵閣四庫全書本
9. 宋 陸友仁：研北雜志 二卷 商務印書館 文淵閣四庫書本
10. 宋 王 柏：魯齋集 二十卷 商務印書館 文淵閣四庫全書本
11. 宋 陳耆卿：赤志城志 四十卷 商務印書館 文淵閣四庫全書本
12. 宋 方逢辰：蛟峰文集 八卷 商務印書館 文淵閣四庫全本

13. 宋　謝枋得：疊山集　五卷　商務印書館　文淵閣四庫全書本
14. 宋　何夢桂：潛齋集　十一卷　商務印書館　文淵閣四庫全書本
15. 宋　周　密：癸辛雜識別集　二卷　商務印書館　文淵閣四庫全書本
16. 宋　林景熙：霽山文集　五卷　商務印書館　文淵閣四庫全書本
17. 宋　陳　深：寧極齋稿　一卷　附愼獨叟遺稿一卷　商務印書館　文淵閣四庫全書本
18. 宋　朱　穆：方輿覽勝　七十卷　商務印書館　文淵閣四庫全書本
19. 宋　范大成：吳郡志　五十卷　商務印書館　文淵閣四庫全書本
20. 宋　尹　焞：尹和靖集　三卷　商務印書館　叢書集成初編本
21. 元　劉　祁：歸潛志　十四卷　商務印書館　文淵閣四庫全書本
22. 元　薩天錫：薩天錫前後集　二卷　商務印書館　四部叢刊初編本
23. 元　顧　瑛：草堂雅集　十三卷　商務印書館　文淵閣四庫全書本
24. 元　脫　因：至順鎭江志　二十二卷　商務印書館　文淵閣四庫全書本
25. 元　黃　溍：文獻集　十卷　商務印書館　文淵閣四庫全書本
26. 元　周伯琦：近光集　三卷　商務印書館　文淵閣四庫全書本
27. 元　許　恕：北郭集　六卷　附補遺一卷　商務印書館　文淵閣四庫全書本
28. 元　顧　瑛：玉山名勝集　十二卷　商務印書館　文淵閣四庫全書本

29. 元　呂　誠：來鶴亭集　八卷　補逸一卷　商務印書館　文淵閣四庫全書本

30. 元　張仲深：子淵詩集　六卷　商務印書館　文淵閣四庫全書本

31. 元　謝應芳：龜巢集　十七卷　商務印書館　文淵閣四庫全書本

32. 元　程端禮：畏齋集　六卷　商務印書館　文淵閣四庫全書本

33. 元　鄭元祐：僑吳集　十二卷　商務印書館　文淵閣四庫全書本

34. 元　顧　瑛：玉山樸稿　一卷　商務印書館　文淵閣四庫全書本

35. 元　張　雨：句曲外史集　三卷　附錄一卷　補逸三卷　附一卷　商務印書館　文淵閣四庫全書本

36. 元　王　奕：玉斗山人集　三卷　商務印書館　文淵閣四庫全書本

37. 元　張　翥：蛻菴集　五卷　商務印書館　文淵閣四庫全書本

38. 元　趙孟頫：松雪齋集　十卷　外集一卷　商務印書館　文淵閣四庫全書本

39. 元　郭　翼：林外野言　二卷　商務印書館　文淵閣四庫全書本

40. 元　馬祖常：石田文集　五卷　附錄一卷　商務印書館　文淵閣四庫全書本

41. 元　艾性夫：剩語　二卷　商務印書館　文淵閣四庫全書本

42. 元　吳　澄：吳文正集　九十八卷　附錄一卷　商務印書館　文淵閣四庫全書本

43. 元　張養浩：歸田類稿　二十二卷　商務印書館　文淵閣四庫全書本

44. 元　鄧　雅：玉笥集　九卷　商務印書館　文淵閣四庫全書本
45. 元　李繼本：一山文集　九卷　商務印書館　文淵閣四庫全書本
46. 元　梁　寅：石門集　七卷　商務印書館　文淵閣四庫全書本
47. 元　邵亨貞：野處集　卷四　商務印書館　文淵閣四庫全書本
48. 元　黃　玠：弁山小隱吟錄　二卷　商務印書館　文淵閣四庫全書本
49. 元　楊維禎：東維子集　二十卷　商務印書館　文淵閣四庫全書本
50. 元　邵亨貞：蟻術詩選　八卷　商務印書館　四部叢刊三編本
51. 元　邵亨貞：蟻術詩選　四卷　商務印書館　四部叢刊三編本
52. 元　王　逢：梧溪集　七卷　商務印書館　文淵閣四庫全書本
53. 元　胡　助：純白齋類稿　二十卷　商務印書館　文淵閣四庫全書本
54. 元　周　巽：性情集　六卷　商務印書館　文淵閣四庫全書本
55. 元　周　權：此山集　十卷　商務印書館　文淵閣四庫全書本
56. 元　傅若金：傅與礪詩文集　二十卷　商務印書館　文淵閣四庫全書本
57. 元　納　延：金臺集　二卷　商務印書館　文淵閣四庫全書本
58. 元　傅　習：元風雅　二十四卷　商務印書館　文淵閣四庫全書本
59. 元　陶宗儀：書史會要　九卷　補逸一卷　商務印書館　文淵閣四庫全書本

60. 元　陶宗儀：輟耕錄　三十卷　商務印書館　文淵閣四庫全書本
61. 元　倪　瓚：清閟閣全集　十二卷　商務印書館　文淵閣四庫全書本
62. 元　鍾嗣成：錄鬼簿　一卷　附錄一卷　洪氏出版社本
63. 元　陶宗儀：南村輟耕錄　一册　商務印書館　人人文庫本
64. 元　楊　朝：朝野新聲太平樂府　九卷　世界書局本
65. 元　袁　桷：清容居士集　十六卷　商務印書館　文淵閣四庫全書本
66. 元　侯克中：艮齋詩集　十四卷　商務印書館　文淵閣四庫全書本
67. 元　程鉅夫：雪樓集　三十卷　附錄元史本傳一卷　年譜一卷　商務印書館　文淵閣四庫全書本
68. 元　王　惲：秋澗集　一百卷　商務印書館　文淵閣四庫全書本
69. 元　沈夢麟：花谿集　五卷　商務印書館　文淵閣四庫全書本
70. 元　楊　瑀：山居新話　一卷　商務印書館　文淵閣四庫全書本
71. 元　薩都拉：雁門集　八卷　商務印書館　文淵閣四庫全書本
72. 元　陳　孚：陳剛中詩集　三卷　附錄一卷　商務印書館　文淵閣四庫全書本
73. 元　蘇天爵：元文類　七十卷　商務印書館　文淵閣四庫全書本
74. 元　劉　鶚：唯實集　七卷　附錄一卷　商務印書館　文淵閣四庫全書本

75. 元　宋　褧：燕石集　十五卷　商務印書館　文淵閣四庫全書本
76. 元　揭傒斯：文安集　十四卷　附錄一卷　商務印書館　文淵閣四庫全書本
77. 元　許有壬：至正集　八十一卷　商務印書館　文淵閣四庫全書本
78. 元　脫　脫：金史　一百三十五卷　商務印書館　文淵閣四庫全書本
79. 元　朱晞晦：雲松巢集　三卷　商務印書館　文淵閣四庫全書本
80. 元　歐陽玄：圭齋文集　十五卷　附錄一卷　商務印書館　文淵閣四庫全書本
81. 元　張　昱：可閑老人集　四卷　商務印書館　文淵閣四庫全書本
82. 元　徐明善：芳谷集　二卷　商務印書館　文淵閣四庫全書本
83. 元　黎　崱：安南志略　二十卷　商務印書館　文淵閣四庫全書本
84. 元　元明善：清河集　七卷　商務印書館　叢書集成初編本
85. 元　蘇天爵：元朝名臣事略　十五卷　商務印書館　文淵閣四庫全書本
86. 元　劉　因：靜修集　十五卷　續集三卷　商務印書館　文淵閣四庫全書本
87. 元　周廷震：石初集　十卷　商務印書館　文淵閣四庫全書本
88. 元　脫　脫：宋史　四百九十六卷　商務印書館　文淵閣四庫全書本
89. 元　郝　經：陵川集　三十九卷　商務印書館　文淵閣四庫全書本
90. 元　姚　燧：牧菴集　三十六卷　商務印書館　文淵閣四庫全書本

91. 元　魏　初：青崖集　五卷　商務印書館　文淵閣四庫全書本
92. 元　胡祇遹：紫山大全集　二十六卷　商務印書館　文淵閣四庫全書本
93. 元　王　沂：伊賓集　二十四卷　商務印書館　文淵閣四庫全書本
94. 元　朱晞顏：瓢泉吟稿　五卷　商務印書館　文淵閣四庫全書本
95. 元　佚　名：大元聖政國朝典章　六十卷　文海出版社本
96. 元　虞　集：道園學古錄　五十卷　商務印書館　文淵閣四庫全書本
97. 元　陳　基：夷白齋類稿　三十五卷　外集二卷　商務印書館　文淵閣四庫全書本
98. 元　錢惟善：江月松風集　十二卷　商務印書館　文淵閣四庫全書本
99. 元　孛朮魯翀：菊潭集　四卷　新文豐出版公司　新編叢書集成續編本
100. 元　濳說友：咸淳臨安志　九十二卷　商務印書館　文淵閣四庫全書本
101. 元　陶宗儀：南村詩集　四卷　商務印書館　文淵閣四庫全書本
102. 元　吳師道：禮部集　二十卷　附錄一卷　商務印書館　文淵閣四庫全書本
103. 元　張　鉉：至正金陵新志　十五卷　商務印書館　文淵閣四庫全書本
104. 元　徐　碩：嘉禾志　三十二卷　商務印書館　文淵閣四庫全書本
105. 元　尹廷高：玉井樵唱　三卷　商務印書館　文淵閣四庫全書本
106. 元　尹廷高：玉井樵唱正續全　三卷　抄本　國家圖書館善本

107. 元 薩都拉：雁門集 八卷 商務印書館 文淵閣四庫全書本
108. 元 陶宗儀：南村輟耕錄 三十卷 木鐸出版社本
109. 元 朱晞顏：鯨背吟集 一卷 商務印書館 文淵閣四庫全書本
110. 元 貢師泰：玩齋集 十卷 拾遺一卷 附錄一卷 商務印書館 文淵閣四庫全書本
111. 元 黃 溍：金華黃先生文集 四十三卷 商務印書館 四部叢刊本
112. 元 耶律鑄：雙溪醉隱集 六卷 商務印書館 文淵閣四庫書本
113. 元 陶宗儀：說郛 一百二十卷 商務印書館 文淵閣四庫全書本
114. 元 胡行簡：樗隱集 六卷 商務印書館 文淵閣四庫全書本
115. 元 戴表元：剡源集 三十卷 商務印書館 文淵閣四庫全書本
116. 元 李 存：俟菴集 三十卷 商務印書館 文淵閣四庫全書本
117. 元 吾丘衍：竹素山房詩集 三卷 商務印書館 文淵閣四庫全書本
118. 元 馬 臻：霞外詩集 十卷 商務印書館 文淵閣四庫全書本
119. 元 沈 貞：茶山老人遺稿二卷 附錄一卷 莊嚴文化出版社 四庫全書存目叢書本
120. 元 呂彥貞：滄浪軒詩集 六卷 上海古籍出版社 續修四庫全書本
121. 元 黃 樞：後國黃先生存集 四卷 上海古籍出版社續修四庫全書本
122. 元 金守正：雪崖先生詩集 五卷 上海古籍出版社 續修四庫全書本

123. 元 董壽民：元懶翁詩集 二卷 上海古籍出版社 續修四庫全書本
124. 元 于 石：紫巖于先生詩集 三卷 新文豐出版公司叢書集成續編本
125. 元 翁 森：一瓢稿賸稿 一卷 新文豐出版公司 叢書集成續編本
126. 元 張 鉉：至大金陵新志 十五卷 商務印書館 文淵閣四庫全書本
127. 元 舒 遜：搜枯集 一卷 商務印書館 文淵閣四庫全書本
128. 元 舒 頔：貞素齋集 八卷 附錄二卷 商務印書館 文淵閣四庫全書本
129. 元 舒 遠：北莊遺稿 一卷 商務印書館 文淵閣四庫全書本
130. 元 方 瀾：方叔淵遺稿 一卷 新文豐出版公司 叢書集成續編本
131. 元 張之翰：西巖集 二十卷 商務印書館 文淵閣四庫全書本
132. 元 張 埜：古山樂府 上下卷 新文豐出版公司 叢書集成續編本
133. 元 王 佶：荻溪集 二卷 莊嚴文化事業出版公司 四庫全書存目叢刊本
134. 元 王 偕：荻溪集 二卷 書目文獻出版社 北京圖書館古籍珍本叢刊本
135. 明 宋 濂：元史 二百一十卷 商務印書館 文淵閣四庫全書本
136. 明 劉 基：誠意伯文集 二十卷 商務印書館 文淵閣四庫全書本
137. 明 宋 濂：文憲集 五十三卷 商務印書館 文淵閣四庫全書本
138. 明 程敏政：明文衡 九十八卷 商務印書館 文淵閣四庫全書本

139. 明　偶　桓：乾坤清氣　十四卷　商務印書館　文淵閣四庫全書本
140. 明　孫原理：元音　十二卷　商務印書館　文淵閣四庫全書本
141. 明　解　縉：文毅集　十六卷　商務印書館　文淵閣四庫全書本
142. 明　袁　凱：海叟集　四卷　外詩一卷　商務印書館　文淵閣四庫全書本
143. 明　楊士奇：東里文集　九十七卷　別集四卷　商務印書館　文淵閣四庫全書本
144. 明　曹　安：讕言長語　一卷　商務印書館　文淵閣四庫全書本
145. 明　朱存理：珊瑚木難　八卷　商務印書館　文淵閣四庫全書本
146. 明　徐一夔：始豐稿　十四卷　商務印書館　文淵閣四庫全書本
147. 明　凌迪知：萬姓統譜　一百四十卷　商務印書館　文淵閣四庫全書本
148. 明　張　保：詞林摘艷　十卷　清流出版　國學珍本
149. 明　宋　雷：西吳里語　四卷　商務印書館　文淵閣四庫全書本
150. 明　蘇伯衡：蘇仲平文集　十六卷　商務印書館　文淵閣四庫全書本
151. 明　孫　明：滄螺集　六卷　商務印書館　文淵閣四庫全書本
152. 明　袁　華：可傳集　一卷　商務印書館　文淵閣四庫全書本
153. 明　袁　華：玉山遊記　一卷　商務印書館　文淵閣四庫全書本
154. 明　袁　華：耕學齋詩集　十二卷　商務印書館　文淵閣四庫全書本

155. 明 葉 盛：水東日記 三十八卷 商務印書館 文淵閣四庫全書本
156. 明 汪珂玉：珊瑚網 四十八卷 商務印書館 文淵閣四庫全書本
157. 明 張昶：吳中人物志 十三卷 學生書店
158. 明 朱 珪：名蹟錄 六卷 附錄一卷 商務印書館 文淵閣四庫全書本
159. 明 陸 容：菽園雜記 十五卷 商務印書館 文淵閣四庫全書本
160. 明 張鳴鳳：桂勝 十六卷 商務印書館 文淵閣四庫全書本
161. 明 李 賢：明一統志 九十卷 商務印書館 文淵閣四庫全書本
162. 明 王 鏊：姑蘇志 六十卷 商務印書館 文淵閣四庫全書本
163. 明 朱 權：太和正音譜 一冊 漢京文化事業公 中國古典戲曲論集本
164. 明 釋妙聲：東皐集 三卷 商務印書館 文淵閣四庫全書本
165. 明 顧祖禹：讀史方輿紀要 一百三十卷 洪氏出版社
166. 明 方 鵬：崑山人物志 十卷 上海古籍出版社 四庫存目叢書本
167. 明 都 穆：吳下冢墓遺文 三卷 續編一卷 莊嚴文化事業出版公司
168. 明 徐象梅：兩浙名賢錄 六十二卷 莊嚴文化事業出版公司
169. 明 劉 鳳：續吳郡先賢志 十五卷 新文豐出版公司 叢書集成新編本
170. 明 周世昌：重修崑山縣志 八卷 成文出版社 中國方志叢書本

171. 明　李　端：太倉州志　十卷　成文出版社　中國方志叢書本
172. 明　柳　瑛：中都志　十卷　成文出版社　中國方志叢書本
173. 明　顧　清：松江府志　三十二卷　成文出版社　中國方志叢書本
174. 明　張敬孚：溫州府志　八卷　新文豐出版公司　天一閣藏明代方志選刊本
175. 明　趙　錦：江陰縣志　二十一卷　新文豐出版公司　天一閣藏明代方志選刊本
176. 明　吳　福：淳安縣志　十七卷　新文豐出版公司　天一閣藏明代方志選刊本
177. 明　張　古：內黃縣志　九卷　新文豐出版公司　天一閣藏明代方志選刊本
178. 明　唐　錦：大名府志　十卷　新文豐出版公司　天一閣藏明代方志選刊本
179. 明　何　棐：夷江府志　十六卷　成文出版社　中國方志叢書本
180. 明　釋如惺：大明高僧傳　八卷　上海古籍出版社　續修四庫全書本
181. 明　田汝成：西湖遊覽志　二十四卷　商務印書館　文淵閣四庫全書本
182. 明　張　才：新編保定志　二十五卷　新文豐出版序　天一閣藏明代方志選刊本
183. 明　楊　寔：寧波郡誌　十卷　成文出版社　中國方志叢書本
184. 明　王　德：金華府志　三十卷　成文出版社　中國方志叢書本
185. 明　王　圻：新浦縣志　八卷　成文出版社　中國方志叢書本
186. 明　林　鶯：襄城縣志　八卷　成文出版社　中國方志叢書本

187. 明　高汝成：太原縣志　卷八　成文出版社　中國方志叢書本
188. 明　陳　善：杭州府志　一百一卷　成文出版社　中國方志叢書本
189. 明　張時徹：寧波府志　四十三卷　成文出版社　中國方志叢書本
190. 明　呂昌期：嚴州府志　二十四卷　成文出版社　中國方志叢書本
191. 明　蕭良幹：紹興府志　五十卷　成文出版社　中國方志叢書本
192. 明　林應翔：衢州府志　十七卷　成文出版社　中國方志叢書本
193. 明　朱東光：平陽縣志　不分卷　成文出版社　中國方志叢書本
194. 明　宋　濂：宋學士文集　七十五卷　商務印書館　四部叢刊初編本
195. 明　鄭　柏：金華賢達傳　十二卷　新文豐出版公司　叢書集成續編本
196. 明　應廷育：金華先民傳　十卷　新文豐出版公司　叢書集成續編本
197. 明　王　禕：王忠文集　二十四卷　商務印書館　文淵閣四庫全書本
198. 明　馮從吾：元儒考略　四卷　商務印書館　文淵閣四庫全書本
199. 明　金幼孜：金文靖集　十卷　商務印書館　文淵閣四庫全書本
200. 明　何東序：徽州府志　二十二卷　北京書目文獻出版社本
201. 明　陳　策：饒州府志　四卷　成文出版社　中國方志叢書本
202. 明　管大勳：臨江府志　十四卷　新文豐出版公司　天一閣藏明代方志選刊本

203. 明　何　棐：九江府志　十六卷　新文豐出版公司　天一閣藏明代方志選刊本
204. 明　范　淶：南昌府志　三十卷　成文出版社　中國方志叢書本
205. 明　陸鳳儀：金華府志　三十卷　莊嚴文化出版社　四庫全書存目叢書本
206. 明　陳　相：赤城新志　二十三卷　莊嚴文化出版社　四庫全書存目叢書本
207. 明　徐用檢：蘭谿縣志　七卷　成文出版社　中國方志叢書本
208. 明　林雲程：通州志　八卷　新文豐出版公司　天一閣藏明代方志選刊本
209. 明　盧　熊：蘇州府志　五十一卷　成文出版社　中國方志叢書本
210. 明　陳　棐：廣平府志　十六卷　成文出版社　中國方志叢書本
211. 明　鄧　韍：常熟縣志　十三卷　學生書店本
212. 明　張德夫：長洲縣志　十四卷　中國書店　稀見中國地方志彙刊本
213. 清　張廷玉：明史　三百三十六卷　商務印書館　文淵閣四庫全書本
214. 清　陳　衍：元詩紀事　四十五卷　鼎文書局　歷代詩史長編本
215. 清　厲　鶚：宋詩紀事　一百卷　鼎文書局　歷代詩史長編本
216. 清　陳田話：明詩紀事　八十卷　鼎文書局　歷代詩史長編本
217. 清　顧嗣立：元詩選　初集六十八卷　二集二十六卷　三集十六卷　商務印書館　文淵閣四庫全書本

218. 清　萬斯同：宋季忠義錄　十六卷　新文豐出版公司　四明叢書本
219. 清　蔣學鏞：甬上先賢傳　二十卷　新文豐出版公司　四明叢書本
220. 清　王梓材：宋元學案補遺　一百卷　新文豐出版公司　四明叢書本
221. 清　陸心源：宋史翼　四十卷　北京圖書館　宋代傳記資料叢刊本
222. 清　曾　廉：元書　一百二卷　北京圖書館　四庫未收書輯刊本
223. 明　莫　旦：吳江志　二十二卷　成文出版社　中國方志叢書本
224. 明　董斯張：吳興備志　三十卷　商務印書館　文淵閣四庫全書
225. 清　黃宗羲：宋元學案　一百卷　中華書局本
226. 清　陳夢雷：古今圖書集成　一萬卷　鼎文書局本
227. 清　卞永譽：書畫彙考　六十　商務印書館　文淵閣四庫全書本
228. 清　孫　岳：佩文齋書畫譜　一百卷　商務印書館　文淵閣四庫全書本
229. 清　沈辰垣：御製歷代詩餘　一百二十卷　商務印書館　文淵閣四庫全書本
230. 清　姚之駰：元明事類鈔　四十卷　商務印書館　文淵閣四庫全書本
231. 清　高　宗：續通典　一百五十卷　商務印書館　文淵閣四庫全書本
232. 清　沈季文：檇李詩繫　四十二卷　商務印書館　文淵閣四庫全書本
233. 清　陳　焯：宋元詩會　一百卷　商務印書館　文淵閣四庫全書本

234. 清　邵遠平：元史類編　四十二卷　文海出版社　元明史料叢書本
235. 清　魏　源：元史新編　九十五卷　文海出版社　元明史料叢書本
236. 清　繆荃孫：藝風堂文集　三冊　文海出版社　近代中國史料叢刊第九十五輯本
237. 清　潘道根：崑山先賢冢墓考　五卷　成文出版　中國方志叢書本
238. 清　李遇孫：括蒼金石志　十二卷續集四卷　新文豐出版公司　叢書集成新編本
239. 清　和　珅：大清一統志　四百三十八卷　商務印書館　文淵閣四庫全書本
240. 清　李　衛：畿輔通志　一百二十卷　商務印書館　文淵閣四庫全書本
241. 清　劉於義：陝西通志　一百卷　商務印書館　文淵閣四庫全書本
242. 清　嵇曾筠：浙江通志　二百八十卷　商務印書館　文淵閣四庫全書本
243. 清　趙宏恩：江南通志　二百卷　商務印書館　文淵閣四庫全書本
244. 清　黃士俊：河南通志　八十卷　商務印書館　文淵閣四庫全書本
245. 清　金　鉷：廣西通志　一百二十八卷　商務印書館　文淵閣四庫全書本
246. 清　謝　旻：江西通志　一百六十二卷　商務印書館　文淵閣四庫全書本
247. 清　邁　桂：湖廣通志　一百二十卷　商務印書館　文淵閣四庫全書本
248. 清　曾國荃：湖南通志　二百八十八卷　華文書局　中國有志彙編本
249. 清　潘紹詒：處州府志　三十二卷　成文出版社　中國方志叢書本

250. 清　沈椿齡：諸暨縣志　四十五卷　成文出版社　中國方志叢書本
251. 清　李登雲：樂清縣志　十七卷　成文出版社　中國方志叢書本
252. 清　支恒椿：松陽縣志　十二卷　成文出版社　中國方志叢書本
253. 清　彭潤章：麗水縣志　十五卷　成文出版社　中國方志叢書本
254. 清　許瑤光：嘉興府志　九十卷　成文出版社　中國方志叢書本
255. 清　都寵錫：潁上縣志　十三卷　成文出版社　中國方志叢書本
256. 清　盧承琰：堂邑縣志　二十卷　成文出版社　中國方志叢書本
257. 清　陳莫纕：吳江縣志　五十九卷　成文出版社　中國方志叢書本
258. 清　斐大中：吳錫金匱縣志　四十一卷　成文出版社　中國方志叢書本
259. 清　英　啓：黃州府志　四十一卷　成文出版社　中國方志叢書本
260. 清　邱天英：汝陽縣志　十卷　成文出版社　中國方志叢書本
261. 清　羅復晉：撫州府志　四十五卷　成文出版社　中國方志叢書本
262. 清　童範嚴：臨川縣志　五十六卷　成文出版社　中國方志叢書本
263. 清　龔喜儁：杭州府志　一百七十九卷　成文出版社　中國方志叢書本
264. 清　李　衛：西湖志　四十八卷　成文出版社　中國方志叢書本
265. 清　王肇賜：新淦縣志　十五卷　成文出版社　中國方志叢書本

266. 清　施閏章：臨江府志　十六卷　成文出版社　中國方志叢書本
267. 清　陸堯春：新喻縣志　十七卷　成文出版社　中國方志叢書本
268. 清　喬方椿：夾江新志　十五卷　成文出版社　中國方志叢書本
269. 清　馬鼎高：華亭縣志　十六卷　成文出版社　中國方志叢書本
270. 清　謝庭薰：婁縣志　三十二卷　成文出版社　中國方志叢書本
271. 清　呂肅高：長沙府志　五十一卷　成文出版社　中國方志叢書本
272. 清　陸心源：歸安縣志　五十三卷　成文出版社　中國方志叢書本
273. 清　唐煦春：上虞縣志　五十卷　成文出版社　中國方志叢書本
274. 清　劉紹寬：平陽縣志　九十八卷　成文出版社　中國方志叢書本
275. 清　陳廷恩：江陰縣志　二十九卷　成文出版社　中國方志叢書本
276. 清　應寶時：上海縣志　三十四卷　成文出版社　中國方志叢書本
277. 清　宋如林：松江府志　八十五卷　成文出版社　中國方志叢書本
278. 清　武次韶：玉山縣志　三十二卷　成文出版社　中國方志叢書本
279. 清　朱乃黎：懷來縣志　十九卷　成文出版社　中國方志叢書本
280. 清　王者輔：宣化府志　四十三卷　成文出版社　中國方志叢書本
281. 清　員佩蘭：太原縣志　十八卷　成文出版社　中國方志叢書本

282. 清 汪運正：襄城縣志 十五卷 成文出版社 中國方志叢書本
283. 清 吳金瀾：崑新兩縣續修合志 五十四卷 成文出版社 中國方志叢書本
284. 清 張 才：重修保定郡志 二十五卷 成文出版社 中國方志叢書本
285. 清 蔣啓敭：德興縣志 十四卷 成文出版社 中國方志叢書本
286. 清 連 柱：玉山縣志 十四卷 成文出版社 中國方志叢書本
287. 清 符執恒：新喻縣志 十四卷 成文出版社 中國方志叢書本
288. 清 陳其元：青浦縣志 三十三卷 成文出版社 中國方志叢書本
289. 清 李 榕：華嶽志 九卷 成文出版社 中國方志叢書本
290. 清 周天爵：阜陽縣志 二十五卷 成文出版社 中國方志叢書本
291. 清 張書玉等：康熙字典 上下册 藝文印書館本
292. 清 蔣廷錫：古今圖書集成 一萬卷 中華書局線裝本
293. 清 令孤亦岱：縉雲縣志 八卷 成文出版社 中國方志叢書
294. 清 姚寶煃：西安縣 四十九卷 成文出版社 中國方志叢書
295. 清 張寶琳：永嘉縣志 三十九卷 成文出版社 中國方志叢書本
296. 清 曹倫琳：處州府志 二十卷 成文出版社 中國方志叢書本
297. 清 錢維喬：鄞縣志 三十卷 上海古籍出版社

298. 清　鄧　鐘：金華縣志　十七卷　成文出版社　中國方志叢書本
299. 清　胡壽海：遂昌縣志　十七卷　成文出版社　中國方志叢書本
300. 清　岳　濬：山東通志　二十六卷　商務印書館　文淵閣四庫全書本
301. 清　盧　崧：吉安府志　七十五卷　成文出版社　中國方志叢書本
302. 清　黃家遴：饒州府志　二十七卷　成文出版社　中國方志叢書本
303. 清　丁廷楗：徽州府志　十八卷　成文出版社　中國方志叢書本
304. 清　俞　卿：紹興府志　六十卷　成文出版社　中國方志叢書本
305. 清　李亨特：紹興府志　八十一卷　成文出版社　中國方志叢書本
306. 清　陳志培：鄱陽縣志　二十六卷　成文出版社　中國方志叢書本
307. 清　王克生：鄱陽縣志　十六卷　成文出版社　中國方志叢書本
308. 清　陳　驤：鄱陽縣志　三十四卷　成文出版社　中國方志叢書本
309. 清　吳啓新：德興縣志　十一卷　成文出版社　中國方志叢書本
310. 清　楊同憲：新建縣志　三十二卷　成文出版社　中國方志叢書本
311. 清　方崇鼎：休寧縣志　二十四卷　成文出版社　中國方志叢書本
312. 清　廖騰煃：休寧縣志　八卷　成文出版社　中國方志叢書本
313. 清　平觀瀾：廬陵縣志　四十六卷　成文出版社　中國方志叢書本

314. 清　文聚奎：新喻縣志　卷十七　成文出版社　中國方志叢書本
315. 清　王治國：金華縣志　十卷　成文出版社　中國方志叢書本
316. 清　沈　藻：永康縣志　十六卷　成文出版社　中國方志叢書本
317. 清　趙定邦：長興縣志　三十二卷　成文出版社　中國方志叢書本
318. 清　儲家藻：上虞縣志校續　五十二卷　成文出版社　中國方志叢書本
319. 清　郭堯京：石城縣志　十卷　成文出版社　中國方志叢書本
320. 清　江爲龍：宜春縣志　二十二卷　成文出版社　中國方志叢書本
321. 清　楊宜崙：高郵州志　十三卷　成文出版社　中國方志叢書本
322. 清　戴邦禎：寶應縣志　三十三卷　成文出版社　中國方志叢書本
323. 清　諸自穀：義烏縣志　二十三卷　成文出版社　中國方志叢書本
324. 清　侯　午：南昌縣志　三十四卷　成文出版社　中國方志叢書本
325. 清　梁悅馨：通州直隸州志　十八卷　成文出版社　中國方志叢書本
326. 清　徐　碩：嘉很志　八卷　成文出版社　中國方志叢書本
327. 清　廖光珩：青陽縣志　八卷　成文出版社　中國方志叢書本
328. 清　黨金衡：青陽縣志　二十七卷　台北市東陽同鄉會印行
329. 清　王壽頤：仙居縣志　二十五卷　成文出版社　中國方志叢書本

330. 清　金志節：口北廳志　十七卷　成文出版社　中國方志叢書本
331. 清　周興嶧：建德縣志　二十一卷　成文出版社　中國方志叢書本
332. 清　張　許：蘭谿縣志　二十卷　成文出版社　中國方志叢書本
333. 清　許瑤光：嘉興府志　九十卷　成文出版社　中國方志叢書本
334. 清　李銘皖：蘇州府志　一百五十三卷　成文出版社　中國方志叢書本
335. 清　羅　愫：烏程縣志　十六卷　成文出版社　中國方志叢書本
336. 清　陳文煜：吳興合璧　四卷　成文出版社　中國方志叢書本
337. 清　陳　錫：續溪縣志　十卷　成文出版社　中國方志叢書本
338. 清　顧嗣立：元詩選癸集　兩册　北京中華書局本
339. 清　梁詩正：西湖志纂　十二卷　商務印書館　文淵閣四庫全書本
340. 清　聖祖御定：全唐詩　九百卷　明倫出版社本
341. 民　柯劭忞：新元史　二百五十七卷　開明書店　二十五史本
342. 民　唐圭章：全宋詞　五册　中
343. 民　隋樹森：金元散曲　二册　漢京文化事業公司本
344. 民　鄭清茂譯：元雜劇研究　一册　藝文印書館本
345. 民　蕭天石：世界名將治兵語錄　一册　自由出版社本

346. 民　不著纂修人姓名：鄞縣通志　一册　成文出版社　中國方志叢書本
347. 民　夏日璈：建德縣志　十六卷　成文出版社　中國方志叢書本
348. 民　楊啓東：青城縣志　四卷　成文出版社　中國方志叢書本
349. 民　黃希文：磁縣縣志　二十卷　成文出版社　中國方志叢書本
350. 民　陳伯嘉：重修汝南縣志　四十一卷　成文出版社　中國方志叢書本
351. 民　中華書局：辭海附錄中外歷代大事年表　台灣中華書局本
352. 王正明：編註玉井樵唱　三卷　附錄一卷　北京群言出版社　未覩全文
353. 歐陽健：高水準的社會歷史調查　福建師範大學　論文
354. 民　喻長霖：台州府志　一百四十一卷　成文出版社　中國方志叢書本
355. 民　張　坪：滄縣志　十七卷　成文出版社　中國方志叢書本
356. 民　萬震霄：青縣志　十七卷　成文出版社　中國方志叢書本
357. 民　李世昌：邯鄲縣志　十九卷　成文出版社　中國方志叢書本

附錄：作者著作目錄

壹、論　文

1. 論蒙古的軍事制度及其特色　戰鬥月刊　六卷五期　四七・五
2. 蒙古的謀略戰對俄羅斯之影響　軍事雜誌　八十六期　四八・四
3. 元太祖班朱尼河誓衆考略　大陸雜誌　十九卷十二期　四八・一二
4. 李文田元秘史註之探討　反攻月刊　二三一期　五十・六
5. 新元史蠡測　大陸雜誌　二十二卷十一、十二期　五十・六
6. 元代玄教考略　政治學術季刊　一卷一、二期　五十、一二
7. 東平嚴實幕府人物與興學初考　大陸雜誌　二十三卷十二期　五十・一二
8. 詩歌中之晚元國情　中華青年　三卷二期　五一・六
9. 十三世紀蒙古習俗與塞北部族習俗之比較　中國內政　三十二卷五期　五一・六
10. 新元史蠡測之二　政治學術季刊　一卷三、四期　五一・九

11. 試擬元史張易傳　大陸雜誌　二十五卷七期　五一・十

12. 說元代史治　中國內政　二十四卷五、六期　五一・一一

13. 元代的行省制度　中國內政　二十五卷四、五期　五二・五

14. 元代的站赤　中國邊政　創刊號　五二・六

15. 元初河漕轉變之研究　大陸雜誌　二十七卷四期　五二・八

16. 元代歲幸上都記要　中國邊政　二、三期　五二・一二

17. 元代兩京間驛道之考釋　政治學術季刊　三卷一期　五三・一

18. 劉秉忠行事編年　大陸雜誌　二十八卷十二期　五三・六

19. 元代藁城董氏評述　中國邊政　四、五、六期　五四・三

20. 金元之際江北人民之生活　大陸雜誌　三十卷五期　五四・三

21. 元代的國子學　中國內政　三十卷一、二期　五四・七

22. 元代衛輝地位之研究　中國邊政　十三、十四期　五五・九

23. 元代法律之特色　法律評論　三十二卷十一、十二期　五五・一二

24. 劉秉忠論略　大陸雜誌　三十三卷十一、十二期　五五・一二

25. 元代斡脫官錢與羊羔兒利　反攻月刊　二九八期　五六・一

26. 成吉思汗大雅薩法典與中原地區關係之蠡測　中國邊政　十七期　五六・三

27. 十三世紀蒙古飲酒之習俗儀禮及其有關問題　大陸雜誌　三十四卷五期　五六・三
28. 元王惲驛赴上都行程校註　大陸雜誌　三十四卷十二期　五六・六
29. 元代之畏吾兒　反攻月刊　三〇七期　五六・十
30. 元史箚記　大陸雜誌　三十五卷十二期　五六・一二
31. 十三世紀蒙古戰士之戰技　反攻月刊　三一七期　五七・三
32. 十三世紀蒙古馬之訓練及其對蒙古帝國的影響　中國邊政　二十三期　五七，十
33. 十三世紀蒙古人之婚姻制度及其有關問題　大陸雜誌　三十七卷十期　五七・一一
34. 元代蒙人之喪葬制度　中國邊政　二十四期　五七・一二
35. 十三世紀蒙古戰士之裝備　大陸雜誌　三十八卷一期　五八，一
36. 十三世紀蒙古之屯住與遷徙　反攻月刊　三二四期　五八・三
37. 略論秋澗大全集對元代道教研究之價值——元王惲年譜之一　中國邊政　三十三期　六十・三
38. 論秋澗大全集所顯示之元代政治與社會——元王惲年譜之二　反攻月刊　三四八期　六十・三
39. 元許魯齋之風範評述　國立編譯館館刊　創刊號　六十・十
40. 元代眞大道教考　大陸雜誌　四十三卷四期　六十・十
41. 論元代玄教勃興之因素——元代玄教考之一　智慧　四卷三期　六一・四
42. 試補宋元學案之靜修學案——元劉靜修年譜之一　國立編譯館館刊　一卷三期　六一・六

43.元太祖生卒年代與壽期考　智慧　四卷十一期　六一・八

44.元劉靜修學養詩文與人品風節評述——元劉靜修年譜之二　國立編譯館館刊　一卷四期　六一・一二

45.元代海運考釋　東方雜誌　復刊六卷十二期　六二・六

46.元代玄教道侶交遊唱和考——元代玄教考之二　中華文化復興月刊　六卷十一期　六二・一一

47.元代玄教宮觀教區考——元代玄教考之三　中華文化復興月刊　七卷一期　六三・一

48.元名儒劉靜修行事編年——元劉靜修年譜之三　國立編譯館館刊　二卷四期　六三・三

49.元代玄教弟子法孫考——元代玄教考之四　中華文化復興月刊　七卷四期　六三・四

50.元吳草盧學養詩文造詣考——元吳草盧評傳之一　國立編譯館館刊　四卷二期　六四・一二

51.從元朝祕史論成吉思汗及蒙人之道德觀念　中國邊政　六十三期　六七・九

52.元代定鼎中原後帝王之遊獵生活　國立編譯館館刊　七卷二期　六七・一二

53.十三世紀蒙古之婦女地位　中華婦女　二十九卷五、六期　六八・三

54.程雪樓之學養詩文及其政教思想　中國邊政　七十三期　七十・三

55.程雪樓在元代之貢獻　中國邊政　七十五期　七十・九

56.程雪樓行事編年　國立編譯館館刊　十卷二期　七十・一二

57.藏胞為炎黃子孫西藏為中國領土　中國邊政　八十期　七一・一二

58. 從卡若遺址之發現論西藏永為中國領土　中國邊政　叢刊之四　七二・三
59. 雜談有關元史五事　東方雜誌　復刊十八卷一期　七三・七
60. 十三世紀蒙人之「驅口」——奴隸與俘虜　中國邊政　八十九期　七四・三
61. 從元朝祕史論十三世紀蒙人之軍事思想　中國邊政　九十期　七四・六
62. 有關元史四事述要　中國邊政　九十四期　七四・九
63. 有關元史箚記四則　東方雜誌　復刊十九卷三期　七四・九
64. 十三世紀蒙人之宗教信仰及其有關問題　中華文化復興月刊　十八卷十一期　七四・一一
65. 十三世紀蒙古大軍轉戰萬里所向克捷之三大特色　中國邊政　九十二期　七四・一二
66. 從元朝祕史論十三世紀蒙人之文學　中國邊政　九十三期　七五・三
67. 十三世紀蒙人之政治特色　東方雜誌　復刊二十卷二期　七六・五
68. 十三世紀蒙人之世官制度　東方雜誌　復刊二十卷十一期　七五・八
69. 元代西方文物東傳中原初考　中國邊政　九十九期　七六・九
70. 元代蒙人之娛樂　中華文化復興月刊　二十卷十期　七六・十
71. 十三世紀蒙人之戰術戰略　中正學刊　九期　七六・十
72. 十三世紀西方文物東傳蒙古初考　東方雜誌　復刊二十卷六期　七六・一二
73. 元代蒙古汗（帝）位繼承制度之演變及其流弊　中國邊政　一〇二期　七七・六

90.陳孚驛赴安南行程考釋

91.論元秘史在語言學中之價值

92.元代之泉州

貳、論　著

1.蒙古戰史　大衆出版社　四八・一　一〇三頁

2.元許魯齋評述　商務印書館　六一・九　一六六頁　五十九年承國家科學會補助完成

3.元太保藏春散人劉秉忠評述　商務印書館　六三・二　二〇二頁　六十一年承國家科學會補助完成

4.元史研究論集　商務印書館　六三・九　三八三頁　九五、九、再版

5.元吳草盧評傳　文史哲出版社　二一六頁　六十二年承國家科學會補助完成

6.元史論叢　聯經事業出版公司　六七・九　三〇九頁　七五、一、再版　五十七、六十年承國家科學會補助完成

7.程雪樓評傳　新文豐出版公司　六八・七　一一九頁　六十三年承國家科學會補助完成

8.王秋澗年譜　待出版　五十八年承國家科學會補助完成

9.元代蒙古文化論集　商務印書館　九三・五　二八五頁

10. 元代蒙古文化論叢　元史哲出版社　九三、七　三〇九頁

11. 元史探微　文史哲出版社　九八、四　四一一頁

12. 補文淵閣四庫全書之元人別集　文史哲出版社　九九、二增訂一刷　五一四頁

13. 元史拾零撿珠集　待出版

報章雜誌對作者之訪問報導

第四次蒙古學國際學術討論會追記

本報記者　阿勒得爾圖　文／圖

今年八月，內蒙古大學在呼和浩特市舉辦第四次蒙古學國際學術討論會，十三個國家和地區的二〇〇多名代表聚首青城。記者在大會的間隙見縫插針地採訪了幾位造詣頗深的蒙古學專家，在與他們的交談中記者感到，蒙古文化研究的多元化發展是必然趨勢，蒙古學成為世界顯學也同樣是必然趨勢。

袁冀是來自台灣的蒙古學專家，已是八十高齡的老人了。二十世紀五十年代初，一次偶然的機會袁老迷戀上元史，歷五十年矢志不渝，最終使自己成為台灣蒙古學研究領域頗有建樹和影響的領軍人物之一。他把元詩做為研究的「探頭」。他說，有許多節慶、許多風俗、許多飲食在正史、野史中都沒有記載或記載過於簡單，但常常可以在文人墨客的詩文中得以反映和體現，利用詩文這個「探頭」進行深入挖掘，往往會得到意想不到的收獲。袁老兩篇頗有影響的論文《從元詩論元代宮廷的飲食》、《從元代論元代宮廷婦女的生活》就是在研究元詩的基礎上所取得的成果。袁老這次向大會提交的一篇題爲《元代宮廷的大宴考》的論文，從時間與地點、坐次與著裝、禮儀與飲食、音樂歌舞與雜技等方面詳細考證了元代宮廷大宴的隆重，特別強調指出元代宮廷大宴吸納了中原、中亞的飲食文化，具有極其寬容的包容性。這樣一篇見解獨到的論文是袁老在研究一〇九首元詩的基礎上完成的，可見袁老對元詩的情有獨鍾。

如果說袁冀是台灣蒙古學研究的開山之輩，那美國哈佛大學內陸亞細亞與阿爾泰研究博士、台灣「國立」政治大學民族學系副教授藍美華無疑就是台灣蒙古學研究的後起之秀。

（原載二〇〇四年九月二十四日北京中國民族報）

袁冀教授　內蒙發表論文

本報記者　蔡彰盛

我國研究元史權威袁冀教授，上週應內蒙古大學之邀，前往參與爲期四天的國際蒙古學術研討會，並在會中發表論文，其他國家教授對於來自台灣的他對元史研究如此透徹，訝異之餘也紛紛向他請益。

袁冀說，他上星期前往內蒙古的呼和浩特，參加這項研討會，會中共有兩百八十名中外學者參與，其中九十人是來自世界十二個國家。

這項研討會共分為語言、文學、歷史與綜合等四組討論，袁冀於會中發表以「元代宮廷大宴考」為題的論文，由於現存正史鮮少對於元人的節慶、生活、飲食等相關問題有所考據，為了重現元人這部分的風貌，袁冀花了不少時間，就元人的筆記、詩詞等相關史料深入研究，論文發表後，受到大會的矚目。

德國波昂大學中亞研究所教授斐慕真，於會後立即向袁冀請益，對於來自台灣的學者，竟能栩栩如生重現元人生活面貌，感到十分佩服，尤其是與內蒙古相距甚遠的台灣，仍有對元史研究如此深入、透徹的學者，也讓他對台灣的學術風氣留下深刻印象。

袁冀對此表示，內蒙古自治區的邀請，讓八十二歲的他，有機會讓中外學界知道台灣學術界的研究水平，不過他也觀察到會中各國學者的外語能力，明顯較往年更為提昇，也增進研究的深度與廣度，因此他希望台灣的學界人士能在語言上更加充實，以跟上世界潮流。

（原載民國九十三年八月二十三日台灣自由時報）

新竹教育大學最年長的讀者——袁冀

採訪編目組張金玲組長

如果您常到新竹教育大學圖書館，你會看到一位眉髮斑白、年逾八十的老學者袁冀先生，孜孜不倦的埋首於參考書區的文淵閣四庫全書。袁老先生民國十二年生，三十三歲起決心致力於元史研究，曾榮獲國科會五十七至六十三年連續七年獎助，歷任教官、講師、副教授、教授，自教職退休後，目前與家人居住新竹，因地利之便常至竹大圖書館繼續元史的研究；民國九十三年暑假，以八十一歲高齡遠赴蒙古參加內蒙古大學國際研討會發表論文，備受與會人士尊崇。

袁冀原名袁國藩，元史相關著作如下：

1.蒙古戰史　／大衆出版社／民四十八
2.元許魯齋評述　／台灣商務印書館／民六十一
3.元太保藏春散人劉秉忠評述／台灣商務印書館／民六十三
4.元吳草盧評述／文史哲／民六十七
5.程雪樓評傳　／新文豐出／民六十八
6.元史論叢　／聯經／民七十五再版
7.元代蒙古文化論集　／臺灣商務／民九十三
8.元史研究論集　／臺灣商務／民九十五
9.元代蒙古文化論叢　／文史哲／民九十三

袁先生經常贈送他的著作給竹大圖書館，並熱心接受專訪，鼓勵學子取法乎上、虛心向學、不恥下問，因爲學無止盡；學習永不嫌遲，人生唯一穩賺不賠的投資就是閱讀，找一個有興趣、

較冷僻的主題全心研究、多方研讀，必能旁徵博引、有所創見，進而導正古成中外的缺失，在此學術領域學有專精。

袁先生曾因元詩言：「交人唯啖軟檳榔，以蔞葉塗蜆灰，裹而食之」，但蜆灰如何可食，本草綱目不載，遂請問檳榔攤的老板；也曾爲史載大蝦身長六尺以上，鬚可作杖，請教中研院動物所，他的謙恭好學的精神可見一班。

（原載民國九十五年十二月新竹教育大學圖書館館訊三十四期）

學人作家對作者之評論

元史研究之評介兩則

一、簡評「近四十年台灣研究元史的回顧」

蕭啓慶院士大著「近四十年來台灣研究元史的回顧」，除列舉在台研究元史之第一代學者：姚從吾、札奇斯欽、孫克寬、李符桐、張興唐、李則芬、袁　冀（國藩）。與二三代學者：王民信、洪金富、黃清連、哈勘楚倫、唐　屹、李修澈、張中復、趙振績、丁崑健、王明蓀、胡其德、李天鳴、蘇振中、楊育鎂、蔣武雄、張瑞成、勞延煊、劉元珠、潘柏澄、鄭素春及蕭啓慶諸人外。並引論在台九十餘位，有關元史之著作。誠乃博覽瞻富，論證精密，頗能勾勒出，近四十年來，台灣元史研究之全貌，令人至爲敬佩。

蕭氏系出名門，爲哈佛博士。曾任教於明尼蘇達州立大學，國立台灣大學、新加坡國立大學、現任清華大學客座教授，中央研究院院士，乃著名之元史專家。文中對吾師袁　冀之著作，曾多所論列。且評之謂：在台研究元史，「逾三十年，著作甚多，涵蓋元代政治、軍事及文化等方面」。爲所列第一代七人中，最年輕之學人。蕭氏與吾師，既無一面之雅，更無門戶之見。益見其胸襟寬宏，難能可貴之名家風範。

至於對第一代與二三代，治元史學人之評論分析，蕭氏則謂：「第二三代學者，人數較第一代，增加不少。事實上，專治元史者少。元史界，較五、六〇年代，反而冷落。」「研究者人數不多，並不表示研究水準，停滯不進。中、青二代，在前輩學人，所留堅實基礎上，繼續發展。」復謂：「年輕學者，多經專業訓練，加以書刊資料，較易取得。近年發表論著，較前遠爲窮盡而綿密。」亦言簡意賅，深合治史求眞求實之精神。

二、網站中袁冀資料之評介

吾師袁冀，原名國藩，一九七三年，奉命更今名。故其著作，早年爲袁國藩，後期爲袁冀。雖爲二名，實則一人。亦由乎此。台灣Google搜尋有關其著作之資料，因而一分爲二。計袁國藩五一二條，袁冀九三一條，兩者共一千四百四十三條。

至於 Google 搜尋資料之內容，包括其著作出版之書局，如商務印書館、聯經出版事業公司等。發售之處所，金石堂、博客來網路書店等。論文發表之刊物，如大陸雜誌、東方雜誌等。典藏之圖書館，如師範大學、北京大學、廈門大學、西北大學、山西大學等。博碩士論文，參考引用其著作之名稱。如元太保藏春散人劉秉忠評述，元吳草廬詩文造詣考等。兩岸學者，參考引用其著作之名稱。如中央研究院院士姚從吾先生之「元朝史」，曾參考其「劉秉忠行事編年」、「試擬元史張易傳」。著名經濟學者侯家駒先生之「中國經濟史」，嘗引用其「從元代蒙人習俗軍事論元代蒙古文化」。大陸社會科學院歷史研究所研究員陳智超先生，有「眞大道教新史料——兼評袁國藩眞大道教考」等。以及分類資料索引中，如中國經濟論壇、中國社會史論文索引、蒙古國史料、眞大道史料鈎沈、中國交通史研究、教育史、wiki百科全書等，有關其著作之名稱。

上述Google網站搜尋之一千四百四十三條中，除極少數同名，非元史研究之著作，以及若干重復之內容，如一書有數處，出售之地點。此書典藏之圖書館，以有多處外。然屬吾師袁冀之資料，爲數仍多達數百條。於此，或差可概見，非世人重視其元史之研究，安能乃耳！

（原載民國九十八年一月一日中原文獻四十一卷一期）

袁冀印象

名記者兼作家陳鶴齡

八月盛夏，正是大草原鮮花爛漫，翠草如茵的最美時節。在這最美的時節，大青山前，刺勒川上的塞外名城呼和浩特來了十三個國家和地區的二〇〇多名蒙古學專家，第四屆國際蒙古學討論會在這裡召開。

我做爲中國民族報的記者對這次學術活動進行全程報導。正是在這次盛會上，我和台灣專攻

《元史》的著名學者袁冀先生不期而遇。半年以來，袁老除給我寫信、寄書外，還經常打電話過來詢問我的工作和生活狀況，能得到這位年高過八秩，鶴髮童顏的長者的關注、關懷和關愛，我感到莫大的幸福。在這萬籟俱靜的夜晚，我強烈思念起遠在台灣的袁老，寫下些許文字，算是一種寄託吧！

第一次見到袁老是在第四屆國際蒙古學討論會的開幕式上。我端著一架相機，在會場裡走來走去，總想捕捉到令我感動的瞬間，但進入鏡的畫面總是有點兒不盡人意，最終我把鏡頭對準最後一排的一位長者，他的眉毛很長很白，有那麼一種飄逸感，陷得很深的眼睛緊緊盯在雙手托起的《主題報告》上，聚精會神地看著，這正是我想要的那種意境，按下快門的同時閃光燈也打了過去。顯然是閃光燈打擾了老人，他抬起頭將目光柔柔地投過來，那神情是少有的和善與慈祥，一派學者風範。趁會議間隙，我湊過去向老人道歉，他卻幽默而又詼諧地說：「沒什麼沒什麼，我已經被記者採訪幾十年了，我愛人早些年也是記者啊！」一席話拉近了我和老人的距離，通過聊天兒我知道面前的這位長者，就是作等身的台灣《元史》專家袁冀先生。

知道這位大家後，每每休會，我就去找他侃談，而袁老總能講出幾個風趣的故事，讓我從中感悟點兒什麼。

袁老成爲台灣《元史》研究的領軍人物，他說是被汗水泡出來的，被蚊子叮出來的。一九五五年，袁老選攻《元史》，當時他剛從軍隊下來，沒有合適的工作，沒有不菲的收入，沒有理想的環境，婚後十年收獲五個孩子，白天「這個哭那個叫，這個吵那個鬧」，根本沒有多少安靜的時間。只有晚上是屬於袁老的，因其家緊鄰稻田，在他開燈苦讀的同時，大大小小的蚊子成群結隊的前來湊熱鬧，你一口我一口的交替叮咬，每晚學習下來，身上要有上百處被蚊子「親吻」過的地方。這還不算，在悶熱的台灣，斗室宛如蒸籠，袁老的汗水滴滴答答和著蚊子的飛舞而不停地流淌，每晚他至少喝下兩公斤涼白開水，流出的汗水差不多是等同的。幼子長到六歲，操持家務十五年的妻子為生活所迫，到一所中學任國文教師，每天早出晚歸，一切家務又都在袁老身上，在妻子任教的十五年中，他的讀書時間仍然在晚上。前後凡三十年夜讀，沒有非凡的毅力，誰能堅持下來？

袁老治學《元史》有許多獨到之處，研究《元史》更要研究《元史》以外的詩文，他的好多研究成果都是借助元代詩文來完成的。在元史研究中能夠獨闢蹊徑是袁老的一大特點，他把元詩做為研究的「探頭」。他說，有許多節慶、許多風俗、許多飲食在正史、野史中都沒有記載或記載過於簡單，但常常可以在文人墨客的詩文中得以反映和體現，利用詩文這個「探頭」進行深入挖掘，往往會得到意想不到的收獲。這次他向大會提交的論文《元代官廷大宴考》，就是在研究一〇九首元詩的基礎上完成的得意之作。袁老在《元史》研究中的另一個特點是敢於糾正前人的錯誤。《口北三廳志．藝文志》中收錄了清代以前有關口北三廳的詩文，是一部比較權威的專志。但袁老考證中發現許多謬誤之處，諸如把「上苑」錯寫為「沙苑」，把「拜達儿」改寫為「白塔兒」，更爲嚴重的是把周伯琦的序言也任意增刪。袁老從尊重歷史、尊重原著的角度出發，一一糾正了編纂者的錯誤，使其本來面目得以恢復。

袁老治學《元史》的著作已經出版十多部，發表《元史》研究的論文八十多篇。十月初，袁老從台灣給我寄來《元史論叢》、「元代蒙古文化論叢」兩部書，迄今我只是簡略地翻過幾次，沒有坐下來、靜下來認眞地細讀。而唯一的藉口就是忙，且如果秉承袁老堅持三十多年夜讀的苦學精神，八十多天讀完的豈止是兩部書？思想到這兒，我眞覺得有點兒汗顏！

月懸中天，時至午夜，遙想八十高齡的袁老或許仍在燈下孜孜以學，又有些激動起來。托月光捎去一個後學晚輩的牽掛與思念：「袁老，在做學問的同時一定要保重身體！」

月光能成爲信使，月光已成爲信使。

我和袁老同時擁有一輪浩月。

甲申十月十五

（原載陳氏所著縱酒踏歌——散文卷）

參加第四次蒙古學國際學術會議紀要

袁冀（國藩）

八月十五日，筆者有幸應邀，至呼和浩特市之內蒙古大學，參加為期四天之四次蒙古學，國際學術討論會，與會之中外學者，二百八十餘位。分別來自日本、韓國、外蒙古、俄國、烏克蘭、芬蘭、土耳其、波蘭、匈牙利、德國、英國等十三個國家。大會分蒙古語文、蒙古文學、蒙古歷史，與綜合四組討論，並發表論文二百三十餘篇。

元代宮廷大宴之情形，資料頗爲缺乏。然元人文翰之吟詠中，卻保存殊多珍貴之記錄。其中尤以大宴之地點、衣著、儀禮、飲食、娛樂，與夫特有之習俗爲然。故筆者據此，於大會中，提出「元代宮廷大宴考」之論文報告，不僅頗受大會所矚目，且亦間接說明，從史學觀點，以論元詩，不失爲擴大蒙古學研究範疇、方向之一。

此次蒙古學國際學術討論會，所以能如此盛大，而又成功之因素有：一爲內蒙古大學之蒙古學學院，具有優秀龐大之研究團隊。教授三十七人，副教授三十八人，講師三十五人。其中博士四十一人，碩士三十五人。既精通蒙文外語，復便於實地調查，與地下考古。以致其研究之成果，殊爲豐碩。六年中，發表論文八百三十五篇，出版專著與教材一百二十八種。不僅深受世界各國蒙古學研究之學者所敬佩，且已成爲世界蒙古學之研究中心，故能一經邀約，各地學者，無不欣然就道。

二爲有關大會之主辦人士，自其校長、副校長、蒙古學學院院長、蒙古學研究中心主任等，均待人熱誠謙和，其中尤以其副校長爲然。筆者曾三次與之同桌用餐，然他很少進食。時而與甲談，時而與乙聊。雖有女服務員在側，然仍殷殷親自爲大家勘酒勸飲。以大陸一百所重點大學副校長之崇高地位，望重士林，竟如此紆尊降貴，以待來賓。自會遠近悅來，能廣邀世界各國之著名學者，參加此一盛大之學術學會。

由於筆者，蒙古學之研究，尙獲肯定，兼以年已八十有二，故頗受大會之禮遇與尊重。內蒙古自治政府副主席，約見大會代表六人，筆者爲其中之一。大會合照時，復受邀至第一排就坐。晚會結束，又與其他代表登台，向該校藝術學院，表演之全體同學，握手致謝，並攝影留念。同時，蒙古學學院名譽院長，蒙古學泰斗，曾派專人，贈送其巨著，使筆者獲益非淺。德國波昂大學，研究所教授，斐慕眞博士，亦再三與筆者接觸，以謀深談。蒙古學研究中心主任，復譽之謂：「你的文學基礎深厚，我們正需要此種人才。」此外，大陸「中國民族報」、台灣「自由時報」，均有專訪之評論報導，分於九月二十四日、八月二十三日刊出。

凡此，雖屬兩岸學術之交流，在台同鄉活動之一端，然亦不無可供吾人深思之處！

（原載民國九十四年一月一日中原文獻三十七卷一期）

Google 中
所登錄有關作者各項資料之總計

Google 袁冀 學術 搜尋 進階搜尋 | 使用偏好
搜尋： 所有網頁 中文網頁 繁體中文網頁 台灣的網頁
所有網頁 △ 約有114,000項符合袁冀 學術的查詢結果，以下是第 1-10項。共費0.02 秒。

Google 元史+袁冀 搜尋 進階搜尋 | 使用偏好
所有網頁 中文網頁 繁體中文網頁 台灣的網頁
所有網頁 △ 約有17,700項符合元史+袁冀的查詢結果，以下是第 1-10項。共費0.08 秒。

Google 袁國藩 搜尋 進階搜尋 | 使用偏好
搜尋： 所有網頁 中文網頁 繁體中文網頁 台灣的網頁
所有網頁 △ 約有512項符合袁國藩的查詢結果，以下是第 11-20項。共費0.04 秒。

Google 袁國藩 博碩士論文 搜尋 進階搜尋
所有網頁 中文網頁 繁體中文網頁 台灣的網頁
網路工具 顯示選項...
△ 約有117項符合袁國藩 博碩士論文的查詢結果，以下是第 1-10項。需時 0.07 秒。

所有網頁 圖片 影片 地圖 新聞 翻譯 Gmail 更多▼ 網頁記錄 | 搜尋設定 | 登入

Google 袁冀 博碩士論文 搜尋 進階搜尋
所有網頁 中文網頁 繁體中文網頁 台灣的網頁
網路工具 顯示選項...
△ 約有4,450項符合袁冀 博碩士論文的查詢結果，以下是第 1-10項。需時 0.06 秒。

註：1. 此頁係由有關作者各項資料之總計，剪接而成。
2. 經查各項總計之數，雖非悉爲有關作者之資料，然大多數則爲如此。

袁冀傳略

袁冀，原名國藩，一九七三年，奉命更今名。一九二三年生，世居虞城縣舊縣城之東二街，東馬道，五處四合院中。城南十里之袁庄，則為族人聚居之地。

祖父諱松嶺，深獲鄉黨鄰里敬愛，由昔日大門所懸之匾四幅，可以明證。因兄弟五人，故分居於五處宅院中。父諱茂昌，字瑞亭。善繪畫，工山水，復長於音樂。曾任縣立簡易師範，中小學美術音樂教師。王美、陳寶璋、蔡潤溪、李延朗、宋子芳等，均嘗從之受業。朱維清、陳次軒、盧濟若等，則為訂交之知友。母劉氏，諱大節，持家勤儉，故能積為小富。子女五人，一子在台，四女均已落戶，東北黑龍江省邊陲之地。母氏亦以高壽百歲，世逝於斯。

小學畢業，適逢抗日戰爭發。故初中、高中、大學，均在流亡中度過。復由於就讀之學校，不斷遷徙，以及升學之所需。故自開封，而豫東南之商城，豫西南之鎮平，內鄉之夏館，淅川之上集，內鄉之西峽口，而至四川之重慶。其間，顛沛流離之艱險，生活困苦之窘迫，僅從徒步奔波兩千餘里，即可概見。然得攬豫顎川陝，山川之壯麗，誠屬萬幸！

一九四八年，因緣際會，奉派為本縣之縣中校長，時年僅二十五歲。以當時之情形，若要辦好學校，首要能聘請優秀之老師，以期確保教學品質之良好。次則須要尊重禮遇老師，使其甘於悉心教學，而心無旁騖。復因時局不靖，一定要按時發薪，以確保老師生活之安定，爲達成此三項目標，首先赴商邱，選聘因戰亂，山東各地，移居至此之優秀老師。蓋故邑乃偏僻之小縣，待遇不豐，唯有陷入困境之他們，始肯屈就。次則決定不支領校長之薪資，移作尊崇老師各項開支之用。如學期結束，宴請全體老師、職員，以答謝其悉心教學之辛勞。平時，老師之公私集會，購買茶點，以爲聯歡。生病不適，則買些雞、肉等補品，以爲慰問。因家境尚稱寬裕，又在家鄉任職，並不需要此一收入，以維生計，故能有此決定。三則斯時法幣，業已崩潰。縣府員工，已改發食糧。縣中老師，每月小麥三百斤。然因欠糧者衆，縣府時有欠薪之情形。因此，爲能按時發薪，遂向縣府請求，將縣南較富鄉鎮，一部份之稅糧，撥交縣中。由學校事務人員，及借調之縣警一人，自行徵收。並向欠稅之鄉親，愷切說明，此稅糧乃縣中老師之薪資。爲使家鄉之子弟，能獲的良師之教育，不可拖欠。若不繳納，老師之生活，無以爲繼，拂袖而去，將是對吾鄉子弟，最大之傷害。幸而，執行以來，尚能差強人意。

縣中學生，來台者約四十餘人。師生間，時相過從。其中范桂馨，留學美國，獲博士學位。李連生、王思虞、鄭培均，陳愛民，曹九連，升任上校軍官。李尚武，任公路局高雄站站長。王寶俊，任警界分駐所主管。周玉斌等，因從事建築而致富。他們來台之初，均甚年幼。小者僅十五六歲，大者亦不過十七八歲。赤手空拳，無任何憑藉，能有今日，誠屬難能可貴，令人讚佩。

非艱苦奮鬥，安能至此！至於其他同學，亦各有工作，成家立業，均有良好之表現。

一九四九年，江南已朝不保夕，乃投效軍旅，隨軍來台。一九五一年，考入政戰學校研究班一期。畢業後，奉派編譯科科員。國防部辦理教官試教合格，遂改任戰鬥團教官。因該團成立伊始，毫無圖書設備。故一九五六年，請調空軍官校教官。蓋以其藏書甚豐，舉凡一九三六年以前，商務印書館、中華書局、開明書局，所出版之叢書、類書、方志，均曾加以典藏。

既任教官，當盡心教學，並力求能成爲一位，授業解惑之優良教師。當時認爲，爲達到此一境界，首要廣泛蒐集，與教材有關之資料，以求其博。如此，既可增加教學之深度、廣度。而且，遇學生提出問題，亦可對答如流，不至手忙腳亂。其次，對於教材，及其有關之資料，要能熟記，不必手執教材，邊看邊講。因熟能生巧，熟方能使龐雜之資料，靈活運用，揮灑自如，拈手即來。亦唯有熟，始能敘事清楚，說理明白。提綱挈領，條理分明。設若生澀，忘東忘西，許多資料，因臨時慌張，亦不能爲已所用。同時，因博而熟，授課時，雖不帶教材，亦可滔滔不絕。既不遺漏教材之內容，又有補助教材之增添，尤能獲得學生之信賴與尊敬。因有三分傻氣，故所有教材與相關資料，均能加以背誦。亦因此，三十年前之學生許巴萊，不唯已獲博士學位，且已腰纏萬貫，創業有成。仍記憶清新，並言：「上課從不帶教材，除增補之資料外，與教材一字不差。」大一中國通史，每週兩小時，接觸有限，竟能使之印象，如此深刻，當由乎此。

一九五六年，年已三十有三，乃決心致力於學。然力學，首須確立努力之方向。幾經深思，以爲自己，既非科技出身，故無力從事理工方面之研究。復因閱讀外文圖書之能力欠佳，兼以當時，既無力，亦無法購得新出版之外文圖書。因此，凡源自西方之學術與思想，如政治學、經濟學等，亦不宜作爲選項之目標。最後，因圖書之易於取得，而閱讀寫作之能力，亦無問題，遂決定從事史學之研究。然通史，範圍太廣。斷代史中之先秦史、秦漢史、唐史、宋史等，名家輩出。故選擇少有人研究之元史，作爲一生努力之目標。

方向既定，遂檢閱空軍官校、陸軍官校、高雄市圖書館，有關元史之所有藏書，以備日後研究之用。而李文田所注之元朝秘史，馮承鈞所譯註之馬可波羅行紀，張穆之蒙古游牧記，尤大有助於元史研究目錄學之瞭解。

爲鞭策自己之努力，故當時將奔赴之目標，訂得頗高。希望有朝一日，自己能成爲深具建樹，頗有貢獻，地區性之著名學者。此舉雖屬狂妄，然由於法乎其上，得乎其中，故不得不將目標，力求其高。期能激勵奮起之勇氣、力行之決心。使來日，能近似而及之。

自長女出生，以至幼子六歲入學，十五年間，改採夜讀。每天自晚上七時，至凌晨二時乃止。幼子既已就學，爲增加家庭之收入，妻遂至中學任教。由於兼任導師，早出晚歸。若仍委以家務，豈能荷負！所幸，斯時已升任副教授，課程不多，又無須上班，故接手全部家事。操持家務，雖不重，然繁瑣費時，加以又要騎自行車上課。故日間仍無法讀書，不得已，又夜讀十五年。三十年之苦讀，因有目標，故能不以爲苦。因有收穫，故能引以爲榮。欣然爲之，甘之如飴。然長期睡眠不足，又何以爲繼。故每天盡量設法，補睡兩小時。由於斯時年輕，又加疲乏。一經躺下，即能很快入睡，且睡得深沉。子女雖吵，亦影響不大。

經多年之努力，閱讀之範圍，日益廣。研究之領域，亦日益寬。故能於大陸雜誌、東方雜誌、國立編譯館館刊、中華文化復興月刊、中國邊政、中國內政、反攻月刊，中華婦女，發表有關元史之論文九十三篇。商務印書館、聯經出版事業公司、新文豐出版事業公司，文史哲出版社、大衆出版社、出版元許魯齋評述，元太傅藏春散人劉秉忠評述，蒙古戰史，元史探微，元史研究論集，元史論叢，元吳草廬評傳，程雪樓評傳，元代蒙古文化論集，元代蒙古文化論叢、補文淵閣四庫全書之元人別集十一種。且自一九六八年，至一九七四年，曾連續七年，均獲國家科學會之獎助，以從事元史之研究。在當時，除少數之名家外，能連續申請七次，均能獲得國家科學會之批准者，並不多見。此外，兩岸學者，如姚從吾院士、蕭啓慶院士，侯家駒教授、洪萬生教授、大陸白壽彝教授、王子今教授、羅賢佑教授、陳智超教授、徐吉軍教授、劉紅博士、劉曉博士、姬沈育博士等，均曾參考其著作。且門人弟子中，陳盛文、孔學敏、任渝生等升任中將。邢有光、許巴萊、徐光明等，則爲獲得國內外博士學位之學人。

二〇〇四年之八月十五日，應邀至呼和浩特市之內蒙古大學，參加爲期四天之第四次蒙古學，國際學術討論會。與會之中外學者，兩百餘位。分別來自日本、韓國、外蒙古、俄國、烏克蘭、芬蘭、波蘭、土耳其、匈牙利、德國、英國等十三個國家。大會分蒙古語文、蒙古文學、蒙古歷史、與綜合四組討論，並發表論文兩百餘篇。

元代宮廷大宴之情形，資料頗爲缺乏。然元人文翰之吟詠中，卻保有殊多珍貴之記錄。其中尤以大宴之地點、衣著、儀禮、飲食、娛樂，與夫特有之習俗爲然。故據此，於大會中，提出「元代宮廷大宴考」之論文報告，不僅頗受大會所矚目，亦間接說明，從史學觀點，以論元詩，不失爲擴大蒙古學研究範疇，方向之一。

由於蒙古學之研究，深獲肯定，兼以年已八十有二，故頗受大會之禮遇與尊重。內蒙古自治區政府副主席，約見大會代表六人，即爲其中之一。大會合照時，復受邀至第一排就坐。晚會結束，又與其他代表登台，向該校藝術學院，表演之全體同學，握手致謝，並攝影留念。

同時，蒙古學院名譽院長，蒙古學泰斗，曾派專人，贈送其簽名巨著，使之獲益匪淺。波昂大學研究所教授斐慕眞博士，亦再三與之接觸，以謀深談。大陸教育部人文社會科學重點研究基地，內蒙古大學，蒙古學研究中心，教授兼主任，齊木德道爾吉博士，復譽之謂：「您文學基礎深厚，我們正需要此種人才。」此外，大陸「中國民族報」，台灣「自由時報」，均有專訪之評論報導，分於九月二十四日，八月二十三日刊出。二〇〇五年春，更承齊木德道爾吉博士讚之謂：「元代宮廷大宴考，非常具有特色，對我們的研究，有很大的幫助。」孟夏又言：「將預留篇幅，以待大作。」博士爲蒙古學國際馳名之學者，承蒙如此評論，深感榮幸之至。

今蒙古史研究第八輯，業於當年之六月，由中國蒙古史學會主編，蒙古學研究中心支助，內蒙古大學出版社出版。十六開本，計載中外學人之論文二十九篇，凡四百二十頁。且拙作「元代官廷大宴考」，爲去歲八月十五日，內蒙古大學、第四次蒙古學、國際學術討論會，所提報之兩百餘篇論文中，幸蒙全文刊出者。

治學，當然會遭遇諸多困難，三十餘年前，曾研究元代兩京間之交通。並據元詩，撰成「元代兩京間驛道之考釋」，載於一九六四年一月之政治學術季刊。復據秋澗大全集之「中堂記事」，完成「元王惲驛赴上都行程紀要」，刊於一九六七年六月之大陸雜誌。且此二文，曾爲內蒙古大學，蒙古學研究中心，所主編之「元上都研究文集」，加以轉載。雖擬據「扈從集」，再撰「元代兩京間之輦道考釋」，然輦道所經之若干地名，如黑石頭、頡家營、鄭谷店、泥河兒、雙廟兒、平陀兒諸地，雖遍閱大明一統志、讀史方輿紀要、古今圖書集成、嘉慶重修大清一統志、畿輔通志、察哈爾通志、口北三廳志、蒙古遊牧記、宣化府志、宣化縣志、赤城縣志、懷來縣志、龍門縣志、北征錄等，均不得其解。一九九一年，曾思趁赴大陸探親之便，加以實地考查。然因地處偏僻，交通、衛生、安全，均不無可慮，兼以年近七十，終未能成行。以致此文，三十餘年，無法完成。所以，治學，殊非易事。雖一生力學，仍有諸多力猶未逮之處。

一九五五年，在台結婚。妻趙肅莊，大學畢業，曾任記者，長於散文小品，爲東北名宿之長女。風行全國之「塞上風雲」，即以乃父之事功，所拍之電影。婚後家居，撫育子女。待幼子讀小學，復出任中學國文教師。因學養頗佳，復熱心教學，故學生甚爲愛戴。至今仍有學生，時時與之聯絡。退休後，習畫十餘年，成績斐然。同學同事親友、輒衷心讚譽，戲呼為「才女」。

育有四女一子，四女均大學畢業，皆有頗佳之歸宿。長婿企管學士，家中富有土地，現任台灣著名工程公司經理。次婿美國電機碩士，現任美國國際著名半導體公司副總裁。三婿化學學士，企管碩士，現任德國化學公司，東北亞與中國地區總經理。四婿建築學士，家中富有，十餘年前，已投資移民加拿大。幼子宏道，美國電機碩士，台灣金經碩士，五年前，曾任美國電子公司，中國地區總經理，現任澳洲著名電子公司，台灣與中國地區總監。媳曾麗美，靜宜大學外文系畢業，曾任新竹市光復中學，高中部英文教師。孫女欣隅、祥齡，孫偉翔，分別就讀於高中、國中、小學、均聰慧活潑可愛。

一生雖飄泊四方，艱辛倍嘗。然任教，則為大學教授，比敘高級簡任文官。治學，則著作甚豐，為著名元史專家。加以耄年身體健康，生活寬裕。子女卓然成材，均屬高職位，高薪資之人員。故晚年，心情愉悅，老景堪慰。語云：「天道酬勤」，又謂：「勤能補拙」，誠其一生之寫照。